Ne tuez pas la mère porteuse !

Judith Henry Wall

Ne tuez pas la mère porteuse !

Traduit de l'américain
par Julie Lauret

ÉDITIONS FRANCE LOISIRS

Cet ouvrage a été publié sous le titre original de : *The Surrogate*
par Simon & Schuster Paperbacks, New York

Édition du Club France Loisirs,
avec l'autorisation des Éditions Gutenberg

Éditions France Loisirs,
123, boulevard de Grenelle, Paris
www.franceloisirs.com

ISBN : 978-2-298-02475-3

Oklahoma City

L'autre bébé s'était volatilisé. Dans le berceau, une sucette et une couverture.

Incrédule, Jamie restait figée sur place, son bébé à elle serré contre sa poitrine. Les pensées les plus folles se précipitaient dans sa tête. Elle n'avait que quelques secondes pour se convaincre que c'était bien vrai. Et agir.

Elle repoussa la couverture, pour vérifier.

Maintenant elle devait intervenir pour inverser le cours des choses.

Une sirène au loin, le sifflement d'un train, le claquement d'une porte – les bruits du monde réel arrivaient par la fenêtre ouverte, en complet décalage avec ce qu'elle vivait, *elle*.

Si le bébé de sa voisine avait disparu, sa vie allait à nouveau basculer.

Lynette ne serait-elle pas venue le récupérer cette nuit ? Sur la porte, *la seule*, de l'appartement, la chaîne de sécurité était toujours en place.

Sous le berceau ? Un nourrisson de deux mois ne pouvait ni marcher ni même ramper mais, priant avec ferveur, son bébé toujours contre son sein, Jamie se baissa pour regarder. Elle se releva péniblement. Força son cœur à se calmer. Il devait y avoir une explication et elle était passée à côté ; il lui arrivait bien souvent de ne pas trouver ses clés dans son sac, de fouiller partout pour s'apercevoir qu'elles n'en avaient pas bougé.

Elle secoua encore une fois la couverture : le lit était bel et bien vide. Elle s'obligea à jeter un coup d'œil par la fenêtre ouverte, s'attendant presque à voir un petit corps démembré sur le sol, trois étages en contrebas.

Rien.

Un coup d'œil dans l'allée : tout avait l'air normal. Le quartier était un peu miteux mais banal, proche du centre ville. Elle y avait atterri pour mettre des centaines de kilomètres entre elle et un certain ranch du nord-ouest du Texas. Pour recommencer à zéro.

La jeune femme songea à toutes ces nuits où c'était son Billy qui avait dormi près de la fenêtre ouverte. Comment était-ce arrivé ? Elle ne pensait pas qu'une simple échelle puisse atteindre le troisième étage. Le toit ? Quelqu'un aurait-il pu en descendre ou se glisser le long de la corniche ? Incroyable !

Mais le sac à langer rose traînait toujours sur la table basse.

Billy avait besoin d'être changé et nourri. Elle l'embrassa sur le front : elle et lui ne formaient plus qu'un. Il n'existait aucune limite entre leurs deux corps. Elle n'était qu'amour pour lui. Elle ferait tout pour le garder. Elle serait morte plutôt que de le perdre.

Celui qui avait pris l'enfant de Lynette avait commis une terrible erreur : c'était *son* Billy qu'il avait voulu enlever.

« Oh, Lynette, je suis tellement désolée ! murmura Jamie en imaginant l'angoisse que sa voisine allait endurer. Telle ment désolée ! »

Elle parcourut du regard le deux-pièces qui lui avait servi de foyer depuis plus d'un mois. Si le bébé de la voisine avait disparu, elle et Billy n'y étaient plus en sécurité.

Peut-être ne l'avaient-ils jamais été.

Elle devait partir. *Immédiatement.* Tout avait changé. *Tout !*

CHAPITRE 1

Le plus ancien souvenir de Jamie était un voyage dans l'avion de son père. Elle avait regardé par le hublot, étonnée de voir en totalité l'île de Galveston, qui lui avait toujours semblé immense depuis la terre ferme.

Moniteur d'aviation, son père les emmenait parfois, sa mère et elle, faire un tour le dimanche. Jamie préférait quand le ciel était bleu clair, parsemé çà et là de jolis petits nuages blancs. En revanche, elle n'aimait pas les tunnels de gros nuages : s'ils s'y égaraient et ne retrouvaient jamais le chemin de la maison ?

Parfois, son père volait si près de la surface de l'océan qu'elle pensait qu'ils allaient s'écraser dans les vagues. Sa mère poussait des cris pour qu'il arrête. Jamie avait bien compris qu'ils'agissait d'un jeu entre eux.

Peut-être étaient-ils morts en jouant ainsi.

À l'occasion de leur dixième anniversaire de mariage, ils avaient prévu de passer une semaine dans un bel hôtel à Cozumel, une île au large de la côte mexicaine. D'abord, ils allèrent déposer Jamie chez Gladys, sa grand-mère – qui les rejoignit à l'aérodrome de Mesquite ; la main dans la main, elles avaient observé l'avion décoller, puis la petite fille leur avait fait signe jusqu'à ce que l'avion ne soit plus qu'un point minuscule dans un ciel bleu, sans le moindre nuage.

L'avion ne parvint jamais à Cozumel. L'enquête déclara ses parents décédés.

Jamie s'imaginait souvent qu'une avarie de moteur les avait contraints à atterrir sur une île inexplorée, comme les naufragés de *Gilligan's Island*[1]. Un jour, quelqu'un leur porterait secours et ses parents reviendraient. À chaque fois qu'un petit avion passait au-dessus d'elle, elle se demandait si c'était eux. Longtemps après, alors qu'elle ne se souvenait plus avoir vécu ailleurs que dans la maisonnette blanche de sa grand-mère, elle rêvait encore que ses parents ouvraient le portail, remontaient l'allée et frappaient à la porte.

Le testament de ses parents désignait Ginger, la demi-sœur de Jamie, comme tutrice. Née d'un premier mariage malheureux de sa mère, elle était mariée, de seize ans l'aînée de Jamie, et n'avait aucune envie de l'élever.

Furieuse du remariage de sa mère et d'avoir dû emménager à Galveston, Ginger n'avait jamais éprouvé d'affection pour sa demi-sœur. Mortifiée d'apprendre que sa mère était enceinte à quarante-trois ans, elle avait néanmoins, après la naissance, fait semblant d'adorer Jamie. Grâce à la générosité de son beau-père, elle avait pu s'inscrire à l'université méthodiste du Sud au lieu de fréquenter une université publique. Et, quand elle avait rencontré l'homme de

1. Série télévisée américaine des années soixante, dans laquelle sept naufragés tentent de survivre sur une île déserte (NdT).

sa vie, son beau-père lui avait donné assez d'argent pour s'offrir un mariage digne d'un conte de fées. Toutefois, elle avait trouvé très difficile de vivre avec le salaire de son mari. Elle qui s'était imaginée qu'un courtier chez Merryll Lynch gagnait beaucoup d'argent avait vite déchanté.

Hormis un legs de 10 000 dollars à Ginger, Jamie, six ans, était l'unique héritière des biens de son père. Il ne fallut pas longtemps à l'aînée pour comprendre qu'être tutrice représentait une véritable aubaine. Elle vendit les parts dans l'école d'aviation, ainsi que la maison familiale sur l'île de Galveston. Et pour que la petite Jamie puisse avoir sa chambre, elle acheta une maison flambant neuf avec piscine, au nord de Dallas. Tout cela dans l'intérêt de l'enfant.

Ginger tenta bien d'aimer sa petite sœur, ou au moins de lui montrer de l'affection. Mais elle tomba enceinte de jumeaux et, entre une atroce sensation d'épuisement et la décoration de la villa, elle n'en trouva tout simplement pas l'énergie. Elle oubliait parfois de passer la chercher à l'école, et la secrétaire lui téléphonait alors pour le lui rappeler, d'une voix glaciale. Un jour, elle reçut un mot de l'infirmière scolaire pour l'informer que les chaussures de la fillette étaient si petites qu'elle souffrait d'ongles incarnés et avait besoin de consulter un podologue.

La jeune femme décida que la gamine se sentirait mieux chez leur grand-mère Gladys, à Mesquite, et y laissa Jamie pendant des périodes de plus en plus longues. Finalement, Gladys engagea un avocat. Le temps d'obtenir la tutelle de Jamie, l'argent censé pourvoir à son éducation avait été dilapidé. L'avocat conseilla de poursuivre Ginger en justice : le tribunal pouvait l'obliger à vendre la maison et tout ce qui avait été acheté avec l'argent de l'héritage. La grand-mère refusa d'aller si loin :

« Je ne peux pas faire ça. Ginger est aussi ma petite-fille. »

À plus de soixante-dix ans, Gladys n'attendait plus les faveurs du Seigneur mais, dans ses prières, elle lui suggérait malgré tout de lui accorder un petit délai pour élever la petite.

Jamie se rendit compte que sa sœur ne voulait pas d'elle et que Gladys, qu'on appelait Granny, avait décidé de faire pour le mieux, mais il lui avait fallu un certain temps avant de comprendre que sa grand-mère l'aimait vraiment. Granny ne la faisait pas tournoyer dans ses bras comme son père. Granny ne lui faisait pas non plus de câlins et ne l'embrassait pas tout le temps comme sa mère. Sa Granny était là, tout simplement. Toujours calme. Ferme. On ne répondait pas à Granny.

D'ailleurs, celle-ci avait ses principes. Toujours ôter ses chaussures boueuses avant d'entrer. Nettoyer le lavabo et la baignoire après chaque utilisation. Faire le lit au lever. Prier le Seigneur avant chaque repas. Le soir, laver le dessus de la table à l'eau savonneuse et balayer le sol. À Dallas, Ginger inventait sans cesse des règles pour les modifier aussitôt. Celles de Granny, elles, ne variaient jamais. Jamie savait toujours ce qu'on attendait d'elle et trouvait cela sécurisant. Quand elle posait la tête sur ses genoux, Granny lui caressait les cheveux.

Élevée par une dame très âgée, Jamie souffrait d'être différente de ses camarades de classe. Certains habitaient eux aussi chez leur grand-mère, mais elles étaient bien plus jeunes que la sienne ; elles ne portaient pas de robes en coton lavées tant de fois que l'imprimé à fleurs en était presque effacé ; elles ne portaient pas non plus les baskets usées de leur petite-fille ; ni ne faisaient de ménages pour compenser leur faible retraite.

Jamie avait aussi un souci avec sa taille. Dans sa classe, elle avait toujours été la plus grande, et ce jusqu'au lycée, où quelques garçons l'avaient enfin rattrapée. S'appeler Long n'arrangeait pas les choses. À la fin de sa croissance, elle mesurait 1,78 m. Elle avait toujours adoré courir. Granny affirmait qu'elle possédait la rapidité et la grâce d'une gazelle. Mais c'était le petit-fils de leurs voisins qui l'avait encouragée à faire partie de l'équipe d'athlétisme du lycée.

Joe Brammer avait presque six ans de plus que Jamie ; il vivait à Houston, mais, chaque été, venait passer un mois chez ses grands-parents qui l'envoyaient les aider, elle et Granny, dans les tâches ardues : élaguer les arbres, extraire une souche, changer un pneu ou se débarrasser d'une machine à laver en panne. En remerciement, il avait toujours droit à un petit goûter. Alors, sur le ton d'un conspirateur, il glissait à l'oreille de Granny que sa tarte aux pommes *à elle* était bien meilleure que celle de sa grand-mère. Parfois, le dimanche après-midi, il jouait aux dominos avec elles. À d'autres occasions, Jamie l'aidait à entretenir sa Jeep, ou c'était la vieille Chevy qui nécessitait une vidange ou un nettoyage des bougies. Et le soir, ils jouaient au basket ou bien se mesuraient à la course. S'il était meilleur qu'elle au basket, elle le battait à la course depuis ses dix ans. Il avait juré de lui couper la langue si elle en parlait à quiconque. Un jour, après une défaite particulièrement humiliante, il la poussa à faire des essais pour intégrer l'équipe d'athlétisme du lycée. Si elle refusait, il reviendrait en personne de Houston pour la traîner sur la piste.

« Tu es faite pour ça », avait-il dit en lui ébouriffant les cheveux.

Joe avait raison. Jamie obtint des temps excellents sur les moyennes et longues distances, et se révéla très bonne en saut en longueur.

Le lycée se déroula mieux que l'école primaire. Elle se sentait à l'aise avec les autres filles de l'équipe d'athlétisme ; certaines étaient d'ailleurs aussi grandes qu'elle, voire davantage. Elles se téléphonaient et allaient au cinéma. L'une d'elles, Charlene, devint sa meilleure amie : elles dormaient souvent l'une chez l'autre et travaillaient ensemble le samedi, à la station de lavage automobile VIP.

Jamie n'avait jamais eu de petit ami ou de vrai rendez-vous amoureux. Parfois un lycéen s'inscrustait près de son casier, avec l'air de vouloir dépasser les sempiternels « Salut » ou « Tu montes en classe ? » ; elle avait toujours feint de ne pas s'en apercevoir. Le seul garçon qui la fasse rêver était Joe Brammer, ce qui était idiot. Il l'aimait comme un grand frère ; mais peut-être, lorsqu'elle serait plus âgée…

À cette époque-là, de toute façon, Joe était étudiant et travaillait l'été comme manœuvre dans un champ de pétrole. Il ne venait à Mesquite que pour Thanksgiving, Pâques ou un week-end de temps en temps. Oubliés les courses et les paniers de baskets ! Mais il occupait toujours les pensées de l'adolescente. Elle s'inventait de longues conversations avec lui. Et, la nuit,c'était davantage que des conversations.

Dès qu'il se trouvait en ville, Joe passait dire bonjour à Gladys et à Jamie. Admirant la collection grandissante de médailles d'athlétisme, il affirmait se sentir moins ridicule désormais d'avoir été battu lors de leurs courses jusqu'à l'autoroute.

Lors du week-end de Pâques, l'année où Jamie était en première, Joe leur rendit sa traditionnelle visite. Il questionna Jamie sur ses résultats scolaires et sportifs et s'enquit de la santé de Granny. Il leur décrivit aussi ses cours et leur confia qu'il hésitait entre se préparer à enseigner l'histoire ou étudier le droit. Puis, quand Granny alla se coucher, ils partirent se promener. La nuit était claire, l'air résonnait du son des grillons et du crissement de freins des énormes semi-remorques qui ralentissaient sur l'A352, pour prendre la sortie de Scyene Road.

« Si tu faisais des études de droit, tu resterais à Austin ou tu irais dans un autre État ? »

Elle songeait que, si elle obtenait une bourse d'études en athlétisme à l'université du Texas et que Joe y étudiait aussi, ils auraient l'occasion de s'y croiser. Peut-être cesserait-il enfin de la considérer comme une sorte de petite sœur.

« Je ne sais pas encore. Ma copine se spécialise dans le journalisme de télévision. Si elle décroche un emploi dans un autre État, je la suivrai.

— Oh ! »

Jamie resta sans voix. Ses poumons devaient s'être vidés de leur oxygène et ses os, ramollis. Elle trébucha. Joe la retint par le bras, mais la lâcha dès qu'elle eut retrouvé son équilibre.

« Allez, viens ! Je ferais mieux de te raccompagner avant que ta grand-mère ne s'inquiète. »

Cette nuit-là, Jamie sanglota dans son oreiller. Quelle imbécile ! Espérer que Joe Brammer comprendrait un jour qu'au fond de lui il l'avait toujours aimée, mais avait nié ses sentiments parce qu'elle était trop jeune ! Lui, le seul garçon qu'elle s'était jamais imaginé embrasser. Le seul garçon avec qui elle avait souhaité faire l'amour !

Une imbécile. Voilà ce qu'elle était. Une sacrée idiote !

Les entraîneurs de plusieurs universités l'avaient repérée. Or, lors de son dernier concours de saut en longueur, elle se blessa au genou. L'opération pour réparer les ligaments déchirés sembla réussir, mais elle ne retrouva jamais ses capacités. Elle pouvait marcher sans boiter et même courir – mais c'en était fini de la compétition.

Après la remise des diplômes, la famille de Charlene déménagea en Californie. Les deux copines se promirent de rester en contact. Jamie se demandait si elles se reverraient un jour. Et aurait-elle une autre « meilleure amie » ?

Grâce à ses résultats au concours d'entrée à l'université, elle décrocha une bourse de l'université du Texas, à Austin. Sa grand-mère lui envoyait cent dollars par mois pour l'aider à payer la facture de son dortoir, et elle-même travaillait vingt heures par semaine chez un teinturier. Sans beaucoup de temps libre pour sortir, elle avait néanmoins quelques amies – desfilles qui, comme elle, devaient gagner leur vie.

Pendant le second semestre, Joe Brammer prit l'habitude de venir la voir au pressing. Ils bavardaient entre deux clients. Lui songeait à postuler pour une bourse qui lui permettrait de passer son dernier semestre à Oxford. S'il mentionnait parfois sa petite amie, la plupart du temps la conversation tournait autour des cours, de la musique, de l'actualité ou de leurs projets. Il lui arrivait de passer juste avant la fin du service et de la raccompagner à pied jusqu'au campus.

Cet été-là, il ne vint pas à Mesquite.

Gladys avait alors dépassé les quatre-vingts ans. Elle n'avait plus la force de faire des ménages chez les autres et se mit à pleurer quand Jamie repartit à la fac pour sa deuxième année : elle ne pouvait plus lui envoyer d'argent. Sa petite-fille lui assura qu'elle s'en sortirait quand même et tint sa promesse : elle travailla davantage et compta chaque dollar.

La jeune fille fut folle de joie lorsque Joe lui rendit visite au pressing dès la première semaine. Son histoire d'amour n'était peut-être pas sérieuse, après tout. Pourtant, il lui annonça qu'il allait se marier. Après son départ, elle s'enferma dans les toilettes, en faisant couler l'eau du robinet pour masquer ses sanglots. Elle y resta si longtemps que le patron frappa à la porte pour lui demander si tout allait bien.

Jamie tenta d'arrêter de penser à Joe, surtout la nuit. Elle savait qu'il ne tomberait jamais amoureux d'elle. À ses yeux, elle serait toujours une gamine. Mais personne ne le remplaçait dans ses fantasmes nocturnes, et elle se demandait si cela arriverait un jour.

Vers la mi-novembre, il devint évident que la santé de sa grand-mère déclinait. Jamie acheva son semestre avant de rentrer à Mesquite pour prendre soin d'elle. Malgré les protestations de Granny, elle déclara que sa décision était irrévocable.

C'était étrange de voir la maison dans cet état. À l'exception de quelques aliments, posés sur des plats appartenant à la grand-mère de Joe, le réfrigérateur était vide. Lorsque la jeune femme les lui rendit, Mme Washburn l'étreignit, insista pour lui servir une tasse de café, et lui tapota affectueusement le bras.

« Je suis contente que tu sois revenue. Ta grand-mère a besoin de toi. »

Jamie passa plusieurs jours à tout briquer. Elle tomba sur un tiroir plein de factures en attente et de menaces de coupures de la part des services publics. Elle découvrit aussi que sa grand-mère n'avait pas payé ses impôts fonciers depuis des années, que son compte bancaire était à découvert et que la compagnie de crédits immobiliers avait lancé une procédure de saisie.

Lorsqu'elle la questionna au sujet des factures, Granny lui dit de ne pas s'inquiéter :

« J'attends un chèque de 38 000 dollars dans les jours qui viennent.

— Qui doit te l'envoyer ?

— Je l'ai gagné. Je n'arrêtais pas de recevoir toutes ces lettres qui me promettaient un prix si je contribuais à la lutte contre le cancer. J'ai fini par faire un don. Un gentil monsieur m'a téléphoné pour m'annoncer que j'avais gagné tout cet argent. Il ne me restait plus qu'à envoyer un chèque de 872 dollars. Mon gros chèque doit arriver d'un moment à l'autre, répondit Granny avec un sourire fier.

— J'en suis sûre, répondit Jamie, le cœur serré.

— En attendant, il y a du liquide dans la boîte de farine d'avoine, tout en haut du placard à provisions. »

Aucune boîte de farine d'avoine, ni dans le placard à provisions ni ailleurs. Jamie eut recours au crédit à la consommation. Elle contracta un premier emprunt pour combler le découvert de Granny et payer les factures en retard. L'avance d'une deuxième carte de crédit apaisa la compagnie de crédit immobilier, qui accepta de patienter six mois. Jamie commença à régler les factures de l'épicier, le gaz, les dépenses médicales non prises en charge par Medicare[1]. Tous les mois, elle remboursait les deux premiers emprunts avec une troisième carte. Elle dénicha aussi un boulot dans une quincaillerie, mais dut démissionner lorsque Granny fut incapable de rester seule. Elle lui annonça alors que l'argent de son prix était enfin arrivé.

Pour la distraire, Jamie encouragea sa grand-mère à lui raconter ses souvenirs – les choses tristes comme les gaies – et se rendit compte à quel point sa vie avait été difficile : Gladys avait été veuve très jeune, avec une fille à élever.

« Ces dernières années ont été les meilleures. Tu as été ma plus grande joie et ma plus belle réussite », lui déclara Granny.

Le lendemain, elle mourut.

Après que les employés des pompes funèbres eurent emporté le corps, Jamie téléphona à Ginger, qu'elle n'avait pas revue depuis des années.

« J'ai pensé que tu voudrais être au courant.

— Je sais qu'elle va te manquer », répondit sa sœur, après un bref silence.

Cette nuit-là, Jamie rêva que ses parents arrivaient juste à temps pour être à leurs côtés lorsque leur grand-mère reposerait à côté de son mari, mort depuis si longtemps que seule Granny se souvenait de lui.

Ginger débarqua le lendemain matin et fit le tour de la maison.

« Elle a laissé un testament ? »

Jamie secoua la tête.

1. Programme fédéral d'assistance médicale pour les personnes âgées (NdT).

L'après-midi, sa demi-sœur revint avec une camionnette de location et deux grands costauds.

« Ces vieilleries peuvent valoir quelques dollars. J'ai discuté de la vente de la maison avec un agent immobilier. »

Lorsque Jamie expliqua que celle-ci était hypothéquée, Ginger l'accusa de voler sa part d'héritage.

Jamie rassembla les bibelots qu'elle voulait conserver, les transporta dans la vieille Chevy que Gladys avait transférée à son nom. Cette nuit-là, elle dormit sur un matelas jugé apparemment trop vétuste pour avoir de la valeur.

Ginger n'assista même pas aux funérailles. Cependant, il y eut pas mal de monde. Les grands-parents de Joe lui témoignèrent leur affection. « Ta grand-mère était une femme bien et une amie très chère », dit M. Washburn à Jamie, avec une étreinte digne de celle d'un ours.

Mme Washburn la prit dans ses bras et l'embrassa sur les joues.

« Elle va nous manquer, et toi aussi. »

Jamie savait qu'ils partaient prendre leur retraite en Géorgie.

La jeune femme resta en ville pour ranger les affaires de sa grand-mère. Puis, après un dernier regard à la maisonnette blanche qui avait été son foyer pendant plus de douze ans, elle s'en alla, en larmes.

À la sortie de la ville, elle s'arrêta au cimetière.

Debout face à la parcelle de terre retournée, l'un de ses souvenirs préférés avec sa grand-mère lui revint à l'esprit. C'était un jour de nettoyage de printemps : la porte-fenêtre était bloquée de manière à pouvoir transporter matelas et couvertures dans la cour, pour les aérer. Un jeune moineau égaré dans la cuisine était devenu fou en cherchant à s'échapper. Ses petites plumes duveteuses voletaient tout autour de lui, semblables à des flocons de neige. Ses ailes avaient d'abord heurté la vitre au-dessus de l'évier, puis la fenêtre près de la table. Il ne s'arrêtait plus.

Alors, immobile au milieu de la pièce, Granny parla d'une voix grave et apaisante à la petite créature affolée. Elle lui dit qu'elle-même avait toujours rêvé de se transformer en oiseau, l'espace d'une journée, pour voler très haut dans le ciel et contempler ainsi l'ouvrage de Dieu. Finalement, l'oiseau épuisé se posa en haut du réfrigérateur. Granny l'attrapa avec délicatesse ; il se percha sur son doigt et elle le mena jusqu'à la porte. Ensemble, elles le regardèrent s'envoler.

Ce qui manquerait le plus à Jamie, c'était ça, le calme de sa grand-mère. Il avait été pour elle un baume apaisant.

« Je t'aime, Granny. Je te remercie du fond du cœur. »

Elle se retrouvait seule au monde, criblée de dettes, et à deux ans et demi d'obtenir un diplôme universitaire.

Mais elle avait un plan.

CHAPITRE 2

Bentley Abernathy s'était réveillé avant que le téléphone sonne.

Dans l'obscurité, il cherchait un indice indiquant que sa femme ne dormait pas et serait peut-être réceptive à un petit interlude amoureux au milieu de la nuit. Cela permettait toujours à Bentley de se rendormir immédiatement. Brenda lui avait fait comprendre, des années auparavant, qu'elle n'avait pas envie d'être réveillée en pleine nuit pour faire l'amour, et qu'il ferait mieux d'aller se masturber aux toilettes ou de prendre un somnifère. Mais, parfois, elle était éveillée et ne rechignait pas à se blottir contre lui, sans préliminaires – ses propres fantasmes ayant visiblement déjà bien œuvré. Ils se lançaient alors dans un coït intense, avant de se lover l'un contre l'autre et de se rendormir.

Avocat, Bentley avait donc l'habitude de recevoir les appels de clients désespérés tard dans la soirée. Or la sonnerie impérieuse du téléphone, la nuit, l'inquiétait toujours. Son cœur tressautait. En l'espace d'une milliseconde, cette première sonnerie stridente lui faisait entrevoir une avalanche d'hypothèses. Rien à voir avec le boulot ! Bien que déçu par ses quatre enfants gâtés et bons à rien, il se rendait compte alors combien il les aimait. Il craignait par-dessus tout qu'il ne leur soit arrivé des ennuis – quelque chose que même leur avocat de père ne pouvait empêcher. Les possibilités étaient infinies. En tête de liste : les accidents de voiture, suivis de près par les overdoses ; ou alors ressurgissait la peur que son crétin de gendre n'ait maltraité, sa fille ; ou que l'un de ses fils n'ait été grièvement blessé au cours d'une bagarre, ou ne soit allé au Mexique se faire assassiner, ou agresser, ou braquer en voiture par des *banditos*. L'un de ses enfants pouvait très bien être en train de se vider de son sang sur un brancard à l'hôpital, ou bien être allongé à la morgue, froid et rigide.

Sans ses lunettes, Bentley ne tenta même pas de lire le numéro de son correspondant. Il empoigna le téléphone avant la deuxième sonnerie. Un instant après, Brenda allumait sa lampe de chevet.

« Mais qu'est-ce que vous fabriquez, nom d'un chien ? » rugit aussitôt une voix masculine, rauque.

Bentley retomba sur le lit et respira profondément : gâtés et bons à rien, certes, ses enfants étaient toujours en vie.

« Vous m'avez dit de prendre tout le temps nécessaire pour dénicher la perle rare », répondit-il, tout en se remémorant la liste de critères presque inimaginables qui lui avait été transmise.

« Ça fait quatre mois, bon sang, et je vous paye une fortune pour que vous vous occupiez de nos intérêts là-bas ! Je vous ai dit que ce cas devait être votre priorité numéro un.

— Mais *c'est* ma priorité numéro un, assura-t-il à son interlocuteur, en prenant bien soin de masquer l'irritation dans sa voix.

— Ma sœur affirme que vous ne lui avez pas encore trouvé une seule fille pour un entretien.

— Nous ne voulions pas lui faire perdre son temps avec des candidates inadéquates. Amanda s'est montrée extrêmement précise quant au type de jeune femme que son mari et elle souhaitaient rencontrer. Et je peux vous assurer que le choix est très restreint. Mais, en fait, j'ai une candidate prometteuse qui doit venir au cabinet ce matin.

— Faites-moi parvenir des informations sur elle.

— Maintenant ?

— *Maintenant.* »

Sans lui laisser le temps de répliquer, l'interlocuteur raccrocha. « Merde ! s'exclama Bentley.

— Dieu en personne, j'imagine ?

— Ouais. J'ai un truc à faire en bas. »

L'une des bretelles de la chemise de nuit de Brenda avait glissé sur son épaule, dévoilant une partie de son sein droit. Pour son âge, son épouse était encore belle. Elle avait toujours un corps superbe. Des seins superbes.

Il tenta sa chance et tira sur la chemise de nuit pour caresser le mamelon visible. En récompense, sa femme ébaucha un infime sourire.

« Ça va durer combien de temps, ce *truc* ?

— Cinq minutes.

— Bon, *peut-être* que je serai encore éveillée. »

Bentley bondit du lit. Il se frappa la poitrine, poussa un hurlement de Tarzan, se rua à travers la pièce et descendit. Brenda éclata de rire.

Il chercha dans son Rolodex le numéro personnel de sa secrétaire.

« Salut, patron », répondit une voix endormie.

Lénora, elle, n'avait pas besoin de lunettes pour lire le numéro de son correspondant !

« Désolé de te déranger, mais je viens de recevoir un coup de fil de Gus Hartmann. Il pense que nous négligeons la requête de sa sœur. Tu ne m'as pas dit que la jeune femme que tu vas rencontrer ce matin semblait sortir du lot ?

— Ouais. Du moins sur le papier et au téléphone ; elle a l'air prometteur.

— J'ai besoin que tu mailes son dossier à Gus Hartmann le plus vite possible. Il est chez lui.

— Je suis déjà en route vers mon ordinateur.

— Est-ce que je te paie suffisamment ?

— Pour l'instant. »

Bentley la remercia et remonta à toute vitesse. En haut des escaliers, il aperçut la lueur tremblotante de la bougie par la porte entrouverte de la chambre. Brenda était nue.

« J'ai envie que tu m'embrasses longtemps. »

Elle avait la voix grave et sensuelle.

« Dieu, que tu es belle ! »

Oui, il allait l'embrasser. Chaque centimètre de sa peau. Et c'était justement ce qu'il faisait lorsque le téléphone se remit à sonner.

« Ne réponds pas ! Ça va encore te contrarier. »

Il secoua la tête et tendit le bras vers le combiné.

« Où est la photo ? J'ai besoin de savoir à quoi ressemble cette fille.

— Nous en prendrons une demain. »

Il eut envie de débrancher le téléphone avant de retrouver le corps magnifique, chaud et délicieux de sa femme. Mais il n'osa pas.

Gus Hartmann imprima le mail et relut le rapport avant de le ranger dans le tiroir de son bureau. Puis il se dirigea vers les portes-fenêtres ouvertes. Une fontaine coulait dans le jardin de méditation, et l'on pouvait entendre le doux hululement d'une chouette dans le bosquet de pins, juste derrière le mur de brique.

Le jardin n'avait pas changé depuis que sa mère venait s'y reposer. Un saule enveloppait avec élégance la fontaine de ses branches et une sculpture de Jésus, bras grand ouverts, l'accueillait depuis l'ombre d'une grotte en pierre. Les lanternes au gaz s'allumaient chaque soir au crépuscule. Les plantations avaient été conservées à l'identique. Aucune mauvaise herbe, aucune feuille morte, aucune toile d'araignée ne devait gâcher cette beauté parfaite.

Il s'assit sur le banc de pierre où sa mère avait l'habitude de rester longtemps immobile. Il l'observait souvent jusqu'à ce qu'elle se rende compte de sa présence. Elle souriait alors et lui ouvrait les bras. Il s'accrochait à cette image.

Avec sa sœur Amanda, ils avaient conservé la demeure et les terres de leur propriété du nord de la Virginie dans l'état où ils les avaient connues enfants, quand ils y vivaient avec leurs célèbres parents. Tout comme le ranch du Texas. C'étaient des monuments en l'honneur d'une autre époque.

Il contempla les portraits de ses parents suspendus au-dessus de la cheminée. Quel couple exceptionnel ! Tragique, aussi. Un mélange irrésistible – la beauté et le tragique. Même après toutes ces années, les gens prenaient encore la peine de venir jusqu'aux portes de la propriété pour y déposer des petits bouquets de fleurs défraîchies ou des messages stupides, surtout en mémoire de leur mère. Amanda les lisait et une secrétaire y répondait s'il y avait une adresse, ajoutée aussitôt à la liste de diffusion de l'Alliance des électeurs chrétiens. Le destinataire recevait aussi une invitation à rejoindre l'organisation, pour contribuer à « ramener le Dieu de nos pères au cœur de la vie des Américains et de leur gouvernement ». Tout contributeur faisant un don assez important à l'Alliance, ou tout pasteur amenant ses fidèles, était invité à une retraite ou à un séminaire au quartier général de l'Alliance, à Washington DC. Voire à une réception ou à un dîner ici même, à Victory Hill, afin d'y rencontrer Amanda Hartmann en personne. Cela dépendait de l'importance du cadeau.

Gus n'assistait jamais à ces soirées. Il lui arrivait toutefois de se tenir dans l'obscurité du couloir et d'observer sa sœur et ses invités. Combien ils révéraient et admiraient leur mère ! Comme ils avaient apprécié les apparitions d'Amanda dans *Oprah* ou *Regis*[1] ! Tous paraissaient avoir un besoin quasi pathologique de lui serrer la main et de faire de longs discours sur l'influence essentielle que ses livres avaient exercée sur eux. Même les gros bonnets des entreprises et ceux qui occupaient de hauts postes d'élus se mettaient à plat ventre devant elle ; ceux qui étaient assez âgés pour se souvenir de son père lui décrivaient l'homme exceptionnel qu'il avait été, assurant qu'il aurait fait un excellent président. Et puis, bien sûr, un photographe attendait pour immortaliser chaque invité en compagnie d'Amanda. Ces photos, dédicacées, étaient ensuite envoyées à leur visiteur, accompagnées d'une lettre personnalisée.

1. Présentateurs d'émissions télévisées très populaires (NdT).

Il ne participait qu'aux réunions du conseil d'administration et aux dîners privés donnés pour de petits groupes d'hommes influents – ceux qui avaient un intérêt à s'assurer que le bon côté du spectre politique continue de détenir le contrôle du destin de la nation. Car, comme son père avant lui, il était un animal politique. Contrairement à son père, en revanche, il n'était pas un politicien.

Jason Hartmann avait été le plus jeune gouverneur de l'histoire du Texas. À mi-parcours de son premier mandat, il avait épousé, Mary Millicent Tutt, déjà très célèbre par ses livres inspirés, sa chronique publiée dans un journal national et ses émissions radiophoniques et télévisées. Leur mariage avait constitué un événement médiatique. Journaux et revues en avaient diffusé les photos. Les articles soulignaient que le milliardaire amateur de whiskey et de cigares Jonathan « Buck » Hartmann avait financé l'élection de son fils Jason au poste de gouverneur. Une fortune réalisée grâce à des forages d'exploration dans le pétrole et l'extorsion de terres dans l'ouest du Texas.

Quant à Mary Millicent, elle était la fille du pasteur Marvin Tutt, un missionnaire évangéliste d'un autre âge, mort après avoir été mordu par l'un des serpents venimeux qu'il s'enroulait parfois autour du cou pendant ses sermons emplis du soufre de l'enfer. Malgré la triste réputation de leurs pères, les jeunes mariés furent déclarés membres de la « royauté » du Texas.

Gus ne se rappelait ni du manoir du gouverneur ni de l'élection de son père au Sénat. Ses premiers souvenirs remontaient au ranch du Texas et à cette maison, dans laquelle sa famille avait vécu pendant que son père était sénateur. Jason Hartmann, en lice pour représenter son parti aux élections présidentielles, avait été atteint d'une tumeur maligne du cerveau. Gus avait alors 8 ans, sa sœur 10. Les enfants partirent avec leurs parents pour le ranch du Texas ; ils y virent dépérir, puis mourir leur père. Veuve, leur mère n'en fut que plus aimée de tous ; elle fit le tour du pays et amena des millions d'âmes perdues au Seigneur. Elle créa l'Alliance des électeurs chrétiens en l'honneur de son défunt mari.

L'Alliance avait pour objectif de ramener les États-Unis d'Amérique à ses véritables racines chrétiennes. De nombreux partisans de Mary Millicent souhaitaient qu'elle s'investisse en politique mais elle préférait soutenir des candidatures plutôt qu'être candidate. Elle répétait à son fils que c'était les faiseurs de rois qui dirigeaient le monde, et pas les rois. Bien entendu, elle savait parfaitement qu'il était hors de question pour Gus d'envisager une charge politique. Les Américains ont un penchant pour les candidats de grande taille. Or, Gus était tout petit. Il faisait à peine 1,50 m et, comme il avait bénéficié d'un diagnostic précoce d'une forme rare de nanisme, il n'avait atteint cette taille que parce qu'il avait été soigné avec des hormones de croissance durant toute son enfance. Non seulement il était extrêmement petit, mais sa tête était beaucoup trop grosse pour sa constitution et ses membres étaient trop courts.

Les enfants avaient grandi dans l'idée que Gus administrerait un jour à la fois l'Alliance et la compagnie pétrolière fondée par leur grand-père Buck Hartmann. Amanda finirait par prendre la succession de leur mère afin de devenir le guide spirituel de l'Alliance.

Il abandonnait les feux de la scène à sa sœur. Si les gens avaient déjà entendu parler de lui, c'était parce qu'il était le frère d'Amanda Tutt Hartmann. Seuls les plus astucieux observateurs de la scène politique comprenaient son rôle central dans l'arrivée de l'actuel président à la Maison Blanche, et se doutaient qu'il était peut-être l'un des hommes les plus influent du pays. Quand des journalistes, assez futés pour se rendre compte que le président-directeur général de l'Alliance des électeurs chrétiens et de *Pétrole et Gaz Palo Duro* était plus puissant qu'il n'y paraissait, tentaient de l'interviewer, il refusait toujours. Néanmoins, tous les trois ou quatre ans, un article sortait dans l'une ou l'autre des publications les plus brillantes du pays. Sans photo, car il n'en existait presque aucune disponible. On ne le voyait d'ailleurs jamais dans aucun rassemblement. Aucune apparition publique. Les conseils d'administration de *Palo Duro* et de l'Alliance se déroulaient en général dans l'intimité, à Victory Hill ou au ranch, ou bien par téléconférence.

À chaque fois qu'il se rendait à la Maison Blanche, il entrait par une porte de derrière, utilisée par les livreurs et les domestiques. S'il voulait parler avec le président depuis chez lui, il lui suffisait d'appuyer sur un bouton du téléphone. Gus s'entretenait presque chaque jour avec le président, pour lui rappeler ses priorités ; notamment qu'il s'était engagé dans sa tâche en tant que chrétien fervent, et qu'il ferait sacrément bien de ne rien faire qui puisse entamer cette image.

Amanda, en revanche, était très célèbre et demandée en permanence par les reporters et les photographes. Son visage faisait souvent la couverture des magazines. Elle avait l'élégance et l'éloquence de leur mère, tout comme elle avait hérité de son talent pour l'écriture. Cependant, elle transmettait un message plus doux à ses ouailles. Son Dieu était davantage un Dieu d'amour et de pardon que celui de sa mère. Son livre, *La Paix de l'Intérieur*, avait été un best-seller international. Et, comme sa mère avant elle, elle était souvent invitée dans les émissions de variétés. Il ne restait d'ailleurs que des places debout lors de ses grands rassemblements, organisés à travers tout le pays, qui visaient à ranimer la foi. Amanda y exhortait les participants à confier leur cœur à Jésus, mais aussi à s'inscrire sur les listes électorales afin de ramener les États-Unis d'Amérique vers Dieu.

Elle avait toujours pensé que son frère partageait sa foi, Gus le savait. Il n'avait jamais pris la peine de la détromper. À ses yeux, la religion n'avait jamais été qu'un moyen de contrôler les masses. Il avait foi dans le pouvoir – *le pouvoir politique* ; or, la religion était devenue un enjeu déterminant dans la politique américaine. Il avait dirigé l'élection présidentielle en unissant les forces du pouvoir, de la richesse de sociétés surdimensionnées et de la droite conservatrice religieuse. Sous la direction de Gus et le sacerdoce d'Amanda, l'Alliance des électeurs chrétiens était devenue un lobby politique incontournable.

Malgré, son dédain pour tout ce qui touchait à la religion, il adorait sa sœur et l'admirait presque avec dévotion. Quel soulagement lorsque son bref mariage avec un joueur de football professionnel avait pris fin ! Elle était alors revenue s'installer avec son nourrisson à Victory Hill. Le joueur de foot, au lourd passé de querelles de comptoir et au goût immodéré pour le jeu, avait refusé d'abandonner son autorité parentale et de permettre à son fils de prendre le nom des Hartmann ; mais, moins d'un an après le divorce, il avait été victime d'une fusillade.

Le fils d'Amanda n'avait aucun souvenir de son père. C'était Gus qui avait remplacé la figure paternelle dans la vie de Sonny, et il avait adoré ce rôle. Malgré tout, il n'avait compris à quel point il aimait son neveu qu'après l'accident. Cela faisait maintenant presque six mois que Sonny avait été retrouvé coincé sous un véhicule tout-terrain, au fond d'un canyon peu profond. On l'avait transporté en hélicoptère jusqu'à Amarillo. Après plus d'un mois en soins intensifs, Amanda l'avait fait rapatrier au ranch, à l'abri des regards indiscrets, et elle avait endossé son manteau de deuil. Ses millions de disciples en avaient déduit que Sonny était mort. Ils avaient partagé son chagrin ; en revanche, la presse n'avait pas lâché l'affaire aussi facilement. Armés de leurs téléobjectifs et de toute leur audace, les journalistes avaient emprunté la route isolée qui menait au ranch des Hartmann. Ils étaient restés jusqu'à ce que l'hiver glacial les chasse.

Médicalement, Sonny Hartmann était toujours vivant. Il pouvait encore bouger. Il lui arrivait même parfois de marmonner. Mais le garçon adulé n'existait plus en tant que tel. À présent, la vie de Gus était dominée par le fardeau d'un chagrin incommensurable.

Sa sœur avait adressé des milliers de prières à son Dieu pour le supplier de lui rendre son fils. Gus avait même songé un temps à reconsidérer ses propres croyances religieuses. Bien qu'il n'ait pas prié depuis son enfance, lorsque la douleur s'était révélée insoutenable, il avait réessayé. À genoux, il avait proposé des accords, fait des promesses, sans aucun résultat.

Il scruta le visage du Christ de pierre en se demandant s'il lui fallait persévérer.

CHAPITRE 3

Bentley décrocha le téléphone.

« Ton rendez-vous de 10 heures est arrivé, annonça Lénora.

— Qu'en penses-tu ? Est-ce que cette jeune femme répond à tes attentes ?

– Mes attentes ? Ce n'est pas le problème. Son dossier est sur ton bureau.

— Offre-lui un café et laisse-moi quelques minutes ! »

Bentley se dirigea vers les toilettes pour se repeigner et ôter une poussière sur sa lentille. Puis il sourit dans la glace au souvenir de la nuit passée. Il pensait avoir perdu Brenda après le second coup de fil de Gus, mais non : celle-ci s'était en fait transformée en tigresse. Quelle tigresse, bordel ! Il avait eu une érection en proportion. Comme jamais. Sans même prendre de Viagra.

Bentley se tapota affectueusement l'entrejambe.

Un sourire d'autosatisfaction toujours étalé sur le visage, il retourna à son cabinet et jeta un rapide coup d'œil – murs recouverts de livres, d'œuvres d'art amérindiennes choisies avec soin, tapis persans sur un plancher sombre. Avec la télécommande, il ajusta les stores de la baie vitrée qui surplombait la rivière.

Bien sûr, cette pièce avait été conçue pour impressionner. Toutefois, son propriétaire commençait à se demander si le décor ne manquait pas un peu de naturel.

D'habitude, il tirait satisfaction des signes extérieurs de son succès. Après tout, son premier cabinet d'avocat se trouvait au-dessus d'un garage ; Brenda et lui s'étaient mis en ménage dans un studio. Bien sûr, tout avait changé après la consécration que Gus Hartmann lui avait apportée. Bentley conduisait désormais une Mercedes dernier cri. Il habitait un hôtel particulier dans un vieux quartier coté d'Austin ; mais il lui arrivait bêtement de repenser avec envie au passé, lorsque Brenda et lui étaient encore jeunes et qu'ils avaient du mal à joindre les deux bouts. Comment Brenda réagirait-elle s'il fermait son cabinet pour travailler avec l'assistance juridique, en aidant les clochards plutôt que les gros richards ? Ou bien s'il abandonnait complètement sa carrière pour qu'ils occupent ensemble leurs journées à pêcher, à entretenir leur jardin et à profiter de leurs petits-enfants – s'il venait un jour à l'esprit de leurs gosses de leur en donner ? Mais avec un prêt immobilier d'un million de dollars, trois fils encore à l'université et une fille mariée à un bon à rien, il était bel et bien coincé.

Il enfila la veste de son costume, ajusta ses manchettes et s'assit sur un coin de son bureau pour consulter la note que Lénora lui avait préparée au sujet de Jamie Amelia Long.

20 ans.

A abandonné ses études à l'université au milieu de sa deuxième année, pour s'occuper de sa grand-mère mourante.

Excellents résultats aux examens d'entrée à l'université.

Coureuse de fond au lycée.

Parents tués dans un accident d'avion lorsqu'elle avait 6 ans. Élevée par la grand-mère mentionnée plus haut.

Une demi-sœur de seize ans son aînée, avec qui elle est brouillée.

Cheveux blonds.

Yeux bleus.

Taille : 1,78 m.

Poids : 61 kg.

Droitière.

Aucune maladie grave.

Pas de trouble génétique connu dans la famille.

Ne porte pas de lunettes.

Ne s'est jamais mariée ; n'est jamais tombée enceinte.

Pas de relation amoureuse en cours.

Pas mal ! Il espérait juste qu'elle était jolie. L'un des critères d'Amanda Hartmann était que la jeune femme possède « un visage et un corps séduisants ». En outre, celle-ci devrait être « extrêmement intelligente, en parfaite santé, douée en athlétisme, svelte, gracieuse, avoir une voix très douce, mais claire, être vertueuse, travailleuse et loyale ». Et appartenir à une communauté religieuse. Croire en Dieu. Ne jamais avoir été mariée. D'ailleurs, Amanda « avait une nette préférence » pour une jeune femme *sans* attaches familiales.

Sur le papier tout du moins, Jamie Long correspondait parfaitement aux critères.

Bentley avait vraiment envie de régler cette affaire. Bien sûr, il facturait aux Hartmann chaque heure consacrée à se documenter sur les aspects légaux de l'emploi d'une mère porteuse, ainsi que le temps que Lénora et lui passaient à rechercher des candidates et à les passer au crible ; mais il avait besoin d'avancer. Deux procès majeurs s'annonçaient – tous deux concernant des infractions relatives à la protection de l'environnement, commises par la société *Pétrole et Gaz Palo Duro.* Bentley reposa le dossier de Jamie, resserra sa cravate et ouvrit la porte. Lénora et la jeune femme étaient assises sur la banquette, deux tasses de café posées sur la table basse en face d'elles.

« Bentley Abernathy. Ravi de vous rencontrer, Mlle Long. »

Elle avait une poignée de main ferme et le regard franc.

« Merci de me recevoir. »

Bentley escorta Jamie Long jusqu'à son bureau avant de la faire asseoir sur le canapé en cuir. Après s'être assuré qu'elle ne désirait pas d'autre café, il saisit la chemise qui contenait ses dossiers et s'assit en face d'elle.

Jamie Long était d'une beauté sans prétention. Jolies pommettes. Des lèvres charnues, qui auraient été sensuelles sur un autre visage que le sien mais qui, curieusement, lui donnait un air doux et vulnérable. Ses yeux, d'une couleur profonde, avaient une teinte plus exotique que le simple « bleu ». Le blond pâle étincelant de ses cheveux n'était pas celui d'une teinture. Avec un peu de maquillage et une meilleure coupe de cheveux, cette fille pouvait faire des ravages.

« Je suppose que vous avez vu notre annonce dans un journal étudiant.

— Oui, le *Daily Texan.* Mais c'était il y a quelques mois. J'ai été un peu surprise que vous cherchiez toujours quelqu'un.

— Qu'auriez-vous fait si ça n'avait pas été le cas ?

— J'ai trouvé des annonces semblables sur les sites web d'autres journaux et j'ai discuté avec des personnes intéressées sur des forums. Grâce à votre numéro de téléphone, je savais que vous étiez au Texas ; c'est pourquoi j'ai décidé, de commencer par vous.

— Et qu'est-ce qui vous intéresse dans le fait de devenir mère porteuse, au juste ?

— Eh bien, je trouve que c'est un bon moyen d'aider un couple qui a vraiment envie d'avoir un bébé. En même temps, cela me permet de gagner l'argent dont j'ai besoin pour terminer mes études universitaires et payer mes dettes.

— Je vois. Je veux être certain que vous comprenez vraiment bien ce que l'on attend de vous. Avant de vous faire inséminer, on vous demandera de signer un contrat, dans lequel vous accepterez de céder la totalité de votre autorité parentale et de vous conformer aux conditions de mes clients. Vous serez généreusement payée pour vos services, qui prendront fin à la naissance de l'enfant. Mes clients ont précisé que vous ne serez autorisée ni à voir le bébé ni à connaître son sexe ou à établir quelque relation que ce soit avec lui. Avez-vous vraiment fait le tour de la question, Mlle Long ? Êtes-vous certaine d'être capable d'abandonner un bébé que vous aurez porté pendant neuf mois ? »

Jamie acquiesça d'un air solennel.

« J'espère avoir des bébés à moi un jour. Mais à cette période de ma vie, je ne veux pas des responsabilités d'une mère. Pour le moment, mon seul souci est de terminer mes études sans avoir à me préoccuper sans cesse des questions d'argent. »

Elle marqua une pause, comme pour délibérer de l'utilité d'approfondir ses explications.

« J'ai grandi dans la pauvreté et j'ai toujours dû faire avec. Et si je me rends bien compte que mon éducation m'a mieux préparée à affronter la vie que les gamins à qui on a toujours tout apporté sur un plateau d'argent, mais j'aimerais bien, une fois de temps en temps, pouvoir entrer dans un magasin sympa et m'acheter quelque chose juste parce que c'est joli. »

Elle enfouit ses mains entre ses genoux en rougissant.

« Je sais bien que ça me fait paraître frivole, mais je vous assure que je suis très sérieuse. Je suis une travailleuse et j'ai toujours obtenu de bonnes notes. Je n'ai jamais séché les cours et je ne me suis jamais créée de problèmes. Ma grand-mère n'a jamais eu à me rappeler à l'ordre en ce qui concernait les tâches ménagères. Elle m'a bien éduquée.

— J'en suis certain. »

Elle lui plaisait beaucoup, cette Jamie Long. Il l'appréciait même tellement qu'il n'était pas sûr de vouloir la présenter à Amanda Hartmann. Non qu'il n'apprécie pas Amanda. Ses rapports avec elle avaient toujours été cordiaux ; d'ailleurs, des millions de disciples la révéraient. Mais Amanda restait, malgré tout, la sœur de Gus Hartmann.

Cependant, s'il laissait s'en aller Jamie Long, il serait obligé de continuer à rencontrer des candidates. L'opération avait assez duré. Amanda et son frère s'impatientaient. Et peut-être aussi le nouveau mari d'Amanda. De toute façon, il fallait passer à autre chose.

« Si mes clients vous choisissaient comme mère porteuse, ils attendraient de vous que vous vous soumettiez à certaines conditions quelque peu… inhabituelles. Pour commencer, on vous demandera d'habiter leur ranch, de manière à rester sous étroite surveillance pendant tout le processus – depuis la signature du contrat jusqu'à l'accouchement. »

Jamie Long écarquilla les yeux.

« Mais je veux retourner à l'université !

— J'ai bien peur que ce ne soit pas possible. Mes clients sont déterminés à protéger leur investissement. Ils feront tout leur possible pour s'assurer un bon résultat. Ils sont persuadés qu'une surveillance sans faille est la seule manière d'éviter la consommation de drogue, d'alcool, de cigarette, ainsi que les conduites à risque. Mes clients possèdent un ranch dans le nord-ouest du Texas. La femme qu'ils choisiront comme mère porteuse y disposera de son propre appartement. On lui préparera tous ses repas. Une infirmière s'occupera d'elle. Mais interdiction de nager sans surveillance, de monter à cheval ou de conduire une voiture. Et de sortir seule de la propriété.

— Donc, en gros, je serai incarcérée pendant neuf mois, dit Jamie, interloquée, en haussant les sourcils.

— Je pense qu'« invitée aux privilèges restreints » serait un terme plus adéquat. D'ailleurs, il est possible que cela dure plus de neuf mois. Le procédé d'insémination peut s'étaler sur plusieurs cycles menstruels. Toutefois, ces restrictions peuvent se comprendre, quand on y réfléchit. Mes clients souhaitent faire tout ce qui est en leur pouvoir pour protéger la mère porteuse et leur enfant à naître. Si mes clients et vous parvenez à un accord, vous devrez penser à ce bébé comme à *leur* bébé durant tout le temps que durera l'engagement. Le mari fera don de son sperme : il sera donc le père naturel de l'enfant, et sa femme la mère adoptive du bébé. Le contrat que vous signerez stipulera qu'après la naissance, vous ne devrez plus jamais entrer en contact avec mes clients, ni exiger quoi que ce soit d'eux. On vous conduira à l'endroit de votre choix. Si vous rencontrez une quelconque complication médicale en lien avec la grossesse ou l'accouchement, ils payeront pour vos soins jusqu'à ce que le problème soit résolu. Quant au dédommagement financier, si mes clients vous choisissent comme mère porteuse, ils vous paieront 10 000 dollars à l'avance. Si, après trois cycles menstruels, vous n'êtes toujours pas enceinte, vous gagnerez 5 000 dollars de plus, avant d'être renvoyée. Si l'insémination artificielle réussit mais que vous faites une fausse couche, on vous donnera là aussi 5 000 dollars. Le contrat mentionnera également des montants compensatoires pour d'autres circonstances, comme un enfant mort-né, ou bien un enfant dont il faudrait avorter parce que les tests révéleraient des malformations fœtales inacceptables pour mes clients. En revanche, si l'insémination réussit et que vous accouchez d'un bébé vivant, vous serez payée 90 000 dollars supplémentaires. Cela amènera le montant total de votre indemnisation à 100 000 dollars.

— Oh mon Dieu ! C'est beaucoup plus que ce à quoi je m'attendais !

— Oui, c'est une grosse somme d'argent. Vous devez pourtant aussi prendre en compte une autre prime. Le respect de leur vie privée est *essentiel* aux yeux de mes clients. Si l'enfant est viable, ils créeront une fondation à votre nom. Les clauses seront les suivantes : si vous n'entrez pas en contact avec l'enfant, si vous ne révélez jamais à personne votre lien avec lui, vous recevrez toute votre vie une indemnité annuelle de 20 000 dollars qui proviendra des bénéfices de la fondation. »

Un son s'échappa de la charmante bouche de Jamie Long.

« Je dois vous avertir, Mlle Long, de ne pas signer de contrat avec mes clients sans être absolument certaine de vous soumettre à ces conditions. On a déjà entendu parler de mères porteuses qui changeaient d'avis et décidaient de garder le bébé. Mais celles qui le font se retrouvent dans une situation très compromettante aux yeux de la loi. Le tribunal peut très bien reconnaître la mère porteuse comme la mère légale ; mais le père conserve lui aussi son autorité parentale sur l'enfant. D'ailleurs, la femme pourrait se voir poursuivie pour rupture de contrat : elle serait alors jugée responsable des dépenses médicales les concernant, elle et son enfant, et on pourrait très bien lui demander de rembourser le couple de ses frais judiciaires, ainsi que de toute autre dépense engagée. Par conséquent, Mlle Long, vous devez décider si ça vaut la peine de mettre votre vie entre parenthèses pendant près d'un an. Au cas où vous accepteriez les conditions de mes clients, vous passerez un bilan médical complet. Si on vous déclare en bonne santé, nous organiserons une rencontre. Et maintenant, avez-vous un endroit où loger à Austin ?

— Non.

— Lénora, viens nous rejoindre, s'il te plaît ! »

Lénora sourit à Jamie avant de s'asseoir dans l'autre fauteuil, jambes croisées.

« Réserve une chambre pour Mlle Long au *Driskill*, et veille à ce qu'elle ait bien tout le nécessaire ! »

Il griffonna quelques instructions supplémentaires sur un bloc-notes dont il arracha la page, qu'il tendit à Lénora.

« Lénora va passer le contrat en revue avec vous. Elle répondra à toutes vos questions. »

Puis il se leva, suivi des deux femmes.

« Si je souscris aux termes du contrat, pensez-vous que je corresponde à la personne que recherchent vos clients ?

— Vous seriez parfaite, je pense. Soyez simplement certaine, en votre âme et conscience, de votre choix. »

Il allait de soi qu'elle souscrirait aux termes du contrat, songea Bentley. Aucune jeune femme ruinée et saine d'esprit ne déclinerait une pareille offre.

CHAPITRE 4

Jamie sortit derrière Lénora. Prise de vertiges, elle s'assit sur la banquette, face au bureau de la secrétaire. Elle respira profondément pour essayer de retrouver son calme, avant de repasser la conversation dans son esprit. Pendant ce temps, Lénora donnait des instructions à son assistant par téléphone.

100 000 dollars ! C'était bien plus que tout ce qu'elle avait pu lire sur les sites web qu'elle avait consultés au sujet des mères porteuses. Et, en plus, elle bénéficierait d'un revenu annuel pour le restant de ses jours – un revenu trop modeste pour pouvoir en vivre, mais sans aucun doute suffisant pour lui ouvrir de formidables options dans la vie.

Bien entendu, une partie de son argent irait aux impôts. Mais elle pourrait rembourser ses cartes de crédits, tout en économisant plus que ce qui lui était nécessaire pour finir sa licence. Avec ça, elle n'aurait plus l'impression de bâtir des châteaux en Espagne à chaque fois qu'elle rêvait de faire des études de médecine.

Mais c'était trop. Vraiment trop, au point qu'elle se mit à trembler. Elle respira à grandes bouffées et glissa ses mains entre ses genoux pour les immobiliser.

Toutefois, elle se souvint que pour profiter de cette aubaine et vivre en paix le reste de ses jours, il lui faudrait consacrer près d'une année à l'attente d'un bébé.

Un bébé.

Malgré, toutes ses recherches sur internet, elle n'avait peut-être pas assez réfléchi à tout ce qu'impliquait le fait de devenir mère porteuse. Elle effleura son ventre. *Un bébé qui grandirait en elle, mais ne lui appartiendrait pas.* En sachant dès le départ que ce ne serait pas le sien, un bébé à elle, à chérir et élever, elle pourrait contrôler la situation. C'était certain. Après tout, elle n'avait pas envie de bébé. Pas maintenant. Pas avant de pouvoir le concevoir avec un homme qu'elle aimait, parce qu'ils auraient envie de fonder ensemble une famille. Or, elle était bien loin de se trouver dans cette situation.

Elle se demanda ce que M. Abernathy pensait d'elle : une femme qui faisait un enfant pour des étrangers. Cela le choquait-il qu'une jeune femme en apparence convenable puisse l'envisager ? Pourtant, l'idée était séduisante. Ça semblait être un bon moyen d'aider un couple sans enfants. Sur un site web, elle avait même lu que certaines femmes devenaient mères porteuses bénévolement. Elles aimaient être enceintes, faire des bébés. Certaines gardaient d'ailleurs toute leur vie durant des liens avec les parents et l'enfant.

Bien entendu, avec les clients de M. Abernathy, ce ne serait pas son cas. Ils n'accepteraient jamais de revoir la mère porteuse de leur enfant. C'était peut-être mieux pour tout le monde. Ça devait être vraiment troublant pour un enfant d'avoir deux mères.

Mais que penser des autres conditions ? Pouvoir terminer ses études sans hypothéquer son avenir valait-il la peine de s'enfermer pendant près d'un an ?

Quel soulagement, néanmoins, de pouvoir aller à l'université sans travailler à côté ! Sans se préoccuper sans cesse des questions d'argent.

La jeune femme regarda Lénora glisser une liasse de papiers dans son porte-documents. Elles sortirent du cabinet. Dans l'ascenseur, en route vers le parking souterrain, Jamie chercha un mouchoir dans son sac.

« Ça va ?

— Je suis un petit peu dépassée.

— Vous avez besoin d'un bon déjeuner au *Driskill Grill*. Ensuite, séance de manucure sur le compte du patron. Puis nous passerons l'après-midi dans votre chambre à l'hôtel, pour lire ce fameux contrat. »

Pleine à craquer de toutes les affaires de Jamie, la Chevrolet de sa grand-mère était garée juste en face de la BMW dernier cri de Lénora. Elle la suivit dans le trafic du centre ville à midi, l'heure de pointe.

Elle se gara devant l'entrée de cet hôtel historique, dont l'architecture évoquait une gigantesque pièce montée surchargée de décorations. Un jeune homme en livrée se précipita pour lui ouvrir la portière. Le hall, somptueusement décoré, avait un sol en marbre et des colonnes élancées.

« Vous savez, il n'y a pas si longtemps, un Noir aurait été obligé d'entrer par-derrière – et encore, uniquement s'il s'agissait d'un employé de l'hôtel, fit remarquer Lénora, songeuse. Ma grand-mère a été femme de chambre ici, dans les années cinquante. Je l'y ramène tous les ans pour son anniversaire. Elle met son plus beau chapeau, celui qu'elle porte à l'église, avec ses gants blancs : on dirait une reine. »

Lénora s'interrompit quelques secondes avant d'ajouter :

« C'est votre grand-mère qui vous a élevée, n'est-ce pas ? »

Jamie acquiesça. Oui, cela aurait été merveilleux d'amener Granny dans un endroit comme celui-ci !

Le restaurant, avec ses murs et son plafond revêtus de boiseries, était plus sobre que le hall. Les clients étaient habillés comme Lénora – ensembles élégants, chaussures de prix. Gênée, Jamie croisa ses pieds chaussés de sandales bon marché, et les fourra sous la table.

Elle enviait Lénora qui respirait la confiance en elle. À juste titre, d'ailleurs. Avec ses cheveux lisses pour former un chignon serré, son tailleur impeccable, sa peau d'un brun velouté, son maquillage parfait, ses jambes soyeuses et ses escarpins visiblement onéreux, elle ressemblait à un mannequin. Ou à une femme d'affaires. Elle se demanda si Lénora avait déjà roulé avec des pneus lisses ou s'était déjà demandé comment payer son prochain repas.

Elle-même n'avait jamais espéré devenir riche un jour. Malgré tout, ce devait être agréable de ne plus être pauvre.

Un serveur leur apporta de l'eau dans des verres à pied et déposa une corbeille de pain entre elles.

— Y a-t-il beaucoup d'autres candidates pour cet… cet *emploi* ?

— Je ne peux pas vous répondre.

— Avez-vous déjà amené d'autres candidates déjeuner au *Driskill* ?

Lénora sourit.

« Non. »

Jamie hocha la tête d'un air entendu.

« M. Abernathy semble penser que je plairai à ses clients.

— Eh bien, dans ce cas, réfléchissez bien à tout ça. Il vous faut savoir si vous ne regretterez pas toute votre vie d'être devenue mère porteuse, ou si vous pourrez vous retourner sur votre action et la contempler avec satisfaction.

— Connaissez-vous les clients ?

— Pas vraiment. Au cours des trois années que j'ai passées avec Bentley Abernathy, la femme n'est venue qu'une seule fois au cabinet. Mais Bentley les connaît depuis des années, elle et son frère. Ils sont plutôt riches ; vous l'aviez déjà compris. La femme a perdu son fils unique dans un accident et elle ne peut plus avoir d'enfant ; elle vient d'épouser un homme plus jeune qu'elle, qui n'en a jamais eu.

— Cette femme et son mari désirent vraiment cet enfant plus que tout au monde ?

— Je suppose qu'avoir un bébé est pour eux essentiel. Sinon, pourquoi prendraient-ils toute cette peine ? »

Jamie songea au fait que seuls les riches pouvaient se permettre d'employer une mère porteuse. C'était injuste, bien sûr. Mais elle avait découvert depuis longtemps que la vie n'était pas une question de justice. La vraie question, c'était de savoir tirer le meilleur parti de ce qui se présentait à soi. Pendant l'agonie de sa grand-mère, Jamie avait décidé de ne pas attendre que la vie s'offre à elle ; elle allait se servir du peu d'atouts qu'elle avait en main et fixer ses propres conditions. C'était pour ça que l'idée des mères porteuses lui avait plu tout de suite.

« Vous devez bien lire le contrat et faire le calcul. Réfléchissez à la place que prendra cet argent dans votre vie. Ensuite, passez le bilan médical et rencontrez le couple. Vous pouvez faire marche arrière à tout moment tant que l'accord n'est pas signé. Mais – je suis certaine que Bentley vous l'a déjà expliqué – même s'il est vrai que certaines mères porteuses changent d'avis et décident de garder leur bébé, ça pourrait se révéler être une *très* mauvaise décision. En fait, vous ne devez même pas l'envisager. Il faut penser aux clauses de ce contrat comme si elles étaient gravées dans du marbre. »

Jamie soupira.

« Je n'arrête pas de me demander ce qu'en penserait ma grand-mère. »

Lénora lui prit la main.

« Nos grand-mères ont grandi à une autre époque. Cette décision-ci appartient à une jeune femme de *notre* époque. »

Jamie baissa les yeux et fixa la main de Lénora sur la sienne – une belle main, aux doigts longs et effilés. Le contact d'un autre être humain était agréable.

La nuit précédente, elle avait dormi dans sa voiture : sans argent, elle n'osait pas utiliser une de ses cartes de crédit surendettées pour se payer une chambre dans un motel. À chaque fois qu'elle pensait à sa dette et à ses cartes de crédit, elle avait l'impression de s'enliser dans des sables mouvants. Quand avait-elle donné sa voiture en révision pour la dernière fois ? Et la pierre tombale de sa grand-mère, aurait-elle un jour les moyens de la faire poser ? Avec de telles pensées en tête, elle aurait pu prendre sa décision sans réfléchir.

Lénora saisit un menu.

« Je vous recommande le saumon poché et les légumes à la vapeur si vous faites attention aux calories ; dans le cas contraire, le poisson-chat frit avec des *hush puppies*[1]. Et gardez de la place pour le dessert ! »

1. Plat constitué de pâte de maïs en friture (NdT).

Après une visite au salon de manucure, les deux jeunes femmes suivirent un groom qui porta l'une des valises de Jamie jusqu'à sa chambre, au quatrième étage.

Jamie s'étrangla devant l'immense lit et l'élégance du décor.

« Quelle chambre magnifique ! »

Lénora donna un pourboire au groom, commanda des cafés, puis sortit le contrat de son porte-documents et le déposa sur la table ronde en face de la fenêtre.

« Autant en finir avec ça. »

Par moments, le jargon juridique paraissait incompréhensible. Mais Lénora fit preuve de patience et expliqua chaque clause avec minutie. Le document essayait de parer à toute éventualité ; dans son ensemble, les choses étaient telles que M. Abernathy les avait présentées. En rangeant le contrat dans sa serviette, Lénora précisa :

« Attention : en cas de viol d'une *seule* clause de ce contrat, vous serez tenue de rembourser chaque centime de ce qui a été déboursé pour vous. Je ne pourrai jamais assez insister sur l'importance que mes clients accordent à la protection de leur vie privée. Si vous signez ce contrat, vous ne devrez jamais révéler une seule information sur lui, ni sur l'identité du couple. Vous ne devrez même pas informer qui que ce soit de l'endroit où vous vous rendez, ni de ce que vous allez y faire. Vous ne pourrez ni recevoir de visite ni contacter le monde extérieur tant que vous habiterez au ranch, ce qui veut dire que vous ne serez pas autorisée à téléphoner ni à accéder à un ordinateur. S'il existe des gens pour s'alarmer de votre disparition, il vous faut trouver un prétexte comme aller étudier à l'étranger, faire de l'humanitaire dans un pays du Tiers Monde, quelque chose dans le genre. Vous devez vous assurer que personne n'ira lancer une recherche auprès de la police pour vous déclarer disparue ou n'engagera un détective privé pour vous retrouver.

— Je suis plutôt seule au monde en ce moment. Je ne peux donc pas imaginer pareille situation. Mais tout ça n'est-il pas un peu excessif ?

— À nos yeux, sans doute. Mais je suis sûre que les clients ont leurs raisons. Comprenez bien que le respect de la vie privée représente souvent un enjeu capital pour les gens très riches. Je suis certaine que ces gens-là s'inquiètent qu'on puisse découvrir l'identité de la mère biologique de l'enfant et exploiter cette information d'une manière ou d'une autre.

— Mais si je signe un contrat avec « les clients », j'aurai besoin d'une adresse pour ouvrir un compte en banque. D'ailleurs, j'aimerais m'inscrire à un cours par correspondance.

— Les clients ont pensé aux démarches liées à vos opérations bancaires : ils prévoient de louer une boîte postale ici, à Austin, et de faire envoyer votre courrier au ranch par une tierce personne.

— On dirait un film d'espionnage !

— Peut-être. Mais je pense que ces gens veulent juste se montrer très, très prudents. Ils investissent beaucoup d'argent et d'émotions dans ce projet. Ils veulent faire tout leur possible pour assurer son succès. Je ne peux pas imaginer leurs raisons de s'opposer à ce que vous suiviez un cours par correspondance. Pour en être sûre, je demanderai à Bentley de leur en toucher un mot. Avez-vous d'autres questions ?

— Non, vous avez tout éclairci. Vous devriez faire des études de droit.

— C'est ce que je fais. Trois soirs par semaine, grâce aux encouragements de Bentley Abernathy et à son soutien financier. Encore deux ans et, si je suis reçue au barreau, je deviendrai son associée. Alors, dites-moi, Jamie Long, dois-je organiser votre bilan médical demain ?

— Vous pouvez faire ça aussi vite ?

— Vous pouvez très bien passer le bilan. C'est le cabinet qui prend les frais en charge – il envoie la facture aux clients, bien entendu. Ensuite, si on nous certifie que vous êtes en bonne santé, vous serez examinée par la gynécologue qui assurera l'insémination artificielle. Si vous obtenez son aval, j'organiserai une rencontre entre vous et les clients. Il n'y aura pas de signature du contrat avant que tout le monde soit d'accord. Dans l'intervalle, vous pouvez rester ici, à l'hôtel, et mettre la nourriture et vos divers frais sur le compte de la chambre, jusqu'à ce que tout le monde ait pris sa décision. À votre place, je profiterais un peu de la vie de luxe et je ne bousculerais pas les choses. Attendez que toutes les cartes soient sur la table. Alors, qu'en pensez-vous ? Je prévois ce bilan ? »

Jamie acquiesça. Lénora s'empara du téléphone et prit des rendez-vous, en énumérant les multiples examens médicaux que Jamie devait subir. Une fois les appels terminés, elle referma son porte-documents et se leva.

« Je passerai vous chercher à 9 heures demain matin. »

Jamie fut désolée de son départ ; désolée de se retrouver à nouveau seule.

Après un repas dans sa chambre, elle se déshabilla et prit un long bain chaud dans la luxueuse salle de bainss. Elle essaya aussi de faire ce que Lénora lui avait suggéré – ne pas penser à tout *ça* avant d'avoir tous les éléments en mains.

En sortant de la baignoire, elle contempla son corps dans la glace. Comment serait-elle, une fois enceinte ? Comment un homme la regarderait-il ? La trouverait-il attirante ? Aurait-il envie de faire l'amour avec elle ? Peut-être qu'après avoir porté ce bébé à 100 000 dollars, elle serait toute flasque, bourrée de vergetures. Peut-être que ses seins tomberaient.

Mais rien qu'imaginer un homme regardant son corps nu la faisait rougir et lui donnait des vertiges. En effleurant ses seins, elle provoqua des frémissements chauds, mystérieux. Comme si son corps attendait quelque chose. Pas un bébé. Tout autre chose.

Vierge à 20 ans ! Plutôt original aujourd'hui ! Pourtant, c'était son cas : vierge et disposée à louer son utérus au plus offrant. Vierge et sur le point de vendre une année de sa vie, parce que pauvre et épuisée – tellement épuisée que la lassitude coulait dans ses veines et la minait au plus profond d'elle-même.

CHAPITRE 5

Lénora entra dans le bureau de Bentley avec deux tasses de café à la main.

« Comment ça s'est passé ce matin ?

— Nous n'avons pas encore reçu les résultats du labo, mais le médecin n'a décelé aucun problème chez Jamie au cours de l'auscultation. Il dit même qu'elle a une santé exceptionnelle. Elle a rendez-vous avec la gynécologue demain après-midi. »

Elle s'interrompit, sirota une gorgée de café et ajouta :

« Elle est vierge. »

Bentley digéra l'information. Il aurait préféré l'inverse, même en ayant toutes les peines du monde à expliquer pourquoi. Amanda Hartmann avait insisté pour que la mère porteuse soit « chaste ». Il avait fait remarquer qu'une telle exigence limiterait drastiquement le lot des candidates possibles, vu que la plupart des jeunes femmes avaient une vie sexuelle active à l'âge où elles pouvaient prétendre à devenir mères porteuses. Mais c'était son mari Toby qui avait convaincu Amanda de garder l'esprit ouvert.

« Chaque enfant naît pur aux yeux de notre Seigneur. Nous avons passé un pacte avec Lui. C'est Lui que nous servons.

— Parfois, c'est le disciple qui enseigne au maître », avait-elle répondu avec un sourire empli d'adoration.

Mais à présent, Amanda allait peut-être avoir satisfaction. C'était bien une vierge qui porterait l'enfant de leur « pacte ». Tout ça était absurde, bien sûr. Il n'était quand même pas un grand prêtre prêt à sacrifier une vierge pour apaiser les dieux !

Si ?

Bentley se racla la gorge.

« Alors, après avoir passé tout ce temps avec Mlle Long, que penses-tu d'elle ?

— Je pense qu'elle est sincère, honnête, intelligente, seule et désespérée », répondit Lénora sans l'ombre d'une hésitation.

Bentley but une gorgée de café :

« Crois-tu qu'elle puisse sortir psychologiquement indemne de cet arrangement ?

— Je suppose qu'aucune femme ne peut traverser une grossesse sans en être profondément transformée – qu'elle garde l'enfant ou qu'elle l'abandonne. Mais je crois que Jamie a assez de ressources pour reprendre sa vie après ça. »

Il fixa la fenêtre d'un air absent, en songeant à sa fille trop gâtée, qui n'avait jamais gagné un sou de toute sa vie ; elle avait pourtant parfaitement conscience de l'argent qui lui revenait de droit et de ce que celui-ci pouvait lui procurer. Même chose pour ses fils. Leur avait-il vraiment rendu service en n'insistant pas pour qu'ils trouvent un travail, ou au moins pour qu'ils achètent leur propre voiture ?

« Jamie m'a demandé quelle sorte de gens étaient "les clients".

— Que lui as-tu répondu ?

— Que je n'avais rencontré la femme qu'une seule fois : c'est la vérité. Bien sûr, j'ai réceptionné une quantité innombrable d'appels d'Amanda Hartmann. À chaque fois, je l'ai trouvée très charmante, cordiale. Elle se souvient toujours de mon nom et elle a vraiment l'air de se préoccuper de moi en tant qu'être humain : je trouve ça plutôt flatteur. Après tout, c'est quelqu'un de très célèbre. Bien entendu, j'en veux à mort aux gens qui souhaitent abolir la séparation de l'Église et de l'État, – ça inclut Amanda Tutt Hartmann. Mais c'est difficile d'éprouver de la colère contre une femme qui a traversé ce qu'elle vient de vivre. Alors, si elle et son nouveau mari veulent un gosse et que c'est le moyen qu'ils ont envie d'employer, j'espère que ça marchera pour eux. »

Elle se leva et marcha jusqu'à la porte, et la main sur la poignée, ajouta :

« Hé, Patron, promets-moi de ne plus jamais nous entraîner dans une affaire comme celle-ci. »

Bentley répondit par un rire qui n'engageait à rien, puis demanda :

« Comment c'est, la fac de droit ?

— Une corvée, avec des instants de pur ravissement. »

Jamie prit tout particulièrement soin de son apparence. Elle se lava les cheveux, appliqua une touche d'ombre à paupière et de fard à joue. Elle porterait des escarpins noirs et un chemisier blanc qui la feraient paraître mûre et sérieuse ; en tout cas, c'était ce qu'elle espérait. Elle y ajouta une fine ceinture noire ainsi qu'une paire de boucles d'oreilles en perle. Elle inspecta son image dans la glace… Elle avait l'air d'une serveuse. Un chemisier bleu remplaça le blanc.

Aujourd'hui, elle allait rencontrer les clients de M. Abernathy. D'ici ce soir, elle serait sans doute fixée sur la manière dont se déroulerait la prochaine partie de sa vie.

Un dernier coup d'œil au miroir. Elle ne pouvait plus rien faire pour améliorer son apparence. Elle prit le téléphone et appela à Dallas. Sa sœur.

Son cœur battait fort.

« Ginger, c'est Jamie.

— Qu'est-ce que tu veux ?

— Je veux que tu saches que je ne t'ai vraiment rien caché. Il n'y a jamais eu de compte en banque secret. Pas de patrimoine caché. Granny avait hypothéqué la maison pour qu'on puisse s'en sortir. On tirait vraiment le diable par la queue.

— Et alors ?

— Tu es partie en colère. Ça me fait trop de peine qu'on se quitte comme ça. J'aimerais bien que nous soyons plus proches. Ça me ferait tellement plaisir de te voir de temps en temps et de connaître tes filles.

— J'imagine que tu crois que je devrais me sentir coupable de ne pas t'avoir élevée. Mais ce n'est pas le cas. Il fallait que je vive ma vie. Je te souhaite bonne continuation, c'est tout.

— Bonne continuation à toi aussi.

— C'est injuste, la façon dont maman se mettait à plat ventre devant toi. J'étais tout le temps seule, et puis tu es arrivée et elle t'a traitée comme une princesse.

— Au revoir, Ginger. »

Jamie reposa le combiné avec précaution, comme s'il avait été en verre.

« Non, je ne pleurerai pas », lança-t-elle à son reflet dans la glace.

Mais elle pleura quand même.

Ensuite, elle rangea la pièce pour que la femme de chambre ne pense pas qu'elle était désordonnée, et elle se dirigea vers l'ascenseur.

Avec dix minutes d'avance, elle attendit Lénora devant l'hôtel. Jamie était nerveuse. À tel point qu'elle en avait mal au ventre.

*

Lénora introduisit Jamie dans le bureau de M. Abernathy ; la femme et son mari se levèrent. C'étaient les deux personnes les plus éblouissantes que Jamie ait jamais rencontrées. On aurait dit des stars de cinéma. Un peu comme ces gens dont le yacht est arrimé au quai d'une station balnéaire huppée de la Côte d'Azur, en France.

M. Abernathy les présenta comme Amanda et Toby. Quel âge pouvait-elle avoir ? Au moins dix ans de plus que son mari. Peut-être même davantage. Manifestement, elle appartenait à ces femmes qui prennent le plus grand soin d'elles-mêmes. Peau parfaite, pommettes parfaites, posture parfaite, silhouette parfaite, maquillage parfait… Ses bijoux en or restaient discrets, mais impressionnants. Sa montre était une Rolex, ses chaussures et son sac à main, du cuir le plus fin.

Et elle arborait un sourire radieux.

« Vous êtes en tous points aussi jolie que Bentley nous l'avait décrit », dit-elle en serrant la main de Jamie.

Toby s'avança. Lui aussi était parfait. Un vrai mannequin de *Gentleman's Quarterly*, depuis la pochette en soie parfaitement pliée de son blazer beige, parfaitement coupé, jusqu'à ses ongles parfaitement manucurés. Son sourire découvrait des dents étincelantes.

« Je suis vraiment ravi de vous rencontrer, Mlle Jamie », dit-il en saisissant la main de la jeune femme, qu'il garda entre les siennes.

Amanda s'assit sur le canapé, et tapota le coussin à côté d'elle.

« Venez donc vous asseoir à côté de moi, Jamie ! Il faut que nous fassions connaissance. Lénora va vous apporter quelque chose à boire. Qu'est-ce qui vous ferait plaisir, ma chère ?

— Juste un verre d'eau, s'il vous plaît.

— Je suis vraiment désolée pour votre grand-mère. C'est affreux de vous retrouver seule au monde, si jeune ! »

Comme Amanda lui prit à nouveau la main, elle sentit qu'elle se détendait. Cette femme lui plaisait : aussi gentille et chaleureuse qu'elle l'avait espéré ; si sincère qu'elle en eut les larmes aux yeux.

Amanda tira aussitôt un mouchoir de son sac pour le lui tendre.

« Ma pauvre chérie ! Vous avez besoin de temps pour que votre blessure cicatrise. Notre ranch est le lieu idéal pour cela. Nous avons deux piscines et une riche bibliothèque. Notre cuisinière hors pair vous préparera vos repas et notre infirmière, une femme extrêmement compétente, prendra soin de vous. Je pense que vous trouverez votre logement à la fois charmant et accueillant. Bentley nous a informés que vous songiez à poursuivre vos études pendant votre séjour. Je trouve cette idée merveilleuse : je veillerai à ce qu'on installe un bureau dans votre chambre. Vous n'aurez plus un seul souci, ma chère. »

Toby s'agenouilla devant elle. Sa peau était resplendissante. Ses yeux étaient d'un brun clair et doré. Des yeux frappants, qui capturèrent son regard comme un aimant.

« Tant que vous ne n'aurez pas contemplé nos couchers de soleil dans l'ouest du Texas, vous n'aurez rien vu. Amanda et moi voyageons beaucoup, mais nous attendons toujours avec impatience le moment de notre retour au ranch. Et aussi longtemps que vous vivrez là-bas, notre maison sera la vôtre. »

Sa voix était douce comme s'il essayait de la bercer pour l'endormir.

Elle s'était attendue à des questions. Des dizaines de questions ardues, voire intimes. Au lieu de ça, on la courtisait. Ils avaient déjà pris leur décision. *C'était elle qu'ils voulaient.*

Elle sentit la tension retomber. Et sourit.

Amanda expliqua leur projet. Au vu du cycle menstruel de Jamie, la première tentative d'insémination pouvait avoir lieu la semaine suivante, effectuée par la gynécologue d'Austin. Si d'autres essais se révélaient nécessaires, une gynécologue d'Amarillo s'en chargerait. Jamie recevrait une avance de dix mille dollars dès aujourd'hui et elle bénéficierait de cette semaine pour régler ses affaires. Elle serait ensuite conduite au ranch dans leur avion privé.

« Je préférerais y aller en voiture. J'ai celle de ma grand-mère. »

Le silence tomba soudain sur la pièce. M. Abernathy, Lénora et Toby se tournèrent vers Amanda, l'air nerveux.

« Je croyais pourtant que Lénora vous avait expliqué les clauses du contrat. Une fois que vous aurez signé le contrat, vous ne serez plus autorisée à conduire. »

La voix d'Amanda restait calme mais le mécontentement se lisait sur son visage – ce qui la faisait paraître moins charmante.

« Mais j'ai encore quelques affaires à régler la semaine prochaine. Et puis, j'aurai besoin de ma voiture après la naissance du bébé.

— On peut la garer ici, à Austin. Nous veillerons à ce que vous bénéficiiez d'un moyen de transport pour y revenir après la naissance du bébé.

— Tout ce que je possède se trouve dans cette voiture. Ça me rassurerait de la savoir avec moi.

— Très bien, dit Amanda avec un soupçon d'irritation dans la voix ; mais elle avait retrouvé son sourire. Si cette voiture est tellement importante pour vous, Lénora peut prendre des dispositions pour la faire transporter au ranch. Vous pouvez commencer à faire vos achats. Souvenez-vous juste qu'on contrôlera l'absence de drogue dans votre sang avant l'insémination, et qu'à partir de cet instant, vous serez étroitement surveillée, Jamie. Je veux que vous le compreniez. Nous désirons tant ce bébé que nous mettrons tout en œuvre pour nous assurer du bon déroulement de la grossesse.

— Est-ce que ça veut dire que je n'aurai plus d'intimité ?

— Pas du tout, ma chère. Mais il faut vous conformer à nos souhaits, et nous espérons que vous comprendrez notre point de vue. Tout ce que nous savons de vous indique que vous êtes une jeune femme exemplaire, qui a la ferme intention d'honorer sa part du contrat ; mais pour la paix de notre conscience, il nous faut nous en assurer. Une fois que nous aurons établi un certain degré de confiance, vous bénéficierez d'une part d'intimité raisonnable. Mais vous devez bien comprendre que vous ne pourrez jamais quitter les lieux sans être accompagnée, ni communiquer avec qui que ce soit en dehors des limites du ranch. »

Jamie hocha la tête, digérant cette information qui la ramenait à la réalité. Ces gens avaient l'air assez sympathiques, mais ce ne seraient pas ses meilleurs amis. Il s'agissait d'un marché. Elle était une poulinière ; ils payaient pour utiliser son utérus. Elle n'avait pas d'amis. Elle ne pouvait compter que sur elle-même.

« J'aimerais amener un chien », déclara-t-elle à sa propre surprise.

D'où sortait-elle cela ?

« Je vous demande pardon ? » s'étonna Amanda.

Son froncement de sourcils vint troubler son front lisse.

« Je veux amener un chien avec moi.

— Je n'avais pas compris que vous possédiez un chien.

— Je n'en possède pas. Pas encore, en tout cas. Mais j'en aurai un d'ici mon départ pour le ranch.

— Je vois, dit Amanda, dont le charmant sourire avait repris sa place. Eh bien, c'est une bonne idée, ma foi. À présent, avant de signer les contrats, joignons nos mains pour prier au succès de notre entreprise. »

Amanda se leva et attendit que tous l'imitent. Elle tendit la main vers celles de Jamie et de son mari, qui à son tour prit la main de M. Abernathy. Il ne restait plus que Lénora, qui ne paraissait pas bien sûre de ce qu'elle allait faire. M. Abernathy lui tendit la main ; elle rejoignit alors le cercle avec un haussement d'épaule, et Amanda commença sa prière.

« Notre Père qui êtes aux cieux, nous vous remercions d'avoir amené cette innocente jeune femme. Bénissez le voyage que nous entreprenons avec Jamie Long aujourd'hui, et continuez de guider nos pas tandis que nous exauçons votre volonté… »

L'absolue dévotion de la voix d'Amanda provoqua un déclic. Jamie avait déjà entendu cette voix. Elle ouvrit les yeux et observa le visage de la femme, levé vers le ciel. Il affichait une expression de pure extase. Jamie l'avait déjà vue. À la télévision. En prière, exactement comme en ce moment. Elle se joignit aux autres pour faire écho au « Amen » d'Amanda, qui ouvrit alors les yeux et accueillit son regard fixe avec un sourire béat.

La prière d'Amanda avait touché Jamie au cœur. Ces gens étaient pieux. Avec eux, elle serait en sécurité.

CHAPITRE 6

Ils ne portaient pas le même nom. Amanda Tutt Hartmann était la tête spirituelle de l'Alliance des électeurs chrétiens. Toby Travis y était apparemment actif lui aussi. Tous deux ne cessaient de se regarder et de se frôler. Jamie en conclut qu'ils étaient très amoureux. L'alliance au doigt d'Amanda n'était qu'un simple anneau en or. De manière inexplicable, cela l'impressionna. Ça paraissait plus sincère qu'un étalage de diamants.

Une fois le contrat signé, avec un chèque bancaire de 10 000 dollars et un numéro de boîte postale en poche, Jamie serra la main d'Amanda et de Toby. Encore abasourdie, elle se rendit ensuite à la banque la plus proche.

Ça lui arrivait vraiment.

Le projet né de son désespoir portait ses fruits. Elle était à la fois soulagée et…

Et quoi ?

Effrayée, peut-être.

Mais qu'est-ce qui pouvait l'effrayer ?

D'abord, la grossesse en tant que telle. Et ses propres émotions. Elle allait naviguer en mer inconnue.

Après avoir ouvert un compte courant et munie d'un nouveau carnet de chèque, d'une carte bancaire et de plus d'argent liquide qu'elle n'en avait jamais possédé, elle regagna le cabinet juridique. Les idées se bousculaient dans sa tête. Elle réfléchissait à tout ce dont elle devait s'occuper au cours de la semaine à venir. Lorsqu'elle entra, Lénora leva les yeux de son ordinateur.

« Ça va ?

— Oui.

— L'opération – une insémination intra-utérine – est programmée pour lundi matin. On vous demandera de donner un échantillon d'urine avant. Ensuite, je ne vous lâcherai pas d'une semelle jusqu'à l'aéroport, où vous prendrez l'avion mardi matin pour le ranch.

— Je veux quitter l'hôtel cet après-midi et loger dans un endroit où je pourrai amener un chien.

— Je pense que ça ne pose pas de problème. Faites-moi juste savoir où vous êtes descendue dès que vous aurez changé, de façon que je puisse mettre la note sur le compte du cabinet. Alors, quel chien allez-vous prendre ?

— Un chien abandonné.

— Bonne idée. »

Jamie signait des chèques pour rembourser ses cartes de crédit, soulagée. En moins d'une demi-heure, ses bagages furent bouclés. Elle balança sa valise au sommet de la pile de bagages, à l'arrière de la voiture. Elle trouva une chambre dans un motel qui annonçait être « l'ami des animaux ».

Puis elle se remit en route. Les pompes funèbres étaient situées près du cimetière. Le tailleur de pierre lui montra les modèles d'exposition dans la cour. Elle choisit une pierre tombale toute simple, qui ressemblait beaucoup à celle que Granny avait fait poser sur la tombe de son mari.

Dans le bureau climatisé, Jamie rédigea une inscription – le nom de sa grand-mère et ses dates de naissance et de mort. Impossible de résumer la femme incroyable qu'avait été Granny, ni combien sa petite-fille l'avait aimée !

« J'aimerais que vous graviez un oiseau au-dessus de l'inscription. Ma grand-mère adorait les oiseaux », précisa Jamie au tailleur de pierre.

« Je ne reviendrai pas te voir avant longtemps, Granny. Mais je penserai à toi tous les jours », murmura-t-elle, une rose à la main, devant la tombe de Gladys.

Le lendemain matin, elle fit réviser sa voiture et acheta quatre pneus flambant neufs. Elle avait réussi à dénicher un refuge, en banlieue.

« Je ne supporterai pas de voir les animaux. J'ai peur d'avoir envie de tous les prendre. Amenez-moi juste un gentil chien dont personne d'autre ne voudra ! »

L'animal en question était aussi peu attrayant que possible. Une de ses oreilles se tenait toute droite, l'autre pendouillait. Il était d'un brun-gris indescriptible et son pelage avait la texture d'un tampon Jex. Ses pattes paraissaient trop longues pour son maigre corps, et les cinq derniers centimètres de sa queue formaient un angle curieux. Mais cette queue toute tordue frétillait et les grands yeux bruns fixaient Jamie avec espoir. Pourtant, lorsqu'elle s'agenouilla devant lui, le chien se recroquevilla et recula un peu. Elle tendit la main pour qu'il la renifle. Il s'approcha, hésitant ; elle lui gratta le cou avec douceur. Alors, très solennellement, le chien lui lécha le menton.

« Je l'adore. »

La dame sourit.

« Il est avec nous depuis quelques mois. Il se débrouillait tout seul depuis pas mal de temps quand on nous l'a apporté. Il ne lui restait pas grand-chose d'autre que la peau et les os et il avait la gale. Il doit avoir à peu près huit mois, et je ne m'essayerai pas à deviner son origine. Nous l'avons appelé Ralph sans raison particulière, mais vous pouvez changer son nom, bien sûr.

— Non, Ralph me va très bien. »

Une fois les vaccins et la stérilisation payés, on lui annonça qu'elle pouvait revenir chercher le chien le lendemain matin.

Jamie s'agenouilla devant Ralph et lui expliqua qu'elle reviendrait le chercher le lendemain.

« Nous allons devenir une famille, toi et moi. J'espère que tu aimes marcher. Je prévois de faire des kilomètres avec toi tous les jours. »

En rentrant au motel, Jamie se sentait presque heureuse. Elle allait avoir un chien pour lui tenir compagnie pendant son étrange voyage.

Tant mieux si Tutt Hartmann et Toby Travis ne lui faisaient pas des courbettes ou ne la considéraient pas comme un membre leur famille ! Ce serait malhonnête de leur part. De toute manière, pas question de prolonger la relation avec eux, après. C'était bien mieux comme ça. Bien plus clair.

Elle prit du temps pour faire connaissance avec son chien et l'emmena pour sa première promenade en laisse. Il était vif et plein de bonne volonté. Ce soir-là, elle replia une couverture par terre, près du lit, et l'animal s'y roula en boule.

Les trois jours suivants passèrent très vite.

Courses, balades avec Ralph, et service de l'enseignement à distance de l'université du Texas. Il existait toujours des cours par correspondance, bien que la majorité des étudiants s'inscrive désormais sur internet.

Le reste de son programme fut consacré au courrier. La première lettre était destinée à Ginger.

« Je souhaitais juste te prévenir que je vais bien mais que pendant plusieurs mois, je n'aurai pas d'adresse fixe. Rappelle-moi au bon souvenir de mes nièces. Je sais que tu en es très fière. »

Elle écrivit ensuite à Charlene, en Californie ; à deux autres copines de lycée, ainsi qu'à ses amis les plus proches à l'université, en expliquant qu'elle avait obtenu une place de « domestique » dans une famille très riche et qu'elle allait vivre dans leur ranch. Elle espérait retourner à l'université l'été prochain et leur ferait connaître son adresse dès qu'elle en aurait une.

Elle n'oublia pas les grands-parents de Joe Brammer pour les remercier de leur amitié et de leur aide pendant la maladie de Granny.

« Passez le bonjour à Joe ! », ajouta-t-elle à la fin.

Que penserait Joe de sa décision ? Serait-il choqué ? Ou bien considérerait-il au contraire que c'était sensé ? S'était-il déjà marié ? Pensait-il parfois à elle ?

Jamie se souvint du jour où il était venu au pressing pour lui annoncer son mariage. Il avait abordé le sujet comme s'il lui donnait une info au passage et non pas comme s'il devait le lui dire parce qu'il existait entre eux un accord tacite. Accord qui, d'ailleurs, n'avait jamais vraiment existé. Jamais. Mais c'était la dernière fois qu'elle l'avait vu. S'il la considérait juste comme une amie, pourquoi n'était-il plus revenu lui dire bonjour ?

Bien sûr, quelques semaines plus tard, elle avait passé ses examens de fin de semestre et était rentrée chez elle pour s'occuper de sa grand-mère mourante. Elle n'avait donc jamais eu l'occasion de discerner la nature exacte des sentiments de Joe. Mais même s'il avait été amoureux d'elle, cet amour n'avait pas été, assez fort pour l'empêcher de se marier avec une autre.

L'après-midi précédant l'insémination, Jamie assista au chargement de sa voiture sur un semi-remorque à plateau. Ce soir-là, elle acheta un plat à emporter dans un restaurant voisin et tenta de regarder la télévision, sans parvenir à se concentrer. Elle arpenta la pièce un moment. Ça rendit Ralph nerveux. Finalement, elle prit un bain avant de se glisser dans son lit. Ralph prit sa place habituelle sur le sol ; mais Jamie tapota à côté d'elle. Une fois Ralph réinstallé, elle passa un bras autour du chien et se lova contre lui.

Demain, Amanda et son mari seraient-ils là tous les deux ? Ou bien Toby serait-il venu plus tôt pour…

Quel terme utiliser qui ne soit pas indélicat pour d'écrire ce qu'on demanderait à Toby de faire ? Aucun ne lui vint à l'esprit. C'était tellement bizarre ! Toby allait se masturber pour fournir le sperme nécessaire à la féconder. Pourvu qu'il ait déjà quitté la clinique à son arrivée ! Si elle le voyait, elle rougirait. Ce serait humiliant. Peut-être avait-il déjà rempli sa part du contrat. Il avait dit qu'Amanda et lui voyageaient beaucoup. Il avait aussi évoqué un séjour en Floride, puis une « croisade » dans dix villes successives. Peut-être ne les reverrait-elle pas avant des semaines.

Le lendemain, le Dr Betty Winslow montra à Jamie les instruments qu'elle allait utiliser et lui expliqua qu'elle aurait peut-être un peu mal, mais que cela allait se dérouler très vite.

Jamie ferma les yeux et essaya de faire le vide dans son esprit pendant que le médecin effectuait l'opération.

Une fois que ce fut terminé, le Dr Winslow inclina la table d'examen de manière que les pieds de Jamie se trouvent plus hauts que sa tête, et lui annonça qu'elle devrait conserver cette position pendant une demi-heure. Allongée ainsi à fixer ses pieds, Jamie se demanda quel serait le nom de famille du bébé. Porterait-il celui de son père ou celui, bien plus célèbre, de sa mère ?

Puis elle se sortit de telles pensées de la tête. Le nom du bébé, ne la concernait pas. Elle ne *voulait pas* le connaître. Elle ne voulait absolument rien savoir de lui. Hormis le fait qu'il était en bonne santé. Cela, elle aimerait le savoir.

Elle se demanda si une femme qui avait été pénétrée par un instrument pouvait encore être considérée comme vierge. Est-ce qu'un jour, elle devrait expliquer à un homme qu'elle n'avait jamais fait l'amour, mais qu'elle avait donné naissance à un enfant ?

Ou bien gardait-on le secret sur ce genre de choses ?

« Comment ça s'est passé ? demanda Lénora à Jamie lorsque celle-ci revint dans la salle d'attente.

— Bien. Je suis désolée que vous soyez bloquée pour vérifier que je n'aille pas faire la bringue quelque part.

— Pas de problème. Allons nous offrir un super dîner, avant de nous pelotonner au lit pour regarder un film ! »

Elles dînèrent au *T.G.I. Fridays*, puis regardèrent un Harry Potter à la télévision avant de se souhaiter bonne nuit. Jamie savait qu'elle aurait du mal à dormir. Elle essaya de mettre de côté les événements de la journée pour pouvoir se préparer mentalement et émotionnellement au voyage du lendemain. Elle n'avait pas repris l'avion depuis son enfance et la mort de ses parents. L'estomac noué par l'appréhension, elle n'osait pas fermer les yeux, de peur de rêver d'avions en chute libre dans le ciel. Mais elle finit par sombrer dans un sommeil profond.

L'avion des Hartmann était beaucoup plus gros que celui de son père et était équipé de moteurs à réaction à la place des hélices. *The Messenger* était peint sur le côté. Sous l'inscription, une croix dorée.

Le pilote et le copilote en uniforme se présentèrent. C'était un père et son fils – Russ et Rusty. Leur base se trouvait en Virginie et ils volaient régulièrement pour Mlle Hartmann et son frère.

L'heure du départ arriva brutalement.

« Tout va bien se passer. Amanda et Toby ne sont pas des gens ordinaires, mais ils vont bien s'occuper de vous », la rassura Lénora.

Jamie serra Lénora dans ses bras et la remercia pour tout. Elles se promirent de rester en contact, et oui, Jamie ferait savoir si elle avait besoin de quoi que ce soit.

Ralph hésita à monter l'escalier raide, et le jeune copilote dut le porter. Jamie se retourna et agita la main vers Lénora avant de pénétrer dans la spacieuse cabine. Non, cela ne ressemblait pas du tout au petit avion de son père, songea-t-elle en regardant les fauteuils équipés d'écrans de télévision individuels. À l'arrière, il y avait une table de conférence et des sièges.

Dès que Jamie se fut assise, Ralph lui sauta sur les genoux. Elle l'autorisa à y rester et elle enfouit son visage dans son cou tandis que l'avion prenait de la vitesse sur la piste.

La jeune femme évita de regarder par le hublot durant le court trajet, mais lorsqu'elle sentit l'avion virer sur l'aile pour entamer sa descente, elle aperçut le paysage le plus désolé qu'elle eût jamais vu. Pas une maison, pas une route, pas une colline, juste quelques rares bosquets de *mesquites*[1] rabougris le long d'un ruisseau. Mais déjà s'annonçaient les prémisses d'un des couchers de soleil spectaculaires que Toby Travis lui avait promis.

Soudain, comme par miracle, une piste d'atterrissage apparut, et, au-delà, un château d'eau, un silo, des toits qui émergeaient d'une oasis d'arbres et de champs cultivés. Tandis qu'ils poursuivaient leur descente, Jamie aperçut une vaste serre et un terrain aménagé pour les camping-cars.

L'avion décrivit une boucle au-dessus de l'immense ranch en pierre, en forme de L, doté d'une tour. Derrière la maison, on distinguait deux piscines, l'une de forme libre, avec une petite île au centre, l'autre rectangulaire avec des lignes d'eau. Au-delà, se trouvaient des courts de tennis. L'endroit ressemblait davantage à une station touristique qu'à une maison d'habitation.

À l'évidence, les personnes avec qui elle était à présent liée par un contrat étaient riches au-delà de toute imagination, ce qui représentait une chance incroyable pour le bébé qu'elle allait porter pour eux. Il bénéficierait de tous les avantages que peut procurer l'argent. On ne se moquerait jamais de lui ou d'elle parce qu'il ou elle portait des vêtements d'occasion.

Ce qui n'était d'ailleurs pas la pire des choses au monde.

1. Acacia originaire du Mexique (NdT).

L'avion descendait très vite. Bientôt, les roues touchèrent le sol. L'appareil immobilisé, Rusty émergea du cockpit.

« Bienvenue au ranch des Hartmann, patrie du seul bowling du comté de Marshall, annonça-t-il avec un large sourire. Si le ranch était une ville, ce serait la deuxième ville du comté par sa taille. Ce qui ne signifie d'ailleurs pas grand-chose, vu qu'il n'existe pour ainsi dire que deux villes dans tout ce fichu comté, et l'une d'elles est juste un hameau au bord de la route. »

CHAPITRE 7

La femme lutta un moment avant d'ouvrir les yeux et de prendre conscience de son environnement. Toujours le même endroit. Une pièce ni carré ni ronde, aux nombreuses fenêtres étroites avec des vitres en forme de losange.

Son cou la faisait souffrir. C'était toujours le cas lorsqu'elle s'assoupissait dans son fauteuil roulant.

Elle avait faim. C'était certainement l'heure où la sorcière allait lui apporter son plateau. Elle ne l'aimait plus du tout, mais *elle*, au moins, parlait anglais. Auparavant, la sorcière travaillait pour elle, mais à présent, d'une certaine manière, c'était elle la patronne. Ce qui était irritant. *Extrêmement* irritant.

Elle tentait de déterminer à quel moment de la journée elle se trouvait pour savoir si son prochain repas serait le petit déjeuner, le déjeuner ou le dîner, lorsqu'elle entendit le vrombissement d'un avion.

Agitée, elle fit faire demi-tour à son fauteuil roulant. Peut-être venait-on la voir. Sa fille ? Ou même son fils ?

Elle vit l'avion s'approcher et attendit le temps que l'appareil achève sa boucle, puis elle déplaça son fauteuil jusqu'à la fenêtre adéquate pour pouvoir observer l'engin toucher le sol et s'immobiliser.

Autrefois, elle prenait tout le temps l'avion. Des hommes élégants l'attendaient invariablement dans des limousines. Il lui arrivait de s'asseoir avec eux, à l'avant. Il lui arrivait aussi de les inviter chez elle.

Elle observa une silhouette descendre l'escalier raide de l'avion. Cette personne était trop éloignée pour qu'elle puisse la distinguer.

Elle continua d'observer par la fenêtre et se pencha dans l'espoir d'apercevoir les occupants du véhicule, mais il disparut sous le portique.

« Merde ! » s'écria-t-elle avec colère.

Un jeune Mexicain dans une voiturette de golf vint à leur rencontre à la sortie de l'avion.

Jamie tint Ralph en laisse pendant le court trajet jusqu'au ranch. Le coucher de soleil se reflétait dans les innombrables fenêtres, donnant l'impression qu'un incendie illuminait de l'intérieur la construction de pierre avec sa tour octogonale.

Deux femmes attendaient Jamie près de l'imposante porte de bois brut aux gonds en acier trempé. L'une d'elles, très grande, avait l'air plutôt redoutable, avec sa posture très droite et ses cheveux d'un noir de charbon tirés en chignon. Elle était vêtue d'un tailleur bleu marine avec de robustes chaussures assorties. L'autre femme était plus jeune, trapue, avec des cheveux très courts ; elle était vêtue d'un pantalon et d'une chemise kaki ; un étui de revolver ainsi qu'une torche pendaient à sa large ceinture de cuir.

« Bonsoir, Mlle Long. Je suis Ann Montgomery, gouvernante en chef, et voici Katy Kelly, responsable de la sécurité dans le ranch », annonça la plus âgée des deux femmes en lui tendant la main.

Jamie leur serra la main.

« Tout le monde m'appelle Kelly, précisa la plus jeune.

— Et voici Ralph », répondit Jamie en baissant les yeux vers son chien qui les regardait, plein d'espoir, en agitant sa queue tordue.

Kelly posa un genou par terre pour caresser la tête de Ralph.

« Hé, mon pote, et si tu venais faire un tour avec moi pendant que Montgomery fait visiter les lieux à ta maman ? »

Ralph se remit à agiter la queue et Jamie tendit la laisse à Kelly. Elle suivit Mlle Montgomery vers l'intérieur, merveilleusement frais, de ce qu'elle réalisa être une bâtisse en pierre de taille. Comme la structure d'un château.

Un portail cintré s'ouvrait sur un hall à colonnades, doté d'un plafond aux poutres apparentes. Deux escaliers jumeaux incurvés menaient à un palier éclairé par trois immenses fenêtres aux petits carreaux ronds de couleurs éclatantes, semblables à des pierres précieuses. Sur le palier, l'escalier se ramifiait encore pour aboutir à une galerie, au deuxième étage.

« J'ai l'impression d'être dans un décor de cinéma.

— Oui, c'est plutôt impressionnant, n'est-ce pas ? À l'origine, le ranch a été construit par le grand-père d'Amanda Hartmann, qui était éleveur de bétail et a fondé la *Société de pétrole et gaz Palo Duro* », expliqua-t-elle d'un ton autoritaire, une note de vénération dans la voix.

Cette femme était plus âgée que Jamie l'avait cru tout d'abord. Elle devait avoir une bonne soixantaine d'années, voire davantage. Son port très droit démentait son âge. Ses cheveux bleu-noir étaient manifestement teints. Son rouge à lèvres foncé avait coulé dans les ridules de sa bouche.

« Chacune des pierres employées pour bâtir à la fois la construction d'origine et l'aile sud a été extraite dans l'État du Texas, et tout le bois de charpente provient d'arbres texans, à l'exception des portes faites à la main, qui ont été fabriquées au Mexique. L'aile sud a été ajoutée par les parents d'Amanda – le sénateur Jason Hartmann et Mary Millicent Tutt Hartmann – pour fournir des logements supplémentaires aux invités et agrandir les cuisines, ainsi que l'espace réservé aux domestiques. Ils adoraient recevoir. Lorsque Amanda et M. Toby se sont mariés ici, c'était comme au bon vieux temps, déclara la gouvernante avec un soupir de mélancolie. Certains vachers ont même organisé un rodéo en l'honneur des invités.

— Depuis combien de temps travaillez-vous ici ?

— J'ai vécu ici presque toute ma vie », répondit la gouvernante en commençant à monter les marches.

Jamie l'écouta expliquer que le ranch avait longtemps servi de refuge pour la famille et les amis, les membres du conseil d'administration de *Palo Duro* et ceux de l'Alliance des électeurs chrétiens, qui avait été fondée par Mary Millicent. Outre les appartements réservés à la famille, on comptait six suites pour les invités. L'enceinte du ranch était entourée d'une barrière de sécurité et comprenait un vaste garage, un hangar à l'usage des jardiniers, quatre bungalows pour le personnel permanent et leur famille, et deux autres bungalows pour des invités supplémentaires. Les autres employés vivaient dans une zone située au nord de « Hartmann City ».

Sur la galerie du deuxième étage, Jamie s'arrêta pour contempler, à l'autre bout de l'immense hall, les vitraux qui s'élevaient vers le ciel et capturaient les derniers rayons du soleil.

« Le grand-père d'Amanda a vu des fenêtres semblables au cours d'une visite en Italie en compagnie de sa femme, au début des années 1900. Il les a fait reproduire par des artisans italiens et a embauché un architecte pour concevoir une demeure qui les mette véritablement en valeur.

— Est-ce que la tour était son idée ?

— Non, en fait, la tour était l'idée de Mary Millicent. Elle a été ajoutée en même temps que l'aile sud.

— À quoi sert-elle ?

— Le premier étage sert de réserve, et il y a une chapelle au deuxième. Quant à l'étage supérieur, c'est juste une coquille vide. »

Jamie suivit Mlle Montgomery par une porte qui menait à l'aile sud. Sur la gauche, un vestibule cintré aboutissait à une minuscule chapelle, où trônait un autel baigné d'une lumière douce. Tandis qu'elles longeaient le couloir, Jamie remarqua que chaque porte était ornée d'une plaque de cuivre où était inscrit un nom d'origine biblique. La gouvernante s'arrêta devant « Cana ».

« Savez-vous pourquoi je suis ici ?

— Oui, bien sûr.

— Les autres personnes qui vivent ici sont-elles au courant aussi ?

— Juste moi, l'infirmière qui s'occupera de vous et le commissaire Kelly. Pour tous les autres, vous êtes une invitée de Mlle Amanda. Elle permet souvent à des individus d'habiter ici quelque temps – pour guérir de leurs blessures, méditer ou bien écrire. Lorsqu'il deviendra évident que vous êtes enceinte, les gens en déduiront que vous êtes une jeune fille-mère qu'Amanda a pris sous son aile. Et vous ne le démentirez auprès de *personne*. Je crois comprendre que vous avez signé une clause de confidentialité avec Amanda et son mari. Cette clause a pris effet dès le moment où vous l'avez signée.

— Oui, c'est ce que j'ai compris.

— Chacun d'entre nous, ici, tient Amanda en très haute estime. Elle n'est pas seulement notre employeuse, elle est aussi notre guide spirituel. »

Sans savoir si l'on attendait d'elle une réponse, Jamie se mit à jouer avec la poignée de son petit sac de voyage.

« Et il en sera de même pour vous au fil du temps. Vous finirez par comprendre que Dieu vous a mise sur terre pour porter l'enfant d'Amanda Hartmann », poursuivit la gouvernante en s'approchant d'elle et en posant une main sur son bras.

Jamie eut envie de lui dire qu'elle n'était pas venue ici pour exécuter une mission divine. Elle avait passé un contrat d'affaire avec Amanda Hartmann et Toby Travis et cela n'avait rien à voir avec Dieu. Mais au lieu de cela, elle décida de changer de sujet.

« Dois-je emprunter un autre escalier pour rentrer et sortir avec le chien ? »

Mlle Montgomery désigna une porte au bout du couloir et, retrouvant son ton professionnel, annonça :

« L'escalier mène à une entrée de service, près des cuisines. L'alarme de sécurité est activée entre dix heures du soir et six heures du matin. Vos repas vous seront servis dans vos appartements, excepté le dimanche matin, jour où les cuisines sont fermées. Votre linge devra être empaqueté et déposé devant votre porte. En dehors des environs immédiats, Amanda a précisé que vous n'étiez pas autorisée à quitter la maison sans être accompagnée par moi ou l'un des membres du personnel de sécurité. La cuisinière vous rendra visite demain matin pour connaître vos préférences culinaires. Si vous voulez bien me dire ce que vous souhaitez prendre pour dîner ce soir, je veillerai à ce que cela soit préparé. Dans l'intervalle, faites comme chez vous.

— Et ma voiture ?

— Elle est au garage, derrière la maison. Une fois que vous aurez récupéré tout ce dont vous aurez besoin durant votre séjour ici, la voiture sera garée dans le parc automobile de Hartmann City. »

La gouvernante lui souhaita bonne nuit et lui promit de l'emmener faire le tour du ranch le lendemain matin.

La jeune femme la remercia et pénétra dans l'appartement qui allait devenir son chez-elle pour les mois à venir. Des portes-fenêtres donnaient sur un petit balcon. Un large meuble abritait un grand écran de télévision et quelques poteries amérindiennes aux couleurs vives. Des couvertures indiennes étaient accrochées aux murs, et l'élégant mobilier provenait de l'artisanat mexicain. Une kitchenette cachée par des portes en accordéon était déjà approvisionnée en nourriture pour chien, bouteilles d'eau et en-cas. Un petit bureau se trouvait sous l'une des fenêtres ; à côté, sur un support métallique, trônait une machine à écrire électrique. Jamie se souvenait que son père écrivait sur une machine comme celle-ci, mais elle n'en avait pas revu depuis des années.

La vaste chambre à coucher était meublée d'un grand lit, d'un fauteuil et d'un sofa, d'une table de chevet munie d'une lampe ; sur une étagère, une seconde télévision, plus petite. Dans la salle de bains, la large baignoire ovale, la cabine de douche en verre et la grande coiffeuse ornée d'un miroir étaient impeccables. Sur une tablette près de la baignoire, des piles de serviettes de toilette épaisses et blanches, des gants de toilette, ainsi qu'une corbeille remplie de savons de bain et de produits de beauté l'attendaient.

Jamie vida son sac de voyage et s'assit sur le canapé. Kelly allait revenir avec son chien. À partir de maintenant, cet appartement était le sien ; mais elle s'y sentirait davantage chez elle lorsqu'elle l'aurait aménagé avec quelques-unes de ses affaires. Au bout d'un moment, elle ouvrit la porte et scruta le couloir vide.

Elle alla se rasseoir sur le canapé et saisit la télécommande. La voix familière d'un présentateur de CNN emplit la petite pièce. Comment allait-elle décorer les deux pièces pour qu'elles lui ressemblent davantage ? Elle déplacerait la couverture indienne au-dessus du canapé pour l'accrocher sur un autre mur et, à la place, elle suspendrait le miroir de son arrière-grand-mère. À moins qu'elle ne laisse la couverture là et qu'elle déplace le canapé.

Elle consulta sa montre. Depuis combien de temps étaient-ils arrivés ? Plus d'une heure ? Peut-être une heure et demie.

Pourquoi Kelly mettait-elle autant de temps ? Ralph lui manquait.

Et s'il s'était échappé de son collier et s'était perdu ? Peut-être était-ce la raison pour laquelle Kelly mettait autant de temps : elle le cherchait partout.

Lorsque la responsable de la sécurité arriva enfin, Jamie était folle d'inquiétude.

« Désolée d'avoir tardé. L'un des shérifs adjoints du comté est passé bavarder. »

Jamie se laissa tomber à genoux contre Ralph et le laissa lui lécher le menton. Elle lui planta quelques baisers sur le sommet du crâne.

« Je suppose que Montgomery vous a expliqué les règles. Mlle Hartmann veut qu'on vous surveille, et je compte exaucer sa volonté.

— Bien », répondit Jamie sans lever les yeux.

Elle attendit que Kelly soit repartie pour fondre en larmes. La jeune femme était nostalgique d'un chez-elle qui n'était désormais plus le sien. D'une grand-mère qui était morte et enterrée. De ses parents, dont elle se souvenait à peine. La seule famille qui lui restait était une sœur qui ne voulait pas d'elle et deux nièces qu'elle ne connaissait pas. Et, dans l'incapacité de dire à quiconque où elle se trouvait ou ce qu'elle faisait, elle était coupée de ses amis. Ce chien adorable, qui n'avait l'air de rien, était tout ce qui lui restait pour se protéger d'une solitude aussi immense que la plaine dénudée entourant cet endroit isolé.

CHAPITRE 8

Le lendemain matin, Jamie s'éveilla dans une chambre ensoleillée, avec son chien debout sur le lit, employant tout le langage corporel à sa disposition pour l'informer que c'était l'heure d'aller se promener. Elle s'étira et accepta les bisous pressants de Ralph.

« Oui, je sais. Donne-moi juste une minute pour me réveiller. »

Elle ferma les yeux en essayant de se souvenir d'un rêve. Un rêve agréable.

Avec sa grand-mère.

Oui, elle avait rêvé que Granny était assise dans le fauteuil installé dans un coin de la chambre, Ralph sur les genoux. Jamie allait l'appeler lorsqu'elle s'était aperçue que Granny et le chien étaient tous deux profondément endormis. Elle s'était alors recouchée pour se rendormir, elle aussi, avec un sentiment de paix et de sécurité. Elle ne se sentait plus seule.

Elle sourit. Dans un certain sens, très réel, sa grand-mère serait toujours auprès d'elle.

« Tu as de la chance. Ma grand-mère t'aurait bien aimé », dit Jamie en gratouillant l'arrière des oreilles de Ralph.

Tandis que son chien attendait avec impatience, la queue frappant le sol en cadence, elle enfila son jean et ses baskets. Ralph à sa suite, elle prit la direction des escaliers de service. On entendait des voix en provenance des cuisines – des voix féminines, animées, qui s'exprimaient en espagnol tandis que leurs propriétaires s'affairaient.

Ralph explora l'immense jardin de derrière, clos par un mur d'1,80 m et une haie de buis parfaitement taillée. Le jardin était magnifiquement dessiné et comprenait un élégant belvédère, une roseraie, ainsi qu'un énorme chêne qui ombrageait des bancs en pierre et une admirable statue grandeur nature du Christ agenouillé. Au fond, une porte cadenassée, en fer forgé, menait aux piscines et aux courts de tennis qu'elle avait aperçus depuis l'avion.

Peu après qu'elle eut terminé son petit déjeuner, la cuisinière arriva. Fluette et austère, Anita écouta, le visage impassible, tandis qu'elle lui exposait ses goûts culinaires. En milieu de matinée, Mlle Montgomery passa pour l'emmener visiter, comme promis, la maison et le ranch. Au début, elle crut qu'elle portait la même tenue que la veille, mais vit qu'il s'agissait d'un autre tailleur bleu marine – moins cintré et aux manches plus amples.

Mlle Montgomery lui montra les cuisines et la présenta au personnel « permanent ». Outre Anita, deux jeunes femmes, Rosa et Dolores, et une plus âgée, Teresa, travaillaient là. Chacune accueillit la nouvelle venue d'un bref coup d'œil, avec un signe de tête, avant de reprendre ses activités. Mlle Montgomery expliqua que les trois femmes aidaient Anita à la cuisine et effectuaient le ménage et la blanchisserie. Lorsque les Hartmann logeaient ici, d'autres employés venaient renforcer l'équipe si nécessaire.

Une fois qu'elles eurent regagné le couloir, Jamie demanda :

« Pourquoi sont-elles aussi peu accueillantes ?

— On leur a dit de se montrer courtoises, mais de respecter votre intimité. Pouvons-nous continuer ? Cette porte mène au sous-sol, où sont situées la blanchisserie et les réserves – là où nous conservons un important garde-manger, ce qui nous permet de ne pas être pris au dépourvu lorsque les routes deviennent impraticables.

— Ça arrive souvent ?

— D'habitude, nous traversons deux ou trois grosses tempêtes de neige chaque hiver, et les routes se dégradent de temps à autre », répondit la gouvernante tandis qu'elles pénétraient dans le grand hall.

De jour, la pièce au plafond en ogive semblait plus accueillante. Le soleil du matin, qui inondait les splendides vitraux, la baignait d'une lumière éclatante. De gracieux palmiers et des figuiers pleureurs plantés dans d'énormes poteries emplissaient les coins de la pièce, des tapis amérindiens ornaient le sol en pierre.

« Mary Millicent a mêlé meubles, objets d'art et tapis du Sud-Ouest, du Mexique et d'Europe pour décorer la maison, et Amanda a conservé cette partie presque telle qu'elle était lorsqu'elle et son frère étaient encore enfants. »

Un portail cintré donnait sur une salle à manger et une bibliothèque, chacune équipée d'une cheminée en pierre assez haute pour pouvoir s'y tenir debout, ainsi que de fenêtres en ogive avec verre cathédrale. La salle à manger contenait une table massive, assez large pour recevoir une douzaine de personnes, voire plus. Deux des murs de la bibliothèque étaient recouverts de livres, et de nombreux portraits et photographies encadrés avec élégance étaient exposés sur les autres. Face à une imposante peinture représentant le père d'Amanda et de Gus, la gouvernante expliqua que son propre père avait servi comme contremaître dans le ranch de Buck Hartmann.

« C'était avant l'époque des *feed lots*[1], quand des milliers de bovins parcouraient les terres en liberté. Buck Hartmann passait la plupart de son temps à creuser des puits d'exploration pour trouver du pétrole dans tout le Sud-Ouest. C'était mon père qui dirigeait plus ou moins le ranch, tandis que ma mère était responsable de la maison. La femme de Buck n'aimait pas cet endroit, et, au fil des années, elle a passé de plus en plus de temps à Houston. Ils n'ont eu qu'un seul enfant, Jason, qui est né ici même. Mon père m'a raconté, qu'à la naissance de Jason, Buck avait appelé tous ses employés, y compris les vachers et les garçons de ferme. Ils s'étaient tous rassemblés là-bas. Buck, debout à la galerie du deuxième étage, a soulevé son nouveau-né dans les airs pour que tout le monde puisse le voir et a déclaré, qu'un jour, ce garçon serait le président des États-Unis. Et ç'aurait été le cas en effet, si Jason avait vécu assez longtemps. »

Mlle Montgomery soupira en levant les yeux vers un tableau représentant un beau jeune homme en tenue de cow-boy, assis sur un cheval, un fusil niché entre ses bras.

« Jason adorait le ranch, mais il venait de moins en moins souvent après avoir entamé sa carrière politique. Il a d'abord été élu du Texas ; il était gouverneur lorsqu'il a épousé Mary Millicent Tutt, qui était déjà une célébrité. »

1. Parcs d'engraissement intensifs de bovins en Amérique du Nord et notamment au Texas, au Kansas et en Oklahoma (NdT).

La gouvernante désigna de la main une peinture représentant le couple, parfaitement assorti, le jour du mariage.

L'image suivante était une couverture encadrée de la revue *Life*, au début des années 1960. La photo en noir et blanc qui figurait sur la couverture avait été prise depuis les coulisses. La femme occupait le centre de la scène mais on voyait aussi une portion non négligeable du public debout, les mains en l'air, les visages levés dans une expression d'extase. Le visage de la femme était, lui, renversé vers le ciel et baigné d'un halo lumineux. Elle portait une robe blanche et ouvrait les bras, doigts écartés. Elle irradiait vraiment l'énergie et la puissance ; chaque personne de l'assistance semblait être sous son charme. La légende de la photo indiquait *: L'Évangéliste bien connue de la télévision Mary Millicent Tutt prêche pour une nouvelle forme de christianisme.*

Jamie trouva la photo dérangeante. Elle lui faisait penser à d'autres images – celles où un dictateur en uniforme se tenait debout à un balcon avec des masses à ses pieds, sur une place, les bras levés pour un salut.

« Quelle image magnifique !

— Oui ! Mary Millicent Tutt a été la première femme à obtenir un sacerdoce radiophonique à l'échelle nationale, et la première femme à prêcher la parole du Seigneur sur une chaîne télévisée diffusée dans tout le pays. Après la naissance de ses enfants, elle a moins voyagé et dévolu une grande partie de son temps à l'écriture. Elle et les enfants adoraient le ranch et ils y venaient souvent. Quand Jason est mort, Mary Millicent a fondé l'Alliance des électeurs chrétiens et s'est remise à voyager, mais les enfants passaient leurs étés et les vacances scolaires ici, avec moi. »

Son sourire était mélancolique, tandis qu'elle désignait une photo de deux gamins dans une carriole tirée par un poney, avec le ranch en arrière-plan.

« C'était le bon temps ! » ajouta Mlle Montgomery, en s'attardant du regard sur la photo.

— Où habite le frère d'Amanda ?

— Gus Hartmann vit dans le nord de la Virginie. C'est un homme très pris, entre la société pétrolière et l'Alliance qu'il supervise. Nous le voyons moins souvent que nous ne le souhaiterions. Il en va de même pour Amanda, bien qu'elle vienne plus fréquemment que son frère. »

Jamie désigna le portrait d'un beau jeune homme dans la fleur de l'âge, aux cheveux blonds indisciplinés, arborant un magnifique sourire, assis au sommet d'une clôture.

« Est-ce le fils d'Amanda ? »

La gouvernante ferma les yeux un court instant, comme si elle tentait de contrôler une douleur fulgurante.

« Oui, c'est une photo de Sonny. »

Jamie avait envie de voir d'autres images de Sonny, de poser d'autres questions au sujet du fils unique d'Amanda, mais Mlle Montgomery fit brusquement demi-tour pour sortir de la pièce.

« Gus Hartmann sait-il que sa sœur a engagé une mère porteuse pour avoir un enfant ?

— J'en suis certaine. Gus et Amanda sont très proches. »

Une fois la visite terminée, Mlle Montgomery conduisit Jamie en camionnette sur les quelque deux kilomètres de route gravillonnée qui séparaient l'enceinte du ranch de Hartmann City. Avec son tailleur et ses petites chaussures, la gouvernante ne paraissait pas à sa place derrière le volant du petit camion, mais le véhicule semblait lui être familier et elle n'avait pas le pied léger : l'engin laissait une traînée de poussière dans son sillage.

« Est-ce que vous vivez à Hartmann City ?

— Non, je dispose d'un appartement au sein du ranch. J'ai grandi dans une maison à deux étages, à l'endroit où se trouve à présent le garage. Lorsque l'aile gauche a été construite, Mary Millicent y a inclus un vaste logement pour moi, au premier étage. »

Mlle Montgomery se gara le long du magasin du ranch, devant lequel se trouvaient des pompes à essence et qui disposait d'un snack-bar, ainsi que d'une variété impressionnante de marchandises allant de l'épicerie aux produits ménagers, en passant par les outils de jardinage, les vêtements, les cosmétiques, les médicaments et même les jouets. Lorsqu'elles passèrent devant un ensemble de boîtes postales, Mlle Montgomery remarqua :

« D'après le contrat que vous avez signé, tout le courrier que vous voudrez envoyer devra passer par mon intermédiaire.

— Oui, c'est ce que j'ai cru comprendre. »

Tandis qu'elles s'éloignaient du magasin, Mlle Montgomery désigna une large bâtisse, qui abritait le parc automobile où la voiture de Jamie allait être garée. Ensuite, elles passèrent près de l'école, de la centrale électrique, puis d'un terrain où étaient stationnés quelques douzaines de mobile-homes, qui tous bénéficiaient d'un petit carré de jardin. De l'autre côté, de la route, en face de l'aire de stationnement, Mlle Montgomery lui montra deux baraquements où vivaient les ouvriers célibataires. Derrière se trouvait un long bâtiment étroit : un bowling avec deux pistes. Elle s'arrêta en face d'une charmante église aux fenêtres en ogive, avec un petit clocher.

« Nos gens sont extrêmement pieux, remarqua-t-elle avec une note de fierté. Amanda s'occupe de leur âme, et Gus veille à leur situation légale. Une fois qu'ils sont restés trois ans en notre compagnie, on les autorise à faire venir leur famille.

— Ainsi, la plupart des employés sont mexicains ?

— Au moins deux-tiers d'entre eux. Les autres sont du pays. Mais nous ne formons qu'une nation dans notre amour pour le Seigneur, ainsi qu'aux yeux d'Amanda Hartmann. »

Incapable de trouver une réponse appropriée, Jamie contempla l'église en silence. L'éclat du soleil sur les façades blanches et les vitres polies était aveuglant.

Mlle Montgomery ralentit en désignant le centre médical.

« Notre infirmière, Freda Kohl, s'occupe des gens qui habitent ici, au ranch, et dans les environs. »

Elle expliqua que Freda prendrait soin de Jamie, à moins qu'il n'y ait des complications, auquel cas on la transporterait vers l'hôpital d'Amarillo.

« Et que se passera-t-il si je dois subir une deuxième, voire une troisième insémination ?

— Si cela se révèle nécessaire, je vous accompagnerai à Amarillo. »

Juste derrière les blocs se trouvaient un terrain de baseball et un terrain de basket, un énorme silo, une écurie et un corral. Amanda et son mari aimaient monter à cheval. Et, bien que la majeure partie du bétail soit désormais parquée dans des *feed lots* éloignés de Hartmann City et que les chevaux ne soient plus nécessaires pour rassembler le troupeau, le ranch continuait d'élever des Quarter Horses, davantage pour des usages récréatifs, même s'il était utile de les avoir sous la main au cours des intempéries hivernales.

Avant de rentrer, elles s'arrêtèrent à la serre, où un vieux jardinier aida Jamie à choisir trois petits buissons de houx pour orner son balcon, buissons qu'il transplanterait dans des pots en terre cuite avant de les livrer un peu plus tard dans la journée.

« Merci de m'avoir fait visiter les environs », dit Jamie lorsque la camionnette s'arrêta en face de la maison.

« De rien. Je sais que cela doit représenter un gros changement pour vous, et je souhaite réellement vous rendre les choses aussi agréables que possible. Mais une partie de mon travail consiste à m'assurer que vous respectiez bien votre part de l'engagement que vous avez pris auprès d'Amanda Hartmann et de son mari, répondit la gouvernante, et son expression sévère s'adoucit un peu.

— Je comprends. »

Après le déjeuner, l'un des jardiniers aida Jamie à décharger les affaires dont elle avait besoin de sa voiture et les porta avec elle jusqu'en haut. Il l'aida aussi à déplacer le canapé et à accrocher le miroir de son arrière-grand-mère, avant de retourner vaquer à ses tâches habituelles. Jamie installa ses plantes d'intérieur dans le salon et rangea son carnet d'adresses, ses bloc-notes, ses crayons, ses stylos et tout le nécessaire dans le petit bureau, qui contenait déjà deux paquets de feuilles. La jeune femme déballa un carton de livres – essentiellement des manuels et les romans préférés de son enfance, qu'elle avait lus et relus, les disposa sur les étagères et plaça le nécessaire à couture de sa grand-mère près du fauteuil, dans la chambre. Elle posa des photos de Granny et de ses parents sur la table de nuit. Ensuite, elle rangea ses vêtements et se mit à la recherche d'un endroit sûr pour y cacher la bague en grenat et en perles de sa grand-mère, ainsi qu'un jeu de ses clés de voiture qu'elle avait mis de côté, sa carte bancaire et de l'argent liquide. Après avoir hésité, elle retira le bâti de la doublure du nécessaire à couture pour glisser les objets dessous.

Ajouterait-elle d'autres éléments de décoration – quelques coussins, une horloge murale, une ou deux plantes supplémentaires ? Inutile de dépenser de l'argent pour un endroit comme celui-ci, où elle ne se sentirait jamais vraiment chez elle.

Pendant la première semaine, Jamie se créa une routine : elle promenait son chien, faisait des longueurs à la piscine, prenait ses repas, soit devant la télévision, soit assise à la petite table ronde, un livre ouvert face à elle. Lorsqu'elle allait marcher, l'un des gardiens affecté par Kelly à la sécurité marchait avec elle. Lorsqu'elle nageait, l'un d'entre eux restait près du bassin. Dès la fin de la première semaine, ce fut Lester Thompson, le plus jeune membre du groupe, qui fut affecté à sa surveillance.

Comme elle n'avait rien d'autre pour passer le temps, ses promenades quotidiennes s'allongèrent de plus en plus. Au premier coup d'œil, la campagne était monotone, mais petit à petit, Jamie apprit à apprécier les champs de blé, les herbes folles qui ondulaient avec grâce sous le vent et les taches de couleur jaune, orangée, rouge et violette des fleurs sauvages. Souvent, elle apercevait les créatures variées qui peuplaient la grande prairie – les gros lièvres d'Amérique, les chiens de prairie, les serpents, les lézards, les tatous, les biches, ainsi que ces animaux semblables aux antilopes que l'on nomme antilopes d'Amérique. Avec le guide usagé de sa grand-mère sur les oiseaux du Texas, elle commença à noter le nom de tous les volatiles qu'elle croisait au cours de ses marches. Elle avait déjà vu des poules des prairies, des dindes sauvages, des tyrans, des gobe-mouches à la queue taillée en ciseaux, des faucons à queue rouge et un couple d'alouettes huppées.

Elle trouvait des points de repères le long du chemin. Un pont de bois au-dessus du ruisseau. Une grande mare qui servait de logis à un couple de héron. Et, sur une hauteur, à environ huit cent mètres du ranch, un minuscule cimetière entouré d'une haute clôture de fer. Quand elle avait voulu y jeter un coup d'œil, Lester l'avait informé qu'il était interdit d'accès.

Étant donné que la bibliothèque n'offrait pratiquement aucun titre contemporain, elle choisit des œuvres des sœurs Brontë, d'Edna Ferber et de Mark Twain pour entamer son programme de lecture.

Elle écrivit une lettre au service d'enseignement à distance de l'université du Texas pour s'inscrire à un cours d'histoire de l'Amérique de 1870 à nos jours, en joignant un chèque pour régler les frais de scolarité. Elle s'informa auprès de Mlle Montgomery de l'adresse qu'elle devait donner pour recevoir la réponse, en rappelant à la gouvernante qu'Amanda était au courant de son projet de cours par correspondance.

« Donnez-moi simplement votre courrier, et je m'en occuperai. »

Deux semaines après l'insémination, Jamie fut réveillée tôt dans la matinée par des coups frappés à la porte. Avant même qu'elle ait pu poser les pieds par terre, Mlle Montgomery avait déverrouillé la porte et se tenait dans sa chambre.

« J'ai apporté un test de grossesse. Les premières urines du matin sont les plus fiables. »

Mlle Montgomery avait déjà parcouru le mode d'emploi, et elles le lirent ensemble. Jamie fut autorisée à uriner en privé, mais ce fut la gouvernante qui effectua le test elle-même.

Le test était positif.

« Dieu soit loué ! » s'écria Mlle Montgomery, en joignant les mains et en levant les yeux au ciel.

« Il faut que je prévienne Amanda immédiatement ! » marmonna-t-elle en se ruant hors de la salle de bains.

Jamie s'assit sur le rebord de la baignoire et fixa la ligne violette qui barrait le cercle sur le test de grossesse. Violet, pour indiquer qu'elle était enceinte. Elle aurait dû éprouver une émotion quelconque – du soulagement, de la joie, ou même de l'appréhension. Mais tout ce qu'elle ressentait, c'était le besoin de sortir. Elle fit son lit et appela le bureau de la sécurité.

« Mais je n'ai même pas encore pris mon petit déjeuner grogna Lester.

— Moi non plus. Je vous retrouve devant la maison dans dix minutes. »

C'était une matinée idéale pour aller se promener. Ralph dansait littéralement au bout de sa laisse. Jamie aperçut un oiseau qui pouvait être un carouge à tête brune, mais il se trouvait trop loin pour qu'elle puisse en avoir la certitude.

La semaine qui suivit son test de grossesse, Jamie jeta un rapide coup d'œil au plateau qui contenait son petit déjeuner avant de se ruer vers la salle de bains pour vomir.

Dix minutes à peine après que Rosa fut venue récupérer son plateau, Mlle Montgomery était à sa porte.

« Anita dit que vous n'avez rien avalé au petit déjeuner. Êtes-vous malade ? »

Cet après-midi-là, Lester conduisit Jamie au centre médical de Hartmann City, où Freda Kohl, une femme robuste aux cheveux poivre et sel, l'accueillit.

Freda expliqua qu'en tant qu'infirmière diplômée, elle avait reçu une formation poussée qui l'autorisait à établir des diagnostics et à traiter ses patients. En outre, elle était sage-femme agréée et aussi une incorrigible bavarde.

Lorsque Jamie émergea de la salle qui servait de vestiaire, Freda la mesura et la pesa.

« Vous faites partie des grandes, dit-elle en répartissant les poids sur la balance. Un petit peu maigrichonne, mais rien de grave. Maintenant, allez vous asseoir au bout de la table d'examen ! Regardez juste bien droit devant vous, mon chou ! Très bien. Vous êtes la deuxième jeune femme enceinte que je vois ce mois-ci. Au moins, ça veut dire que vous venez au centre médical. Je m'occupe d'un bon nombre de patients qui restent enfermés chez eux ; quelquefois les gens sont tellement malades qu'ils n'arrivent pas à se lever de leur lit. Si vous voyiez le barda que je transporte à l'arrière de mon fourgon ! poursuivit-elle tout en auscultant les oreilles de Jamie. Ça vaut le coup : je me balade avec une vraie clinique dans le coffre de ma camionnette, comme les vétérinaires qui soignent les gros animaux. Parfois, quand les gens font une mauvaise crise cardiaque ou quand ils sont vraiment salement démolis dans un accident – presque toujours à cause du matériel agricole – je dois les envoyer à Amarillo. Tiens, juste le mois dernier, le vieux Judd Choate s'est fait une crise cardiaque dans les règles et j'ai appelé l'hélicoptère sanitaire pour l'évacuer, mais Judd a passé l'arme à gauche avant d'arriver à l'hôpital.

La plupart du temps, malgré, tout, j'arrive à m'en sortir toute seule, ou quelquefois en discutant d'un cas avec un interne, à la fac de médecine d'Amarillo. »

Freda interrompit son monologue pour prendre la tension et le pouls de Jamie.

« Certains n'ont pas d'argent pour me payer. Maintenant, respirez doucement, mon chou, bien à fond ! Très bien. Maintenant, la même chose dans le dos, de bonnes grosses respirations. Impeccable, ma chérie. Vos poumons ont l'air en pleine forme, annonça-t-elle en fourrant le stéthoscope dans la poche de sa blouse blanche. Et je finis par avoir une flopée de poulets, d'œufs et de pains faits maison, mais laissez-moi vous dire une chose : Amanda Hartmann est mon ange gardien, et il n'y a rien que je ne ferais pas pour cette femme. Rien. Amanda est une sainte. Une *vraie* sainte. Le pape, à Rome, il devrait la canoniser. *Sainte* Amanda. Elle a fait installer ce centre médical ici, au ranch, et elle m'a payée généreusement pour que je vienne ici m'occuper de ses gens. Et laissez-moi vous dire une autre chose : ces Mexicains adorent leur Amanda comme ils adorent la Madone. Peut-être même plus. Amanda a proposé de nous faire bâtir une maison, à mon mari et moi, si on venait s'installer ici. J'aimerais bien revendre et accepter, mais mon mari refuse de quitter la demeure de ses ancêtres. Les siens sont tous enterrés là-bas, et quand son heure viendra, c'est là qu'il veut qu'on le mette. Mais s'il s'en va avant moi, je prends Amanda au mot et j'arrive. Maintenant, en ce qui concerne les nausées du matin, je veux que vous gardiez des biscuits salés sur votre table de nuit et que vous en mangiez deux ou trois avant même de soulever votre tête de l'oreiller. Ensuite, vous attendez un peu avant de vous lever et d'ingurgiter un liquide.

— D'accord.

— J'ai cru comprendre que vous accoucherez au ranch. »

Jamie acquiesça.

« Amanda et M. Toby attendent eux aussi avec impatience un bébé, dit Freda en l'aidant à se coucher sur la table d'examen et à poser ses pieds dans les étriers. Vous n'imaginez pas combien elle a souffert après l'accident de son fils ; mais ensuite, le Seigneur lui a envoyé M. Toby, et maintenant, tous ses disciples sont fous de joie pour elle et prient pour qu'elle ait un enfant avec son mari. Il est si jeune et si séduisant ! Quand ils vont découvrir qu'elle va fonder une famille, ils seront complètement ravis, ajouta Freda tout en palpant l'abdomen de la jeune femme.

— Est-ce qu'Amanda attend un bébé, elle aussi ? »

L'infirmière se tut pendant quelques secondes.

« Nous ne devrions pas parler de la vie privée d'Amanda », dit-elle d'un ton de réprimande, avant de poursuivre l'auscultation en silence.

Elle aida ensuite Jamie à se rasseoir.

« Vous pourrez partir dès que vous aurez fait pipi dans ce bocal. N'oubliez pas les biscuits salés ! Je vous passerai un coup de fil demain pour savoir comment vous allez. »

CHAPITRE 9

Au cours des semaines qui suivirent, Jamie parvint à contrôler ses nausées en n'ayant jamais l'estomac complètement vide. Si elle se réveillait dans la nuit, elle mangeait quelques biscuits. Elle en mangeait aussi lorsqu'elle était encore allongée dans son lit, le matin. Ça l'aidait, mais cela ne la soignait pas pour autant.

Elle n'avait plus assez d'énergie pour faire des longueurs à la piscine, mais elle continuait à se promener avec Ralph, un paquet de crackers toujours en poche. C'était d'habitude Lester qui l'accompagnait. De la country se déversant à flot par les vitres ouvertes, il la suivait dans une camionnette blanche sur laquelle étaient inscrits les mots « Hartmann Ranch ». Jamie aurait pu se passer de la musique, mais elle appréciait l'intimité que lui procurait cet arrangement. Parfois, même, le type s'arrêtait assez loin derrière elle. Alors, les seuls sons qui lui parvenaient étaient ceux des herbes de la prairie qui bruissaient dans le vent ainsi que les pépiements et les cris de la multitude d'oiseaux qui vivaient là. Lorsqu'elle rencontrait un oiseau qu'elle ne connaissait pas, elle attrapait le guide de sa grand-mère, dans sa poche.

Après sa promenade du matin, elle déjeunait léger et se mettait à la lecture ou bien regardait la télévision. Toutefois, le plus souvent, elle succombait à la somnolence, un symptôme de la première période de sa grossesse. Vivement que ses cours par correspondance arrivent ! Elle pourrait faire meilleur usage de tout ce temps libre. Mais aurait-elle été efficace pour étudier ?

En vérité, elle était plutôt fière de la manière dont elle réussissait à contrôler ses nausées. Ça lui demandait juste un peu d'organisation, le temps de s'astreindre à sa nouvelle routine. Elle perdait du poids, mais Freda affirmait que ce n'était pas exceptionnel au cours du premier trimestre et que cela ne devait pas l'inquiéter.

Petit à petit, malgré tout, les nausées augmentèrent, chaque jour devenant pire que le précédent. Ses deux soucis principaux étaient de s'occuper de son chien et d'essayer de ne pas vomir. Les deux devenaient tout aussi difficiles. Debout, elle avait des nausées *et* des vertiges. Après une chute, Freda lui fit des points de suture et lui prescrivit de rester alitée. Quand on installa Ralph dans le bureau de la sécurité, Jamie n'eut même pas la force de protester.

Bien qu'elle gardât le lit, les nausées s'accrurent. Le seul fait de soulever sa tête de l'oreiller la rendait malade. Elle aurait voulu ne jamais avoir entendu parler de devenir mère porteuse. Elle aurait préféré se retrouver sans-abri dans les rues d'Austin plutôt que de se retrouver dans cet état de nausée permanent. Son estomac torturé rejetait jusqu'à la plus infime gorgée d'eau et l'obligeait à s'emparer de la cuvette posée sur sa table de nuit.

Freda lui rendait visite deux fois par jour pour lui faire des intraveineuses.

« Ça va passer, mon chou. Je vous promets que ça va passer. Et ne vous inquiétez pas pour le bébé. La nature protège les bébés avant tout, leur mère ensuite. »

Jamie voulut détromper Freda. Le bébé dans son ventre n'était pas *son* bébé. C'était celui d'Amanda Hartmann. Mais parler représentait un trop grand effort. Et dire qu'elle s'était elle-même soumise *volontairement* à cette torture ! Si un jour elle décidait d'avoir un enfant à elle, elle l'adopterait.

Une fois par jour, Mlle Montgomery et Freda aidaient Jamie à se rendre à la douche, où elle s'asseyait sur un tabouret métallique pour laisser l'eau chaude ruisseler sur son corps. C'était le paradis. Pendant quelques instants, elle parvenait presque à en oublier ses nausées. Ensuite, ses deux assistantes décidaient qu'elle était restée assez longtemps au paradis et elles la séchaient, avant de l'aider à enfiler une chemise de nuit et de la reconduire au lit. Jamie détestait se sentir aussi impuissante, mais elle était reconnaissante envers les deux femmes. « Vous êtes trop gentilles », leur disait-elle. Bien sûr, une petite voix au fond de sa conscience lui rappelait que la gentillesse n'était pas leur seule motivation. Prendre soin d'elle représentait à leurs yeux un moyen supplémentaire de servir Amanda Hartmann. Lorsque Mlle Montgomery se retrouvait seule avec Jamie, elle faisait preuve de moins de douceur pour l'aider à effectuer les allers-retours à la salle de bains ou à soulever sa tête pour qu'elle puisse avaler une gorgée d'eau.

« L'une des raisons pour lesquelles Amanda vous a choisie était votre apparente bonne santé et votre résistance, marmonna un jour la gouvernante. Maintenant, regardez-vous ! Vous n'avez pas idée du souci que vous causez à cette chère femme. »

Jamie passait la plupart de son temps à dormir. Ses réveils marquaient le retour de ses nausées. Lorsqu'elle sentait qu'elle s'éveillait, elle se concentrait pour repartir en sens inverse. Souvent, elle se retrouvait juste à mi-chemin. Ni endormie ni éveillée. Elle se balançait là comme une trapéziste en hauteur.

Elle était rarement seule. Si l'infirmière ou Mlle Montgomery ne se trouvait pas auprès d'elle, c'était l'une des femmes de chambre qui la surveillait. Même la nuit, Jamie avait conscience que Mlle Montgomery se glissait dans sa chambre pour voir si tout allait bien. S'asseyant parfois dans le fauteuil au coin de la pièce. Ou bien elle s'agenouillait près du lit et priait Dieu pour qu'il prenne soin de l'enfant béni dans le ventre de la jeune femme.

Pourtant, d'autres fois, c'était la grand-mère de Jamie qui était assise dans le même fauteuil. Par moments, elle pouvait même sentir les mains attentionnées de Granny qui posaient un gant de toilette humide sur son front.

Lorsque Jamie se réveillait la nuit, elle regardait si quelqu'un était assis dans le fauteuil, avec l'espoir que ce soit sa grand-mère. Bien sûr, elle savait très bien que celle-ci était morte. Tout cela n'était que des hallucinations à cause de son état de faiblesse. Mais elle s'en moquait. Elle aimait l'idée de sentir sa grand-mère prendre soin d'elle.

Une nuit, elle se sentit assez forte pour lui adresser la parole.

« Est-ce que c'est dur pour toi de venir ici, Granny ? Est-ce que tu dois demander la permission ? »

Granny gloussa comme une vieille poule en train de pondre un œuf. C'était étrange. Jamie ne se souvenait pas d'avoir déjà entendu sa grand-mère rire ainsi.

Jamie lutta pour s'appuyer sur un coude afin d'observer plus attentivement la silhouette dans la pénombre, au coin de la pièce. La femme avait de longs cheveux blancs à la place de l'auréole crépue de sa grand-mère.

« Vous n'êtes pas ma grand-mère.

— Je n'ai jamais prétendu l'être, rétorqua la silhouette imprécise.

— Alors qui êtes-vous ? » demanda Jamie, en laissant retomber sa tête sur l'oreiller.

Elle se sentait étourdie. Peut-être dormait-elle encore – un rêve bizarre. Mais une chose totalement incroyable se produisit.

Elle n'avait pas de nausées.

La silhouette au coin de la pièce se leva du fauteuil et se rapprocha du lit. C'était une vieille dame échevelée, qui sentait mauvais.

« Je suis Mary Millicent. Si vous voulez, je peux sauver votre âme.

— Mary Millicent *Tutt* ? »

La vieille femme s'assit au bord du lit.

« *Tutt* ? Oui, c'est mon nom. Et il y en avait un autre, aussi. Oh, zut, qu'est-ce que c'était ? »

Elle fronça les sourcils et inspecta la chambre du regard, comme si elle y cherchait son autre nom.

« Hartmann ?

— C'est ça. L'homme que j'ai épousé s'appelait Hartmann. *Jason* Hartmann. Il avait un pénis aussi long que le manche d'un marteau. »

Je dois rêver. Jamie ferma les yeux et s'installa dans une position plus confortable pour dormir. Mais la vieille dame *avait une odeur*, se souvint-elle. Elle ne se rappelait pas avoir déjà senti quelqu'un en rêve.

Peut-être devrait-elle jeter un second coup d'œil.

Mais lorsqu'elle rouvrit les yeux, le fantôme nauséabond avait disparu.

Jamie s'éveilla à nouveau, à l'aube. Elle resta presque immobile et posa les mains sur son estomac, encore douloureux après tous ces haut-le-cœur. Au prix d'un grand effort, elle étira ses jambes et leva ses bras au-dessus de sa tête. On aurait dit que ses muscles étaient constitués de gelée. Toutefois, les nausées avaient disparu.

Elle jeta un coup d'œil au coin de la chambre en se remémorant son étrange rêve, qui d'ailleurs devenait déjà flou. Un rêve au sujet de la mère d'Amanda Hartmann ? C'était vraiment trop insensé. Si elle devait continuer à rêver de vieilles dames mortes, elle préférait nettement s'en tenir à sa seule grand-mère.

Elle roula sur le côté et posa un pied hésitant sur le sol, puis un autre, avant de s'asseoir péniblement. Elle se sentait vidée et faible, mais plus nauséeuse.

« Bon sang ! » s'exclama-t-elle.

Avec beaucoup de précautions, elle parvint jusqu'à la salle de bains, où elle se brossa les dents puis, se sentant plus forte à chaque pas, se rendit dans le salon, où elle prit une bouteille d'eau dans le réfrigérateur. Sur le balcon, elle inhala quelques bouffées de l'air pur du matin, avant de siroter l'eau délicieusement fraîche, tout en contemplant le jour se lever.

« Un jour nouveau », murmura-t-elle.

Puis elle fit demi-tour pour revenir à l'intérieur et poursuivre sa journée – une journée qu'elle ne passerait pas au lit.

En fermant les portes, Jamie s'aperçut que les buissons de houx étaient morts. Les plantes d'intérieur étaient toujours en bon état, mais personne n'avait pensé à arroser celles qui se trouvaient sur le balcon. Elle décida qu'elle ne prendrait pas la peine de les remplacer.

Sur le bureau elle consulta le calendrier. Quelle était la date ? Le mois de septembre semblait déjà bien avancé. Sa maladie avait duré presque un mois.

C'était la première chose à faire. Un bon bain chaud – *toute seule !*

C'est là que Mlle Montgomery la trouva – dans la baignoire.

« Qu'est ce que vous faites ? hurla la gouvernante.

— Je me sens mieux. Merci beaucoup pour tout ce que vous avez fait afin de m'aider à traverser cette période, mais j'ai besoin de retrouver mon intimité », répondit Jamie en se cachant les seins avec ses bras.

La gouvernante resta là un instant, l'air hostile.

« Vous n'avez même pas mis le tapis de bain. Vous pourriez glisser et vous blesser. »

Jamie saisit le tapis de bain qui pendait sur le rebord de la baignoire et le laissa tomber par terre.

« Merci. Je sais que cela a été difficile pour vous, maintenant, je vais bien. Je vous assure. J'apprécierais que vous refermiez la porte de la salle de bains en partant. Il y a plein de courants d'air quand elle est ouverte. »

Avec une moue, la gouvernante tourna les talons et repartit, sans refermer la porte.

Jamie se replongea dans la baignoire avec l'intention de se prélasser encore un peu dans l'eau chaude, mais l'air froid qui se glissait par la porte ouverte lui glaçait les épaules. Avec un soupir, elle sortit avec précaution de la baignoire.

Elle résolut de fermer la porte de son appartement à clé. Bien sûr, Mlle Montgomery possédait un double, mais fermer à clé lui enverrait un message.

Après s'être séchée, Jamie se regarda dans la glace. Elle se reconnut à peine.

« Quelle sale mine ! », dit-elle à son reflet émacié.

Elle enfila une robe et passa deux coups de téléphone. Le premier était destiné au bureau de la sécurité.

« C'est Jamie Long. J'ai besoin que vous me rameniez mon chien. Le plus vite possible, s'il vous plaît ! »

Ensuite, elle appela les cuisines.

« Je voudrais du thé chaud et du pain grillé. »

Ralph arriva juste au moment où Jamie finissait sa seconde tasse de thé. Le chien était tout joyeux. Elle pleura en le serrant fort contre elle puis l'emmena dans le jardin. Tandis qu'il courait partout, elle s'assit sur les marches du belvédère, le visage tourné vers le soleil. Il y avait de l'automne dans l'air. Les feuilles commençaient tout juste à changer de couleur sur les arbres. Il lui faudrait attendre le printemps avant de pouvoir partir d'ici. Avant de pouvoir retrouver sa vraie vie.

« J'aimerais pouvoir revenir à la ligne de départ et me retirer de la course, mais c'est impossible. »

Aucun retour en arrière n'était envisageable.

« On va s'en sortir. Dans moins de sept mois, maintenant, nous serons sur le chemin du retour à Austin. Je nous trouverai une petite maison avec un jardin près du campus, où nous serons en sécurité et heureux, et où nous n'aurons plus jamais besoin de penser au ranch des Hartmann », promit-elle en plantant un baiser sur la tête ébouriffée de Ralph.

Pourtant, jamais elle ne réussirait à oublier cette période de sa vie. Parfois, elle s'arrêterait pour réfléchir à cet autre endroit, à cette autre époque, et à l'enfant à qui elle avait donné naissance ici.

Parce qu'elle ne voulait pas forcer sa chance, Jamie se contenta d'un bol de soupe pour le déjeuner, après quoi Lester arriva pour la conduire au centre médical de Freda.

« Montgomery dit que vous vous êtes rétablie comme par miracle. Grimpez sur la table et laissez-moi vous examiner, le bébé et vous. Je vous avais bien dit que les nausées passeraient, hein ? J'ai déclaré à Montgomery qu'une grande fille solide et robuste comme vous se remettrait à toute vitesse. Soit dit en passant, je me suis moins inquiétée pour vous que pour Montgomery, qui se rongeait tellement les sangs que j'ai craint la dépression ou qu'elle ne fasse une attaque. »

Lorsqu'elle eut terminé son examen, Freda déclara que Jamie était « fraîche comme un gardon ».

« Je vais appeler Montgomery pour le lui annoncer. Et Amanda. Elle était malade d'inquiétude à votre sujet.

— Où est Amanda ?

— En ce moment, elle est en Virginie. Elle voyage beaucoup, vous savez, pour participer aux cérémonies du Renouveau de la foi et aux rassemblements politiques. C'est une femme très influente. Certaines personnes disent que la seule raison pour laquelle notre cher président a été élu, c'est parce qu'Amanda Hartmann a récolté tout cet argent et a fait savoir aux gens de bien que c'était leur devoir de chrétiens de voter pour lui. Vous devriez entendre cette femme parler. On sent vraiment son amour pour le Seigneur. Il remplit la salle et le cœur des gens en même temps. Ça me donne la chair de poule rien que d'y penser. Bien sûr, elle va se retirer un petit peu maintenant que… »

La voix de Freda s'éteignit et elle se concentra pour faire une croix sur la courbe de Jamie.

« Laissez-moi un échantillon avant de partir », dit-elle avec un signe de tête en direction des toilettes.

De retour au ranch, au lieu d'emprunter les escaliers qui menaient à son appartement, Jamie alla jusqu'au bout du couloir du premier étage et s'arrêta devant la porte d'entrée du logement d'Ann Montgomery. Elle attendit quelques minutes pour rassembler tout son courage avant de frapper à la porte.

« Que puis-je faire pour vous ? » demanda la voix de la gouvernante, derrière elle.

Surprise, Jamie se retourna. Mlle Montgomery était vêtue de son habituel ensemble bleu marine – la tenue du jour était constituée d'une robe croisée à boutons blancs.

« Je voulais vous poser une question.

— Eh bien, allez-y !

— Si Amanda Hartmann attend un bébé, est-ce que son mari et elle ont encore l'intention d'élever celui que je porte en ce moment ?

— Qui vous a raconté qu'elle attendait un bébé ? »

Mlle Montgomery fronça les sourcils, ce qui accentua encore les plis de son front.

« Freda l'a en quelque sorte laissé échapper. »

Mlle Montgomery sembla digérer l'information, puis elle eut un sourire forcé et elle tapota le bras de Jamie.

« Ne vous souciez pas de ce qui se passe dans la vie d'Amanda, répondit-elle d'un ton ferme mais empreint de sympathie. Tout ce que vous avez besoin de savoir, c'est que l'enfant que vous portez lui est destiné : ce sera son enfant. Ainsi que celui de M. Toby, bien entendu. Ils désirent vraiment ce bébé, bien plus que vous ne pourriez jamais l'imaginer. »

Mlle Montgomery observa Jamie qui s'éloignait. Dans d'autres circonstances, elle aurait presque pu se laisser aller à apprécier cette jeune femme. Mais dans le contexte actuel, elle n'éprouvait que de la méfiance.

Ann déverrouilla la porte et pénétra dans son vaste appartement, avec ses tapis soyeux, ses rideaux cousus main et son mobilier élégant. C'était une belle pièce, qui lui donnait un plaisir intense à chaque fois qu'elle y entrait. Ce plaisir était toutefois atténué par ce que Jamie Long venait de lui annoncer.

Amanda prétendait être enceinte ?

Ann se rendit dans sa chambre, au décor sobre comparé à celui du salon. Son père avait fabriqué des meubles solides pour sa fille unique.

Elle s'assit sur le lit dans lequel elle avait passé, les premières nuits de son enfance, le même lit qu'elle avait ensuite partagé, avec Buck Hartmann pendant plus de vingt ans. Buck et elle avaient fait l'amour sous cette même couette.

Ann regarda son visage enlaidi par l'âge dans le miroir tacheté suspendu au-dessus de la commode. À l'époque, elle avait été belle. Buck la surnommait sa « beauté à la chevelure de corbeau ». Mais les années n'avaient pas été tendres avec elle. Son corps, autrefois svelte, était à présent plantureux et gras ; sa peau, naguère si douce, était sillonnée de rides.

Après le mariage de Jason, le fils de Buck, Mary Millicent était entrée dans la vie d'Ann et avait aussitôt entrepris de transformer le ranch pour en faire sa création. On avait commencé à recevoir des invités. Tellement d'invités ! – essentiellement des hommes très riches et des politiques influents qui venaient pour chasser et jouer au poker jusque tard dans la nuit.

Mary Millicent ne montrait le plus souvent que du dédain envers Ann : elle ne lui demandait jamais son avis et permettait à sa femme de chambre personnelle, ainsi qu'à sa secrétaire, d'usurper l'autorité d'Ann au ranch. Mais Ann était une fidèle auditrice de l'émission radiophonique de Mary Millicent, le dimanche matin. À genoux, elle priait avec Mary Millicent pour demander pardon au Seigneur d'accueillir un homme marié dans son lit. Elle se demandait si le fait d'être au service d'une femme de religion contribuerait à réparer les péchés commis au cours de sa vie. Et, les années passant, Mary Millicent finit par compter de plus en plus sur Ann pour s'occuper des affaires du ranch, ainsi que de ses enfants.

Après le décès de Jason, Mary Millicent avait une fois de plus repris son sacerdoce, et Amanda et Gus furent envoyés en pension. Mais ils passaient tous leurs étés et les vacances scolaires au ranch.

La mort de Jason avait été plus que Buck n'avait pu en supporter. Il avait non seulement perdu son fils unique, mais aussi le rêve de le voir devenir un jour président des États-Unis. Un mois environ après l'enterrement, Buck avait gagné l'enclos et était parvenu à hisser son vieux corps fragilisé sur le dos d'un poulain qui n'avait pas encore été débourré. On l'avait retrouvé, le lendemain matin, à des kilomètres du ranch, le cou brisé, le poulain broutant non loin de là.

Buck avait promis de lui laisser assez d'argent pour qu'elle ne soit jamais dans le besoin, mais ni ses dernières volontés ni son testament ne faisaient état d'une disposition en faveur de la gouvernante entre les jambes de laquelle il s'était glissé, nuit après nuit, durant des décennies. Elle choisit de ne pas le haïr. Il avait simplement dû oublier.

C'étaient les petits-enfants de Buck, son Amanda et son Gus adorés, qui avaient rectifié les choses en sa faveur. Ann Montgomery n'était pas extrêmement riche, mais elle possédait tout l'argent dont elle pouvait avoir besoin et elle avait un toit pour la vie.

Ann laissa sa vue devenir floue tandis qu'elle contemplait le miroir. Au lieu de la vieille femme redoutable qu'elle était devenue, elle vit la beauté à la chevelure de corbeau qui avait aimé Buck Hartmann. Et qui continuait d'aimer ses petits-enfants.

Puis elle prit une profonde inspiration et tendit la main vers le téléphone, sur sa table de nuit. D'abord, elle appela Freda. Ensuite, Gus. Celui-ci décrocha à la deuxième sonnerie.

« Mon cher petit, je crois qu'il faut que tu saches quelque chose. »

Jamie regardait CNN – qu'elle était venue à considérer comme sa meilleure amie, après Ralph, bien entendu – lorsqu'on frappa à la porte.

Son cours par correspondance. *Enfin !* Le fait que Mlle Montgomery ait ouvert la boîte et ait probablement feuilleté les cours et les manuels ne la perturba même pas. Après tout, il fallait bien que celle-ci vérifie que l'université du Texas ne lui avait pas envoyé une réserve de drogue ou des cartouches de cigarettes !

Était-ce la faculté, qui avait omis par inadvertance de joindre une lettre d'accompagnement de la part du professeur, ou bien Mlle Montgomery l'avait-elle confisquée ?

Elle commença à lire les devoirs correspondant à la première leçon. Lorsqu'elle se mit à piquer du nez, elle s'empara de la télécommande et fit défiler les chaînes. Soudain Amanda Hartmann apparut à l'écran.

Jamie s'enfonça dans le canapé pour se plonger dans la contemplation du téléviseur. Les yeux fermés, Amanda annonçait à Dieu que plus de sept mille personnes s'étaient rassemblées là ce soir pour implorer son pardon pour leurs péchés et lui offrir leur âme. Une harpe accompagnait la prière en jouant « *Swing Low, Sweet Chariot* ».

La caméra effectuait un gros plan sur le visage d'Amanda – qui paraissait encore plus beau que dans la réalité. Elle semblait rayonner de l'intérieur. À moins qu'il ne s'agisse d'un jeu d'éclairage subtil. En tout cas, cette femme avait l'air d'un ange. Sa voix était aussi sensuelle que son visage et elle était emplie d'un tel espoir, d'une telle exaltation quand elle promettait le pardon du Seigneur ! Tout ce qu'il y avait à faire, c'était de demander, et leur âme serait purifiée. Ces gens vivraient le restant de leur vie sur cette terre le cœur joyeux et, à leur mort, ils s'élèveraient au-dessus des nuages pour être accueillis par tous ceux qui s'en étaient allés avant eux contempler le visage de Dieu, le seul et l'unique.

Ensuite, la scène fut filmée à travers l'objectif d'une autre caméra : Amanda devint une minuscule silhouette agenouillée au milieu d'une immense estrade, face à une vaste salle. D'énormes écrans de télévision, un de chaque côté de la scène, diffusaient des gros plans de son visage.

Une bande-annonce au bas de l'écran annonçait qu'il s'agissait de la Croisade d'Amanda Tutt Hartmann, diffusée en direct depuis Cincinnati.

Ralph se glissa entre les bras de Jamie et celle-ci le serra très fort, les yeux toujours rivés à l'écran. Le bébé à l'intérieur d'elle-même appartenait à cette femme. Une sainte. Une femme pure de cœur et d'esprit.

Je devrais être heureuse.

CHAPITRE 10

Étant donné qu'il n'y avait que quatre invités, on servait le dîner dans la plus petite des deux salles à manger de Victory Hill. Les murs lambrissés et la cheminée en pierre de la « petite salle[1] », plus intime, créaient une atmosphère détendue qui n'exigeait pas de tenue de soirée, bien qu'Amanda portât une robe de soie rouge au décolleté plongeant qui attirait des coups d'œil, certes furtifs, mais très admiratifs de la part des invités masculins.

Gus avait toujours aimé observer l'effet déconcertant que sa sœur provoquait chez les hommes ; ne savaient jamais très bien comment réagir face à une femme qui était un chef de file spirituel avec du sex-appeal – ce qu'Amanda possédait encore en abondance, bien qu'elle approchât de son cinquantième anniversaire.

Bien entendu, aucun des hommes assis autour de la table n'était croyant. Du moins, Gus ne le pensait-il pas. Bien qu'il les connaisse depuis des décennies, ils n'avaient jamais abordé le sujet. Et même s'ils se rendaient régulièrement dans des lieux de culte avec leur famille et célébraient les fêtes religieuses chez eux, il savait qu'ils pratiquaient

1. En français dans le texte original (NdT).

avant tout la politique, et que la religion venait loin derrière, s'ils la pratiquaient un tant soit peu.

Aux États-Unis, on exigeait maintenant des personnalités politiques – qu'elles soient ou non croyantes – qu'elles fassent une démonstration ostentatoire de leur piété. Leurs discours se retrouvaient parsemés de références bibliques. Toutes exhibaient leur foi à la première occasion et portaient la croyance en Dieu à l'égal du patriotisme.

Non pas que l'un ou l'autre des invités de ce soir-là soit un *politicien.* Eux n'avaient pas besoin de démonstrations publiques. En fait, peu de gens connaissaient même jusqu'à leur existence. Ils se surnommaient eux-mêmes le Comité des Cinq. Gus était leur président.

Peu importait la diversité de leurs portefeuilles d'actions ou l'incroyable disparité des conseils d'administration auxquels ils siégeaient : ses camarades du comité restaient, au fond de leur cœur et de leur âme, des pétroliers. Le pétrole était leur Saint-Graal. L'or noir était la matière première la plus importante au monde, et ils savaient que les gouvernements, l'économie, ainsi que leur propre fortune personnelle ne pourraient perdurer sans lui. Par conséquent, leur intérêt pour la politique provenait de la nécessité de s'assurer qu'aucune loi ne soit votée, ni aucune réglementation mise en œuvre, pour entraver le flot de pétrole qui transitait par les pipelines, et l'argent passant par les coffres des compagnies pétrolières. Il était donc nécessaire pour ceux qui contrôlaient l'industrie du pétrole de contrôler aussi la Maison Blanche, ainsi que d'autres postes clés du gouvernement des États-Unis.

Tout comme Gus, ses quatre invités étaient nés extrêmement riches. Ils faisaient partie des individus les plus puissants de la nation. Ils étaient les faiseurs de rois qui achetaient et revendaient les hommes politiques, les plaçaient au pouvoir ou les en bannissaient. C'était Gus qui les avait rassemblés. Et c'était encore Gus – par le biais de l'Alliance des électeurs chrétiens – qui avait obtenu les votes décisifs pour placer leur candidat à la Maison Blanche.

Amanda comprenait certes tout cela jusqu'à un certain degré, mais elle ne se souciait pas des détails. Ses motifs à elle étaient plus purs. Elle croyait fermement qu'une nation constituée uniquement de chrétiens fervents – de préférence évangélistes – offrirait un monde meilleur à tous. Et pour aboutir à cela, les États-Unis d'Amérique avaient besoin d'un électorat de chrétiens fervents ainsi que d'un fervent chrétien à la Maison Blanche. C'étaient sa passion et ses convictions sincères qui émouvaient ses ouailles, qui faisaient s'agenouiller les gens devant un Dieu qui leur demandait de considérer leur vote comme un saint sacrement.

Amanda venait d'achever une tournée triomphale dans dix villes successives, à haranguer la foule dans des églises, des amphithéâtres et même des stades, en mélangeant idéologie politique et religion comme elle seule savait le faire. Après tout, elle ne se présentait pas aux élections, pas plus que son mari. Ses motifs étaient sincères. Elle rêvait d'un monde où les centres d'avortement fermeraient leurs portes parce que personne ne souhaiterait plus ni n'aurait plus besoin d'avorter, où les riches nourriraient les pauvres, où les forts aideraient les faibles et où les homosexuels se repentiraient. Pour y arriver : on devait élire aux fonctions de l'État – depuis les mairies jusqu'à la Maison Blanche – des individus qui avaient les mêmes croyances qu'eux. Gus était toujours très ému lorsqu'il écoutait prêcher sa sœur, non pas parce qu'elle lui donnait envie de prier le Seigneur, mais parce qu'il la trouvait belle et vraiment extraordinaire. Sa capacité à toucher le cœur des gens n'avait jamais cessé de le stupéfier. Lorsqu'elle écartait les bras pour les inviter à venir faire don de leur vie à Jésus, c'étaient des files entières qui s'approchaient, beaucoup à genoux, tous avec des larmes ruisselant sur leur visage, les bras levés en une prière, des alléluias sur les lèvres. Amanda, angélique vêtue de blanc, descendait alors de l'estrade et posait une main sur leur front ou leur épaule, en leur disant combien Dieu les aimait, combien il était heureux qu'ils lui permettent d'entrer dans leur cœur. Certaines personnes l'appelaient pour lui expliquer que Mary Millicent, sa mère, avait sauvé leur âme des années auparavant et qu'elles désiraient se consacrer à nouveau au Seigneur avec elle. D'autres venaient pour être guéries et, bien qu'Amanda ne se soit jamais présentée comme une guérisseuse, il y en avait toujours pour affirmer qu'un simple contact de sa main avait soigné leur arthrite, leur bégaiement, leur attaque, leur stérilité, ou tout autre trouble. Les gens attendaient pendant des heures pour recevoir sa bénédiction. Ensuite, elle était tellement épuisée qu'il fallait l'aider à marcher jusqu'à sa limousine. C'était désormais Toby, son Monsieur Muscle et époux, qui la prenait dans ses bras pour l'y conduire.

La cérémonie du Renouveau de Cincinnati avait été diffusée sur une chaîne nationale et, avant de dîner, leur petit groupe avait regardé un enregistrement de l'événement tout en prenant un cocktail dans le cabinet de travail de

Gus. Au cours du visionnage, leurs invités avaient jeté des coups d'œil à la dérobée en direction d'Amanda, étonnés que cette femme svelte et calme ait transformé une assemblée de milliers de personnes en une masse humaine qui se balançait, agitait les bras, pleurait et priait à l'unisson.

Bien sûr, Amanda avait appris son art auprès d'un maître. Elle était la digne fille de Mary Millicent Tutt. Ainsi que la petite-fille du pasteur Marvin Tutt. L'évangélisme coulait dans ses veines.

Selon les histoires que Gus avait entendues au sujet de leur grand-père, le pasteur Tutt avait été un vieil homme dégoûtant, qui adorait la boisson et les putains autant qu'il aimait le Seigneur. Cependant, si vous éleviez le chapiteau d'une cérémonie du Renouveau au-dessus de sa tête et que vous lui placiez une Bible entre les mains, le pasteur Tutt pouvait citer des chapitres entiers des Écritures. De plus, il avait le don des langues, soignait les malades, sauvait les âmes, et apprivoisait même les serpents venimeux – à l'exception du dernier, qui l'avait mordu au nez avant de disparaître. Gus regrettait de ne pas avoir connu cet infâme vieillard dépravé, mais le serpent avait mis fin à sa vie bien avant que Mary Millicent eût épousé Jason Hartmann et qu'elle eût mis leurs deux enfants au monde.

Une fois son père décédé, Mary Millicent avait vendu le chapiteau et s'était inscrite dans une petite université évangéliste du sud-est de l'Oklahoma pendant à peu près un an – assez longtemps pour être ordonnée pasteur de l'Église des frères pentecôtistes. Au cours de cette période, elle écrivit aussi un livre sur sa vie en tant que fille d'un pittoresque prêcheur itinérant, qui aimait le Seigneur tout en s'écartant parfois du droit chemin, mais que sa fille aimante aidait toujours à retrouver. Dans *L'Enfer agenouillé devant la Gloire*, Mary Millicent faisait la chronique de leur vie sur la route, d'une petite ville à l'autre, à travers l'Oklahoma, le Texas, l'Arkansas et la Louisiane. Elle écrivit sur sa mère, qui s'était éclipsée de leur vie une nuit, alors que Mary Millicent n'avait encore que 8 ans. Son père avait élevé l'enfant, et avait été son seul maître, avec la Bible pour unique manuel.

Leur arrivée dans une communauté engendrait toujours beaucoup d'excitation, car ils se rendaient dans des lieux où même un cirque minable, avec des éléphants et des tigres efflanqués et maltraités, ne serait pas allé. Les gens commençaient à se rassembler avant même que la tente ne soit montée. Si son père se trouvait « souffrant », c'était Mary Millicent qui prêchait ; elle avait prononcé son premier sermon à l'âge de 12 ans.

Mary Millicent avait inclus certains des sermons de son père dans son livre. Gus trouvait que c'était un formidable fatras de conneries, d'histoires tirées de la Bible, de visions, de rêves et de descriptions frappantes de la destinée qui attendait ceux qui ne se repentaient pas et n'acceptaient pas le Seigneur Jésus-Christ comme leur sauveur personnel. Après ses sermons, le pasteur Tutt invitait l'assemblée à venir confesser ses péchés pour sauver son âme. Il demandait aussi à la population de « bien fouiller au fond de ses poches pour aider ce vieux prêcheur de campagne à continuer de sauver les pécheurs de la damnation éternelle ».

Mary Millicent écrivait qu'avant de mourir entre ses bras, son père lui avait dit : « Ma Sœur, tu as la vocation. Tu es la raison pour laquelle je suis né. »

Quand tous les éditeurs eurent refusé son livre, Mary Millicent confia l'ouvrage à Hollywood, où il fut transformé en film avec Loretta Young et Burl Ives, mémorable dans le rôle du pasteur Tutt. Lorsque le film devint un succès, les maisons d'édition vinrent la trouver, penaudes. Avec l'argent qu'elle reçut du film et des droits d'auteur, Mary Millicent acheta un cinéma délabré dans le centre de Dallas et elle convainquit une chaîne de télévision locale de programmer ses services hebdomadaires. Bientôt, une chaîne d'Oklahoma City diffusa elle aussi ses offices. Puis d'autres. À cette époque, elle avait déjà écrit son deuxième livre, *Le Chemin du Paradis*.

Mary Millicent avait été une femme d'une beauté sculpturale, dotée d'une voix d'oratrice. Sa fille était svelte et avait la voix douce. Malgré cela, Mary Millicent comprit très tôt que l'enfant avait la vocation et elle la prépara à marcher dans ses pas.

Au début, Amanda avait essayé d'imiter sa mère, mais au fil des années, elle avait développé son propre style et tempéré son message. Comme le pasteur Tutt avant elle et en dépit de ses propres transgressions, Mary Millicent avait suscité un sentiment de peur chez les gens, en les convainquant que s'ils ne changeaient pas leur vie, ils seraient soumis aux feux de l'enfer et à la damnation éternelle. Amanda prit une toute autre voie. Elle pressait ses adeptes de mener une vie meilleure pour contribuer à rendre le monde meilleur, un monde que Dieu pourrait regarder d'en haut en souriant. Au cours des rares occasions où Gus contestait l'une ou l'autre des convictions de sa sœur, Amanda lui souriait toujours avec bienveillance tout en lui affirmant qu'elle tenait son assurance de Dieu en personne.

Gus lui avait demandé ce que Dieu pensait de sa décision d'emprisonner leur mère dans le ranch, plutôt que de la confier à quelque maison de retraite huppée destinée aux vieillards lunatiques qui développaient un penchant à hurler des insanités et à la cleptomanie. Amanda répondit que Dieu attendait certainement d'eux qu'ils mettent sa fidèle servante de toujours à l'abri des regards indiscrets et qu'ils protègent sa réputation. Peut-être Amanda et Dieu avaient-ils raison. Pourtant, cela paraissait mesquin de traiter ainsi sa propre mère.

Amanda avait toujours su qu'elle porterait un enfant pour perpétuer la haute vocation de la famille Tutt jusqu'à la quatrième génération. Elle affirmait avoir compris, à la minute même de sa naissance, que Sonny était béni de Dieu et que lui aussi possédait « la vocation ». Gus avait été davantage intéressé par le côté Hartmann de Sonny. Un jour, le garçon hériterait de la compagnie pétrolière fondée par son arrière-grand-père, ainsi que du gigantesque ranch.

Mais la lignée des Hartmann allait disparaître. Cet enfant que sa sœur avait prévu de montrer au monde serait l'enfant d'un gigolo et d'une mère porteuse.

À moins que ?

Toby s'était joint au groupe pour prendre un cocktail et regarder la vidéo, puis il s'était excusé, prétextant des « affaires urgentes » ; Amanda avait dû lui suggérer que la conversation du dîner risquait de l'ennuyer. Gus devait bien lui accorder cela : l'homme connaissait sa place dans la vie d'Amanda. Il était son masseur, son entraîneur personnel, son homme à tout faire, son compagnon de prière et son amant ; ce qui lui laissait tout le temps nécessaire pour la gonflette, les longueurs dans la piscine et pour rentrer parfaitement dans les costumes et les chaussures surmesure auxquels il avait tant pris goût. Il semblait aimer sincèrement Amanda et la respecter. En fait, il paraissait être en admiration totale devant elle, et il avait tout intérêt à l'être. Gus ne l'avait jamais vu dépasser les limites qu'on lui avait assignées avec soin.

Au début, Gus avait essayé de se convaincre que Toby était homosexuel, mais il y avait trop de jeux de mains et d'allusions sexuelles entre Amanda et lui pour que ce soit le cas. Il n'aimait pas l'idée que sa sœur puisse avoir des rapports sexuels avec quelqu'un, mais il était obligé de faire avec. Et le fait d'avoir Toby pour occuper sa sexualité signifiait qu'elle serait moins encline à s'engager dans des liaisons indécentes avec des hommes louches.

Le sexe était une chose. Élever l'enfant de Toby, en revanche, en était une autre.

Gus savait sa sœur experte dans l'art de l'hallucination, mais elle ne pouvait pas avoir la naïveté de croire que l'enfant de Toby Travis et d'une fille qui avait répondu à l'annonce de Bentley Abernathy pourrait prendre la place de Sonny en tant qu'héritier légitime de la famille.

Amanda avait à peine touché à son repas, prétextant souffrir de nausées depuis quelque temps. Elle ne buvait jamais de vin en public, mais elle l'appréciait au cours des repas en privé ; pourtant, elle n'en avait pas pris une goutte ce soir-là. N'était-elle pas un peu plus pâle que d'ordinaire ? Un effet de maquillage, sans doute.

Gus savait que, si Amanda planifiait ce qu'il pensait qu'elle était en train de planifier, elle n'avait pas pris la mesure de toutes les conséquences. Cependant, son frère ne l'arrêterait pas. Si c'était sa manière à elle de mettre un terme à ce qui était arrivé à Sonny, si c'était ce dont elle avait besoin pour laisser ce fils chéri mourir enfin, alors, qu'il en soit ainsi. C'était son rôle de veiller sur sa sœur.

Il sentit le regard d'Amanda à l'autre bout de la pièce et leva les yeux. Elle lui sourit et esquissa du bout des lèvres les mots : « Je t'aime. » Alors, son cœur se gonfla tellement dans sa poitrine qu'il dut fermer les yeux et agripper les bras de son fauteuil.

Il ne croyait pas en Dieu, mais il croyait fermement en l'amour.

CHAPITRE 11

Une fois que les plats eurent été débarrassés, Amanda annonça qu'elle était un peu fatiguée par son voyage et qu'elle ne resterait pas pour le café et le dessert : « Je laisse les hommes à leurs affaires. »

Lorsqu'elle se leva, les invités sautèrent sur leurs pieds.

« Je vous en prie, joignez-vous à ma prière ! » dit-elle en saisissant la main des deux hommes qui se trouvaient à côté d'elle. D'un air gauche, les autres l'imitèrent.

Amanda leva vers le ciel un visage qu'elle composa avec soin, comme elle le faisait toujours lorsqu'elle priait, car elle savait que les gens ne pouvaient s'empêcher de jeter quelques coups d'œil furtifs dans sa direction. Elle ne baissait pas complètement les paupières, de manière à éviter les petites rides disgracieuses au coin des yeux.

« Seigneur adoré, je T'en prie, bénis les efforts de ces hommes de bien dans leur entreprise de faire de notre pays bien-aimé la nation la plus chrétienne sur cette terre ! Comme moi, ils rêvent d'un jour où tout Américain sera un croyant ; où aucun enfant à naître ne sera assassiné ; où chaque enfant sera élevé dans une maison chrétienne ; où les législateurs, les éducateurs, les hommes d'affaires, les juges et tous ceux qui influencent la vie des gens Vous demanderont d'être leur guide dans tous leurs actes. Nous louons Votre nom sacré et nous demandons tout cela au nom de Votre fils bien-aimé, Jésus. »

Tous se joignirent à son « Amen », avant de se lâcher la main en toute hâte.

Elle fit le tour de la table pour souhaiter bonne nuit à son frère en l'embrassant. Pieds nus, elle était considérablement plus grande que lui ; avec des talons, elle le dominait. Il resterait éternellement son petit frère, tant en âge qu'en stature. Ses sentiments envers lui étaient à la fois ceux d'une sœur et d'une mère. Elle l'aimait et lui vouait une confiance sans bornes. Il s'était toujours chargé des choses auxquelles elle n'accordait pas une pensée, ce qui lui avait permis de se consacrer à son ministère et à son fils.

« Ça va ? lui demanda-t-il à voix basse.

— Oui, mon chéri. Je suis juste un peu fatiguée, répondit-elle, tout en lui caressant le visage avec tendresse du bout des doigts.

— Es-tu d'accord avec les changements que nous avons évoqués ce soir ?

— Probablement. Prenons notre petit déjeuner ensemble demain matin. Rien que tous les deux. »

Elle se pencha pour lui déposer un baiser sur la joue.

« Je t'aime, murmura-t-elle.

— Moi aussi », chuchota-t-il en retour.

Elle sentit tous les regards la suivre tandis qu'elle quittait la pièce. Des regards admiratifs. La soirée s'était bien passée. Bien sûr, on avait un peu réfléchi au fait que le président ne se représente pas aux élections, en utilisant comme prétexte un problème de santé créé de toutes pièces, pour laisser le vice-président, plus jeune et qui s'exprimait plus clairement, prendre sa place dans la file. Le président avait parfois outrepassé ses pouvoirs. On ne pouvait pas le nier. Cependant, si le vice-président faisait force démonstrations de sa piété chrétienne, ses yeux ne brillaient pas lorsqu'il parlait du Seigneur. Et, à deux reprises, elle l'avait entendu blasphémer.

Amanda s'arrêta aux cuisines pour remercier le personnel de ce délicieux dîner, en appelant chacun par son prénom et en souhaitant que Dieu les bénisse tous. Ensuite, elle passa son bras autour de la taille d'une jeune femme vêtue d'un sari, du nom de Randi, qui ne travaillait à Victory Hill que depuis trois ou quatre mois, et elle la conduisit dans le couloir.

« Attends-tu un enfant ? »

Les yeux baissés, un sourire timide aux lèvres, celle-ci hocha la tête.

« Tu es mariée avec l'un des intendants, n'est-ce pas ?

— Oui, madame.

— Vous réjouissez-vous tous les deux de l'arrivée de ce bébé ?

— Oh, oui, madame ! Nous sommes très heureux. C'est ma mère qui s'occupera de l'enfant pour que je puisse continuer à travailler.

— Tu auras six semaines de congés payés à la naissance du bébé. »

La jeune femme saisit la main d'Amanda pour l'embrasser.

« Vous êtes la dame la plus gentille que j'aie jamais rencontrée. Ma mère dit que vous êtes une sainte.

— Non, non, répondit Amanda avec un sourire, en caressant la joue lisse et brune de la jeune femme. Pas une sainte, ma chérie. Juste une femme qui adore le Seigneur. Est-ce votre premier enfant ?

— Oui, madame, c'est notre premier.

— Dis-moi, Randi, sais-tu garder un secret ?

— Oh, oui ! »

Amanda se rapprocha pour murmurer :

« Moi aussi, j'attends un enfant. »

Les yeux de Randi s'emplirent aussitôt de larmes. *Elle est au courant au sujet de mon Sonny*, comprit Amanda. Mais c'était bien normal. Tout le monde était au courant. Parfois, elle se demandait si Dieu avait organisé l'accident de Sonny pour faire d'elle un chef de file spirituel encore plus compatissant. Ou bien pour la mettre à l'épreuve. Elle était obligée de croire que l'accident de Sonny faisait partie des projets de Dieu ; sinon, elle aurait été incapable de continuer. Elle aurait été forcée de maudire Dieu et de dissoudre son propre ministère. Mais cela aurait signifié cesser d'être elle-même. Cesser d'être la personne qu'elle était appelée à devenir depuis sa naissance. Cela lui avait coûté d'innombrables heures de prière et de méditation pour laver son cœur de tout soupçon.

Amanda savait que tous les gens qui affirmaient avoir été guéris grâce à elle avaient, en vérité, été guéris par le fait d'avoir ouvert leur cœur et leur esprit à la puissance de la prière. Désormais, Sonny ne pouvait plus les imiter. Elle avait mis longtemps à comprendre pourquoi Dieu l'avait laissé dans cet état, mais la paix vint en même temps que la connaissance. Et avec la paix de l'âme arriva la récompense de Dieu – son splendide Toby, ainsi qu'un projet pour l'avenir.

« Oh, madame, je suis si heureuse pour vous ! disait Randi en baisant à nouveau la main d'Amanda. Je prierai pour vous et votre bébé tous les jours.

— Et moi, je prierai pour vous et les vôtres », promit Amanda en prenant la frêle jeune femme dans ses bras.

Elle monta avec lenteur les marches de l'escalier qui menait à sa vaste suite, au deuxième étage, tout en faisant glisser ses doigts le long de la rampe incurvée. Son esprit passait d'une idée à l'autre, depuis la réunion du dîner jusqu'à l'aide-cuisinière qui était enceinte et à son propre mari. À Toby, qui l'attendait.

Elle l'avait préparé, un peu plus tôt dans la soirée en lui décrivant avec précision ses envies du moment. Amanda se mit à rire toute seule. Toby était un garçon tellement obligeant. Il appréciait d'ailleurs autant qu'elle leurs jeux sexuels.

Comme le bois était lisse sous ses doigts ! Semblable à du satin. Comme la peau du dos de Toby, son Adonis. Alors qu'ils étaient à Madrid, elle l'avait emmené au Prado dans l'unique but de lui montrer la peinture de Titien, *Vénus et Adonis*. « C'est toi », avait-elle affirmé en désignant le splendide éphèbe autour duquel Vénus avait passé son bras pour l'attirer vers son corps nu.

« Je pense qu'elle essaie de le séduire, avait dit Toby.

— À mon avis, elle a réussi.

— Tu as un bien plus beau corps que le sien », avait-il murmuré.

Elle sourit en se souvenant de la manière dont ils avaient rejoué la scène cette nuit-là, dans leur chambre d'hôtel. Elle était la déesse païenne ; il était le jeune homme innocent. Une fois comblée, elle avait blotti son corps contre celui de Toby et avait remercié Dieu en silence de lui avoir amené ce beau et jeune mari.

Un jour, Toby lui avait demandé ce que Dieu pensait de jeux comme ceux-ci. Elle l'avait assuré que Dieu leur avait donné une imagination aussi riche pour qu'ils aient une vie physique épanouie et pour les écarter du péché.

De sa main libre, Amanda caressa ses seins. Monter chaque marche devenait un acte érotique. Un pas plus haut, un pas plus près. Elle sentait son corps s'épanouir. Elle sentait l'humidité se former entre ses jambes.

La chambre était éclairée par les lueurs rougeoyantes de la bougie. Toby l'attendait, allongé sur le ventre, les poignets menottés au chevet du lit, avec le fouet en cuir posé sur la table de nuit. Dès qu'elle entra dans la chambre, il leva la tête et se mit à gémir.

« Je t'en prie, ne me fouette pas. »

Amanda défit la fermeture Éclair de sa robe rouge et la laissa tomber à terre, révélant son corps nu. Elle enfila une paire de bottes à talons aiguille et noua une cape de velours noir autour de son cou.

« Mais tu as été un vilain garçon, n'est-ce pas, Toby ?

— Oh, oui, un très vilain garçon. Très, très vilain garçon. »

Amanda ramassa le fouet.

« Et dis-moi, qu'arrive-t-il aux vilains garçons ? »

*

Minuit avait sonné depuis longtemps lorsque Gus rappela Ann Montgomery, qui répondit d'une voix vive.

« Gus ! Comment vas-tu, mon garçon adoré ? »

Cette bonne vieille Montgomery ! Sa mère était peut-être devenue un peu barjo sur ses vieux jours, mais Montgomery ne changerait jamais. Il pouvait compter là-dessus.

« Pas très bien.

— Raconte-moi.

— Tu avais raison. On dirait qu'Amanda prévoit de faire passer le bébé que porte Jamie Long pour le sien – en tant qu'héritier légitime du sacerdoce familial comme de la fortune de la famille. Nous avions des invités à la maison ce soir, et Amanda s'est fait un devoir de ne faire que picorer et de ne rien boire qui contienne de l'alcool.

— Je pense que le bébé que porte Jamie Long *est* réellement l'héritier légitime de tous les Hartmann. »

Gus se redressa sur sa chaise.

« De quoi parles-tu ?

— Je pense que la fille porte l'enfant de Sonny.

— Mais c'est impossible.

— Vraiment ?

— Qu'est-ce qui te fait croire une chose pareille ? Est-ce qu'Amanda t'en a parlé ?

— Non, mais je connais mon Amanda. Elle se trouvait au ranch la nuit qui a précédé l'insémination de Jamie. Elle est arrivée en avion mais est repartie aux aurores le lendemain. Elle a dit qu'elle avait besoin de prier au chevet de Sonny.

— A-t-elle amené quelqu'un avec elle – un médecin ou un technicien ?

— Freda, l'infirmière, l'accompagnait.

— Es-tu en train de me dire que…

— Oui, c'est exactement ce que je suis en train de te dire. »

Gus se massa le front en essayant de réfléchir, pour tenter de déterminer quelles allaient être les conséquences si ce que Montgomery affirmait se vérifiait.

« Je ne suis pas certain que ce soit très légal de prélever le sperme d'un homme inconscient, mais ça m'étonnerait que quelqu'un arrête Amanda pour avoir réussi à le faire. Après tout, Sonny est son fils unique.

— Il y a peu de risques. Mais je suppose que le contrat que Jamie Long a signé avec Amanda et Toby stipule que ce doit être lui, le père biologique de l'enfant. Si les vraies circonstances de la conception sont révélées un jour ou l'autre, le contrat pourrait être déclaré nul et non avenu, et Jamie pourrait se voir accorder la garde totale de l'enfant. »

Gus s'empara d'un coupe-papier qu'il se mit à planter dans le sous-main de son bureau. Il comprenait où Montgomery voulait en venir, mais il n'avait aucune envie de l'entendre.

« J'ai beaucoup réfléchi à tout cela, Gus. Si Jamie s'aperçoit un jour que le bébé qu'elle porte est le petit-fils ou la petite-fille d'Amanda Hartmann, elle refusera certainement d'abandonner son autorité parentale sur l'unique héritier de la fortune des Hartmann.

— Mais il n'y aucun moyen qu'elle l'apprenne.

— Pour l'instant, Jamie croit qu'Amanda est *peut-être* enceinte. Mais elle regarde beaucoup la télévision et elle entendra forcement qu'Amanda a annoncé qu'elle-même attendait un bébé. Ensuite, quand Amanda et Toby finiront par n'avoir qu'un seul enfant à élever – un enfant dont Amanda affirmera qu'il est né d'elle – Jamie se demandera ce qui est arrivé au bébé qu'elle a porté et dont elle a accouché. Que se passera-t-il si elle engage un détective privé ou qu'elle se met à fouiner ? Que se passera-t-il si elle découvre qu'Amanda n'a plus d'utérus et que Sonny était encore vivant lorsqu'on l'a retiré de l'hôpital à Amarillo ?

Et si la fille exige qu'elle, Toby et le bébé soient soumis à des tests ADN ? Et qu'elle engage des poursuites pour récupérer le bébé ?

— Dans ce cas, je ferai en sorte que le juge accorde bien la garde de l'enfant à sa grand-mère, répondit Gus, qui se massait toujours le front en essayant désespérément de rejeter le raisonnement de Montgomery.

— Peut-être, mais au cours de la procédure, Amanda serait accusée d'imposture. »

Gus retint son souffle.

« Jésus-Christ !

— Ne blasphème pas ! Ta mère et moi t'avons élevé mieux que cela. Je veux ce bébé, Gus. C'est le bébé de *Sonny*. Et toi aussi, tu en voudras, quand tu y auras réfléchi. Ce bébé est un cadeau de Dieu. »

Gus fixait la statue éclairée du Christ dans le jardin de méditation. Pendant des années, il s'était dit qu'il allait faire enlever ce satané truc. Mais c'était sa mère qui l'avait placé là. Et puis le déplacer perturberait Amanda.

N'était-ce pas étrange à quel point les gens pieux parvenaient à se convaincre facilement que leurs projets les plus malveillants correspondaient, d'une manière ou d'une autre, à la volonté de leur seul et unique Dieu ? S'il y avait un Dieu, Gus pensait qu'il ou elle devait passer tout son temps à pleurer.

Le fait d'être athée impliquait l'incapacité de rationaliser ou de prier pour éloigner le mal. Lui était obligé de le regarder droit dans les yeux et de le reconnaître pour ce qu'il était.

Il souhaita n'avoir jamais insisté pour que Bentley Abernathy lui envoie une photographie de Jamie Long. Il aurait aimé ne jamais avoir vu son visage jeune et resplendissant.

Gus secoua la tête pour essayer de se remettre les idées en place.

« Et Toby ? Est-ce qu'il est au courant de ce qui se passe ?

— Vraiment, je n'en sais rien, mais il n'est rien de plus qu'un caniche. Il croira ce qu'Amanda veut lui faire croire.

— Je ne sais pas comment nous allons régler tout cela.

— Dieu y pourvoira », répondit Montgomery.

CHAPITRE 12

Bentley avait rarement rencontré Gus Hartmann en personne : la plupart du temps, il n'existait qu'à travers une voix désincarnée au téléphone. Parfois, il devait faire un effort pour se souvenir que les injonctions autoritaires de cet individu à la richesse incommensurable et à la puissance sans bornes provenaient d'un homme qui ne lui arrivait pas plus haut que la poitrine.

Lorsque Gus appelait, tout le reste devenait secondaire. La conversation était transférée sur le haut-parleur et Lénora se précipitait dans son cabinet pour prendre des notes.

Cette fois-ci, Gus avait téléphoné pour discuter de problèmes concernant des biens fonciers. Il voulait acheter les droits sur le minerai de quelques gisements, situés au nord-ouest du Texas, cependant son souci principal concernait la route du comté qui traversait le ranch des Hartmann. La désignation officielle de cette route était Route rurale 12, mais elle était connue localement sous le nom de Route Hartmann. Elle se poursuivait sur une cinquantaine de kilomètres désertiques au nord du ranch, avant de croiser enfin une route nationale. À l'origine, les terrains de Buck Hartmann étaient tous situés à l'est de la RR 12 ; mais avec les acquisitions successives au fil des années, désormais la route coupait presque la propriété des Hartmann en deux.

Bentley doutait que plus d'une douzaine de véhicules empruntent chaque jour la route de gravillons, utilisée surtout par d'autres habitants du comté et, de temps en temps, par un chasseur. Gus se plaignait que Hartmann City soit devenue une halte, où les gens s'attendaient à trouver de l'essence et des boissons fraîches à la boutique du ranch.

« En quoi est-ce un problème ? se hasarda à demander Bentley.

— Le respect de la vie privée », avait tonné la voix de Gus dans le combiné.

Bentley avait tendu la main pour baisser le volume.

« Je céderai la parcelle du comté qui se trouve à la limite ouest du ranch et je rembourserai n'importe quel prix pour faire construire un nouveau segment de route là-bas. Je veux que vous vous occupiez de ça, Abernathy. Ça fait deux ans que j'ai prévenu les responsables du comté. Rappelez à ces péquenots que je paie plus de ces putains d'impôts fonciers que n'importe qui d'autre dans le comté et que le ranch des Hartmann est de loin son plus grand employeur ! Rappelez-leur que c'est l'argent des Hartmann qui a financé le gymnase de leur lycée et placé un toit neuf sur l'école ! Et faites-leur savoir de manière claire que je veux que ce projet soit mis en œuvre immédiatement ! La seule raison pour laquelle ma sœur et moi avons conservé le ranch, c'est à cause de l'intimité qu'il nous offre. Je souhaite renforcer la sécurité autour de la zone d'habitation, et c'est impossible si une voie publique passe juste devant. Et rappelez-leur que Hartmann City n'a rien d'une ville !

C'est une *propriété privée.* Des gens sont venus en voiture dans *notre* propriété à la recherche d'Amanda pour qu'elle guérisse leur lumbago ou qu'elle prie avec eux. Des journalistes viennent nous espionner. J'ai dû installer une clôture de sécurité pour empêcher les gens d'arriver jusqu'à la maison et de frapper à la porte.

— Je comprends, répondit Bentley de sa voix la plus conciliante. (Ensuite, il chercha Lénora du regard et ajouta :) Vous savez quoi, Gus ? Lénora et moi allons nous rendre là-bas. Je parlerai aux responsables du comté, lors de leur prochaine réunion, et Lénora souhaiterait revoir Jamie Long. »

Lénora opina de la tête en signe d'assentiment.

« Pourquoi veut-elle revoir la fille ? »

Le ton était très sec.

« Eh bien, Lénora s'est pas mal attachée à Jamie et elle s'inquiète à son sujet car elle a essayé de l'appeler à de nombreuses reprises sans jamais parvenir à la joindre directement. Jamie n'a jamais répondu à ses lettres.

— Je ne suis même pas certain que cette fille soit encore là-bas, dit Gus d'une voix éteinte. Si c'est le cas, je suis sûr qu'elle se porte bien. »

Lénora fronça les sourcils et se pencha en avant, prête à intervenir dans la conversation. Bentley lui fit signe de se taire.

Et dire que quelques mois plus tôt, il avait vraiment songé à mettre fin à son association avec Gus Hartmann et à diminuer son temps de travail ! Tout cela avait changé lorsque sa femme avait déniché un manoir victorien en ruine, près de Round Top, et qu'elle s'était persuadée que sa mission sur cette terre était de le restaurer, projet qui allait coûter les yeux de la tête.

Bien sûr, il pouvait protester tant qu'il le voudrait, mais en dernier recours, Brenda aurait son manoir à l'abandon, ce qui ferait s'envoler tout espoir de mettre un terme à son association avec les Hartmann.

Au moins la vieille demeure occuperait-elle Brenda pendant des années.

Le cours par correspondance était une excellente idée. Le manuel était bien écrit et les lectures complémentaires passionnantes. Jamie s'était immergée dans l'histoire de l'Amérique. Lorsque ses deux premières dissertations furent prêtes à être postées, elle se sentit euphorique. Inutile de cacheter l'enveloppe : Mlle Montgomery croirait de son devoir de s'assurer que Jamie n'avait violé aucune règle. Pour fêter cela, elle appela Lester.

« Je veux faire une super longue promenade cet après-midi.

— Ça ne finit pas par vous ennuyer, toutes ces marches ?

— Pas vraiment. Je fais de nouvelles découvertes à chaque fois que nous sortons. »

C'était la vérité. Rien qu'hier, ce tatou marchant tranquillement au beau milieu de la route l'avait fascinée.

Ses promenades quotidiennes l'avaient aussi amenée à une conscience plus profonde de son propre corps – différente de ce qu'elle connaissait sur le terrain de course. Courir était une question de rythme et exigeait une intense concentration. La marche l'aidait à se détendre et à profiter de la sensation de ses muscles qui travaillaient de concert tandis qu'elle avançait à grands pas. Qu'il était bon d'inspirer à fond juste pour sentir ses poumons s'emplir et se dilater ! Elle savourait la jeunesse et la force de son corps sain. Les muscles de ses jambes étaient presque aussi fermes qu'à l'époque où elle s'entraînait tous les jours pour l'athlétisme. Marcher n'était-il pas devenu chez elle une obsession ? À moins qu'il ne s'agisse d'une stratégie d'adaptation qui l'aidait à supporter l'isolement et la solitude ? Ainsi que la peur ? Elle naviguait en eaux inconnues. Les changements dans son corps ne se limitaient pas aux muscles de ses jambes et à la capacité respiratoire de ses poumons. Ses jeans ne fermaient plus et la fermeté de son ventre n'avait rien à voir avec sa sangle abdominale.

« En fait, Lester, j'ai une destination spéciale en tête pour aujourd'hui. Freda m'a parlé des lieux intéressants que je pouvais visiter à pied, notamment d'une ferme abandonnée à quelques kilomètres d'ici, au nord. Est-ce que vous savez où elle se trouve ?

— Ouais, je sais où c'est. Je vous attends en bas dans quinze minutes. »

La queue de Ralph se mit à battre frénétiquement quand Jamie sortit ses chaussures de marche du placard.

« Alors comme ça, tu crois que tu vas venir avec moi ? » le taquina-t-elle.

La camionnette rouge de Freda, avec sa clinique portative, était garée sous le portique, ce qui semblait être le cas presque tous les jours ; elle rendait sans doute visite à Ann Montgomery. Malgré leur différence d'âge, les deux femmes avaient l'air d'être bonnes amies. Ce devait être leur dévouement envers Amanda Hartmann qui les rapprochait.

Quel plaisir ce serait de recevoir un ami ! Ou bien une lettre, une fois de temps en temps. Comme ils ne connaissaient pas son adresse actuelle, il était normal que ses amis et sa sœur ne lui aient pas écrit, mais pourquoi aucune nouvelle de Lénora ? Hormis le cours par correspondance, son seul courrier étaient ses relevés de compte bancaire, envoyés au ranch par la « tierce personne » anonyme ; tous ouverts par la gouvernante ! C'était exagéré mais, comme Lénora l'avait fait remarquer plus d'une fois, le respect de la vie privée était une question essentielle chez les Hartmann.

Lester approcha et baissa la vitre. On pouvait entendre Vince Gill chanter *A Little More Love* à la radio.

« Je dois être de retour pour midi, vous devrez donc monter avec moi au moins pour une partie du trajet.

— Je vais marcher d'abord – pendant une heure », répondit Jamie, en jetant un coup d'œil à sa montre avant de descendre l'allée.

Elle ralentit en s'approchant du portail principal, dans l'attente de l'ouverture du dispositif. Dès que les portes s'ouvrirent, Ralph et elle se dirigèrent vers le nord.

Au bout d'une heure, Lester klaxonna, et ils firent le reste du trajet en voiture.

« On y est. »

Il désigna une boîte aux lettres accrochée de travers sur un piquet de clôture.

Sur la boîte, un nom indiquait : « McGraf. » Au bout d'un chemin envahi par les mauvaises herbes, une grange branlante, une éolienne à laquelle manquait une pale, ainsi qu'une cheminée en pierre qui dépassait d'un toit.

« Je veux jeter un coup d'œil.

— Pas question. Je perdrais mon boulot si vous tombiez dans un puits désaffecté ou si vous passiez à travers un plancher pourri. »

Bon, elle n'allait pas causer de problèmes à Lester. Déçue, elle contempla ce paysage triste à mourir.

« Pourquoi les McGraf sont-ils partis ?

— En fait, il y a plusieurs fermes abandonnées sur les terres du ranch. On dit que M. Hartmann a payé les arriérés d'impôts de ces fermes et qu'il en a expulsé les habitants. Mais les McGraf ne sont pas allés très loin, eux. Ils ont chargé leur camion et sont partis juste avant une tempête de neige. Personne ne savait qu'ils avaient disparu et on ne les a pas recherchés. Une semaine plus tard environ, des chasseurs ont aperçu la camionnette au beau milieu d'un champ. McGraf et sa bourgeoise, avec leurs trois gamins, étaient serrés tous ensemble dans la cabine. Ils ont dû s'égarer au milieu de toute cette neige et de la glace et ils sont morts de froid.

— Mais c'est affreux ! »

Une famille avait essayé de gagner sa vie ici et avait échoué dans son entreprise. C'était bien cher payer !

« Ouais. Un truc comme ça arrive tous les deux ou trois ans. Des fois, un fermier se perd en revenant de sa propre grange. Par moments, le climat est vraiment très mauvais. »

Jamie imagina les membres de la famille emporter tout ce qu'ils pouvaient à l'arrière de leur vieille camionnette, abandonnant le reste aux vagabonds qui passeraient par là dans les années à venir. Gus Hartmann leur avait-il donné un ultimatum en les menaçant d'envoyer le shérif pour les expulser, ou ne savaient-ils pas qu'une tempête de neige se préparait ?

« Alors, maintenant, cette propriété fait partie du ranch des Hartmann ?

— Ouais. J'imagine que j'ai le droit de vous le dire, vu que c'est de notoriété publique. Toutes les terres des Hartmann étaient situées à l'est de la route. Aujourd'hui, ils possèdent aussi des milliers d'hectares à l'ouest.

— Pourquoi ont-ils besoin d'autant de terres ? »

Les champs jadis cultivés étaient recouverts d'herbes folles et de mesquites rabougris. Manifestement, Gus Hartmann n'avait rien d'urgent à faire sur ces terrains lorsqu'il avait demandé à la famille McGraf de partir.

Lester haussa les épaules.

« Mon père dit que posséder beaucoup de terres donne un sentiment de sécurité aux riches, ou un truc comme ça. Un peu comme posséder une île, j'imagine. Au lieu d'être entourés d'eau, ou bien de murs comme les stars d'Hollywood, certains riches s'entourent d'un océan de terres. Sauf que ça ne sert à rien s'ils ne viennent jamais dans leur jardin secret. Gus Hartmann n'est jamais venu au ranch depuis que j'y travaille. Et Mlle Amanda n'est venue qu'une fois depuis qu'elle a épousé le blanc-bec. »

Jamie jeta un dernier regard à la ferme abandonnée pendant que Lester faisait faire demi-tour à la camionnette, et elle soupira.

« Ça va ? demanda-t-il.

— Juste un petit coup de blues. Ces pauvres gens. Aujourd'hui, M. et Mme McGraf auraient des petits-enfants qui courraient partout dans la cour.

— Ouais. Ou peut-être bien que le Seigneur a eu envie de les rappeler. Peut-être bien qu'ils vivent dans un endroit bien plus agréable qu'ici, et qu'ils n'ont plus besoin de se flinguer au travail pour pouvoir poser de la nourriture sur leur table et se mettre des chemises sur le dos.

— Alors, on ne devrait pas avoir de chagrin quand les gens meurent ? Ni s'interroger sur les circonstances de leur mort quand celle-ci paraît si inutile ?

— J'en sais rien. Je laisse ces trucs-là à Mlle Amanda. »

Ils roulèrent quelque temps en silence, qu'elle rompit pour l'interroger.

« Vous perdriez vraiment votre travail si je me blessais ?

— Ouaip. Et c'est un sacré bon boulot, bon sang. Mieux que tous ceux que j'ai pu trouver quand j'étais à Alma, ça, c'est sûr. J'ai une assurance maladie, un régime de retraite, et deux semaines de congés payés par an. En plus, je vis gratuitement dans un des baraquements. Mlle Amanda prend soin de ses ouvriers.

— J'ai vu Amanda à la télévision, l'autre soir. Elle est stupéfiante.

— Ouais, à chaque fois qu'une de ses cérémonies du Renouveau est rediffusée, tout Hartmann City se rassemble à l'église pour la regarder sur l'écran géant. Tous ceux qui travaillent au ranch lui vouent une admiration sans bornes.

— Et Gus Hartmann ? demanda Jamie en caressant son chien. Qu'est-ce que les gens pensent de lui ?

— Tout le monde le respecte, mais il ne connaît pas chaque employé par son prénom comme Mlle Amanda. Quand j'étais gosse, il venait aux matches de foot à Alma, avec le fils d'Amanda. M. Hartmann est tout petit. *Vraiment* petit. Sonny Hartmann allait dans une école privée dans l'Est, mais quand il était au ranch, il venait traîner un peu en ville. On aurait pu croire qu'un gosse riche comme lui serait snob, mais pas du tout. Des fois, il faisait même une partie de basket à l'improviste dans la cour de l'école. C'est une honte, ce qui lui est arrivé. Ça a vraiment choqué, en ville. Mais vous savez quoi ? Je ne suis pas censé parler des Hartmann. C'est une habitude, j'imagine. Les gens qui vivent ici sont plus intéressés par les Hartmann que par les stars de cinéma, les légendes du foot ou le président à Washington, DC ; mais on a tous signé un document où on jurait de ne pas parler de la famille Hartmann aux étrangers.

— Une clause de confidentialité ?

— Ouais, c'est ça. Mais puisque vous vivez ici en ce moment, j'imagine que ça fait de vous une des nôtres, quelque part.

— Pas vraiment. Je suis juste de passage. Je ne vous poserai plus de questions au sujet des Hartmann. Je ne voudrais pas vous causer de problèmes.

— Vous savez, on a tous été vachement curieux à votre sujet. Au début, on a cru que vous alliez travailler pour Montgomery – comme secrétaire ou comptable, un truc comme ça – mais on dirait que vous ne faites pas grand-chose d'autre que vous promener.

— Alors, pourquoi les gens pensent-ils que je suis ici ?

— Eh bien, Freda raconte que Mlle Amanda vous a invitée à venir au ranch pour fuir un petit ami violent, mais qu'après, vous vous êtes retrouvée enceinte, et que du coup elle vous laisse rester ici jusqu'à la naissance du bébé. Mais Mlle Amanda a toujours peur que votre petit ami revienne vous chercher, c'est pour ça qu'elle refuse de vous laisser vagabonder dehors toute seule.

— C'est presque ça.

— Vous avez de la chance qu'il y ait quelqu'un comme Amanda Hartmann pour vous aider à remettre de l'ordre dans votre vie.

— Oui. »

De retour dans son salon, Jamie retira ses objets de décoration des deux pièces de son appartement, ne laissant que ses livres, les photographies et les plantes en pot qui provenaient de la maison de sa grand-mère. Elle décrocha même le miroir de son arrière-grand-mère et le rangea dans le placard, à côté de la boîte à couture de Granny. Elle ne parvenait plus à considérer cet endroit comme chez elle. Pas même temporairement.

CHAPITRE 13

Une petite voix chevrotante fredonnait une curieuse chanson au sujet d'une femme qui souhaitait revoir la « jolie petite robe bleue d'Alice ».

Jamie se réveilla et regarda en direction du fauteuil au coin de la pièce. Vide. Le chant venait du salon. De la lumière filtrait par la porte ouverte. Elle se leva et traversa la chambre à pas feutrés.

La vieille dame était assise à côté de Ralph sur le canapé, lui grattouillant le dos. Leur visiteuse portait une chemise de nuit noire en dentelle, qui pendait mollement sur ses épaules et sa poitrine osseuses. Elle était pieds nus. Du rouge à lèvres carmin recouvrait ses lèvres ainsi qu'une bonne partie de son menton. Un sac à main usé, en cuir rouge, était posé sur ses genoux. Lorsqu'elle eut terminé sa chanson, elle applaudit, ce qui fit s'agiter la peau flasque du dessous de ses bras.

Jamie applaudit aussi.

La femme la regarda comme si elle la voyait pour la première fois. Elle accueillit ses applaudissements avec un sourire timide, avant de laisser échapper un gloussement ravi. Jamie se souvenait de ce rire. La première fois qu'elle l'avait entendu, elle avait cru rêver. Là, elle était totalement éveillée, et la femme était manifestement bien réelle.

« Je suis Jamie, dit-elle en s'asseyant en face de la femme. Comment vous appelez-vous ?

— Je vous l'ai dit la dernière fois que je suis venue ici. Je suis Mary Millicent, et cette maison est la mienne.

— Est-ce que vous y habitez en permanence ?

— Oh oui ! Là-haut, dans la tour. Mes enfants iront brûler en enfer pour m'avoir gardée prisonnière dans cette chambre, avec la sorcière comme geôlière.

— Mais vous n'êtes pas dans cette chambre en ce moment.

— La sorcière se croit très intelligente, mais elle a oublié que c'était ma maison et que je possédais une clé magique pour ouvrir toutes les portes. »

À peine eut-elle prononcé ces mots qu'elle se mit à tousser. Jamie sauta sur ses pieds et se précipita aux côtés de la vieille dame.

« Qu'avez-vous ? demanda-t-elle en s'agenouillant devant elle.

— Vous ne le leur direz pas, n'est-ce pas ? supplia-t-elle dans un murmure, en jetant des regards inquiets de part et d'autre de la pièce.

— Pour votre clé ? Non, je ne dirai rien.

— Promettez aussi de ne pas dire à la sorcière que je suis venue ici.

— Oui. Je ne dirai rien à personne, ne vous inquiétez pas.

— Signez-vous et jurez : croix de bois, croix de fer ; si je mens je vais en enfer. »

Jamie se signa avec solennité. Ensuite, Mary Millicent regarda autour d'elle, comme pour s'assurer que personne d'autre ne se trouvait dans la pièce.

« La sorcière ne sait pas que je peux marcher, chuchota-t-elle. Et l'infirmière non plus.

— Vous plaisantez !

— Si la sorcière savait que je peux marcher, elle m'enfermerait à clé ou alors elle m'attacherait au lit. J'ai fait ajouter l'aile parce que nous avions besoin de davantage de place pour recevoir tous nos invités de marque. Des présidents, des sénateurs, des ambassadeurs et même un sultan sont venus ici. Ils amenaient parfois leur femme, d'autres fois non. Ils aimaient s'habiller en cow-boys, monter à cheval et chasser les cerfs et les cailles, avant de venir s'asseoir pour fumer des cigares cubains et boire du whiskey du Tennessee.

— Racontez-moi l'histoire de la tour. Est-ce que vous l'avez faite construire pour que la maison ressemble à un château ?

— Pas du tout. Je l'ai faite construire pour bénéficier d'un lieu à moi. Parfois, j'invitais l'un des invités à venir m'y retrouver. Maintenant, la seule distraction qui me reste, c'est d'observer les gens par la fenêtre. Ça, et rendre folle la vieille sorcière, ajouta Mary Millicent en gloussant. Je vous ai observée depuis là-haut. Vous et votre toutou, vous allez tout le temps vous promener avec ce garçon qui vous suit en camionnette.

— Pourquoi vous enferment-ils là-bas ? demanda Jamie, sans être certaine de croire à ce que la dame lui disait.

— Parce que je suis un secret. Ils n'ont pas envie qu'une vieille folle se promène en disant des choses qu'elle ne devrait pas dire ou qui gêneraient Amanda. Elle passe à la télévision maintenant, exactement comme moi à l'époque. Tout le monde me remarquerait si j'entrais dans un restaurant ou dans un aéroport. Les gens viendraient me trouver pour me dire qu'ils m'ont vu prêcher, ou bien pour que je les bénisse, ou pour toucher ma main. Vous voulez me toucher la main ?

— Naturellement », répondit Jamie en prenant les mains semblables à des serres de Mary Millicent entre les siennes.

Les ongles de la vieille dame étaient entretenus avec soin, tout comme l'étaient ceux de ses pieds. Elle s'était brossé les cheveux. La dernière fois, elle sentait mauvais, mais pas aujourd'hui. Manifestement, quelqu'un tentait de prendre soin d'elle.

« Vous m'aimez bien ? » demanda Mary Millicent en penchant légèrement la tête sur le côté.

Jamie voulut lui dire qu'elle ne la connaissait pas très bien, mais l'expression sur le visage de la vieille dame était si implorante, à l'image d'un tout petit enfant qui chercherait à se faire un ami.

« Bien sûr que je vous aime bien. »

Mary Millicent posa sa tête sur l'épaule de Jamie, qui l'entoura de ses bras. Sa peau ressemblait à du parchemin. Jamie pouvait voir en dessous de la chemise de nuit en dentelle ; la poitrine osseuse de Mary Millicent était toute plate, sans aucune chair. Juste de la peau flasque et deux tétons tout ratatinés.

« Peut-être devriez-vous rentrer dans votre chambre ? Vous ne devez pas avoir envie que la sorcière vous trouve ici.

— Vous voulez bien chanter avec moi avant ?

— Qu'avez-vous envie de chanter ? »

Mary Millicent se mit à se balancer d'avant en arrière dans les bras de Jamie, tout en fredonnant un cantique bien connu. Jamie ferma les yeux. Elle se souvenait avoir chanté ce même cantique, debout à côté de sa grand-mère, à l'église. Dans leur petite église en bois toute simple.

« Quel ami sincère nous trouvons en Jésus, chanta Jamie avec sa visiteuse, Qui porte tous nos chagrins et nos péchés / Quel privilège de nous élever vers Dieu par la prière. »

À la fin du cantique, Mary Millicent embrassa la jeune femme sur les lèvres puis, en s'agrippant à son sac à main rouge et avec l'aide de Jamie, elle se hissa, tremblotante, jusqu'à la position debout.

Jamie contempla la silhouette frêle, aux pieds nus, dans sa chemise de nuit en dentelle noire, qui se frayait lentement un chemin à travers la pièce.

« Bonne nuit », lança Jamie derrière elle.

Sans se retourner, la femme agita la main, puis entrouvrit la porte d'à peine un ou deux centimètres pour scruter le couloir. Il était désert ; elle sortit en refermant doucement derrière elle.

Avant d'éteindre la lumière, Jamie ouvrit la porte. Personne en vue. Elle donna un tour de clé, un geste qu'elle se souvenait distinctement avoir fait lorsque Ralph et elle étaient rentrés de leur incursion du soir dans le jardin. C'était un acte de défi qu'elle accomplissait toutes les nuits, avec l'image de Mlle Montgomery et de son passe-partout en tête. Elle voulait lui faire comprendre que les visiteurs non annoncés étaient malvenus.

Il semblait que Mary Millicent possédât elle aussi un passe-partout et que sa « sorcière » était Ann Montgomery. Le surnom la fit sourire.

Le lendemain matin, en partant marcher, Jamie eut envie de se retourner pour faire un signe de la main à Mary Millicent. Bien entendu, elle ne le fit pas. Quelqu'un pouvait la voir. Cependant, lorsqu'elle atteignit la route, elle regarda en direction de la maison – vers la tour aux multiples fenêtres étroites. La vieille dame l'observait-elle ?

Au retour de sa promenade, Jamie se dirigea vers la bibliothèque pour y étudier les portraits accrochés au mur.

Oui, ces photos montraient bel et bien une Mary Millicent beaucoup plus jeune. Une femme saisissante – plus imposante et majestueuse que sa fille ! Son mari et elle formaient un beau couple – un peu comme un duc et une duchesse.

Jamie s'arrêta devant une photo de Mary Millicent dans une carriole tirée par des poneys, en compagnie de ses deux jeunes enfants. Amanda était assise sur les genoux de sa mère, Gus auprès d'elles.

Pas une famille banale ! Pas avec un roi du pétrole, un politicien qui avait failli devenir président et trois générations d'évangélistes !

Après quelques minutes, Jamie s'aperçut qu'elle n'était pas seule. Elle se retourna pour se retrouver face à Amanda Hartmann en personne, qui l'observait, le sourire aux lèvres, assise sur une banquette pleine de coussins, sous la fenêtre, une pile de porte-documents sur les genoux.

« Bonjour, Jamie. Vous avez bonne mine.

— Je ne savais pas que vous vous trouviez au ranch.

— Je dois m'occuper de certaines affaires ici, parmi lesquelles un baptême et un mariage. Et trois des membres du conseil d'administration de l'Alliance arrivent demain pour chasser, pendant quelques jours. Freda m'a dit que votre grossesse se déroulait bien.

— Apparemment, tout va bien. »

Amanda était simplement vêtue d'un jean et d'un chemisier de coton blanc. Ses cheveux d'un blond étincelant étaient rassemblés en une queue de cheval lisse. Jamie se demanda si Amanda irait voir Mary Millicent au cours de son séjour. Et aussi si son frère et elle avaient réellement banni leur mère dans cette tour.

Amanda posa la pile de dossiers à côté d'elle et s'empara de la main de Jamie.

« Venez donc vous asseoir près de moi, Jamie chérie.

— Votre mari est-il venu avec vous ?

— Oh, oui ! Nous nous séparons rarement, Toby et moi. En ce moment, il fait des longueurs à la piscine. Il voulait que je l'accompagne – c'est non seulement mon mari, mais aussi mon entraîneur personnel – mais ma peau supporte mal le soleil, et je préfère nager quand il est moins haut dans le ciel. C'est plus romantique ainsi, en plus, ajouta-t-elle en rougissant. Oh la la ! (Amanda posa ses mains sur ses joues roses.) On croirait une collégienne. Dites-moi, Jamie, avez-vous déjà été amoureuse ?

— Pas vraiment. »

Mais, à sa propre surprise, elle se mit à parler de Joe Brammer, qui venait à Mesquite pour rendre visite à ses grands-parents, n'avait jamais été son petit ami mais avait toujours été très gentil avec elle. Elle s'interrompit, songeant qu'elle allait expliquer qu'elle était beaucoup plus jeune que lui et qu'il était tombé amoureux de quelqu'un d'autre. Mais elle changea d'avis.

« Il faut que je vous laisse retourner à votre travail.

— Oh, je crois que j'aurai toujours du retard dans mon courrier ! Chacun de nos donateurs mérite une réponse personnelle, mais quelques minutes de plus ne changeront rien. »

Elle tapota le ventre de Jamie.

« J'imagine qu'il est encore trop tôt pour que ça se voie. Vous êtes toute mince. Vous ne suivez pas de régime ou quelque chose dans le genre ?

— J'ai perdu du poids avec toutes ces nausées, mais j'ai tout repris, et même plus. Je ne peux plus boutonner mes jeans. J'imagine que je vais devoir me procurer des vêtements extensibles.

— Je vais m'en occuper. J'ai été très inquiète lorsque vous avez été si malade, et j'ai été tellement soulagée que Montgomery et Freda soient là pour prendre soin de vous.

— Oui, elles ont été très zélées.

— J'ai cru comprendre que vous marchiez beaucoup. Et que vous nagiez.

— J'ai arrêté quand je suis tombée malade. Je m'en tiens à deux longues balades quotidiennes avec mon chien et je me suis mise à l'observation des oiseaux.

— C'est bien. J'avais oublié à quel point vous étiez jolie. Vous me faites penser à Julie Andrews quand elle était jeune, dans *La Mélodie du bonheur.* »

Elle lui caressa la joue.

Jamie aimait cette façon de sourire, sa manière de se pencher en avant pour l'écouter, elle, comme si les mots qui sortaient de sa bouche étaient d'une importance capitale. Et puis elle aimait la douceur de ses gestes. Elle se surprit à désirer faire bonne impression sur cette femme, pour qu'elle l'*apprécie.*

« J'ai cru comprendre que vous étiez enceinte, vous aussi. »

Le sourire d'Amanda s'effaça.

« Freda n'aurait jamais dû vous dire une chose pareille.

— Vous voulez dire que c'est faux ?

— Je... Je suis bien trop vieille pour porter un enfant et j'ai quelques soucis ; je préfère donc que personne ne soit au courant de ma situation. Vous savez, juste au cas où... »

Sa voix s'éteignit et elle baissa les yeux.

« J'espère que tout se passera bien.

— Montgomery m'a dit que vous étiez inquiète que je ne veuille pas du bébé que vous portez si j'en avais un moi-même. Il faut que vous vous sortiez cette idée ridicule de la tête, Jamie. Mon mari et moi sommes ravis de ces deux grossesses – celle que nous avions prévue avec tant de soin et l'autre, qui nous a pris complètement par surprise. Bon, dites-moi, ma chérie, à part des vêtements de grossesse, avez-vous besoin d'autre chose ?

– J'aimerais bien emprunter des jumelles pour observer les oiseaux, si vous en avez une paire disponible.

— Je veillerai à ce que vous en ayez une. Votre logement vous convient-il ?

— Oui, je suis bien installée.

— Maintenant, vous me diriez si quelque chose vous tracassait, n'est-ce pas ? »

Jamie hocha la tête, un peu mal à l'aise. Beaucoup de choses la tracassaient. Elle n'aimait pas beaucoup Mlle Montgomery, et elle se sentait plus seule que jamais. Une part d'elle-même aurait voulu ne s'être jamais engagée dans cette mascarade, mais elle tiendrait jusqu'au bout, parce que c'était dans son caractère et qu'elle était fatiguée d'être pauvre. Il fallait juste refuser de penser à la vie qui grandissait en son sein. Oh, elle ne se laisserait pas aller à ses sentiments ! Avait-elle envie que ce bébé soit élevé par une évangéliste qui était une célébrité à la télévision et par un homme qui paraissait n'avoir d'autre but dans l'existence que de rester beau, et de vouer une adoration sans bornes à sa femme en la servant ? Rien n'était moins sûr. Non, mieux valait ne pas y penser !

Amanda, cependant, l'impressionnait. C'était étrange mais en sa présence, elle comprenait pourquoi les gens dans ce ranch ne vivaient que pour l'adorer et la servir. À cet instant précis, elle aurait bien aimé s'attarder un peu, pour profiter du rayonnement qui émanait d'elle.

Probablement que cette vieille et bizarre Mary Millicent était enfermée dans la tour pour l'empêcher de vagabonder et de faire des bêtises. Si elle n'avait pas promis à sa visiteuse nocturne de garder le secret sur sa visite, elle aurait posé des questions à Amanda au sujet de sa mère.

« Vous aviez l'air d'être absorbée devant les photos, observa Amanda en faisant un signe de tête vers le mur.

— Mlle Montgomery m'a un peu raconté l'histoire de votre famille. J'ai trouvé cela passionnant.

— Oui. Et triste. Mon père est mort dans la fleur de l'âge. Et je suppose que Bentley Abernathy vous a parlé de l'accident de mon fils. Je n'ai jamais éprouvé autant de désespoir. J'ai voulu renier Dieu, mais Il m'a relevée et m'a montré comment survivre. J'aurais aimé que vous puissiez rencontrer mon Sonny. Il était si beau. Si adorable. Aucun autre enfant n'a pu combler sa mère de cette façon. »

Jamie sortit un mouchoir de sa poche et le lui tendit.

« Je suis certaine que Sonny vous adorait et qu'il était fier de vous. »

Jamie attendit quelques minutes, le temps qu'Amanda se tamponne les yeux, avant de demander :

« Et votre mère ? Est-elle encore vivante ? »

Amanda hésita avant de répondre :

« Ma remarquable mère n'est plus la lumière qui me guide dans la vie. Mais il me reste mon frère adoré, et le Seigneur m'a envoyé mon cher Toby. Et puis, nous allons bientôt devenir parents. Vous ne pouvez pas imaginer à quel point cette perspective comble mon cœur. »

Gênée par le mensonge d'Amanda, Jamie s'écarta d'elle de deux ou trois centimètres.

« Je vous ai vue à la télévision, la semaine dernière.

— Je suis si touchée ! Avez-vous prié avec moi ? Avez-vous accueilli Jésus-Christ comme votre sauveur ?

— Pas vraiment. Je me suis contentée de regarder. »

Amanda prit les deux mains de Jamie entre les siennes.

« Il faut que vous preniez soin de votre âme, mon enfant. Je veux que vous priiez avec moi maintenant. »

Jamie baissa la tête, obéissante, et écouta Amanda remercier Dieu pour cette belle journée et pour les oiseaux qui donnaient tant de joie à Jamie.

« Je demande Votre bénédiction pour cette jeune femme et le petit enfant qu'elle porte. C'est une femme de bien et elle Vous accepte comme le seul vrai Dieu. »

Jamie se joignit à elle lorsqu'elle prononça « Amen. »

CHAPITRE 14

Lénora n'était encore jamais allée dans le nord-ouest du Texas. La plupart de ses connaissances sur cette région provenaient des bulletins météo avant le journal télévisé du soir. Le Nord-Ouest connaissait davantage de tempêtes de neige et de tornades que le reste de l'État.

Au-dessus de l'aéroport d'Amarillo, elle eut la surprise d'apercevoir l'étendue d'une immense ville qui s'étalait au-dessous d'eux, alors qu'ils venaient de survoler des centaines de kilomètres désertiques.

« Pourquoi tant de personnes vivent-elles ici ?

— Amarillo est un centre de distribution essentiel du pétrole et du bétail. Et il est extrêmement facile d'y massacrer ce bétail. On y trouve aussi une multitude d'usines pétrochimiques. »

Bentley referma son porte-documents. Pendant le vol, ils avaient revu ses notes pour préparer la réunion des représentants du comté, à laquelle il assisterait dans l'après-midi.

Lénora fit la grimace.

« Ça a l'air charmant ! »

Après l'atterrissage, Lénora se dirigea vers le comptoir des locations de voiture, tandis que Bentley passait quelques coups de fil. Moins de vingt minutes après, ils étaient en route. Lénora suivit les pancartes qui la guidaient hors de l'aéroport et, bientôt, elle se dirigea vers l'ouest, sur l'Interstate 40[1].

« Tu crois que tu peux allumer un incendie chez les élus du comté ?

— En fait, on ne peut pas vraiment dire qu'ils traînent des pieds. Ils sont en train de réparer le moteur de leur bulldozer qui a plus de quarante ans. Mais ton inquiétude au sujet de Jamie Long a fini par déteindre sur moi, et je prends un certain plaisir pervers à prolonger l'irritation de Gus Hartmann. »

À la sortie d'Amarillo, le paysage devint monotone, mais majestueux dans son immensité et son isolement. Le trajet jusqu'à Alma leur prit environ une heure.

Après le déjeuner, Bentley se dirigea vers le palais de justice tandis que Lénora continuait sa route vers le nord. En quelques minutes, elle laissa la ville loin derrière elle ; seules, quelques fermes brisaient parfois la monotonie du paysage. Elle n'avait pas croisé d'autre véhicule depuis des kilomètres, ce qui la déconcerta. C'était une citadine. Que se passerait-il si un pneu éclatait ? Est-ce que l'AAA[2] envoyait des dépanneuses dans des endroits aussi reculés ? Et puis, où allait-on aux toilettes ?

« DANGER ! HAUTE TENSION ». Le ranch ne devait plus être loin ! L'impressionnante clôture parsemée de panneaux en témoignait. Puis ce fut une tour en pierre qui s'élevait au-dessus des arbres. En continuant à rouler, elle put constater que la tour faisait en réalité partie d'une

1. Autoroute transfrontalière qui permet de passer d'un État à un autre aux États-Unis (NdT).

2. Club automobile américain (NdT).

gigantesque bâtisse, située à peu près à huit cents mètres en retrait de la route, au milieu d'un bosquet. Et, non loin de la maison, elle distingua d'autres constructions, y compris un château d'eau et un énorme silo.

Elle s'attendait à quelque signe ostentatoire lui annonçant qu'elle était arrivée au ranch des Hartmann, mais la seule chose qu'elle trouva fut un portail fermé et une immense pancarte indiquant : PROPRIÉTÉ PRIVÉE. CHASSE INTERDITE. LES INTRUS SERONT POURSUIVIS.

Lénora s'approcha de l'interphone qui équipait le portail et appuya sur le bouton. Bientôt, une voix de femme lui répondit :

« Que puis-je faire pour vous ?

— Bonjour, je viens rendre visite à Jamie Long.

— Une minute. »

Il s'agissait en fait d'une très longue minute. Lénora ne pouvait rien voir, qu'une allée bordée de cèdres. Au bout de cinq minutes, elle coupa le moteur. Un quart d'heure plus tard, elle appuya à nouveau sur le bouton. Cette fois, ce fut une voix masculine qui répondit.

« Je viens rendre visite à Jamie Long. Je suis venue d'Austin dans ce but et ça fait vingt minutes que j'attends.

— Une minute, je vous prie. »

Quelques instants plus tard, Lénora appuya encore sur le bouton.

« Je viens rendre visite à Jamie Long, et si vous n'ouvrez pas cette porte, j'ai l'intention de passer par-dessus.

— Vous recevriez un sacré choc. Et si vous parveniez à entrer, nous serions obligés de vous placer en garde à vue.

— Vous êtes policier ?

— Le ranch possède un service de sécurité autorisé à faire appliquer la loi sur la propriété.

— D'accord. Recommençons depuis le début. Je m'appelle Lénora Richardson. Je travaille pour Bentley Abernathy, le conseiller juridique de la famille Hartmann, à Austin. Cela fait des mois que j'essaie de joindre Jamie Long. Elle n'a pas répondu à mes lettres ni à mes appels téléphoniques. Je m'inquiète à son sujet et j'apprécierais vraiment que vous lui disiez que je suis venue la voir. Si elle refuse de me rencontrer, je veux qu'elle me rappelle sur mon portable et qu'elle me le dise en personne. Maintenant, prenez un stylo et écrivez ce numéro.

— Les téléphones portables, ça ne marche pas très bien dans le coin.

— Dans ce cas, je veux parler au responsable.

— Je vais voir ce que je peux faire. »

L'attente fut plus courte, cette fois.

« Mlle Richardson ?

— Oui.

— Je suis Ann Montgomery, la gouvernante en chef du ranch, et je suis vraiment désolée que vous ayez fait tout ce chemin pour voir Jamie Long. Elle n'habite plus ici.

— Pourquoi ?

— Je ne sais pas vraiment. Elle est restée avec nous quelque temps, puis elle est partie.

— Où est-elle allée ?

— Je n'en ai aucune idée. Sa voiture se trouvait au ranch ; elle a simplement fait ses bagages et elle est partie. Une jeune femme si paisible. Je préviendrai Mlle Hartmann que vous êtes venue. Elle sait peut-être quelque chose au sujet des projets de Mlle Long.

— Ce serait très bien. Mlle Hartmann peut me joindre au cabinet de M. Bentley Abernathy, à Austin.

— Oui, c'est ce que j'ai cru comprendre. Encore une fois, je suis désolée pour ce désagrément.

— Vous savez, cela fait longtemps que j'essaie de contacter Jamie par téléphone ou par lettre.

— Peut-être ne souhaitait-elle pas répondre.

— Ouais. Peut-être. »

Lénora jura et regagna sa voiture. Elle fit demi-tour sur la route et repartit vers le nord, en direction du château d'eau et du silo. En se rapprochant, elle réalisa qu'une commune entière s'étendait au-dessous des deux bâtiments dressés vers le ciel.

Elle tourna sur la route gravillonnée, s'arrêta devant une bâtisse équipée de pompes à essence et pénétra dans ce qui se révéla être un magasin d'alimentation générale démodé, avec une buvette en libre-service. Une jeune femme d'origine hispano-américaine cessa de ranger des céréales pour le petit déjeuner dans un rayon pour venir s'installer derrière la caisse.

Lénora se servit du café dans un gobelet en plastique.

« Je crois que je me suis perdue, dit-elle à la femme en payant le café.

— Où voulez-vous aller ? demanda celle-ci avec un fort accent.

— À Alma.

— Par là. Prenez la première à gauche. Vous trouverez vite un panneau pour Alma », dit la femme en désignant le sud.

Lénora s'efforça d'avoir l'air vraiment soulagée.

« J'ai l'impression que ça fait des heures que je conduis. J'avais peur de m'être perdue. Comment s'appelle cet endroit ?

— Hartmann City. Ça fait partie d'un gros ranch.

— J'ai rencontré une jeune femme à Austin qui m'a raconté qu'elle allait habiter au ranch des Hartmann. Elle s'appelle Jamie. Vous ne la connaissez pas, par hasard ?

— Non, ça me dit rien.

— Eh bien, merci pour les indications », dit Lénora en avalant une gorgée de café.

Lénora s'arrêta dans un drive-in à la sortie de la ville. Bentley commanda un milk-shake et la jeune femme un soda.

« J'aimerais mieux un Martini !

— Pas de chance, j'ai l'impression, dit Bentley tandis que Lénora reculait sur le parking.

— Toi d'abord !

— La municipalité va louer un bulldozer dans le comté de Oldham. Ils espèrent commencer le chantier dans quelques semaines. Et maintenant, qu'est-ce qui est arrivé au ranch ? As-tu rencontré Jamie ? »

Lénora expliqua ce qui s'était passé et termina son récit en disant :

« Patron, je suis vraiment inquiète.

— Eh bien, le contrat stipulait qu'elle serait payée pour tout le temps qu'elle aurait passé là-bas, mais qu'elle serait renvoyée si elle ne tombait pas enceinte après trois inséminations artificielles. Peut-être est-elle repartie avec la voiture de sa grand-mère et est-elle retournée à l'université, ou bien je ne sais plus d'où elle était venue.

— Mesquite.

— Oui, peut-être qu'elle est repartie à Mesquite.

— C'est possible. Je trouve toute cette histoire carrément bizarre. Les Hartmann possèdent un véritable fief là-bas, avec un village féodal pour leurs serfs. La maison ressemble à un vrai château, avec une tour, sauf qu'au lieu du pont-levis et des douves, ils ont installé des kilomètres de clôture électrique.

— Tu sais à quel point le respect de leur vie privée est capital à leurs yeux.

— C'est plutôt une obsession, tu veux dire.

— Mais si les inséminations ont échoué, ça paraît étrange qu'Amanda ne nous l'ait pas fait savoir et qu'elle ne nous ait pas chargé de trouver une autre fille. Peut-être qu'ils ont changé d'avis. »

Bentley songea à l'impatience de Gus et d'Amanda au cours de sa recherche d'une mère porteuse. Ça l'avait rendu nerveux. La provision annuelle des Hartmann comptait pour plus de la moitié des revenus de Bentley. Leur donner satisfaction était un impératif dans sa vie.

« J'ai vu Amanda à la télévision l'autre soir, dit Lénora. Elle est vraiment formidable. À certains moments, j'avais les yeux pleins de larmes et, à d'autres, je n'avais qu'une envie, c'était de sauter partout en hurlant "alléluia". Ou c'est du vrai de vrai, ou bien Amanda Tutt Hartmann est la plus grande arnaqueuse du siècle.

— Je la crois sincère. Gus Hartmann est plus pragmatique. »

Et plus impitoyable, songea-t-il. Du temps où Bentley négociait avec les propriétaires fonciers en colère qui clamaient que Gus, ou son grand-père avant lui, leur avaient volé leurs droits sur le minerai, les poursuites avaient été subitement abandonnées, sans raison apparente. Il s'était souvent demandé quels moyens d'intimidation avaient été mis en œuvre.

Il se demandait également si Gus avait quelque chose à voir avec la mort de l'ex-mari d'Amanda. Bentley avait essayé de convaincre cet homme qu'il allait de son intérêt d'accepter l'offre généreuse des Hartmann et de foutre le camp de la vie d'Amanda et de Sonny, mais Lenny Bradford avait contacté les Alcooliques Anonymes, avait arrêté de jouer et engagé son propre avocat, qui avait entamé une procédure pour obtenir la garde partagée. Les deux parties se préparaient en vue d'une gigantesque bataille judiciaire quand Bradford avait été abattu à la sortie d'un restaurant, par un agresseur encore non identifié à ce jour.

D'ailleurs, plus récemment, Bentley avait été troublé par la détermination de Gus à trouver un responsable à l'accident tragique de Sonny. L'entreprise qui fabriquait le véhicule tout-terrain conduit par Sonny affirmait que les tonneaux effectués par la voiture avaient provoqué le détachement de la roue. Gus avait engagé l'un des meilleurs avocats du pays pour prouver exactement le contraire – que c'était la roue qui, en se détachant, avait causé l'accident. Lorsque le fabriquant avait proposé une énorme compensation, Gus l'avait déclinée. Le lendemain, on avait retrouvé le P-DG pendu aux chevrons de son écurie. On avait conclu à un suicide. Au début, sa famille avait réfuté cette thèse, puis avait rapidement cessé de protester.

Non pas que Gus ait pu faire du mal à Jamie Long, même si celle-ci avait essayé de se rétracter. Les Hartmann étaient des gens puissants, avec qui il ne fallait pas plaisanter, mais ils pouvaient toujours embaucher une autre mère porteuse.

Jamie avait probablement fait une fausse couche, à moins que l'insémination n'ait jamais réussi et qu'elle ait été congédiée.

Oui, c'était quelque chose comme cela qui avait dû arriver. Ils lui avaient donné de l'argent et l'avaient renvoyée à ses occupations. Sous peu, Gus l'appellerait certainement pour exiger qu'il trouve une autre jeune femme.

CHAPITRE 15

Il faisait frais lorsque Jamie avait commencé sa promenade, mais à présent, le froid s'était franchement installé, et le vent mordant la transperçait. La grisaille flottait au-dessus des terres, les rendant inhospitalières et cruelles.

Lorsqu'elle ouvrit la porte de son appartement, deux boîtes l'attendaient – l'une d'entre elles assez grosse. Fidèle à sa promesse, Amanda lui avait fait parvenir des vêtements de grossesse – des jeans, des maillots de corps en laine, des pulls, des sous-vêtements et deux chemises de nuit en flanelle. Dans la plus petite boîte se trouvait une paire de jumelles.

Elle alla à la fenêtre et régla les jumelles sur un faucon à queue rouge qui décrivait des cercles au-dessus de la route. Elle l'observa avec fascination tandis qu'il descendait en piqué, à une vitesse prodigieuse. Juste au moment où l'on aurait dit qu'il allait s'écraser au sol, le rapace remonta avec une petite créature – probablement un mulot – fermement accrochée à ses serres. Les plus faibles sont la proie des plus forts ! Elle se demanda si le mulot luttait ou s'il acceptait son inévitable destinée.

Elle écrivit un mot de remerciement à Amanda, qu'elle glissa en dessous de la porte de Mlle Montgomery.

Ensuite, davantage par ennui que par fatigue, elle décida de faire une sieste.

« Juste une petite heure », annonça-t-elle à Ralph, qui se roula en boule à côté d'elle, sur la banquette.

Jamie sommeilla jusqu'à l'arrivée du plateau de son dîner – à six heures sonnantes, comme toujours. Elle nourrit Ralph, puis alluma la télévision pour décider du présentateur qui lui tiendrait compagnie pendant le dîner. En dehors de Lester et Ralph, les gens de la télévision étaient ses seuls amis. En plus de Mary Millicent. Sauf qu'elle ne lui avait pas rendu de visite nocturne depuis leur festival de chant, plus d'un mois auparavant.

Jamie sélectionna une chaîne locale d'Amarillo, davantage pour écouter le bulletin météo que par désir de savoir ce qui se passait dans la plus importante ville du nord-ouest du Texas. Ce soir-là, le temps, selon une présentatrice météo aux cheveux bruns et pleine d'entrain, consistait en des averses éparses et en chutes de neige intermittentes. Les petits déjeuners et les repas du midi en solitaire ne dérangeaient pas Jamie, mais le dîner restait à ses yeux un moment à partager. Chez sa grand-mère, à l'heure du dîner on étalait une nappe sur la table, on éteignait la télévision et chacune racontait sa journée. À Austin, elle prenait d'habitude son dîner à la cafétéria de la résidence universitaire, en compagnie d'un ou plusieurs camarades.

Après avoir déposé, son plateau-repas dans le couloir pour qu'on l'y récupère, Jamie se pelotonna dans son lit afin de regarder *Diamants sur canapé*. Elle avait déjà vu ce film des années 1960, mais elle fut à nouveau conquise par l'amour naissant entre Audrey Hepburn et George Peppard. Comme cela devait être agréable de tomber amoureuse de quelqu'un et que cette personne vous aime en retour ! Elle n'avait même pas l'image précise d'un homme auquel rêver tout éveillée. Excepté celle de Joe Brammer. D'ailleurs, ce dernier devait être marié à présent. Et avoir terminé ses études de droit.

À la fin du film, Jamie éteignit la lumière. Toutefois, son esprit refusa de s'apaiser.

Elle finit par se relever et par faire les cent pas dans son salon, au grand étonnement de Ralph. Au bout du compte, le chien s'inquiéta tellement de son étrange comportement qu'il se mit à gémir. Elle cessa alors d'arpenter la pièce pour aller se faire chauffer un bol de lait au micro-onde. Elle venait d'en avaler la première gorgée lorsqu'elle entendit une clé tourner dans la serrure. Ralph l'avait entendue aussi. Il commença à agiter avec espoir sa queue tordue.

Mary Millicent portait la même chemise de nuit noire en dentelle qu'auparavant, ainsi qu'un dessus-de-lit tout déchiré sur les épaules et des chaussettes d'homme à losange aux pieds.

« Vous n'êtes pas au lit ?

— Non, j'ai du mal à trouver le sommeil.

— Vous êtes enceinte, n'est-ce pas ?

— Pourquoi me demandez-vous cela ?

— Je vois et j'entends des choses, répondit Mary Millicent avec un gloussement de petite fille. Parfois, la sorcière et l'infirmière racontent des choses devant moi. Elles pensent que je ne suis qu'une vieille folle et elles ne me prêtent pas attention. J'ai toujours eu du mal à dormir lorsque j'étais enceinte. Ça déglingue tout le corps. »

Mary Millicent posa sa main sur le ventre de Jamie.

« Oui. Entre quatre et cinq mois, je dirais. Vous avez déjà senti ses premiers mouvements ?

— Non », répondit Jamie en s'écartant de la femme.

Ses premiers mouvements. L'infirmière lui avait demandé la même chose, avant de lui expliquer que cela voulait dire qu'une femme avait atteint le stade de la grossesse où elle pouvait sentir son fœtus bouger. Si elle ne pouvait pas éviter ce type de sujet avec Freda, elle n'était pas obligée d'en parler avec les autres.

Ni même d'y penser, d'ailleurs.

« Il est temps que vous rencontriez Sonny, déclara Mary Millicent, en resserrant le dessus de lit autour de son corps décharné.

— Sonny ? Je croyais qu'il était mort.

— C'est du pareil au même.

— Où est-il ? »

Mary Millicent secoua la tête et posa un doigt sur ses lèvres. Ensuite, elle lui saisit la main et l'entraîna, traversant la pièce sur la pointe des pieds avant d'ouvrir la porte avec maintes précautions. Jamie la referma derrière elles.

Les deux femmes longèrent le long corridor silencieux. Lorsqu'elles atteignirent l'entrée de la minuscule chapelle, Mary Millicent tira Jamie à l'intérieur. L'espace d'un instant, Jamie crut qu'elle allait s'agenouiller devant l'autel nimbé d'une lumière douce. Au lieu de cela, la vieille dame appuya sur l'un des côtés de celui-ci, entre l'autel et le mur qui se trouvait derrière lui.

Le mur s'ouvrit ! Mary Millicent se glissa dans le passage et alluma une lumière, révélant un escalier de bois brut. Elle fit signe à Jamie de la suivre, referma la porte secrète et commença à monter les escaliers.

Mary Millicent grimpait avec lenteur, en s'arrêtant à chaque marche. Parvenue en haut de l'escalier, elle se retrouva dans une pièce de forme octogonale, où régnait une forte odeur de désinfectant. La moitié de la pièce était isolée par de lourds rideaux, semblables à ceux que l'on utilise dans les chambres des hôpitaux.

Jamie demeura en arrière : elle n'était pas certaine d'avoir envie de voir ce qui se trouvait derrière les rideaux. Mais Mary Millicent les repoussa, révélant un lit métallique à barreaux. Sur le lit, étendu sur le dos, on distinguait la forme frêle d'une personne aux cheveux blonds assez longs.

« Venez voir Sonny ! »

Jamie s'approcha lentement du lit.

Elle baissa le regard vers le corps décharné. Les yeux étaient fermés, les joues creuses, le menton recouvert d'une barbe de plusieurs jours, mais on aurait dit que ses cheveux venaient tout juste d'être peignés.

« Est-il conscient ?

— Quelquefois, il marmonne ou bien il remue les bras et les jambes et de temps à autre, il ouvre les yeux et me regarde, mais je ne suis pas sûre qu'il me voie. »

L'homme n'était pas grand-chose d'autre qu'un squelette. Comme Mary Millicent. Du liquide coulait au compte-gouttes dans une veine de son bras et son urine s'évacuait dans un large sac en plastique suspendu à côté du lit.

Jamie songea aux photos du jeune homme radieux, aux cheveux blonds indisciplinés et au sourire resplendissant, qu'elle avait vu sur le mur de la bibliothèque, et elle fut envahie de tristesse.

« Qui s'occupe de lui ?

— L'infirmière et la sorcière – et l'un des Mexicains les aide un peu. Ils le nourrissent à la sonde, mais il n'a plus grand-chose d'autre que la peau et les os. Autrefois, c'était le garçon le plus magnifique que j'aie jamais vu. Lorsqu'il me souriait, j'avais l'impression qu'on m'avait offert le plus merveilleux des cadeaux. J'ai aimé ce garçon plus que j'ai jamais aimé quiconque au cours de ma vie tout entière. Plus que j'ai aimé Dieu. Je l'aimais avec mon cœur, mais aussi avec mes yeux, mes oreilles, mes doigts, mon âme. »

Jamie s'aperçut que les joues de la vieille femme étaient baignées de larmes, et elle passa un bras réconfortant autour de ses épaules osseuses.

« Cela doit être merveilleux d'aimer quelqu'un ainsi.

— Non, ça ne l'est pas. Aimer rend faible. Cela donne un moyen à Dieu de vous punir, répondit Mary Millicent en se libérant de l'étreinte de Jamie. Après l'accident, Amanda a amené Sonny ici et elle a passé des semaines et des semaines sans rien faire d'autre que supplier Dieu de sauver son enfant. Même Gus est venu pour prier, et j'ai essayé moi aussi. Vraiment. Mais tout ce que j'arrivais à faire, c'était à Le maudire. Pensez-vous que c'est pour ça que Dieu refuse de réveiller Sonny – parce que je L'ai maudit de ne pas avoir mieux fait Son travail, de ne pas avoir veillé sur mon petit garçon adoré ? »

Mary Millicent saisit la main de Sonny et y déposa un baiser.

« Dès sa naissance, ça a été un saint. Nous le savions tous. Et nous le ressentions. Ça se voyait dans ses yeux. Dans son sourire. C'était un saint et je savais qu'il sauverait davantage d'âmes que mon père ou moi-même ou Amanda ne pouvions même l'envisager. Mais il n'en a jamais eu l'occasion. Dieu ne lui permettra jamais de se réveiller et il est temps de laisser ce pauvre enfant s'en aller. Comme vous allez avoir son bébé, je croyais qu'Amanda allait enfin le laisser partir. La dernière fois qu'elle est venue ici, j'ai cru que c'était pour cela. Elle a passé des heures et des heures, assise près du lit, à tenir la main de Sonny, à l'embrasser, à le laver et à lui parler.

« Qu'est-ce que ma grossesse a à voir avec Sonny ? »

Jamie s'écarta du lit, sans être bien certaine de vouloir entendre la réponse.

La douleur s'effaça du visage de Mary Millicent, qui émit un gloussement obscène.

« C'est votre amant, dit-elle, en imitant avec ses mains deux personnes en train de faire l'amour.

— Je n'ai pas d'amant.

— Ma chérie, pas besoin de faire semblant avec moi. J'habite juste au-dessus. J'entends tout. Ils croient que je ne sais pas ce qui se passe en bas, mais je le sais. Amanda a dit à Sonny qu'il allait devenir père. Elle expliquait que la mère du bébé était une jolie jeune fille avec des cheveux blonds et des yeux bleus, exactement comme lui. Et aussi qu'elle était grande et intelligente, exactement comme lui. Et aussi bonne chrétienne, exactement comme lui. »

Jamie recula encore d'un pas. Elle n'aurait pas dû venir ici. Elle n'avait pas envie d'être au courant de la situation de cet homme qui n'était plus que l'ombre de lui-même et qui était plus mort que vivant. De plus, elle n'avait pas envie d'entendre les sottises qui sortaient de la bouche d'une vieille femme au cerveau dérangé.

« Vous voulez monter voir où j'habite ? »

Jamie secoua la tête et fit demi-tour pour se diriger d'un pas chancelant vers les escaliers.

« Vous ne voulez pas l'embrasser pour lui souhaiter bonne nuit ?

— Non », dit Jamie en s'agrippant à la rampe d'escalier et en descendant précipitamment les marches.

Elle pouvait entendre Mary Millicent fredonner de sa voix chevrotante de vieille femme :

Dors, mon enfant, la paix t'attend,
Toute la nuit ;
Dieu t'enverra ses anges gardiens,
Toute la nuit…

Dans un élan de panique, Jamie ouvrit la porte, se glissa dans la chapelle, puis remit l'autel en place. Dans le couloir, elle s'attendit presque à tomber sur Mlle Montgomery ou Amanda Hartmann.

Mais elle n'avait rien fait de mal. Tout ce qu'elle avait fait, c'était se lier d'amitié avec une vieille dame en proie à la solitude. Ce n'était pas comme si elle avait d'elle-même cherché à découvrir ce qui semblait être un secret gardé avec le plus grand soin, le secret d'une famille incroyablement riche qui maniait le pouvoir et la dissimulation autant que la religion.

Mais peut-être cachaient-ils Sonny parce qu'ils ne souhaitaient pas que les journalistes tournent autour d'eux comme des vautours. Peut-être était-ce pour cela qu'Amanda et son frère étaient aussi préoccupés par leur sécurité ?

De retour dans son appartement, elle s'effondra dans son canapé et enfouit son visage dans le cou de Ralph, joyeux de la retrouver. Elle ne s'était pas absentée très longtemps, mais le chien n'avait pas l'habitude de rester tout seul au beau milieu de la nuit.

Elle tenta de contrôler les pensées qui se bousculaient dans son esprit, une main sur son ventre, s'autorisant pour une fois à réfléchir à la grossesse qui modifiait les contours de son corps. Mary Millicent avait-elle réellement surpris Amanda en train de raconter que Sonny était le père de ce bébé ?

Impossible ! Elle n'allait tout de même pas accorder foi aux divagations d'une vieille folle. C'était Toby Travis, le père du bébé. Elle avait signé un contrat en acceptant de porter un enfant pour lui et Amanda. La gentille spécialiste de la stérilité, à Austin, avait utilisé le sperme de Toby Travis pour effectuer l'insémination.

Se pouvait-il que quelqu'un ait prélevé le sperme de ce pauvre Sonny Hartmann et l'ait donné au médecin à la place ?

Elle se souvint avoir lu quelque chose au sujet d'un taureau aberdeen-angus, au Canada, dont on affirmait qu'il avait engendré plus de rejetons qu'aucun autre taureau. On empaquetait son sperme dans de la glace qui était ensuite expédié par bateau tout autour du monde. Le sperme humain pouvait certainement, lui aussi, être transporté du comté de Marshall jusqu'à Austin.

Un homme devait-il donner son accord avant que l'on utilise son sperme pour concevoir un enfant ? Bien sûr, des hommes devenaient souvent père sans le vouloir, mais au moins, ils savaient qu'ils s'y exposaient en ayant des rapports non protégés.

Elle se rappela un vieux film, *Le Monde selon Garp*. Une infirmière militaire s'était glissée dans le lit d'un soldat inconscient et était tombée enceinte. Si une telle chose était possible, alors, il était aussi possible de masturber un homme inconscient pour le faire parvenir à l'orgasme. *N'importe quoi !*

Ou alors, Freda avait effectué une opération chirurgicale.

Jamie toucha son ventre. Si elle avait *vraiment* été inséminée avec le sperme de Sonny, le bébé qu'elle portait serait le petit-fils ou la petite-fille d'Amanda. Cependant, l'acte de naissance affirmerait que Toby était le père et Amanda la mère *adoptive* du bébé.

Qu'en était-il de la grossesse d'Amanda ? Faisait-elle juste semblant d'être enceinte ?

Peut-être projetait-elle d'élever l'enfant de Jamie comme s'il s'agissait de sa propre chair et de son propre sang, ce qui serait effectivement le cas si c'était Sonny le père ? Mais quelle pouvait être la raison d'une telle duperie ? Qu'Amanda soit la grand-mère ou la mère adoptive du bébé, au bout du compte, ce serait toujours elle qui l'élèverait !

Jamie émit un grognement et posa ses mains autour de son crâne. Tout cela était trop déroutant. Trop incroyable. Elle s'était d'elle-même enfermée dans une maison de fous. Elle avait besoin de parler à quelqu'un d'extérieur, quelqu'un qui l'aiderait à donner un sens à toute cette histoire.

Elle se leva et alla jusqu'au bureau. Elle ouvrit d'abord un premier tiroir, puis les autres, à la recherche de son carnet d'adresses.

Il avait disparu.

Elle regarda dans la table de chevet. Entre les coussins du canapé. Sous le lit. Dans chaque tiroir. Tout en haut du placard. Derrière chaque livre.

Ensuite, elle refit tout le parcours en sens inverse.

Peut-être était-il tombé dans la poubelle et avait-il été jeté par accident.

Convaincue qu'elle ne retrouverait pas son carnet d'adresses, elle décrocha le téléphone en espérant que Lénora ne soit pas sur liste rouge. Lénora savait déjà qu'elle se trouvait au ranch. Lui parler ne serait certainement pas perçu comme une violation de la clause de respect de la vie privée.

Un enregistrement l'informa que le standard du ranch était fermé et que les lignes vers l'extérieur étaient disponibles entre huit heures du matin et huit heures du soir. En dehors de ces horaires, les appels d'urgence devaient transiter par le bureau de la sécurité.

De toute façon, elle n'avait certainement pas envie d'utiliser le système téléphonique du ranch. Quelqu'un aurait pu l'écouter.

Mon Dieu, elle devenait paranoïaque !

Toutefois, juste pour en avoir le cœur net, elle appellerait Lénora depuis la cabine qui se trouvait dans le magasin du ranch. *Demain.*

Toujours nerveuse, Jamie ouvrit la porte qui menait sur le balcon. Aussitôt, un froid à lui glacer les os s'engouffra sous sa chemise de nuit en flanelle. Elle resta tout de même là une minute, Ralph gémissant derrière elle.

Lorsqu'elle referma la porte, le chien continua de gémir et alla s'installer près de la porte qui menait au couloir, ce qui était sa manière de l'informer qu'il avait besoin de sortir.

« Oh ! Ralph, tu es sûr ? »

Les gémissements se firent plus insistants. Elle enfila son manteau et ses chaussures, avant de décrocher le téléphone pour composer le numéro de Mlle Montgomery.

« Qu'est-ce qui ne va pas ? demanda la gouvernante d'un ton sec.

— Le chien a besoin de sortir.

— À cette heure ?

— Je suis désolée, mais il insiste vraiment.

— Très bien. Je vous attends à l'entrée de service. »

Mlle Montgomery était vêtue d'une robe de chambre en tissu écossais ; ses cheveux étaient séparés en deux nattes et elle affichait un air de martyr. En se plaçant avec précaution devant l'alarme, de manière à ce que Jamie ne puisse rien voir, elle composa le code secret qui permettait d'ouvrir la porte.

« Je vous attends sur les marches. Dépêchez-vous ! »

Jamie s'enveloppa dans son manteau en attendant que Ralph coure dans tous les sens à la recherche de l'endroit idéal pour se soulager. Ensuite, le chien mangea de l'herbe. Il en mangea longtemps. Jamie pouvait presque sentir le mécontentement de Mlle Montgomery irradier depuis la porte de service.

Enfin, Ralph remonta en courant. Jamie le suivit.

« Il a l'estomac dérangé », dit-elle avant que la gouvernante n'ait eu le temps de se plaindre de la longue attente.

Mlle Montgomery répondit quelque chose qui ressemblait à « hurrumph » et fit demi-tour pour activer l'alarme. Jamie se hissa sur la pointe des pieds pour regarder par-dessus son épaule.

Le code était très simple. Trois quatre et un cinq.

CHAPITRE 16

Après s'être remise au lit et avoir passé une heure à essayer de s'endormir, Jamie avait abandonné et s'était faufilée dans le couloir, puis dans la chapelle, avant de descendre les escaliers. C'était une nuit sans lune. Elle put tout juste deviner le rayon où se trouvaient les dictionnaires. Elle tâtonna, à la recherche de l'atlas relié en cuir qu'elle avait déjà consulté, et le rapporta dans sa chambre.

Assise à son bureau, elle dessina avec soin une reproduction du nord-ouest du Texas et du sud de l'Oklahoma ainsi que des environs, en notant chaque ville et chaque route. Elle fit un point là où elle pensait que se trouvait le ranch des Hartmann.

Puis elle plia le papier avec soin et le glissa dans une enveloppe, qu'elle scotcha au-dessous d'un tiroir de la commode et rapporta l'atlas qu'elle remit à sa place, en bas.

Mais pourquoi avait-elle fait cela ? Bien entendu, c'était toujours agréable d'avoir une meilleure représentation géographique de l'endroit où on se trouvait. Quand elle quitterait cet endroit, elle aurait besoin d'une carte. Mais pas avant plusieurs mois – à moins qu'elle ne change d'avis et décide de ne pas rester.

Après tout, qu'est-ce que cela faisait si Sonny Hartmann était vraiment le père de l'enfant qu'elle portait ?

*

Le lendemain matin, une odeur de conifère imprégnait la maison. Au milieu du grand hall, un arbre de Noël d'une taille impressionnante attendait d'être décoré. Jamie savait que décembre était commencé, bien sûr. Depuis plus d'une semaine, mais qu'importe ! Le seul événement important de ce mois était qu'elle atteindrait la moitié de sa grossesse. Mais pas moyen d'échapper à Noël.

Ralph et elle attendaient sur les marches du perron lorsque Lester arriva.

« On dirait bien qu'il va pleuvoir.

— Je sais, mais je dois sortir. »

Elle partit à petites foulées le long de l'allée qui descendait vers la route, puis attendit pendant que Lester pointait la télécommande vers l'immense portail métallique. Quelle pouvait bien être la puissance de courant électrique qui parcourait la clôture ? Ralph se faufilait parfois par-dessous sans en ressentir les effets. La partie supérieure était-elle la seule à être électrifiée ?

Dès que le portail se fut ouvert de quelques centimètres, ils sortirent et se dirigèrent vers le nord. Ralph cavalait devant comme un possédé, débusquant un lièvre avant de repartir à toute vitesse, à la recherche d'une autre proie. Jamie trottinait derrière lui. Son corps n'avait plus la même ligne, mais cela faisait du bien de le pousser un peu. Lorsqu'elle retournerait à une vie normale, elle apprécierait une bonne remise en forme.

Le retour à la normale. C'était tout ce qu'elle désirait. Être loin de cet endroit. Laisser cette période de sa vie derrière elle.

Elle se força à cesser de songer à Sonny dans la tour, à son carnet d'adresses disparu et à son inquiétude grandissante au sujet de sa situation actuelle pour essayer d'imaginer, à la place, à quoi ressemblerait sa vie après avoir quitté le ranch des Hartmann.

Elle courrait quelques kilomètres tous les jours et s'entraînerait trois ou quatre fois par semaine au club de gym de l'université. Quel bonheur ce serait, après neuf mois de solitude, de se retrouver dans un endroit aussi animé et plein d'agitation, avec d'autres jeunes étudiants qui aimaient le sport, comme elle ! Peut-être un garçon l'inviterait-il à jouer au handball. Ou alors, ce serait elle qui l'inviterait. Ensuite, ils retourneraient ensemble au foyer pour partager un café.

Rêver à ce garçon imaginaire l'occupa quelque temps – jusqu'à ce qu'il se mette à ressembler de plus en plus à Joe Brammer. De minuscules morceaux de glace commençaient à lui cingler le visage. La neige promise par la météo de la veille était arrivée. Jamie poursuivit sa course, luttant contre le vent mordant. Quand il se mit à neiger à gros flocons, et qu'elle se retournait pour faire signe à Lester, elle perdit l'équilibre sur le sol gelé et glissa dans le fossé d'écoulement qui longeait la chaussée. Presque aussitôt, Ralph arriva pour lui lécher le visage, tandis que la camionnette s'arrêtait dans un dérapage sur la route au-dessus d'elle.

« Est-ce que tout va bien ? hurla Lester en sautant du véhicule.

— Ça va. »

Il attrapa son bras et la remit sur pied.

« Faut faire attention, jeune fille, dit-il en époussetant son manteau. Kelly me le fera payer cher s'il vous arrive quoi que ce soit.

— Ça va, répéta-t-elle en repoussant ses mains. Votre sollicitude est vraiment touchante. »

Elle se hissa hors du fossé et se dirigea vers la camionnette, tête baissée pour protéger son visage de la neige.

Lester exécuta un demi-tour serré et se remit en route en direction du ranch.

« Je veux toujours aller à Hartmann City.

— Je n'ai pas l'autorisation de vous y amener.

— *L'autorisation !* Vous allez m'emmener au magasin tout de suite, ou bien je descends et j'y vais à pied. Je ne veux pas retourner au ranch. J'en ai ras le bol de ce foutu ranch ! Je veux aller au magasin pour me promener dans les rayonnages et boire un bol de chocolat chaud. Est-ce que c'est trop demander, nom de Dieu ?

— C'est bon, c'est bon. »

Le silence retomba dans la cabine pendant le trajet jusqu'à Hartmann City.

Au magasin, Jamie flâna quelque temps, puis s'assit sur un banc et but une tasse de chocolat tiède au distributeur de boissons. Alors qu'elle se dirigeait jusqu'à la cabine téléphonique, Lester et la caissière l'observaient.

La cabine n'acceptait pas les pièces. Une pancarte sur le dessus indiquait CARTES TÉLÉPHONIQUES UNIQUEMENT. Jamie demanda une carte téléphonique à la caissière.

« On doit y aller, dit Lester en lui prenant le bras.

— Mais je dois passer un coup de fil. »

Elle se dégagea d'un coup sec.

« Je ne peux pas vous laisser faire ça. »

Durant le court trajet du retour, Jamie ne prit pas la peine de faire la conversation. Elle observa d'un œil morose « son » chauffeur passer les vitesses. Alors qu'ils approchaient du portail de sécurité, Lester se mit à fouiller dans la boîte à gant, à palper les poches de sa veste et à explorer de la main l'espace entre son siège et le siège arrière. Ensuite, il se pencha en avant pour fouiller sous son siège. « Bon sang ! Qu'est-ce que j'ai fait de la télécommande ? Vous la voyez quelque part ? »

Jamie s'enfonça dans son siège en croisant les bras sur sa poitrine. C'était son problème, pas le sien. Elle avait voulu croire que Lester était une sorte d'ami pour elle, mais elle n'avait pas d'ami au ranch des Hartmann.

Lester s'arrêta devant le portail, descendit pour regarder derrière le siège. Puis il marcha jusqu'à l'interphone et appuya sur un bouton. Jamie l'observa qui discutait avec quelqu'un du bureau de la sécurité, et les portes entamèrent leur lente ouverture. Lester parlait toujours. Il racontait probablement des choses sur elle. La vilaine fille qui avait essayé de passer un coup de fil. À moins qu'il n'explique qu'il avait perdu la télécommande.

« J'ai dû perdre ce foutu truc quand il a fallu que je vous tire du fossé, annonça-t-il en remontant dans la camionnette. Il va falloir que j'y retourne pour le chercher.

— Vous ne m'avez pas tirée du fossé. Je m'en suis sortie toute seule. »

La porte franchie, Lester roula un peu plus vite que d'habitude, pour apaiser ses nerfs à travers la vitesse. Juste avant d'atteindre l'allée qui menait à la maison, il freina brusquement et la télécommande glissa de dessous le siège. Jamie lui lança un coup d'œil pour voir s'il s'en était aperçu, puis elle laissa tomber un de ses gants.

Lorsque la camionnette s'arrêta, feignant de chercher son gant, elle se baissa et le ramassa en même temps que la télécommande.

Pourquoi faisait-elle cela ? Parce que l'occasion se présentait ? Probablement, elle n'aurait jamais besoin de l'utiliser ; mais si, à un moment ou à un autre, elle se trouvait dans la nécessité d'ouvrir ce portail pour faire passer un véhicule de l'autre côté, elle serait heureuse d'avoir la possibilité de le faire.

Dans le hall, c'était la pleine effervescence. Des cartons de guirlandes éparpillés dans la pièce, des employés de maison, des jardiniers : la décoration de l'arbre de Noël mobilisait toutes les énergies. En fond musical, Elvis Presley chantait « *White Christmas* ».

Miss Montgomery, vêtue d'un épais pull-over blanc au-dessus d'une robe bleu-marine, supervisait les opérations. Elle fit un petit signe de tête à Jamie, mais ne l'invita pas à participer. Les autres évitèrent de la regarder tandis qu'elle se frayait timidement un chemin vers les escaliers, parmi les cartons. Elle ne faisait pas partie de la grande famille du ranch. Elle ne serait pas invitée à leur fête de Noël. Jamie se demanda si Amanda et son mari la passeraient au ranch. Ainsi que Gus Hartmann.

Amanda porterait-elle des vêtements de maternité, ou bien les problèmes qu'elle avait évoqués lors de sa dernière visite avaient-ils mis un terme à sa grossesse ?

Si tant est qu'elle ait réellement été enceinte à un moment donné.

Tandis que Jamie montait les escaliers, la voix d'Elvis célébrant le faîte des arbres scintillants et le grelot des traîneaux sous la neige emplit la voûte du hall. Bien qu'elle n'ait jamais connu de Noël sous la neige, elle ne parvenait pas à se réjouir de se réveiller sous un paysage blanc ce jour-là. Si elle pouvait rayer cette date du calendrier ! Elle pensa à la tristesse des prisonniers dans leurs cellules, le jour de Noël, impatients qu'ils devaient être de retrouver leur famille et de connaître des jours meilleurs. Tout comme elle. Sauf qu'elle n'avait pas de famille à retrouver. *Oh, allez, arrête !* se dit-elle, tandis que Ralph et elle dépassaient la chapelle.

De retour dans son appartement, elle rangea la télécommande du portail sous la doublure de la boîte à couture de sa grand-mère, auprès des autres objets qu'elle y avait cachés. Puis elle décrocha le téléphone.

Oreilles indiscrètes ou pas, elle éprouvait un besoin presque maladif de parler à quelqu'un d'extérieur. D'ailleurs, Lénora l'avait encouragée à l'appeler si elle avait un souci. Eh bien, c'était le cas. Bien sûr, peut-être avait-elle juste besoin d'entendre à quel point ses doutes paraissaient stupides, une fois énoncés à haute voix.

« Je dois joindre le cabinet de Bentley Abernathy, à Austin.

— Je n'ai pas l'autorisation qui vous permettrait de passer un coup de fil vers une longue distance.

— Comment puis-je obtenir cette autorisation ?

— Il vous faut en discuter soit avec le chef Kelly, soit avec Mlle Montgomery. »

Jamie raccrocha et explosa de rage. Puis elle redescendit l'escalier, prête à la confrontation.

Redressant les épaules, elle se fraya un chemin au milieu des cartons et de l'agitation. Les gens s'écartaient sur son passage, le visage étonné, pour la laisser avancer.

« Il faut que je vous parle, annonça-t-elle à Mlle Montgomery.

— Allons à la bibliothèque. »

Mlle Montgomery referma la lourde double-porte. Puis elle se retourna et, avec une expression inhabituellement bienveillante sur le visage, déclara :

« J'ai cru comprendre que vous aviez essayé de passer un coup de téléphone.

— Eh bien, les nouvelles vont vite, par ici.

— Je sais que vous êtes tracassée, Jamie, et vous avez toutes les raisons de l'être. Je suis vraiment désolée. J'aurais dû vous expliquer les choses plus en détails. »

Prise au dépourvu par les excuses inopinées de la gouvernante, Jamie étudia son visage, essayant de jauger sa sincérité.

« On m'a dit qu'il me fallait une autorisation pour téléphoner. Donc, je requiers l'autorisation de téléphoner. Je veux appeler la secrétaire du cabinet juridique où a été créé le contrat contenant cette toute-puissante *clause sur le respect de la vie privée*. Elle sait déjà qui je suis et pourquoi je me trouve ici.

— Le contrat stipule que vous ne pouvez pas avoir de contact extérieur tant que vous êtes au ranch. Vous pouvez certainement comprendre cela. De nos jours, tant de téléphones permettent d'identifier le numéro d'appel.

— Mais Lénora sait déjà que je suis ici.

— Quelqu'un d'autre pourrait écouter sur la ligne. Je suis désolée, ma chère, mais je ne peux tout simplement pas vous y autoriser. J'aurais dû vous rappeler que tout type de communication, de quelque sorte que ce soit, violait le contrat, mais je ne voulais pas vous inquiéter – pas dans votre état. La grossesse est déjà une période pleine d'émotions dans des circonstances normales ; or, vous ne vous trouvez pas dans des circonstances habituelles. »

L'espace d'un instant, Jamie crut que la gouvernante allait poser la main sur son bras et faire un pas dans sa direction.

« Le nom des Hartmann est tellement célèbre, Jamie. Vous pouvez certainement comprendre à quel point nous devons rester prudents. Pourtant, au lieu de vous témoigner de l'amitié, comme j'aurais dû le faire, je vous ai isolée. C'était cruel de ma part. Je m'en rends compte à présent. Ne pouvons-nous pas simplement tout reprendre à zéro ? À partir de maintenant, je ferai totalement front avec vous. »

Mlle Montgomery faisait de son mieux pour paraître sincère. Elle affichait une expression pleine d'espoir.

« D'accord ! Pour commencer, qu'en est-il de mon carnet d'adresses ? Vous l'avez pris, n'est-ce pas, pour qu'il me soit plus difficile d'entrer en contact avec quelqu'un ? Et j'ai rendu six devoirs pour mon cours par correspondance, mais je n'ai toujours reçu aucune note ni aucun commentaire de la part du professeur. Vous ne les avez jamais envoyés ?

— Peut-être le professeur attend-il que vous ayez rendu tous les devoirs ? suggéra la gouvernante, d'un ton moins conciliant qu'auparavant.

— Suis-je vraiment inscrite à ce cours, au moins ? Ou bien vous êtes-vous arrangée pour en obtenir une copie, pour m'occuper un peu de manière que j'ai moins de temps pour réfléchir au fait que l'on me traite comme une criminelle dans une prison ? D'ailleurs, puisque j'y pense, la trace du chèque que j'ai signé pour payer n'est toujours pas apparue sur mon relevé de compte. »

Sans attendre la réponse, elle tourna les talons et quitta la pièce.

De retour dans sa chambre, elle ouvrit un tiroir de son bureau et en sortit la copie du contrat qu'elle avait signé. Oui, si elle lisait le jargon juridique avec attention, elle pouvait en déduire qu'il lui était en effet interdit d'entretenir un contact quelconque avec des individus ou des entités non directement impliqués dans sa vie de tous les jours au ranch des Hartmann. Absolument aucun contact. C'est ce que Lénora avait spécifié lorsqu'elles avaient passé le contrat en revue, mais elle n'avait pas pris la mesure de l'isolement complet que cela signifiait.

De toute façon, téléphoner à la secrétaire de l'avocat qui avait rédigé un tel document était probablement une idée stupide. Bentley Abernathy était le conseiller juridique de la famille Hartmann. Son travail – ainsi que celui de sa secrétaire – était de servir l'intérêt des Hartmann. Elle avait été bête de ne pas avoir engagé son propre avocat pour lui faire étudier le contrat avant de le signer. Personne n'allait défendre ses intérêts. Absolument personne.

C'était trop tard pour contacter qui que ce soit. D'autant plus, que si elle racontait qu'elle portait un enfant pour Amanda Hartmann, elle perdrait le bénéfice de cette énorme somme d'argent. Et c'était bien pour cet argent qu'elle avait accepté un tel arrangement.

Évidemment, si Amanda projetait de faire passer le bébé pour un enfant auquel elle aurait elle-même donné naissance, la sécurité devenait alors un problème capital. Elle voudrait avoir la certitude que la mère porteuse de son enfant n'allait pas appeler la presse à sensation pour lui proposer de vendre son histoire plus cher qu'elle-même n'avait prévu de la payer.

Jamie rangea le contrat dans le tiroir. Elle aurait voulu n'avoir jamais entendu parler de la famille Hartmann.

La semaine qui précéda Noël, Jamie s'éveilla avec le bruit d'un vent déchaîné. Elle emmena Ralph dans le jardin, mais décida de renoncer à sa marche du matin. Elle parcourut les lectures correspondant à la leçon suivante de son cours. Mais cela en valait-il la peine ? Il ne lui restait même pas de copies des devoirs qu'elle avait rendus. Malgré tout, elle avait pris des notes. En les tapant à nouveau à la machine et en faisant les devoirs complémentaires, elle pourrait remettre l'ensemble en mains propres au professeur, à Austin – une fois qu'elle aurait purgé sa peine dans ce ranch paumé.

Pour l'instant, elle allait s'autoriser à regarder des émissions stupides à la télévision pendant toute la matinée.

À midi, son déjeuner arriva. Alors qu'elle posait son plateau sur la petite table, elle perçut une sensation étrange dans son abdomen. Comme un petit oiseau battant des ailes à l'intérieur d'elle-même.

Elle plaça une main sur son ventre. Mais la sensation avait disparu.

Elle attendit une minute, pour voir si cela se reproduisait. Peut-être son estomac protestait-il simplement parce qu'il était vide. À moins qu'il ne s'agisse d'un spasme musculaire.

Elle s'assit, regarda la télévision et mordit dans un sandwich à la dinde.

C'est à ce moment-là que cela se produisit à nouveau.

« Oh, ça alors ! » s'exclama-t-elle en posant les mains sur son ventre proéminent.

Le battement d'aile dura plus longtemps cette fois-ci, quelques secondes entières. Et elle sut ce qu'elle sentait. C'était *la vie*.

Bien entendu, le bébé avait toujours été vivant, mais elle ne l'avait pas perçu jusque-là. Elle se souvint des termes que Mary Millicent et Freda avaient employés. *Les premiers mouvements.*

Elle resta longtemps assise là, le regard perdu dans le vague. Sans penser à rien. Sans manger. Finalement, elle saisit le sandwich pour en prendre un autre morceau. Puis un autre encore.

Qu'allait-elle faire de sa journée ? Tiens, cela recommençait ! Les mouvements. Plus prononcés que les fois précédentes. Elle imagina un minuscule bras ou une jambe bouger. Un être humain miniature faisait jouer ses muscles. Non ! Qu'il arrête ! Elle ne voulait pas savoir qu'il était là, en elle. Qu'il parte ! Qu'il arrête de bouger !

Mais qu'il ne meure pas. Or, s'il s'en allait, il mourrait.

Mon Dieu, qu'ai-je fait ?

Ce n'était pas très malin de s'affoler à ce point. Il était temps de se confronter à ses choix et de grandir ! Bien sûr que le bébé bougeait. Il était censé bouger, se développer, et finalement naître. Il fallait gérer l'aspect émotionnel de sa situation. Cela faisait à présent cinq mois qu'elle était *enceinte.* Une petite créature nageait à l'intérieur de son utérus. Un bébé. Un bébé humain.

Surtout, ne pas y penser comme à *son* bébé. Le contrat mentionnait qu'en échange d'une généreuse somme d'argent, elle acceptait de renoncer à ses droits sur l'enfant. Aux yeux de la loi, celui-ci ou celle-ci appartenait à Amanda Hartmann et Toby Travis. Cependant, Jamie restait sa mère biologique. Et Toby son père biologique.

Excepté si ce que Mary Millicent avait raconté à propos de Sonny était vrai.

C'était trop farfelu pour être vrai.

À quoi ressemblerait la vie de cet enfant ? Il serait élevé au milieu d'une richesse incommensurable et n'aurait jamais besoin de rien. Amanda et Toby l'aimeraient. Mais il était probable que l'essentiel de son éducation soit laissée à la charge de Mlle Montgomery, ou bien d'une bonne d'enfants pendant qu'Amanda, Toby à ses côtés, voyagerait pour sauver des âmes et collecter des fonds en faveur des candidats politiques triés sur le volet par l'Alliance. Et elle, comment réagirait-elle si le bébé qu'elle portait marchait un jour dans les pas d'Amanda et dictait à des fidèles béats, sur les ondes nationales, comment Dieu voulait qu'ils vivent, qu'ils pensent et qu'ils votent. Ressentirait-elle de la fierté ? Ou bien aurait-elle honte ?

Cette nuit-là, elle décida de se rendre chez Mary Millicent. Se faufilant dans le couloir jusqu'à la chapelle, elle actionna le mécanisme de la porte secrète, tâtonna pour trouver l'interrupteur et monta les escaliers jusqu'à la première des deux pièces de la tour. Une faible lumière filtrait de derrière les rideaux qui divisaient la pièce en deux. Jamie les franchit et examina le visage émacié de ce pauvre jeune homme étendu là. Toutes les richesses de sa famille n'avaient pas suffi à le protéger de ce terrible malheur.

Elle tira les couvertures, leva une des mains du jeune homme et la posa sur son ventre.

« Est-ce ton bébé, à l'intérieur ? »

Puis elle se pencha et l'embrassa doucement sur les lèvres. Il avait reçu beaucoup d'amour. Peut-être l'aurait-elle aimé elle aussi, si elle avait eu la chance de le connaître. Bien que l'héritier d'une immense fortune ou bien justement en raison de cela, Sony Hartmann avait-il parfois eu le sentiment d'être un étranger ?

Jamie monta les marches qui menaient à la chambre de la vieille dame.

« Mary Millicent », dit-elle en se penchant au-dessus de la silhouette endormie.

Comme la vieille femme ne répondait pas, Jamie tâtonna pour trouver sa main.

« Hé, Mary Millicent, c'est Jamie, la fille qui habite en bas.

— Je sais qui vous êtes. Est-ce que la sorcière vous a vue ?

— Non. Je voulais vous dire que le bébé a bougé aujourd'hui.

— Vous êtes montée jusqu'ici pour me dire ça ?

— Eh bien, oui, dit Jamie, en aidant la vieille femme à s'asseoir et en allumant la lampe de chevet. Vous m'aviez demandé si j'avais senti les premiers mouvements, et j'ai pensé que ça pouvait vous intéresser de savoir que c'était arrivé.

— C'était certain que ça arriverait, à moins que le bébé ne soit mort. »

Jamie l'aida à s'installer et tira par-dessus ses hanches la chemise de nuit toute retroussée de la vieille dame.

« Alors comme ça, c'est ici que vous vivez ? »

Comme dans la pièce du dessous, deux fenêtres aux vitres étroites ornaient chacun des murs de la chambre. Au sol, un plancher nu et des murs peints en blanc. Une tringle à vêtements ainsi qu'un bloc de tiroirs étaient disposés près des barreaux de la cage d'escaliers. Une étagère contenait une télévision grand écran. Au milieu de la pièce se trouvait une table ronde en acajou et deux chaises assorties. De l'autre côté du lit, un lavabo, un pot de chambre, une poubelle et une table rectangulaire sur laquelle étaient posés un sac de couches pour adultes, une large boîte en plastique contenant des lingettes, une pile de serviettes et une autre de gants de toilette. Étonnant de voir un fauteuil roulant d'autrefois, en bois et en osier ! Ah oui ! Mary Millicent affirmait que Mlle Montgomery croyait qu'elle ne pouvait plus marcher. Tout comme l'infirmière.

« Vous utilisez vraiment le fauteuil roulant ?

— Tout le temps.

— Ah, vous êtes rusée comme un renard !

— Exactement, ma fille ! »

Jamie s'assit sur le lit, à côté de la vieille dame.

« Depuis combien de temps vivez-vous ici ?

— Je ne sais plus. Ça pourrait tout aussi bien faire un an ou une centaine d'années, en ce qui me concerne. Au début, ils ne m'installaient ici que quand il y avait des invités – après qu'Amanda eut été vraiment contrariée parce que j'étais arrivée au beau milieu d'une soirée habillée d'une simple jupe en paille, sans rien d'autre. Je crois qu'un personnage vraiment important se trouvait là – un roi ou une vedette de cinéma, un truc comme ça. Ensuite, je suis tombée malade et je suis restée longtemps sans pouvoir ni parler ni bouger. J'étais trop affaiblie pour marcher. Mais quand j'ai repris des forces, j'ai simplement continué à faire semblant d'être faible. Parfois, quand Amanda et Gus viennent ici, ils demandent à l'un des jardiniers mexicains de me porter jusqu'en bas, pour que je puisse dîner avec eux dans la salle à manger. J'aime bien me faire transporter par des hommes. J'aime sentir leurs muscles et l'odeur de leur transpiration. Quelquefois, je tends la main pour tripoter leur zizi. Vous devriez voir la tête qu'ils font. Ça me manque de ne pas pouvoir faire ça avec un homme. Ça me manque énormément. »

Jamie écoutait, bouche bée, l'épanchement de Mary Millicent. Devait-elle se boucher les oreilles ou éclater de rire ?

« Vous êtes une vieille dame sacrément scandaleuse.

— Oui, et alors ? »

Mary Millicent posa ses mains sur ses hanches. Jamie ne put s'empêcher de rire. *Et alors, en effet* ? Puis elle s'arrêta brusquement et saisit la main de Mary Millicent qu'elle plaça sur son ventre.

« Vous le sentez ?

— Oui. On dirait que le gosse a le hoquet.

— N'est-ce pas merveilleux ?

— Pas vraiment. »

Jamie passa un bras autour de Mary Millicent Tutt Hartmann, évangéliste à la retraite et vieille femme indigne.

« Oh, mais vous vous trompez ! Le hoquet d'un bébé, c'est merveilleux, et vous êtes merveilleuse vous aussi. »

CHAPITRE 17

« Joyeux Noël ! »

Amanda et Toby se tenaient devant sa porte, les bras chargés de cadeaux. Jamie les invita à entrer. Ralph s'éloigna de la porte, sans savoir quelle réaction adopter face à ces deux étrangers qui envahissaient son territoire.

« Vous avez transformé beaucoup de choses », observa Amanda d'un ton un peu moins chaleureux.

L'évangéliste avait l'œil partout ! En tout cas, ce qui se passait dans cet endroit ne la regardait pas. Pas question de lui expliquer quoi que ce soit ou de présenter des excuses !

Il y eut quelques secondes de silence gêné avant que Toby remarque :

« Vous avez bonne mine, Jamie.

— Merci.

— Nous vous avons apporté quelques cadeaux, ajouta Amanda tandis qu'ils déposaient leurs paquets sur la table.

— C'est très gentil de votre part. Je vous en prie, asseyez-vous !

— La plupart sont des objets dont vous pourrez avoir besoin lorsque vous commencerez votre nouvelle vie, dit

Amanda en les désignant d'un geste désinvolte. Nous voulions que vous ayez quelque chose à ouvrir le matin de Noël. Je sais à quel point vous devez vous sentir seule – surtout pendant les fêtes – et je m'en veux de n'avoir pu passer davantage de temps avec vous. J'ai tellement apprécié notre petite rencontre, le mois dernier.

Quel beau couple ! Toby était musclé et en pleine forme ; il avait les cheveux un peu plus clairs que l'été précédent et la peau bronzée, malgré la saison. Tous deux portaient des jeans avec des pulls à col roulé, ainsi que de coûteuses bottes de cow-boys. Assis tout près l'un de l'autre, leurs cuisses se touchaient et ils se tenaient la main. Le pull en laine d'Amanda était à la fois long et ample. Attendait-elle ou non un enfant ? Mieux valait ne pas le lui demander. Que cette femme soit enceinte ou pas, cela ne la concernait pas.

Ralph rampa avec circonspection vers les deux invités. Toby tendit la main pour lui caresser la tête.

« Quel drôle de chien. De quelle race est-il ?

— Ce n'est qu'un bâtard, mais il est adorable.

— Freda affirme que vous et le bébé vous portez à merveille, dit Amanda en joignant les mains, avec un large sourire. Freda traite cinq patientes en obstétrique, et nous avons décidé qu'il était temps d'acheter un équipement pour effectuer des échographies à la clinique ; elles seront envoyées par ordinateur au centre médical universitaire d'Amarillo pour y être lues par un spécialiste, tout comme les radios que Freda effectue. Il est possible de faire tant de choses de nos jours grâce aux ordinateurs. En fait, je souhaite que vous vous rendiez à la clinique demain, pour que Freda puisse pratiquer une échographie. Je suis si impatiente de *voir* vraiment le bébé. Savoir que je vais être mère à nouveau a aidé mon cœur brisé à guérir et l'a empli de joie. Vous ne pouvez pas imaginer le déchirement que c'est de perdre un enfant, Jamie. C'est la pire des choses qui puisse arriver à une femme. »

N'était-ce pas une chose étrange à dire à une femme que l'on payait pour abandonner son enfant ?

« Toby et moi prions pour vous tous les jours. »

Toby souriait pour marquer son accord.

Elle fut étonnée de voir Amanda se lever de la banquette pour venir s'agenouiller auprès d'elle et lui prendre les mains.

« Nous prions pour vous, très chère Jamie, non pas uniquement parce que vous portez notre enfant, mais aussi parce que nous vous aimons et que nous voulons que vous vous sentiez heureuse de votre action. »

Elle sentit qu'elle tombait sous le charme d'Amanda, comme cela avait été le cas lorsqu'elles étaient toutes les deux restées assises dans la bibliothèque. Sa voix était si apaisante. Ses yeux, aussi clairs et bleus que des saphirs. Ses cheveux, lisses et étincelants. Ses lèvres, douces et luisantes. Amanda était belle, et elle avait l'air tellement sincère.

Elle eut envie de poser sa tête sur l'épaule d'Amanda pour être réconfortée. Et, comme si cette femme pouvait lire dans ses pensées, elle sentit Amanda l'attirer près d'elle et poser une joue contre la sienne. Elle ferma les yeux et savoura cet instant inattendu de contact humain.

« Vous vous sentez très seule, n'est-ce pas ? Mais vous devez vous rappeler, Jamie chérie, que vous n'êtes jamais seule. Vous pouvez toujours vous confier au Seigneur. Il est toujours avec vous et souhaite entendre vos prières. Il vous guidera pour traverser cette période de solitude et

Il enrichira votre vie parce que vous aurez accompli votre mission ici. C'est Son désir de faire naître ce bébé. Vous devez toujours vous en souvenir. Vous pouvez Lui accorder votre confiance. Toujours, ma chérie. *Toujours.* »

Jamie regarda Amanda se relever avec regret. Elle se redressa avec elle, un peu étourdie. Elle n'avait pas envie que cet instant s'arrête :

« Vous reverrai-je un jour, après ?

— Après la naissance du bébé ? Non, ma chère enfant, mais je penserai à vous et prierai pour vous chaque jour de ma vie, répondit Amanda en prenant le visage de Jamie entre ses mains et en la regardant au fond des yeux. Et à certains moments, vous pourrez *sentir* mes pensées, mes prières et mes vœux de réussite. Nous sommes irrémédiablement liées l'une à l'autre dans cette vie, vous et moi, et nous le serons aussi dans la prochaine. Ne l'oubliez jamais, Jamie. *Jamais.* »

Amanda l'embrassa sur la joue, puis sur les lèvres, et lui offrit un dernier sourire avant de tendre la main à son mari.

La porte se referma derrière eux, la laissant désemparée : toute vie et tout oxygène s'en était allés avec eux. Avec Amanda. Elle demeura là très longtemps, semblable à une statue. Ou à quelqu'un qui aurait oublié comment on fait pour penser et bouger.

Lorsque Freda lui fit admirer son matériel flambant neuf, elle était fière comme un gosse avec un nouveau jouet.

« Il est aussi efficace que l'équipement que vous pouvez trouver chez n'importe quel obstétricien d'Amarillo. »

Allongée sur la table d'examen, Jamie fut un peu surprise de voir à quel point son ventre s'était arrondi. L'infirmière écouta les battements de cœur du bébé. Elle palpa l'abdomen de Jamie, qu'elle recouvrit d'un gel glacial, et commença à passer son instrument avec lenteur sur le ventre. Jamie pouvait voir les images qui s'affichaient sur l'écran mais mit un certain temps avant de distinguer le bébé. Celui-ci se mouvait avec langueur dans son petit monde aquatique et obscur, inconscient d'être épié. Bentley Abernathy avait déclaré qu'elle ne serait pas autorisée à voir le bébé, ni même à connaître son sexe ; cependant, elle le voyait, d'une certaine manière. Au cas où Freda ne serait pas au courant de toutes les clauses du contrat, elle demanda :

« Pouvez-vous définir le sexe du bébé ?

— À mon avis, c'est un garçon. On distingue son scrotum juste ici. Ouaip, un garçon, normal et en bonne santé, avec toutes les parties du corps bien à leur place. Amanda et son mari vont avoir un beau petit gars. »

Freda s'empara d'une serviette pour essuyer l'abdomen de Jamie.

« J'ai terminé. Vous pouvez vous rhabiller. Mais n'oubliez pas de faire pipi dans le bocal. Je vous revoie la semaine prochaine. »

En milieu d'après-midi, Freda téléphona au radiologue d'Amarillo.

« Avez-vous eu le temps de jeter un œil à l'échographie prénatale ?

Elle est affichée sur mon écran en ce moment même. *A priori*, c'est un beau bébé. Mâle. Aucune anomalie perceptible. »

Freda appela Amanda au ranch.

« Félicitations, dit-elle joyeusement. Le bébé est normal, c'est un petit garçon en bonne santé. »

La veille de Noël, Jamie se faufila dans le couloir qui menait à la galerie du deuxième étage. En prenant de multiples précautions pour rester dans l'ombre, elle fit le tour de la galerie, jusqu'à ce qu'elle puisse regarder à l'intérieur de la salle à manger. Une musique symphonique douce flottait dans l'air, diffusée depuis des enceintes invisibles. La table resplendissait de cristal et de bougies. Assis autour de la table se trouvaient Amanda et son mari, Mlle Montgomery, Mary Millicent dans son fauteuil roulant, Freda, le chef Kelly, ainsi qu'un homme que Jamie reconnut grâce aux photographies de la bibliothèque. Gus Hartmann était venu passer Noël au ranch.

Le lendemain matin, lorsqu'elle sortit Ralph dans le jardin, Jamie entendit : « *Sur la paille fraîche / Dort l'enfant si beau…* » Des voix harmonieuses, joyeuses, soigneusement préparées, chantaient si bien que la jeune femme fut obligée de s'arrêter et de fermer les yeux.

C'était Noël. Jamie s'était toujours trouvée en compagnie de quelqu'un qu'elle aimait ce jour-là. Les souvenirs affluèrent. L'énorme sapin dans le salon au plafond haut, sur l'île de Galveston. Sa mère jouant des chansons de Noël au piano. Sa sœur Ginger, revenue de l'université. Tous les quatre, avec son père, lorsqu'ils chantaient ensemble. L'arbre de Noël chez Granny n'avait jamais été très imposant, mais elles le décoraient avec amour de babioles confectionnées à la main. Elles accompagnaient les chants de Noël à la radio – ces mêmes chants entonnés par le chœur invisible.

Jamie se mit à chanter elle aussi. « *Ceci est arrivé à la clarté de Minuit / Cet ancien son glorieux…* » À cet instant, le bébé remua, comme pour lui rappeler qu'elle n'était pas seule.

Ralph se tenait derrière elle, un bâton dans la gueule. Et il y avait Mary Millicent dans sa tour. Elle s'y faufilerait ce soir-là pour qu'elles puissent fredonner des chants de Noël ensemble.

De retour dans sa chambre, Jamie se prépara une tasse de chocolat chaud. À la radio, de la musique de Noël. Avec beaucoup de cérémonie, elle ouvrit ses cadeaux – sélectionnés pour l'aider à débuter une nouvelle vie. Le premier paquet contenait un flacon de parfum français, blotti au fond d'une boîte tapissée de satin. Le deuxième, un poudrier en argent fin, dans un petit sac de cuir. La boîte suivante abritait un peignoir de soie rose. Un soliflore en argent fin occupait un autre paquet. Et, enfin, elle découvrit dans le cinquième un beau portefeuille en cuir.

Le portefeuille serait vraiment pratique, mais les autres cadeaux étaient étranges. Qu'allait-elle pouvoir en faire ? Peut-être Amanda avait-elle voulu améliorer son ordinaire d'étudiante par quelques jolis objets ? Ou peut-être avait-elle demandé à une secrétaire ou à une domestique d'acheter quelques présents pour une jeune femme de vingt et un ans ?

Jamie reposa les cadeaux dans leur boîte et les rangea sous le lit.

Elle attendit que le dîner soit passé pour rendre visite à Mary Millicent.

Dès qu'elle ouvrit la porte secrète, elle perçut des voix. Sa curiosité l'emporta et elle se glissa jusqu'à mi-chemin des escaliers. Cela provenait de la chambre de Mary Millicent, mais celle de Sonny était éclairée par les flammes vacillantes de douzaines de bougies. Il y en avait partout – sur les rebords de fenêtre, sur les tables, sur le bureau, sur des plateaux au sol – illuminant la forme immobile sur le lit. Sonny était-il mort ? Était-ce une veillée funèbre ?

Combien de temps une personne dans son état pouvait-elle être maintenue en vie ?

Elle marcha jusqu'au lit sur la pointe des pieds et toucha la main de Sonny. Mary Millicent avait raison : il était temps qu'Amanda laisse Sonny mourir. Mais comment ne pas comprendre qu'une mère retarde une telle décision et prie, au lieu de cela, pour qu'un miracle survienne ?

Amanda avait sans doute aimé son fils, qui avait manifestement été un jeune homme charmant. Avait-il eu réellement envie de marcher dans les traces de sa mère ? Non pas qu'il y ait eu quelque chose de mal là-dedans, mais, enfin, comment pouvait-on savoir que la religion des autres n'était pas la bonne et que la vôtre leur conviendrait mieux ? Et si la seule chose dont se souciait Dieu, c'était que les gens se montrent bons les uns envers les autres ?

Stupéfaite par sa propre hardiesse, Jamie grimpa avec précaution le second escalier et jeta un coup d'œil à travers la balustrade. Un petit arbre de Noël aux lumières scintillantes était posé au milieu de la table. Dans son fauteuil roulant, Mary Millicent, vêtue d'un pull neuf qui portait encore des étiquettes, était à sa table, à côté d'Amanda et Gus – ses enfants. Gus racontait une histoire au sujet de leur père, rappelant le Noël où celui-ci avait conduit leur nouvelle calèche tirée par un poney jusqu'au beau milieu du gigantesque hall. Il portait un chapeau de Père Noël et on avait accroché des clochettes au harnais du poney.

Se sentant vraiment l'âme d'une intruse, Jamie redescendit discrètement les escaliers.

CHAPITRE 18

Après avoir bordé sa mère, Gus suivit sa sœur jusqu'à la chambre de Sonny. La pièce était incroyablement belle, avec toutes ces bougies qui se reflétaient dans les centaines de vitraux.

Il resta debout près de sa sœur l'observant caresser le front de Sonny et lui parler d'une voix apaisante, comme s'il était encore au berceau. Soudain, n'y tenant plus, il saisit le bras d'Amanda.

« Laisse-le partir ! S'il te plaît, laisse-le partir. Tu as promis que tu le ferais.

— Ça a déjà commencé. Freda a ôté la perfusion la semaine dernière. Elle affirme que mourir de faim reste en fait une mort très douce.

— Combien de temps cela va-t-il prendre ?

— Pas longtemps, dit Amanda en embrassant Gus sur la joue et en lui caressant le dos. N'avons-nous pas de la chance que Dieu nous ait permis de connaître et de chérir ce garçon merveilleux pendant vingt formidables années ? Songe juste à tous ces merveilleux souvenirs. Nous avons été bénis. »

Un souvenir en particulier lui revint en mémoire. Sonny courait devant lui à travers le hall, puis escaladait les marches de ses petites jambes vigoureuses, impatient de faire admirer son nouveau hamster qui tournait sans arrêt dans sa grande roue miniature. Le magnifique Sonny avait crié : « Tu vas l'adorer, Oncle Gus. Il s'appelle Brownie. » Sonny l'avait attendu en haut des escaliers et avait glissé sa main dans la sienne.

Il dut s'interrompre et fermer les yeux un instant pour contrôler la douleur qui envahissait sa poitrine. Et, l'espace d'un instant, il put sentir cette petite main chaude et douce au creux de la sienne. Il avait aimé ce garçon, sans réserve – ainsi que le jeune homme qu'il était devenu, un jeune homme qui avait partagé l'amour de son oncle pour le ranch et qui voulait vivre ici pour toujours. Sonny avait demandé à son oncle de l'aider à faire comprendre à sa mère qu'il n'avait pas l'étoffe d'un évangéliste, ni celle d'un directeur de compagnie pétrolière, ni d'un leader politique. Il n'avait envie de marcher dans les traces de personne. Il voulait être lui-même. Gus avait répondu qu'il prendrait parti pour lui contre Amanda, et il se souvint avoir été stupéfait de constater à quel point sa décision lui avait semblé juste. Sonny voulait exister par lui-même. Et Gus en avait été fier.

Or Amanda avait refusé ne serait-ce que d'évoquer le problème, et moins d'une semaine après cette conversation, Sonny avait été réduit à l'état de légume.

S'il avait cru qu'il y avait ne serait-ce que la chance la plus infime qu'il existe un paradis où il pourrait retrouver son neveu, Gus serait devenu le plus pieux de tous les croyants, aurait abandonné toutes ses possessions matérielles et se serait vêtu de haillons, comme saint François d'Assise. En l'occurrence, il maudissait tous les jours le Dieu auquel il ne croyait pas de lui avoir repris ce précieux garçon. Et il avait insisté pour trouver un mortel à blâmer, là où l'accident n'avait peut-être été que cela. *Un accident.* La faute de personne – excepté peut-être celle du fichu Dieu d'Amanda, si tant est qu'il existe.

Amanda lissa les cheveux de Sonny pour dégager son front, sur lequel elle déposa un baiser. Il avait le visage hâve, mais elle voyait toujours le splendide garçon qu'il avait été. Tous ceux qui l'avaient rencontré réagissaient à sa beauté, et avaient envie de rester près de lui pour profiter de son sourire, pour lui serrer la main. Son fils avait le pouvoir de sauver le monde. Après l'accident, elle avait été incapable de comprendre pourquoi Dieu avait permis une telle chose. Puis elle avait cessé de lutter et s'était tout simplement inclinée devant Dieu, se soumettant à sa volonté. Cela avait été son seul moyen de retrouver la paix. Et Dieu lui avait montré la voie. Il rappelait Sonny à lui, mais il lui avait montré le moyen d'obtenir l'enfant de son fils adoré. Amanda aurait un autre enfant à élever et à chérir. Pourtant, si un ange était apparu devant elle pour lui annoncer qu'elle pouvait retrouver Sonny en arrachant le bébé de Jamie Long de son utérus et en le tuant de ses propres mains, elle l'aurait fait.

Elle poussa un soupir. Que pouvait penser Dieu de ses élucubrations ? Elle les bannit donc de son esprit.

Gus avait juré de ne jamais retourner au ranch tant qu'elle garderait Sonny dans cette situation, mais il s'était laissé fléchir lorsqu'elle lui avait déclaré que l'heure des adieux était venue – l'heure, pour leur garçon, de flotter jusqu'au paradis. Mais, combien elle souffrirait de ne plus pouvoir caresser la peau tiède et vivante de Sonny ! De ne plus pouvoir embrasser ses lèvres. Laver son corps. Sa personne physique serait perdue à jamais pour elle.

Amanda prit son frère dans ses bras. Gus enfouit son visage sur son épaule, le corps tout entier secoué de sanglots. Elle l'embrassa sur le sommet du crâne, comme elle l'aurait fait pour un enfant, puis elle lui dit qu'elle l'aimait de tout son cœur et qu'ils seraient toujours là l'un pour l'autre. Ensuite, ils firent ensemble le tour de la pièce pour éteindre les bougies, avant de descendre lentement les escaliers. Ils allaient prendre un dernier verre avant qu'Amanda ne revienne veiller Sonny pour la nuit.

Gus alluma une lampe, jeta deux bûches dans le feu pour l'alimenter un peu. Amanda s'assit sur un canapé en cuir et leur servit du vin de Xérès qui attendait dans une carafe de cristal. Il s'installa à côté d'elle. Ainsi, ils avaient presque la même taille. Il se laissa aller en arrière, essayant de trouver la position la plus confortable possible, avec ses jambes courtes qui dépassaient devant lui. Il avait toujours adoré sa sœur, mais quand son mariage avait échoué, et qu'elle était revenue avec Sonny vivre avec lui en Géorgie, ils s'étaient rapprochés. Parfois, il se prenait à rêver qu'elle ne soit pas sa sœur, de manière à pouvoir l'aimer d'une autre façon. Néanmoins, ainsi, leur amour n'en était que plus pur et plus profond, et il durerait toute leur vie.

« À nous ! dit-il en levant son verre.

— Oui, à nous ! Mon cher Gus. Comme je t'aime, et comme je compte sur toi ! Nous avons surmonté tant de choses ensemble, et maintenant, avec la perte prochaine de Sonny, tu es le seul être cher qui me reste dans la vie. Bien entendu, nous aurons toujours Mère, mais la mère que j'aimais et respectais n'existe plus. Toby, mon adorable camarade de jeux, est là aussi, ainsi que notre fidèle et zélée Montgomery, tous les autres employés du ranch et de la maison en Virginie, et notre personnel à l'Alliance, de qui je me sens tendrement responsable. Mais tu es mon roc. Toi seul.

— Merci, ma chérie. Tu es, et de loin, la personne qui compte le plus dans ma vie. »

Les yeux brouillés de larmes, il tendit la main pour lui caresser les cheveux. Elle se pencha et l'embrassa. Ce n'était qu'un effleurement doux de ses lèvres, mais cela suffit à l'étourdir. Il prit une gorgée de Xérès avant de s'éclaircir la voix et de dire :

« Mère semblait être contente de nous voir.

— Peut-être. Pauvre Montgomery. Tu t'imagines être obligé de la supporter tous les jours ? Mais tu sais bien qu'avec son comportement imprévisible et les ordures qui sortent de sa bouche sans qu'on puisse les prévenir, c'est mieux ainsi. Elle peut regarder la télévision, et je crois qu'elle prend un plaisir pervers à donner du fil à retordre à cette pauvre Montgomery. »

Gus posa son verre et se tourna pour faire face à sa sœur.

« Il y a quelque chose dont nous devons parler, Amanda.

— Oh, chéri, répondit-elle en faisant la moue. Tu as pris la voix que tu réserves aux choses sérieuses.

— J'ai lu des rumeurs dans plusieurs publications, depuis la presse people jusqu'à *Newsweek*, qui affirment que Toby et toi attendez un bébé pour le mois d'avril.

— Et alors ? dit Amanda avec un sourire de petite fille, avant de laisser échapper un gloussement stupide. J'ai acheté un petit truc rembourré qui paraît authentique. Je prévois de commencer à le porter après Noël. Et je me fais faire sur mesure des vêtements de grossesse parfaitement ravissants. Dans l'intervalle, j'ai opté pour un style ample, plus équivoque.

— Alors, tu prévois de faire passer le bébé de cette fille pour le tien ?

— C'est *mon* bébé. J'ai un contrat qui le prouve.

— Est-ce que tu projettes de faire passer ce bébé pour un enfant auquel tu aurais toi-même donné naissance ? corrigea Gus.

— Tu as l'air mécontent. Est-ce que ça te poserait problème ?

— Toby est-il le père biologique du bébé de Jamie Long ?

— Mince, Gus. Ce n'est *pas* le bébé de Jamie Long. C'est *mon* bébé.

— Réponds à ma question, Amanda ! dit Gus d'une voix très ferme. Toby est-il le père biologique de ce bébé ?

— Quelle différence cela fait-il ?

— Cela pourrait faire une sacrée différence. Au début, lorsque j'ai commencé à entendre des rumeurs sur ta grossesse, j'ai entrevu quelles avaient pu être tes motivations pour garder ce pauvre Sonny en vie tout ce temps, alors qu'il n'a aucun espoir de guérison. Après son accident, le chagrin t'a rendue incapable de faire quoi que ce soit ; tu refusais de quitter son chevet, tu ne mangeais presque rien et tu as mis en danger ta propre santé. Et soudain, d'un seul coup, tu annonces que Dieu est grand et que tu vas te marier. Ne joue pas à ça avec moi, Amanda ! Si je dois te protéger, il faut que je sache si Sonny est le père du bébé qui se trouve en ce moment dans l'utérus de Jamie Long.

— Bien sûr que oui ! »

La fureur la faisait trembler. Elle prit une profonde inspiration, vida ce qui restait de son vin et reposa avec précaution le verre sur la table. Gus pouvait la voir tenter de se calmer. Être en colère n'était pas dans son style.

Elle lui prit la main et se pencha si près qu'il sentit son délicieux parfum. L'espace d'un instant, il crut qu'elle allait l'embrasser de nouveau. Elle était si belle à la lueur du feu. Sa peau resplendissait, ses yeux scintillaient, ses lèvres luisaient.

« Songe juste, Gus, que ce bébé est de *notre* sang. Un bébé qui va prendre la relève du sacerdoce de notre mère, l'hériter de la fortune des Hartmann. Un bébé que toi et moi pourrons élever et aimer. Il sera béni de Dieu, exactement comme l'était notre Sonny. Et il aura la vocation. Dieu me l'a promis. Ce sera comme avoir Sonny à nouveau parmi nous. Freda a effectué une échographie sur Jamie. Elle porte un petit garçon en pleine forme. C'est pour cela que je peux laisser Sonny partir. Je vais pouvoir élever son fils. »

Le fils de son Sonny adoré. Gus ferma les yeux, imaginant l'amour qu'il ressentirait pour un tel enfant, qui serait beau, parfait et charmant, à l'égal de Sonny. Un enfant qui l'aimerait, lui Gus, comme Sonny l'avait aimé.

« Et que dit Toby de ce projet ?

— Il n'est pas au courant. Bien entendu, il a compris que je projetais d'assumer le rôle de la mère naturelle du bébé et il est d'accord pour dire que c'est la meilleure chose à faire. Nos gens accepteront plus facilement le bébé s'ils croient que c'est le fils de mes entrailles. Pense juste aux taux d'audience à la télévision lorsque nous le présenterons au monde entier ! » dit-elle en joignant les mains.

Ce n'était pas stupide, son raisonnement. Un grand nombre des disciples d'Amanda avaient été des partisans de leur mère avant de devenir les siens. Si le bébé appartenait à la lignée des Tutt, s'il faisait son entrée dans le monde avec le droit héréditaire de porter le sacerdoce des Tutt pour la quatrième génération, ils ne l'en adoreraient que davantage. Et l'enfant hériterait du ranch et de la gigantesque société de gaz et de pétrole de la famille. Gus pourrait le former à prendre sa relève. Comme il avait naguère projeté de le faire avec Sonny. Peut-être l'enfant serait-il plus intéressé par les affaires de la famille que Sonny l'avait été. Il avait tant à apprendre au garçon, des choses que lui seul pouvait lui transmettre.

Mais Amanda aurait dû lui dire dès le départ ce qu'elle avait en tête. C'était irresponsable de sa part. Il aurait pu mieux contrôler les choses si elle avait été franche avec lui.

« Comment est-ce possible que Toby ne sache *rien* ?

— Oh, avec un peu de neige carbonique… ! Le jour de l'insémination, Toby et moi en avons fait un petit jeu. Je l'ai « aidé », pour ainsi dire. Puis, je suis sortie avec le sperme pendant qu'il récupérait, mais le contenu de la fiole que j'ai confiée à l'infirmière provenait de Sonny. Nous sommes partis avant l'arrivée de Jamie. C'était assez simple.

— Et le sperme de Sonny, comment te l'es-tu procuré ? »

Amanda croisa les mains sur ses genoux et baissa les yeux, pour éviter le regard scrutateur de son frère.

« Freda m'a aidée. J'ai fait ce que j'avais à faire. Ce que Sonny aurait voulu que je fasse.

— Je n'en suis pas si sûr.

— Bien sûr que si ! Il aura un fils pour lui survivre. Quant à nous, nous aurons ce qu'il y a de mieux après Sonny.

— Amanda, je ne crois pas que tu aies réfléchi à toutes les conséquences de tes actes.

— Comme quoi ?

— Jamie Long pourrait comprendre que quand tu annonceras avoir donné naissance à un bébé, tu mentiras.

— Elle croit que je suis enceinte, moi aussi.

— D'un enfant qui sera comme par hasard né, en même temps que celui qu'elle porte ? Tu es une femme extrêmement célèbre. Cette fille va voir des photos de toi et de ton enfant partout. Et lire des histoires réconfortantes sur le fait que Dieu t'a miraculeusement fait don d'un autre enfant après l'accident tragique de ton fils pour panser ton cœur, bien que tu soies ménopausée ou je ne sais quoi d'autre. Ces histoires ne parleront jamais d'un second enfant adoptif. Il n'y aura *qu'un seul* bébé, Amanda, à moins que Toby et toi n'ayez prévu d'aller vous chercher un gosse à adopter pour l'élever avec l'enfant prodigue.

— Je raconterai à Jamie que mon enfant était mort-né.

— Et peut-être te croira-t-elle et sera-t-elle très heureuse que tu élèves le bébé qu'elle a porté. Mais elle saura toujours qu'il n'est pas le tien. Elle saura que toi, Amanda Tutt Hartmann, qui est censée être au-dessus de tout soupçon, dont les millions de disciples sont persuadés que tu descends directement de Dieu Tout-Puissant, que tu peux sauver leur âme, guérir leur corps et donner un sens à leur pitoyable petite vie, tu vis dans le mensonge. Cette fille pourra te faire chanter, Amanda. Ou alors vendre son histoire aux médias. Et si tes millions de disciples perdent confiance en toi, ils ne nous donneront plus l'argent dont nous avons besoin pour faire élire nos candidats. L'Alliance des électeurs chrétiens se dissoudra et finira par disparaître. Nous n'aurons plus d'amis à Washington, et sans les bons appuis à Washington, l'industrie pétrolière souffrira. Il nous faudra habiter au ranch et engraisser davantage de bétail dans ces *feed lots* nauséabonds que tu détestes tant. Peut-être pourrons-nous transformer le ranch en pavillon de chasse pour ces bonshommes riches qui mâchouillent leurs cigares – tant que nos chers mais faibles gens tiennent le coup, bien entendu.

— Arrête ! exigea Amanda dont la colère durcissait les traits, rendant son visage presque laid. Tu exagères. Jamie Long a signé un contrat où elle promet de ne jamais parler de toute cette affaire. Il lui faudrait rembourser l'argent si elle se dédisait.

— Amanda, cette fille pourrait obtenir deux fois cette somme de la part de n'importe quel journal à scandale, rien que pour leur annoncer qu'elle est la mère biologique de l'enfant.

— Dans ce cas, il faudrait les poursuivre pour diffamation.

— Et alors, il y aurait un procès, que le monde entier suivrait. Le juge ordonnerait d'effectuer des tests ADN sur toi, le bébé, Jamie Long et Toby. Ces tests prouveraient non seulement que Jamie Long est bien la mère de l'enfant, mais ils montreraient aussi que celui-ci t'est lié, ce qui ne laisse que deux possibilités quant au père – moi ou Sonny –, cela nourrirait toute sorte de suppositions inconvenantes. Cette fille a signé un contrat avec un mari et son épouse mariés au regard de la loi, Amanda, pas avec une femme et son fils agonisant. Tes actes ont rendu ce contrat nul et non avenu. Elle pourrait te poursuivre non seulement pour rupture de contrat, mais aussi te demander l'argent dont elle aura besoin pour élever l'enfant.

— Tu ne peux pas savoir si l'une ou l'autre de ces hypothèses va arriver. Jamie est une fille adorable et elle m'aime beaucoup. Nous avons prié ensemble. Il ne lui viendrait jamais à l'idée de nous causer des problèmes.

— Tu as peut-être parfaitement raison. Mais qu'éprouvera-t-elle si elle apprend que tu lui as menti ? Que sainte Amanda, si estimée, a signé un contrat frauduleux en toute connaissance de cause ?

— Très bien, dans ce cas, rédigeons-en un nouveau et donnons-lui davantage d'argent pour qu'elle le signe.

— Et que feras-tu si elle refuse ?

— Cette fille *m'adore*. Elle ne refusera pas.

— Tu n'en sais rien. Lorsqu'elle s'est engagée dans cette mascarade, l'idée d'un bébé ne représentait pour elle qu'une abstraction. C'était un simple moyen de gagner une grosse somme d'argent. Maintenant, un enfant vivant bouge en elle et toutes ces hormones maternelles courent à travers ses veines. Avec le gosse de Toby, ça n'aurait pas été trop grave si la fille avait décidé de revenir sur sa parole. Mais maintenant, l'équation est différente. Ce n'est pas l'enfant de Toby. C'est celui de Sonny.

— Alors, qu'es-tu en train de dire, Gus ? »

Les yeux d'Amanda se rétrécirent. Gus laissa passer quelques secondes avant de répondre.

« Que tu n'as pas besoin de t'inquiéter de quoi que ce soit. Je veillerai à ce que tout se passe bien. Tu auras ton bébé.

— Merci. »

Et elle l'embrassa encore une fois, avant de lui tendre son verre vide.

*

Lorsque Jamie se faufila à nouveau jusqu'en haut de la tour, on avait éteint les bougies de la chambre de Sonny.

La chambre de Mary Millicent était plongée dans l'obscurité. Jamie attendit que ses yeux s'y accoutument avant de marcher jusqu'au lit sur la pointe des pieds.

« Vous dormez ?

— Non, à moins que je ne sois en train de rêver.

— J'ai pensé que vous auriez peut-être envie de chanter quelques chants de Noël. Je suis venue un peu plus tôt, mais vos enfants étaient là. Avez-vous passé une bonne soirée en leur compagnie ?

— Bien sûr que non. Mes enfants ont ruiné ma vie.

— C'est affreux de dire cela de votre fils et de votre fille.

— Je dis des choses affreuses à leur sujet parce que ce sont des gens affreux, ne l'oubliez jamais, ma fille. Aidez-moi à m'asseoir ! »

Mary Millicent s'empara du bras de Jamie, qui obéit en entassant des oreillers derrière le corps fragile de la vieille dame.

« Des gens affreux. Et si vous ne leur obéissez pas au doigt et à l'œil, ils vous enfermeront dans une tour, vous aussi. Ou bien ils vous feront assassiner, comme ils l'ont fait pour le père de Sonny. Amanda est allée pleurer auprès de Gus en lui disant que celui-ci ne voulait pas lui laisser son fils à temps complet et qu'il refusait que le nom du petit devienne Hartmann, et alors quelqu'un lui a tiré une balle dans la tête. »

La main de Mary Millicent se transforma en pistolet imaginaire qu'elle pointa sur sa tempe.

« Je me demande combien de temps cela va durer avant qu'Amanda ne se lasse de son nouveau mari et demande à son frère de se débarrasser de lui. Et ne me regardez pas comme ça, jeune dame ! Je suis peut-être vieille et un peu fêlée, mais je sais ce que je sais. Peut-être est-ce de ma faute si Amanda et Gus sont devenus ce qu'ils sont. Je les ai élevés comme s'ils avaient été bénis par le Seigneur, comme s'ils ne pouvaient rien faire de mal. Dieu me punit. Mais vous savez quoi ? J'aimerais que Dieu nous foudroie tous. Moi, Amanda, Gus, pour mettre fin à tout ce qui touche aux Hartmann. Dieu devrait ouvrir la terre pour engloutir ce foutu ranch et envoyer ceux qui y vivent tout droit en enfer. Excepté Sonny, bien sûr. Sonny doit aller au paradis. *Juste Sonny*. Oui, je vais prier pour que Dieu fasse cela – nous envoyer en enfer, sauf Sonny, alors si j'étais à votre place, je filerais d'ici. Et quand ce bébé naîtra, ne lui dites surtout jamais comment il a été conçu. Ne lui dites pas que son père était un homme mort maintenu en vie au-delà de son temps sur cette terre. Racontez-lui simplement que son papa a été tué dans un accident de voiture ou bien dans une guerre. »

Jamie recula d'un pas.

« Hé, où allez-vous, ma fille ? Je n'ai pas fini de parler. Et je veux chanter des chants de Noël. »

Mary Millicent s'empara d'une cruche en plastique qu'elle lança sur Jamie.

« Revenez ici, ma fille ! Revenez ici tout de suite, ou je raconterai à la sorcière et à Amanda que vous êtes montée me voir jusqu'ici ! Je leur dirai de tuer votre chien. »

Jamie ferma la porte de son appartement à double tour derrière elle, poussa le canapé devant la porte et posa la table à café en équilibre sur la banquette.

La jeune femme essuya ses joues avec colère. Pas de larmes. C'était elle qui s'était fourrée dans ce pétrin. Elle devait l'assumer jusqu'au bout, ou alors…

Ou alors quoi ?

Elle s'agenouilla et caressa son chien, qui était déboussolé, par son activité nocturne. Il le fut de plus en plus quand Jamie se mit à arpenter la pièce. L'animal resta assis à la regarder aller et venir, comme le spectateur d'un match de tennis, en geignant de temps à autre pour exprimer sa désapprobation.

Jamie avait besoin de réfléchir.

Ou peut-être pas tant de réfléchir que de mettre de l'ordre dans ses idées. D'éclaircir les choses. Non pas qu'elle croie à ce que lui avait raconté Mary Millicent. Après tout, cette femme était atteinte de démence sénile. Ou d'Alzheimer. De paranoïa. Ou bien elle était cinglée. Mais pas tout le temps. Parfois, Mary Millicent semblait parfaitement lucide. Ce qui ne voulait pas dire qu'elle racontait la vérité.

Sonny était-il le père du bébé qu'elle portait en elle ? Et Gus Hartmann pouvait-il vraiment programmer des assassinats ?

Gus était resté assis seul à contempler les braises rougeoyantes, à siroter du Xérès et à élaborer des plans. Par sécurité, il demanderait à Montgomery de détruire la copie du contrat de Jamie. Il n'avait pas envie que le document tombe entre de mauvaises mains.

Après la naissance du bébé, on suivrait la fille lorsqu'elle repartirait du ranch dans sa voiture.

Personne ne saurait jamais ce qui lui était arrivé. Elle disparaîtrait simplement de la surface de la terre. Selon toute probabilité, personne ne remplirait même un dossier pour personne disparue.

Lorsque Freda annonça que l'heure était venue, Gus suivit sa sœur. Les bougies avaient été rallumées. Montgomery était déjà là, ainsi que Freda. Kelly les rejoignit quelques instants, puis elle marcha jusqu'au lit de Sonny et lui adressa un salut militaire. Lorsqu'elle se retourna pour partir, son visage ruisselait de larmes.

L'un des jardiniers – un homme de forte carrure nommé Enrique – descendit le fauteuil roulant de Mary Millicent jusqu'à la chambre de Sonny, avant de porter Mary Millicent elle-même, ce qui provoqua chez Gus un sentiment d'impuissance totale. Avec ses jambes trop courtes, il accomplissait déjà un énorme effort en réussissant à se hisser ou à descendre les marches raides.

Tous s'assirent devant le lit et attendirent tandis que la respiration de Sonny devenait de plus en plus ténue. Gus se prit à retenir son propre souffle, dans l'attente que le jeune homme inspire à nouveau.

Cela dura longtemps. Des heures, à ses yeux. À chaque fois que Gus avait la certitude que c'était fini, Sonny respirait à nouveau. Il s'était surpris lui-même en acceptant de venir là. Pourtant, si sa sœur voulait qu'il l'accompagne, comment aurait-il pu refuser ? L'amour d'Amanda lui était encore plus nécessaire que la vie elle-même. Et maintenant encore plus qu'auparavant.

Amanda demanda à Freda de les guider pour chanter « Amazing Grace[1] ». La vieille voix chevrotante de Mary Millicent s'élevait au-dessus des autres. À la fin du cantique, elle annonça qu'ils devaient chanter l'hymne préféré de Sonny et entonna :

1. La Grâce du Ciel, l'un des chants protestants les plus connus, composé vers 1760 (NdT).

C'est un rempart que notre Dieu,
Une invincible armure,
Un défenseur victorieux,
Une aide prompte et sûre.

Gus se souvenait des paroles de tous les couplets. Il était, après tout, fils, petit-fils et frère d'évangélistes, et cela lui faisait du bien de chanter les paroles familières de son enfance. Il rapprocha sa chaise du fauteuil roulant de sa mère pour qu'ils puissent chanter tous deux en harmonie, comme ils l'avaient fait si souvent.

Soudain, ils s'aperçurent que la respiration de Sonny s'était arrêtée. Freda posa ses doigts sur le cou du jeune homme. Ensuite, elle baisa son front, cacha sa figure entre ses mains et se mit à sangloter.

Gus et Amanda aidèrent leur mère à se lever. Elle embrassa son petit-fils sur la bouche et lui caressa les cheveux et le visage. « Au revoir, mon pauvre petit Sonny chéri, lui murmura-t-elle à l'oreille. Tu peux devenir un ange. »

Puis Gus embrassa Sonny à son tour. Il eut l'impression que son cœur allait voler en éclats dans sa poitrine.

Amanda s'attarda à caresser le visage de son fils.

« Prenez bien soin de mon bébé, Seigneur ! Acceptez-le en votre sein et aimez-le pour l'éternité !

— Amen », dit Gus.

Il enviait la foi de sa sœur. Comme il aurait été apaisant d'imaginer Sonny dans un endroit baigné d'une lumière radieuse et chaleureuse, entouré d'amour.

Jamie se réveilla avec le hurlement du vent. C'était le matin – un matin très sombre. Ralph voulait sortir. Elle s'habilla en superposant les pulls et enfila son manteau.

Elle fut étonnée de voir Mlle Montgomery, Freda et Kelly sortir de l'appartement de la gouvernante pour se diriger vers le hall. Elle attendit au pied de l'escalier qu'elles la dépassent. Leur expression était grave, solennelle. Mlle Montgomery et Kelly la saluèrent machinalement d'un signe de la tête. L'infirmière ne sembla même pas la remarquer.

De retour dans la maison, elle poussa la porte secrète et grimpa au premier étage. La chambre où s'était trouvé Sonny était vide, le lit nu.

Bientôt, Sonny Hartmann reposerait dans ce cimetière triste et isolé, balayé par le vent.

CHAPITRE 19

« Mon Dieu – sept mois, dit Freda tout en palpant le ventre de Jamie. Le temps court, n'est-ce pas ? »

Jamie ne se donna pas la peine de répondre. À ses yeux, le temps s'étirait à la vitesse d'un escargot que l'on aurait harnaché d'une brique.

« Tout va bien, mon chou, dit l'infirmière en aidant Jamie à se rasseoir. Avez-vous des questions ?

— Pas vraiment.

— Eh bien, vous devriez ! Le terme n'est prévu que dans deux mois, mais il arrive que les bébés naissent plus tôt. Je veux que vous m'appeliez aux premiers signes du travail ou bien si vous perdez les eaux, ou même si vous ne perdez que quelques gouttes. Parfois, le premier signe que le travail est imminent, c'est l'expulsion du bouchon muqueux. Il est toujours mêlé de sang. Aucune raison de s'alarmer. Mais quoi qu'il arrive, je veux que vous demandiez à Montgomery de m'appeler. De jour comme de nuit.

— Qu'arrivera-t-il ensuite ?

— C'est difficile à prévoir. Même des filles minces comme vous, avec une excellente structure musculaire, mettent en général du temps à accoucher de leur premier bébé. Je vous procurerai tout le confort possible, mais ce ne sera pas une partie de plaisir. Vous le savez, n'est-ce pas ?

— Oui !

— Après, vous vous sentirez somnolente à cause des antalgiques et parce que vous saignerez pas mal. Vous devrez rester ici, à la clinique, quelque heures, pour que je puisse garder l'œil sur vous, et ensuite vous pourrez aller récupérer au ranch pendant quelques jours. »

Après son rendez-vous au centre médical, Jamie se dirigea vers le bureau de la sécurité. Lester avait dû la voir arriver : la porte s'ouvrit et il marcha vers sa camionnette.

« Vous marchez ou vous montez ?

— Je marche. »

Elle inspira une grande bouffée d'air froid, dans l'espoir que cela l'aide à éclaircir ses idées. Comme l'aurait dit sa grand-mère, il était temps qu'elle ait une prise ou bien qu'elle coupe l'hameçon. Comment allait-elle naviguer au cours des deux prochains mois ?

Cela n'allait *pas* être facile.

Non qu'elle éprouvât des scrupules à être devenue mère porteuse. Les désillusions avaient commencé lorsqu'elle avait compris que la confiance n'existerait jamais entre elle et Amanda et son mari. Pourquoi faire naître le bébé dans un ranch isolé, au beau milieu du nord-ouest du Texas ? Après tout le mal qu'ils s'étaient donné et la somme considérable qu'ils avaient déboursée pour obtenir cet enfant. Pourquoi ce lieu aussi coupé du monde, sans anesthésiste, ni obstétricien, ni aucun personnel de pédiatrie ? Voir la clinique et rencontrer Freda, qui était une sage-femme d'expérience, l'avait un peu rassurée. Mais un accouchement pouvait se transformer en véritable urgence. Pourquoi prendre ce risque ? Pourquoi ne pas choisir un hôpital à Amarillo ? La seule raison pour avoir l'enfant au ranch était évidente : si elle accouchait à l'hôpital, elle pouvait tout faire capoter en refusant de signer les papiers pour l'adoption, et sortir tout simplement par la porte, avec son bébé dans les bras. Légalement, personne ne pourrait l'en empêcher. Au ranch, le bébé lui serait enlevé à la minute même de sa naissance. Même si elle refusait de signer les papiers, elle ne serait jamais autorisée à voir l'enfant, et encore moins à partir avec lui.

Mais si Amanda était réellement enceinte, elle aussi, serait-ce si grave de se rétracter ? Si le bébé qu'elle portait était le petit-fils d'Amanda, évidemment…

Mon Dieu, tout cela était trop compliqué ! Par moments, son cerveau était en compote.

Contente-toi de faire le bébé et de repartir. Ces mots étaient devenus son mantra tandis qu'elle parcourait les sentiers poussiéreux ou les routes, tandis qu'elle faisait les cent pas dans son salon, tandis qu'elle prenait ses repas en solitaire et restait allongée dans son lit sans dormir.

Rien à faire pour changer les termes du contrat. D'ailleurs, il était hors de question de compromettre la vie qu'elle s'était planifiée. L'enfant qu'elle portait était celui d'Amanda et non le sien. Elle n'avait pas la moindre envie d'en avoir un maintenant. Elle voulait une chance de *vivre pour elle-même.*

Oui, mais… Mary Millicent possédait un passe-partout qui lui restait du temps où elle avait été la « châtelaine[1] »

1. En français dans le texte original (NdT).

du Ranch des Hartmann, et elle était venue sur la pointe des pieds lui rendre visite dans son recoin du château. Elle l'avait inquiétée par ses histoires effrayantes.

Mary Millicent était une vieille folle qui détestait ses propres enfants. Pouvait-on croire ses sornettes ? Or, Lénora aussi l'avait prévenue que les gens influents avaient leurs propres méthodes pour parvenir à leurs fins. Une fois le contrat signé, Jamie devrait s'y conformer absolument et honorer son engagement, sans jamais regarder en arrière.

Contente-toi de faire le bébé et de repartir ! : *la* seule chose saine et sensée à faire !

Qu'arriverait-il après la naissance du bébé ? Une fois qu'elle aurait renoncé à ses droits sur l'enfant, Mlle Montgomery ou Freda apporteraient certainement le nouveau-né à Amanda.

Par quel biais recevrait-elle l'argent qu'on lui devait ? Et combien de temps après l'accouchement se sentirait-elle assez en forme pour repartir ? Il était hors de question qu'elle s'attarde plusieurs jours. Sa voiture chargée, avec un plein d'essence dans le réservoir, devrait l'attendre devant la clinique. Avec Ralph dans le bureau de Freda.

Et si elle annonçait à Mlle Montgomery qu'elle avait décidé de s'en aller ? *Tout de suite.* Cet après-midi même. Après tout, la gouvernante n'avait sur elle aucune prise légale. Elle ne pouvait tout de même pas l'enfermer dans la tour et l'attacher au lit jusqu'à son accouchement !

Sauf que c'était exactement ce qu'elle redoutait.

Contente-toi de faire le bébé et de repartir, se répéta-t-elle une fois de plus lorsqu'elle parvint au portail de sécurité. Lester s'approcha en ralentissant et pointa la télécommande vers le portail.

L'heure du déjeuner était passée depuis longtemps. Son plateau devait l'attendre. Cependant, au lieu de retourner à son appartement, elle traversa le couloir d'un pas décidé jusqu'au logement de Mlle Montgomery, qui se reposait d'habitude en début d'après-midi.

Quand la gouvernante ouvrit, elle distingua les voix des personnages d'un feuilleton, pris dans leur quota de problèmes quotidiens.

« Qu'y a-t-il, Jamie ? demanda Mlle Montgomery d'un ton plutôt aimable.

— Comment vais-je être payée après la naissance du bébé ? »

Mlle Montgomery fronça les sourcils.

« Je ne sais pas vraiment.

— Eh bien, il faut que je le sache. Je veux que cela soit réglé dès la naissance. Je n'ai pas l'intention de rester très longtemps ensuite.

— Je vais me renseigner et je vous tiendrai au courant », répondit Mlle Montgomery tout en faisant le geste de refermer la porte.

Jamie posa la main sur la poignée.

« Et je veux qu'on apporte ma voiture ici. Je veux commencer à faire mes paquets et à les charger dans la voiture.

— N'est-il pas encore un peu tôt pour cela ?

— Je veux être prête à partir le moment venu.

— Je vais voir si c'est possible.

— Je veux qu'on ramène ma voiture ici *cet après-midi.* »

Mlle Montgomery plissa les yeux.

« J'aimerais savoir ce qu'il en est de l'argent dès demain. Je veux qu'il soit viré sur mon compte en banque à Austin dès que j'aurai accouché, et j'ai besoin de documents officiels prouvant que les dispositions ont bien été prises pour le paiement, ainsi que pour la pension annuelle que je dois recevoir.

— Je vais voir ce que je peux faire. »

Le ton de la gouvernante était très sec.

Jamie fit demi-tour et traversa à nouveau le couloir, Ralph sur les talons. Elle attendit d'être parvenue à mi-hauteur des escaliers de service avant de reprendre sa respiration.

En déjeunant, elle passa en revue sa conversation avec la gouvernante. Peut-être Mlle Montgomery ne savait-elle pas comment ni quand elle serait payée, parce qu'aucune disposition n'avait encore été prise. Peut-être ces dispositions ne seraient-elles d'ailleurs jamais prises ?

Et si Amanda n'avait jamais été enceinte ?

Arrête !

Ralph se réveilla en sursaut et se mit à geindre. Jamie ouvrit les bras et le chien bondit à côté d'elle sur le canapé, avant de se glisser à la place qui restait sur ses genoux.

« Tout va bien ! On restera toujours ensemble, toi et moi. Je prendrai toujours soin de toi. »

Ann Montgomery retourna à son feuilleton. Toutefois, bien que son personnage favori se retrouvât pris au piège dans le boyau d'une mine abandonnée, elle se demandait si elle devait appeler Gus pour le prévenir des exigences de Jamie.

Il comptait sur elle pour prendre les choses en mains. Elle décida donc qu'elle appellerait Amanda à la place, pour lui dire de rassurer la fille au sujet de l'argent. Pour la voiture, elle allait essayer de gagner du temps. Après tout, c'était une voiture très ancienne, qui pouvait souffrir de toutes sortes de problèmes de mécanique. Une fois ces décisions prises, Ann retourna à la question de vie ou de mort qui se jouait sur son écran de télévision. Le boyau de la mine se remplissait d'eau. Et Pamela sombrait dans l'inconscience.

CHAPITRE 20

Plus tard dans l'après-midi, Mlle Montgomery téléphona à Jamie pour lui annoncer que les mécaniciens, au garage, n'avaient pas réussi à démarrer sa voiture. Il fallait remplacer la pompe d'alimentation. La pièce avait été commandée à Amarillo, mais il faudrait plusieurs jours avant de la recevoir – ce serait peut-être d'autant plus long qu'un blizzard s'annonçait.

Il commença à neiger le soir même. Le présentateur du bulletin météo, pendant le journal télévisé de la soirée, avertit que le nord-ouest du Texas et le sud-ouest de l'Oklahoma seraient exposés à une tempête de neige. Jamie poussa un grognement.

« Hé Ralph ! On dirait bien que nous ne pourrons pas aller marcher demain. »

Le lendemain soir, les congères, en s'amoncelant sur la façade nord de la maison, avaient enseveli la porte de service. La gouvernante attendait en haut du perron pendant que Jamie – luttant contre le vent à chaque pas – promenait son chien qui faisait des allers-retours le long de l'allée.

« Comme si j'allais m'enfuir en pleine tempête de neige », marmonna Jamie entre ses dents.

« Amanda a dit qu'elle allait vous appeler pour vous tenir au courant des dispositions prises, l'avait informée Mlle Montgomery.

— Je veux quelque chose d'écrit. Et je veux un acte signé et notarié. »

La neige continua de tomber par intermittence pendant trois jours, et même lorsqu'il ne neigeait pas vraiment, la lumière du jour était sinistre. Les congères recouvraient désormais les fenêtres du premier étage. Bien que le chauffage ne soit pas en panne, Jamie ne quittait pas son manteau de la journée et portait des collants et des tee-shirts à manches longues jour et nuit.

Elle comprit que le courrier ne serait pas distribué ; donc pas de pompe d'alimentation pour sa voiture. Elle attendit que la neige ait commencé à fondre avant de demander à Mlle Montgomery si les réparations avaient été effectuées.

« La voiture est tellement vieille ! Le chef mécanicien affirme qu'il n'a pas réussi à trouver la pièce. »

Jamie repensa à tous ces après-midi passées à aider Joe à entretenir sa Jeep ou bien la voiture de Granny. Elle s'y connaissait en mécanique. Le moteur Small Block V8 utilisé dans les Chevy de cette époque était sans doute le moteur le plus célèbre de l'histoire automobile. Une pompe d'alimentation pour un moteur de ce type devait se trouver très facilement dans une ville de la taille d'Amarillo.

Mais elle ne dit rien.

Cette nuit-là, elle s'assura que les clés de sa voiture se trouvaient toujours dans la doublure de la boîte à couture. C'était le cas – avec son argent liquide, sa carte bancaire, la bague de Granny et la télécommande récupérée dans la camionnette de Lester.

Elle passa l'anneau à son doigt un instant pour l'admirer. Un jour, elle le porterait peut-être lors d'une occasion spéciale, avec un garçon normal. Mais serait-elle un jour une fille normale, sympathique ? Jamie pouvait concevoir l'aspect « sympathique », mais se sentirait-elle un jour à nouveau « normale » ?

Elle reposa la bague dans sa cachette et regagna son lit. Quelle drôle d'idée de s'inquiéter de ce qu'un garçon imaginaire penserait d'elle ! La vraie question était plutôt : avait-elle encore un avenir à planifier ?

Mlle Montgomery lui avait menti. Manifestement, la gouvernante ne souhaitait pas la voir tourner près de sa voiture. Mais pourquoi ? Mlle Montgomery pensait-elle qu'en dépit de toute la surveillance mise en place, en dépit des portails de sécurité, elle pourrait s'enfuir ?

Non que l'idée ne lui ait jamais effleuré l'esprit. N'avait-elle pas caché les clés de sa voiture et récupéré la télécommande ? Et, surtout, elle avait appris par cœur le code d'accès du système d'alarme du ranch. Mais c'était au cas où…

Au cas où quoi ?

Au cas où elle déciderait qu'il n'était ni dans son intérêt ni dans celui du bébé d'honorer le contrat qu'elle avait signé.

Si, comme l'affirmait cette vieille gâteuse de Mary Millicent, le fils décédé d'Amanda était bien le père de l'enfant, et si Amanda avait planifié de l'élever comme son fils naturel, alors celle-ci pouvait très bien s'inquiéter de ce que la mère biologique de l'enfant puisse représenter une menace. La vie d'Amanda serait bien plus tranquille si la mère naturelle du bébé disparaissait pour de bon.

D'ailleurs, même si Amanda ne nourrissait pas elle-même de telles pensées, son frère pouvait le faire. Et si Jamie devait en croire Mary Millicent, Gus Hartmann avait le pouvoir de faire *tout* ce qu'il désirait sans jamais en payer les frais. Si c'était vrai, Gus Hartmann lui permettrait-il de s'en aller à bord de sa vieille Chevy ?

Et une autre question la taraudait. La plus importante de toutes. Quelle était sa part de responsabilité, vis-à-vis de ce bébé ?

Jamie posa ses mains sur son ventre et pensa à la manière dont sa grand-mère, une femme de plus de 70 ans, avait recueilli une enfant de 7 ans. Granny avait fait cela parce que c'était ce qu'il fallait faire.

Le lendemain matin, Jamie appela le bureau de la sécurité pour obtenir une escorte, en expliquant qu'elle voulait aller se promener et s'arrêter à Hartmann City sur le chemin du retour.

Un homme costaud, d'âge moyen et prénommé Hugh, vint la chercher en lui annonçant que Lester avait pris sa journée. Jamie se dirigea vers l'allée. Ravi, Ralph partit à fond de train. Le vent cinglant transperçait la jeune femme. Malgré tout, elle lutta encore une bonne quinzaine de minutes avant de faire signe à Hugh.

Elle ouvrit la portière et Ralph sauta à l'intérieur.

« Les chiens sont censés monter à l'arrière.

— Pas le mien. Je suis prête pour aller à Hartmann City. »

Lorsque Hugh arrêta la camionnette devant le magasin du ranch, Jamie lui annonça qu'elle en avait au moins pour une heure. Peut-être ferait-il mieux de revenir la chercher plus tard.

Par chance, Hugh ne refusa pas. Sans doute personne ne lui avait-il parlé des privilèges limités de Jamie.

« Et le chien ? »

Jamie fouilla dans sa poche et en sortit une laisse.

« Ça ira. »

Ralph à son côté, elle pénétra dans le magasin pour s'y acheter un café. Elle traîna quelques minutes dans le magasin avant de s'en aller par la porte latérale.

L'accueil du garage était désert. Jamie longea le bâtiment, dépassa des véhicules à différents stades de réparation pour arriver au fond, où était garée sa Chevy. Sur des cales.

La voiture était recouverte d'une épaisse couche de la poussière caractéristique de l'ouest du Texas.

Jamie alluma la lampe et s'agenouilla auprès du lit de la vieille femme.

« Mary Millicent, c'est Jamie.

— Je ne connais personne du nom de Jamie.

— Jamie, la fille d'en bas. »

Les paupières de Mary Millicent tressaillirent avant de s'ouvrir.

« Vous avez déjà eu le bébé ?

— Pas avant trois semaines. Est-ce qu'Amanda vous a dit autre chose sur le bébé ?

— Elle m'a raconté que c'était celui de Sonny. Un petit garçon. Elle me laissera le prendre dans mes bras si je me tiens bien. Je veux tenir à nouveau un bébé dans mes bras. J'adore les bébés.

— Racontez-moi ce qu'Amanda a dit d'autre.

— Elle a dit que tout cela était la volonté de Dieu. Le bébé a été élu par le Seigneur. Amanda dit que peut-être le bébé priera pour moi et m'emmènera au paradis, malgré tout. Je me demande si mon mari m'aime encore. Il n'a jamais su que je le trompais dans tous les coins. Dieu ne le lui racontera pas, si ?

— Non, je suis sûre que Dieu gardera votre secret. Est-ce qu'Amanda vous a dit ce qui allait m'arriver après la naissance du bébé ?

— C'est exactement ce que je lui ai demandé, et elle m'a répondu que c'était le problème de Gus, pas le sien.

— Et comment Gus réglerait-il ce "problème" ? »

Mary Millicent releva le menton, tendit son index et fit le geste de se trancher la gorge.

Jamie se leva précipitamment.

« Mais Amanda est une femme de bien. Elle ne laisserait jamais une chose pareille arriver.

— C'est facile d'être "femme de bien" lorsque vous avez quelqu'un pour faire le sale boulot à votre place. Quand son nouveau chiot s'est fait les dents sur la poupée préférée d'Amanda, Gus l'a pendu par le cou à la galerie du deuxième étage. Amanda a passé un merveilleux moment à organiser les funérailles dans le jardin. Elle avait confectionné une couronne de fleurs, elle portait sa robe favorite, elle a chanté ses cantiques préférés et elle a même versé quelques larmes. »

Jamie s'écarta du lit.

« Hé, où allez-vous, jeune fille ? Je n'ai pas encore fini de parler. »

Jamie traversa la pièce d'un pas rapide, tandis que Mary Millicent lui hurlait de s'arrêter. Elle se précipita pour descendre les escaliers – ce serait la dernière fois !

De retour dans son appartement, elle essaya de se calmer en étreignant Ralph. Elle n'était encore sûre de rien.

Sauf d'une chose. Elle allait quitter cet endroit et accoucher ailleurs. Dans un lieu où elle se sentirait en sécurité. Ensuite, elle chercherait un avocat pour l'aider à démêler le pétrin dans lequel elle s'était fourrée. Mais pas n'importe qui. Joe Brammer. Si celui-ci n'acceptait pas de la défendre, il lui conseillerait quelqu'un d'autre, en qui elle pourrait avoir confiance.

Une fois sa décision prise, elle eut l'impression d'être soulagée d'un poids énorme.

Sauf qu'elle devait quitter ce ranch. Et cela allait demander de l'organisation. Une organisation rigoureuse.

CHAPITRE 21

Gus était à deux doigts d'éjaculer lorsqu'il réalisa que Felipe frappait à la porte et lui annonçait qu'il était attendu au téléphone.

« Merde ! » Il devait se passer quelque chose de vraiment grave pour que Felipe l'interrompe. Toutefois, il prendrait son plaisir avant de s'occuper de quoi que ce soit d'autre.

« Vite ! » dit-il à la femme en se renversant sur le dos.

Elle s'appelait Suzette. Elle s'accroupit à côté de lui et, en moins de trente secondes, il parvint à l'orgasme. Ensuite, il la repoussa et lui ordonna de partir. Elle l'observa de ses immenses yeux sombres, avant de ramasser ses vêtements et de courir vers la porte. Il avait prévu de la faire rester, contrairement à ses habitudes. Elle lui plaisait. Trop.

Il ne fallait pas qu'il s'attache. L'amour n'était pas pour lui. Soudain, des larmes lui montèrent aux yeux. C'était l'un de ces moments où il aurait échangé avec joie tout ce qu'il possédait juste pour être normal. Lorsqu'il avait 12 ans, il avait demandé à l'endocrinologue de Zurich de lui promettre que s'il avait un jour des enfants, ceux-ci ne seraient pas nains. Le médecin avait refusé de faire une telle promesse. À l'âge de 17 ans, il avait subi une vasectomie : il savait alors qu'il avait atteint sa taille maximale et était condamné à supporter ce corps laid et disproportionné toute sa vie. Il comprit que des femmes désireraient l'épouser pour sa fortune, mais qu'aucune ne l'aimerait jamais. Il avait accumulé une succession de maîtresses, chacune pour une période plus courte que la précédente, jusqu'à ce qu'il se décide à mettre un terme à cette pratique. Depuis plusieurs années à présent, Felipe – qui lui avait servi à la fois de garde du corps et de valet depuis le lycée – organisait sa vie sexuelle, réservant en même temps la suite d'hôtel et la femme, toujours au beau milieu de la nuit, heure où il était plus aisé de se faufiler par les entrées de service sans se faire remarquer. À cause de sa petite taille, Gus préférait se trouver déjà au lit lorsque la femme arrivait. Rien ne lui plaisait davantage que de contempler une belle créature aux jambes interminables le satisfaire.

Felipe lui apporta son téléphone portable.

« Le ranch. »

Gus composa le numéro personnel de Montgomery.

« Gus ? Jamie Long est partie. »

La voix de la gouvernante était proche de l'hystérie.

« *Partie ?*

— Oh, Gus, je suis effondrée ! Le bureau de la sécurité a appelé pour m'informer que le portail principal avait été ouvert. Je suis allée directement à l'appartement de Jamie. Elle est partie, Gus ! Elle a fait ses bagages et elle est partie.

— *À pied ?*

— Non, avec sa voiture, avoua Montgomery d'une voix entrecoupée de sanglots incontrôlés.

— D'accord, Montgomery, respire à fond et calme-toi ! »

Il l'entendit renifler un peu et reprendre son souffle.

« C'est bien ! Et comment la fille a-t-elle eu accès à sa voiture ?

— Elle a exigé qu'on l'apporte ici pour qu'elle puisse commencer à charger ses affaires. Elle a dit qu'elle voulait être prête à partir d'ici le plus vite possible après la naissance du bébé. Au début, je lui ai raconté que la voiture n'était pas en état de marche et qu'il fallait commander une pièce. Je l'ai fait patienter quelque temps en lui disant que c'était difficile de trouver des pièces de rechange pour une voiture aussi ancienne. Mais elle est allée au garage et elle a vu la voiture sur des cales, toute recouverte de poussière, si bien qu'elle a compris que personne ne l'avait touchée depuis des mois. Elle m'a déclaré qu'elle se mettrait en grève de la faim tant que sa voiture ne serait pas réparée et garée dans la cour. Je ne savais pas qu'elle possédait une clé supplémentaire de sa voiture. J'avais passé son appartement au peigne fin. Pas seulement quand tu m'avais demandé de récupérer sa copie du contrat. Je l'ai fouillé plusieurs fois. Chaque centimètre carré. Et il n'y avait pas de clé. Pas une seule. Je jure qu'il n'y en avait pas. S'il y en avait eu, je l'aurais prise.

— Eh bien, manifestement, la fille a réussi à démarrer sa voiture d'une manière ou d'une autre », répondit Gus d'un ton dur et sans appel.

Quelques secondes de silence s'écoulèrent avant que Montgomery réponde :

« Oui. Bien sûr, c'est ce qu'elle a fait. »

Sa voix était plus calme à présent. Presque trop calme.

« Je suis vraiment désolée, Gus. J'ai trahi votre confiance, à toi et à Amanda. Ainsi qu'à Sonny. J'ai trahi votre confiance à tous, et j'ai envie de mourir. J'ai juste envie de mourir. »

Gus inspira profondément tout en s'efforçant de maîtriser sa colère.

« Montgomery, reprit-il d'une voix qu'il espérait apaisante, ce que nous devons faire, c'est essayer de régler cette situation. Depuis combien de temps la fille est-elle partie ?

— Moins de trente minutes.

— As-tu une idée de ce qui l'a poussée à s'enfuir ?

— Je crois qu'elle avait des soupçons. Jamie était au courant qu'Amanda prétendait être enceinte d'un bébé qui devait naître à peu près en même temps que le sien. Et elle s'est inquiétée lorsque je l'ai empêchée de téléphoner à la secrétaire du cabinet Abernathy. Elle s'est aussi rendue compte qu'elle n'était pas réellement inscrite à son cours par correspondance. Ensuite, elle m'a questionnée sur la manière et le moment où elle recevrait l'argent qui lui était dû après la naissance du bébé. Elle voulait obtenir des documents prouvant que des dispositions avaient été prises pour que l'argent soit viré sur son compte bancaire dès que le bébé serait né. J'ai demandé à Amanda de l'appeler pour la rassurer, mais je ne crois pas que ta sœur l'ait jamais fait. Et puis… »

Montgomery s'interrompit.

« Quoi ? demanda sèchement Gus.

— J'aurais certainement dû t'en parler plus tôt, mais je ne pensais pas que c'était aussi important…

— Me parler de quoi ?

— Je pense qu'il est possible que Jamie soit montée dans la tour. Qu'elle ait peut-être parlé à ta mère et vu Sonny.

— Qu'est-ce qui te fait penser une chose pareille ?

Gus essayait de se maîtriser.

— Mary Millicent m'a posé des questions au sujet de la fille blonde enceinte. Elle était inquiète parce que la fille ne venait plus la voir. Elle a dit que Jamie était la petite amie de Sonny et qu'elle allait avoir son fils.

— Jésus-Christ ! hurla Gus, sans plus essayer de retenir sa colère. Comment ma mère a-t-elle pu savoir une chose pareille ? Et comment cette fille a-t-elle réussi à la rencontrer ?

— Je ne sais pas, Gus. D'une manière ou d'une autre, Jamie a découvert la porte secrète. Je ne lui en avais pas parlé. Je jure que c'est vrai.

— Tu aurais dû faire poser un verrou sur la porte et installer une alarme. Tes deux plus importantes responsabilités étaient de garder Mère à l'écart du monde et d'avoir l'œil sur Jamie Long. Maintenant, tu m'appelles au beau milieu de la nuit pour m'annoncer que tu as tout fait foirer. Je comptais sur toi pour te charger de la situation là-bas.

— Je suis vraiment désolée, Gus. Je ne comprends pas comment ça a pu arriver. Veux-tu que j'appelle le shérif du comté, pour lui raconter que Jamie a emporté des objets volés dans sa voiture ? Ou alors je pourrais envoyer nos employés à sa recherche ? Le temps est mauvais et elle n'a pas pu aller très loin. Je ne pouvais pas la laisser cesser de s'alimenter. J'avais peur que ce soit dangereux pour le bébé.

— Ferme-la, bon sang, et laisse-moi réfléchir ! » hurla Gus.

Ann Montgomery laissa tomber le téléphone par terre et posa une main sur sa gorge. Elle avait du mal à respirer.

Gus avait hurlé sur elle. Son garçon adoré avait hurlé sur elle. Le garçon qu'elle avait élevé et dorloté.

Il ne l'aimait plus.

Elle avait trahi leur confiance. Trahi Amanda et Gus. Et aussi Sonny.

Ann fixa le combiné. Gus hurlait toujours, blasphémant le nom du Seigneur, exigeant qu'elle reprenne le téléphone et qu'elle lui parle.

« Je suis tellement désolée, murmura-t-elle. Je voulais ce bébé plus que tout. »

Désormais, même si Gus l'autorisait à rester au ranch, ce ne serait plus elle la responsable. Et même si l'on retrouvait Jamie Long et qu'on la ramenait ici pour accoucher, elle savait qu'on la laisserait peut-être essuyer les fesses de Mary Millicent jusqu'à la fin de ses jours, mais qu'elle n'aurait jamais la permission de prendre soin du bébé de Sonny.

Elle s'allongea sur le lit qu'elle avait partagé avec Buck, le lit dans lequel elle avait mis son bébé au monde. Son pauvre petit garçon mort-né. Elle avait baigné son petit corps sans vie, l'avait embrassé partout et l'avait massé avec du talc, avant de l'envelopper dans la couverture qu'elle avait confectionnée pour lui au crochet. Lorsque Buck était venu, elle lui avait posé le bébé dans les bras. Il lui avait dit que c'était ce qui pouvait arriver de mieux. Elle l'avait haï de dire cela, mais il l'avait accompagnée au cimetière pour y creuser une tombe. Et, des semaines après, un panneau de bois était apparu sur celle-ci, avec l'inscription : « Enfant mort-né. »

Pendant très longtemps, Ann avait saupoudré son oreiller de talc comme s'il s'agissait de son bébé et elle l'avait bercé entre ses bras. Elle suppliait Dieu de le laisser entrer au paradis, car c'était un enfant du péché, mais lui-même n'avait pas péché.

Mary Millicent avait posé des questions au sujet de l'enfant sans nom qui était enterré dans le cimetière familial, quand elle était arrivée au ranch. Ann n'avoua jamais de qui était le bébé, mais elle déclara qu'aucun pasteur n'avait jamais eu l'occasion de le bénir. Aussitôt, Mary Millicent avait saisi son manteau et elles avaient toutes les deux gravi le sentier d'un pas décidé avant de s'agenouiller auprès du petit panneau. Mary Millicent Tutt en personne, la célèbre évangéliste qui avait écrit des livres sur le salut, prêchait à la radio et à la télévision et qui avait sauvé des millions d'âmes, avait levé les bras vers le ciel pour demander au Seigneur de chérir cet enfant et de lui accorder la vie éternelle.

Après la naissance de Gus et Amanda, Ann ne se sentit plus les bras aussi vides. Elle avait les petits-enfants de Buck à aimer. Ces années avaient été les plus heureuses de sa vie. À chaque fois que Mary Millicent exaspérait Ann, cette dernière se remémorait le fait que Mary Millicent avait sauvé l'âme de son fils et qu'elle lui avait permis de chérir et de dorloter Gus et Amanda. Si la vocation avait depuis longtemps déserté Mary Millicent, à cette époque, elle était en lien avec Dieu. Ann n'avait aucun doute à ce sujet.

Le téléphone était maintenant silencieux. Gus ne hurlait plus.

Elle se leva de son lit et observa à nouveau son reflet. Si âgée et si laide. Elle traversa le salon de son vaste et luxueux appartement, qu'elle n'avait jamais autant aimé que l'ancienne maison toute grinçante où elle avait vécu avec son père, jusqu'à ce que celui-ci meure et que Buck commence à lui rendre des visites nocturnes.

Elle ne prit pas la peine de fermer la porte derrière elle. Parvenue à l'entrée de service, elle composa le code confidentiel.

Il commençait à neiger. Le présentateur du bulletin météo avait annoncé qu'il pourrait neiger au sud, mais pas dans l'immense et désertique comté de Marshall, où elle avait passé sa vie tout entière au service de la famille Hartmann. Ann les avait aimés et s'était convaincue qu'ils l'aimaient en retour. Mais probablement n'avaient-ils fait que l'utiliser. Cette vieille abrutie d'Ann Montgomery ! Elle avait écarté les jambes pour le vieux Buck, élevé les enfants de Mary Millicent, et s'était occupée de la vieille cinglée quand ses propres enfants n'avaient plus voulu s'en charger. Ann avait dirigé leur ranch et gardé leurs secrets. Et voilà qu'elle avait trahi leur confiance. Gus avait hurlé sur elle ! Elle avait l'impression qu'il venait de la poignarder. De la poignarder à mort.

Ann savait qu'il devait faire extrêmement froid, mais elle ne le ressentait pas. Peut-être était-elle déjà morte. Peut-être était-elle morte depuis des années.

Elle emprunta le sentier qui grimpait jusqu'au petit cimetière balayé par le vent et ouvrit le portail en fer. Le vent rabattit sa chemise de nuit sur ses jambes tandis qu'elle dépassait la pierre tombale de Buck pour se rendre vers le coin tout au fond. Elle aurait voulu creuser un trou dans le sol gelé, là où son enfant reposait, pour le serrer entre ses bras au moment de sa mort. Au moins, elle était près de lui. Elle se recroquevilla autour de la minuscule tombe et se mit à fredonner pour son bébé. Son joli petit garçon. Sa petite poitrine avait frémi. Ann avait essayé de le faire respirer, d'insuffler de l'oxygène dans ses minuscules poumons. Mais il n'avait jamais inspiré. Buck avait refusé de lui donner un nom, mais tout au fond de son cœur, Ann l'avait prénommé David.

Elle récita le Notre-Père et le Psaume XXIII. Puis elle laissa son esprit vagabonder à travers ce qu'elle connaissait de la Bible, récitant ses passages préférés jusqu'à ce qu'elle remarque une lumière dans le ciel. C'était une lumière chaude, qui s'approcha de plus en plus jusqu'à ce qu'Ann se retrouve enveloppée d'un nuage doux et tiède, à l'odeur de talc.

Gus sut presque aussitôt qu'il était allé trop loin. Il hurlait sur *Montgomery*. Une femme qui les avait pratiquement élevés, lui et Amanda. Une femme qui les aimait de manière absolue et qui aurait donné sa vie pour eux.

Pourtant, il continua de hurler, exigeant qu'elle lui réponde, puis disant qu'il était désolé, qu'il l'aimait. Qu'Amanda et lui l'aimaient. Plus qu'ils n'avaient aimé leur propre mère. Il se tut enfin, comprenant qu'elle ne l'écoutait plus.

« Oh, mon Dieu ! », gémit Gus en se frottant les yeux avec la paume de ses mains.

Il hurla à Felipe de joindre Kelly par téléphone.

« Kelly, tu dois aller voir Montgomery IMMÉDIATEMENT !

— Que se passe-t-il ?

— Jamie Long s'est enfuie de sa cage et Montgomery pète les plombs. »

Kelly laissa échapper un léger sifflement.

« Alors, c'est elle qui est sortie par le portail principal.

— Apparemment, oui. Tu as une idée de comment elle a pu réussir à faire ça ?

— Il manque une des télécommandes. »

Gus résista au besoin irrépressible de laisser échapper un flot de jurons. Plus de cris. Il lui fallait rester calme. Il avait besoin de l'aide de Kelly.

« Va voir Montgomery et procure-moi le numéro de la plaque d'immatriculation de la voiture de la fille Long. N'en fais pas toute une affaire, Kelly. Si quelqu'un t'interroge au ranch, raconte juste que la fille a décidé d'accoucher autre part.

— Je vais le faire.

— Je m'inquiète au sujet de Montgomery. Elle était sacrement bouleversée quand je l'ai eue au téléphone. Rappelle-moi immédiatement après. »

CHAPITRE 22

Jamie pointa la télécommande vers le portail principal. Ouf ! Aucune alarme. Pas de violents projecteurs. Personne pour la tirer hors de sa voiture.

Jusqu'à ce moment précis, elle s'était dit qu'elle pouvait toujours changer d'avis, que c'était juste une course d'essai, pas la véritable occasion.

En début de matinée, elle avait ressenti un pincement dans les muscles de son ventre. Rien de réellement douloureux, juste une sensation désagréable. Un peu plus tard, le même pincement. L'hystérie l'avait alors gagnée. Freda l'avait avertie sur l'éventualité d'une fausse alerte, les « contractions de Braxton Hicks », qui pouvaient parfois être très fortes, mais ne se produisaient que par intermittence et s'arrêtaient comme elles étaient venues. Le vrai travail, lui, ne s'arrêtait pas. Pourvu qu'il s'agisse de cela ! Des contractions de Braxton Hicks.

Elle traversa un autre épisode de ce genre en milieu de matinée, puis plus rien au cours du reste de la journée. Toutefois, elle avait été sérieusement ébranlée par cette expérience. Et si les douleurs qu'elle avait éprouvées annonçaient le vrai travail ? Si cela commençait dans la journée ? Elle ne pourrait jamais partir en plein jour et la nuit elle risquait d'accoucher seule, sans aide. S'enfuir serait difficile. Mlle Montgomery et Kelly ne l'autoriseraient pas à monter simplement dans sa voiture et à s'en aller. Elles trouveraient des moyens de l'en empêcher – probablement en l'accusant d'avoir volé quelque chose. Comment prouver le contraire ? Ce serait leur parole contre la sienne ; or, elles travaillaient pour les Hartmann qui, dans le comté de Marshall, étaient au-dessus des lois.

Son départ devait être clandestin. Il ne fallait pas tarder et se trouver le plus loin possible du ranch quand on s'apercevrait qu'elle avait fui.

Accéder à sa voiture avait constitué un problème majeur. Elle n'avait pas prévu de menacer d'entamer une grève de la faim : les mots lui étaient simplement sortis de la bouche. Elle ne l'aurait pas fait, évidemment, en tout cas pas d'une manière qui puisse mettre le bébé en danger, mais Montgomery ne pouvait pas le savoir et l'avait qualifiée de « mauvaise fille ». Une fois la Chevy en état de marche, garée dans le garage du ranch, elle avait empaqueté ses affaires pour les transporter dans la voiture, toujours accompagnée d'un jardinier, voire de la gouvernante en personne. Elle n'avait pas négligé ses efforts pour avoir l'air gai, racontant à Mlle Montgomery et à Freda combien elle était excitée à l'idée de retourner bientôt à Austin poursuivre sa scolarité à l'université et revoir ses amis.

« Je sais que vous pensez que je veux aller trop vite, mais je m'ennuie et je n'ai rien de mieux à faire », leur avait-elle expliqué.

Bien que le garage soit fermé à clé la nuit, elle était parvenue à déverrouiller une fenêtre à l'arrière du bâtiment, pendant que son escorte du moment fumait une cigarette à l'extérieur en discutant avec ses *compadres.*

L'appartement, où ne restaient que les articles de toilette et les vêtements dont elle aurait besoin pendant le reste de son séjour, était devenu impersonnel et nu. Fallait-il remettre en place les objets décoratifs qui s'y étaient trouvés à son arrivée ? Non. Cet aspect dépouillé signifiait que la fin de son incarcération approchait.

Une fois ses bagages faits, elle avait été impatiente de partir. Son plan : attendre que les tempêtes de neige s'éloignent, mais sans prendre le risque que le travail commence. L'essentiel était d'avoir assez de temps pour s'installer quelque part et prendre les dispositions pour l'accouchement et son bébé.

Son bébé. C'était en ces termes à présent qu'elle pensait au petit garçon qu'elle portait. *Son bébé. Son fils. Son enfant.* Elle caressait sans cesse son ventre rond. L'amour qu'elle éprouvait pour cet enfant qui n'était pas encore né accentua sa force et sa détermination. Elle élèverait elle-même son fils. L'évasion devait être programmée avec le plus grand soin.

Mlle Montgomery et Kelly seraient sans doute persuadées qu'elle prendrait la direction du sud jusqu'à l'A40, qui la mènerait soit vers Amarillo, à l'est, ou bien, à l'ouest, vers le Nouveau-Mexique. Or, elle avait prévu de rouler vers le nord, malgré son côté désertique, pour atteindre le sud-ouest de l'Oklahoma. Si tout se passait bien, elle prendrait son petit déjeuner à Guymon. Selon l'atlas de la bibliothèque, c'était une ville de plus de 5 000 habitants, ou du moins était-ce le cas vingt ans auparavant, lorsque l'atlas avait été publié. La ville était assez vaste pour y trouver des restaurants et des motels ; une étrangère pourrait y passer inaperçue. Non pas qu'elle souhaite s'y attarder !

Amanda serait furieuse lorsque Mlle Montgomery l'appellerait pour lui annoncer la nouvelle et demanderait sûrement à son frère de la traquer. Il fallait tout faire pour rendre cette poursuite impossible.

La nuit précédente, elle s'était faufilée dans les escaliers, juste pour s'assurer que le code secret de la porte de service n'avait pas changé. Elle avait entrouvert la porte de quelques centimètres. L'alarme ne s'était pas déclenchée. Le code fonctionnait toujours, celui de la porte de derrière aussi.

La nervosité l'empêcha de dîner et elle jeta la majeure partie du repas dans la cuvette des toilettes. Après sa promenade nocturne avec Ralph, elle enfila sa robe de chambre démodée – juste en cas de visite à l'improviste de Mlle Montgomery. Selon la météo, la dernière tempête de neige prévue pour la saison, dans le nord-ouest du Texas, se trouvait à présent quelque part au beau milieu du Nouveau-Mexique. Au nord, la tempête atteindrait le Texas jusqu'à l'A40 ; mais au-delà, on n'attendait que quelques rafales.

C'était une bonne idée de prendre cette direction, elle voyagerait par temps dégagé.

À minuit, elle se leva, s'habilla chaudement et emballa le reste de ses affaires dans un sac en plastique. Elle s'arrêta un court moment à la porte de service, prit une profonde inspiration et composa le code secret.

Ralph la suivit tandis qu'elle traversait précipitamment l'esplanade pavée devant le garage. Elle fit passer le chien par la fenêtre, avant de s'y glisser à son tour. Malgré le vacarme, aucune lumière ne s'alluma dans la maison. Tout était sombre aussi du côté des maisonnettes des employés.

Elle roula au pas pour dépasser la maison et descendre l'allée principale. Puis, après des semaines d'angoisse et de préparation, elle parvint au point de non-retour.

Sans savoir comment, mécaniquement, elle avait pointé la télécommande sur le portail métallique et appuyé sur le bouton. Spectrale, silencieuse dans l'obscurité, la porte commença à s'ouvrir lentement.

Elle retint son souffle. Et franchit le portail ouvert.

Elle se trouvait de l'autre côté. Elle regarda par-dessus son épaule pour voir la porte se refermer. L'allée principale était déserte.

Jusqu'ici, tout allait bien. Sauf qu'il s'était mis à neiger. Juste un tout petit peu. Juste ces quelques rafales isolées évoquées par le présentateur du bulletin météo. Aucune raison de s'inquiéter.

Elle conduisait doucement, plissant les yeux pour percer l'obscurité de cette nuit sans lune. Elle s'efforçait de distinguer le bord de la chaussée qu'elle utilisait comme repère. Elle n'allumerait ses phares que loin d'Hartmann City.

La neige s'était mise à tomber de manière plus dru. Qu'avait dit le type du bulletin météo, déjà ? La tempête de neige devait avoir lieu au *sud* de l'autoroute transfrontalière. Oui, au sud. Et le ranch se trouvait à plus d'une trentaine de kilomètres au *nord* de l'autoroute.

Elle en sortirait bientôt. Du moins, l'espérait-elle : elle n'avait aucune expérience de la conduite sur neige.

Une fois dépassé Hartmann City, elle alluma ses phares, ce qui n'améliora pas vraiment sa visibilité. Tout ce qu'elle parvenait à distinguer devant elle, c'était des tourbillons de neige. La seule possibilité pour avancer était de rouler au pas.

Pourquoi, précisément cette nuit, le gars de la météo s'était-il trompé, dans ses prévisions ? Des bourrasques isolées ? Un fichu blizzard, oui !

Comment s'appelait cette famille qui était morte de froid dans sa camionnette après avoir été expulsée par Gus Hartmann ? McGraff. Avait-elle déjà dépassé ce qui avait été autrefois leur propriété ?

Aïe ! Cette petite douleur à nouveau. Rien qu'un instant. Une autre contraction de Braxton Hicks. *Pas* le début du travail.

Les chutes de neige empiraient, indéniablement. À cette allure, elle n'était pas près de retrouver la civilisation ! Peut-être devrait-elle faire demi-tour et revenir en arrière ? Peut-être personne ne s'était-il aperçu de son départ. Elle pourrait se remettre au lit et essayer à nouveau, une autre nuit.

Et si Montgomery s'était rendue compte qu'elle s'était enfuie ? Impossible de revenir : elle la ferait enfermer. Dans la tour, en compagnie de Mary Millicent. Ou bien à la cave. Il n'y aurait jamais d'autre occasion de s'échapper.

Oh ! Une nouvelle vague de douleur. Elle s'agrippa au volant et attendit que cela passe. Ça va encore ! *Ce ne sont pas des vraies.* Il n'y avait aucune raison que le travail commence trois semaines plus tôt que prévu. Elle était en bonne santé et sa grossesse s'était déroulée normalement, Freda le lui avait assuré. Absolument aucun signe de quoi que ce soit qui aille de travers. Tension impeccable. Aucun signe de toxémie. Le cœur du bébé battait correctement.

Contente-toi d'avancer. La zone neigeuse prendrait fin. Elle vérifia que les essuie-glaces étaient bien dans la position la plus rapide. Son cou et ses épaules la faisaient davantage souffrir que la douleur dans son ventre.

Dans un tournant, elle aperçut une boîte aux lettres montée sur un piquet de clôture. Un endroit où elle pouvait faire demi-tour – si c'était ce qu'elle décidait de faire. Elle ralentit jusqu'à immobiliser la voiture.

Puis les muscles de son ventre commencèrent à se contracter et la douleur reprit. Elle essaya de toute sa volonté de la faire refluer. Ce fut plus fort qu'avant et cela mit plus longtemps à céder. Moteur et phares éteints, elle guettait une autre contraction. Sans le chauffage, la température dans la voiture chuta aussitôt. Elle attrapa une couverture sous laquelle elle se glissa avec son chien. Elle lui caressa la tête et se mit à prier. *Plus de douleur ! S'il vous plaît !*

Que diable allait-elle faire si le travail commençait ? Elle devrait retourner au ranch. Elle n'avait pas le choix. Ce serait risquer la vie du bébé, que de ne pas le faire.

Et si Dieu avait pris le parti d'Amanda ?

Sur cette pensée décourageante, elle se mit à gémir.

« Je suis désolée, mon Dieu, si je n'étais pas censée agir ainsi, mais j'avais peur de ce qui allait m'arriver par la suite. Et je ne veux pas qu'Amanda élève mon bébé. Elle ne fait peut-être pas de mal en personne, mais je pense qu'elle détourne les yeux et qu'elle laisse le mal arriver. Je vous en prie, si vous êtes en colère contre moi, n'en faites pas pâtir mon bébé ! Il n'a rien fait de mal. Je veux qu'il vive. Je vous en prie, laissez-le vivre ! »

Ses sanglots se muèrent en hoquet lorsqu'à nouveau la douleur la saisit.

Après cet épisode, elle consulta sa montre, avec l'espoir de déterminer combien de temps s'écoulait entre les contractions, mais quand la suivante se déclencha, elle oublia de vérifier l'heure. Elle serra les dents. La douleur s'apaisa.

Presque dix minutes s'écoulèrent avant que la douleur à présent familière ne l'envahisse à nouveau. Puis encore dix minutes avant la suivante. Lorsque cette contraction cessa, Jamie se sentit finalement plus tranquille. Elle savait ce qu'elle avait à faire. Ce n'était pas un faux travail. Pas des contractions de Braxton Hicks.

La neige s'amoncelait sur le pare-brise. Les routes devenaient impraticables. Très vite, la voiture allait se retrouver ensevelie. À moins qu'elle ne trouve quelque chose pour s'abriter, son bébé, son chien et elle mourraient de froid.

En rallumant ses phares, elle put déchiffrer le nom effacé sur la boîte aux lettres. McGraf. Personne ne l'aiderait au bout de ce chemin, mais au moins, elle serait hors d'atteinte du mauvais temps.

Juste au moment où elle s'arrêtait devant une petite maison en bois au toit affaissé et aux fenêtres clouées de planches, la douleur la submergea à nouveau – une douleur intense qui lui coupa le souffle.

Jamie saisit une lampe torche dans la boîte à gants, trouva ses bottes en haut de la pile de paquets, sur le siège arrière, et les enfila à la place de ses baskets. À une certaine époque, la porte d'entrée de la maison avait dû être cadenassée, mais elle battait dans le vent, grand ouverte. Le sol était jonché de canettes de bières et d'ordures. Une chaise cassée gisait dans un coin. De l'air froid sortait du conduit d'une cheminée en pierre. C'était bon signe. La cheminée devait tirer.

Entre les vagues de douleur, elle commença à rassembler du bois qu'elle empila près de l'âtre – toutes les sortes de bois qu'elle pouvait trouver – des petites branches, des bâtons, des poteaux de clôture brisés, la chaise cassée, des planches vermoulues de la véranda. Ralph ne la quittait pas d'une semelle. Pauvre petit chien. Comme tout cela devait lui sembler troublant. Il faudrait penser à le nourrir et à lui donner de l'eau lorsqu'ils s'installeraient à l'intérieur.

Elle glissa et tomba à plusieurs reprises, heurtant une fois son front si fort contre le bord de la véranda qu'elle en eut le tournis. Une autre fois, elle dérapa et s'écrasa la hanche contre un arbre. Lorsqu'elle disposa d'une pile de bois assez haute, elle alla fouiller dans la voiture pour y chercher des couvertures, des couettes, des serviettes, un carton contenant les quelques couverts et ustensiles qu'elle avait conservés de la cuisine de sa grand-mère et un autre rempli de casse-croûtes, de nourriture pour chien et de bouteilles d'eau.

Les contractions devenaient de plus en plus fréquentes. Elles n'étaient pas insoutenables, mais de plus en plus intenses. Jamie tenait sa peur à distance en s'activant. Elle faisait ce qu'elle devait faire.

Dans l'une des chambres, gisaient deux vieux matelas qu'elle traîna dans le salon, déposant le moins crasseux devant la cheminée.

Elle empila le bois dans l'âtre avant de déchirer le second matelas pour en extraire la bourre de coton, qu'elle comptait utiliser pour allumer le feu. Elle n'avait pas d'allumettes, mais elle trouva une boîte en fer blanc parmi les ordures éparpillées dans la maison et elle y enfonça un peu de bourre. Puis elle transporta la boîte de conserve jusqu'à la voiture et enflamma le coton grâce à l'allume-cigare.

Avant un accouchement, il fallait faire bouillir de l'eau, bien qu'elle ne comprenne pas vraiment pourquoi. Elle remplit la soupière de sa grand-mère de neige et l'installa près du feu.

De quoi d'autre pourrait-elle avoir besoin ?

De la ficelle et des ciseaux pour le cordon ombilical. À la fin d'une contraction, elle retourna à la voiture et chercha les ciseaux de sa grand-mère dans la boîte à couture. À la place de la ficelle, elle découpa une fine bande dans une serviette. Puis elle plaça les ciseaux et la bandelette à côté du matelas.

Elle ferma le salon pour éviter que la chaleur ne se répande dans le reste de la maison, puis elle poursuivit ses excursions dehors, à la recherche de davantage de bois pour le feu et de neige à faire fondre dans la casserole près de l'âtre. C'était incroyable ce qu'il fallait de neige pour obtenir une infime quantité d'eau !

La neige tombait de plus en plus fort. Ne sachant pas de quelle quantité de bois elle aurait besoin, elle continua à en rassembler. Elle arracha des planches pourries de la porte d'entrée et d'une grange effondrée.

Lorsque les contractions la reprenaient, elle tombait à genoux. Et elle restait là à gémir, Ralph geignant à ses côtés.

Finalement, trop épuisée pour faire quoi que ce soit d'autre, elle sortit de la nourriture et de l'eau pour Ralph avant d'étaler une couverture sur le matelas près du feu. Son lit de mort ? Le sien, ainsi que celui de son fils…

Si elle avait l'impression qu'elle allait mourir, elle essaierait d'ouvrir la porte pour que Ralph ait au moins une chance de survie. Mais le chien serait probablement dévoré par les loups et les coyotes, s'il n'était pas gelé auparavant.

Était-il en son pouvoir de faire autre chose ?

Elle se souvint d'un film dans lequel une femme accouchait toute seule sur une île, à l'extrême nord du Canada. Cette femme avait attaché une corde à une colonne de lit, pour pouvoir s'accrocher à quelque chose au cours du travail. Mais Jamie ne possédait ni corde ni colonne de lit. Ce qu'elle aurait voulu, c'était une main à tenir. Une présence réconfortante et une voix qui l'aurait aidée à traverser cette épreuve.

Le seul son qui lui parvenait était celui des hurlements du vent.

À la fin de chaque contraction, Ralph venait lui lécher le visage et poser sa tête sur son épaule. Alors, elle s'endormait en songeant que c'était vraiment un chien adorable. Un chien parfait pour un petit garçon.

Ensuite, elle était réveillée par une autre douleur. Une douleur atroce, épouvantable. Une douleur qui assaillait son corps comme son esprit. Une douleur qui avait raison de sa maîtrise d'elle-même, la prenait par vagues et déclenchait des cris éperdus qu'elle ne pouvait contrôler. Une douleur telle qu'elle se moquait de savoir si elle était morte ou vivante.

Elle consultait sa montre pour oublier aussitôt ce qu'elle venait de voir. Le temps avait perdu toute dimension. Elle ne savait jamais si le temps qui s'écoulait entre les contractions se comptait en secondes ou en heures. Elle s'obligeait à aller surveiller le feu après chacune d'entre elles. Puis elle tâtait entre ses jambes, avec l'espoir de sentir le sommet du crâne du bébé. Ensuite, elle sombrait à nouveau dans le sommeil, jusqu'à l'arrivée d'une nouvelle vague de douleur.

Elle savait que tout cela ne prendrait fin que lorsqu'elle aurait réussi à faire sortir le bébé. De désespoir, elle attrapa ses genoux et poussa de toutes ses forces. Ce qui ne fit qu'accroître sa douleur.

Quand elle lâcha ses jambes, elle ressentit un tel besoin de pousser qu'elle les saisit à nouveau. Elle les ramena vers sa poitrine. Elle avait l'impression qu'on lui arrachait les entrailles. Comme si on lui retournait les tripes. Mais pousser n'était plus un choix. C'était ce qu'elle devait faire. Comme crier. Elle poussait en criant. Puis elle s'assoupissait. Et le cycle se répétait. Encore et encore.

Après chaque contraction, Jamie passait la main entre ses jambes. Le bébé était coincé. Ils allaient mourir tous les deux. Elle espérait juste que cela irait vite.

Dans combien de temps les trouverait-on, s'ils ne survivaient pas ? Prendrait-on même la peine d'annoncer leur mort, ou bien seraient-ils enterrés en secret et oubliés ? Elle supposait que cela importait peu. La mort restait la mort. Et, à chaque vague de douleur, elle s'en sentait plus proche. À chaque vague de douleur, elle se demandait si le moment était venu d'ouvrir la porte pour que Ralph puisse s'enfuir.

Elle agrippa à nouveau ses jambes. Et, cette fois, quelque chose se passa. Quelque chose bougeait. Lorsque la vague de douleur reflua, entre ses jambes, elle sentit le crâne du bébé.

Elle poussa de toutes ses forces. Lorsqu'elle vérifia, elle sentit sa nuque et une minuscule épaule.

Elle poussa à nouveau, avec toute la force qui lui restait.

« *Je ne vais pas mourir*, hurla-t-elle. *Je ne vais pas mourir.* »

Elle sentit le reste du corps du bébé glisser hors d'elle. Il était né.

Jamie roula sur le côté pour le protéger avec son propre corps. Le bébé ne bougeait pas. Il avait les bras et les jambes bleus. Ses lèvres étaient bleues elles aussi.

Elle attira vers elle son petit corps humide et glissant et le secoua. Ensuite, elle posa sa bouche sur la sienne et souffla de l'air dans ses poumons.

Elle répéta l'opération à plusieurs reprises. Sans aucun effet.

« Respire, bébé ! *S'il te plaît*, respire ! »

Elle enfonça un doigt dans la bouche du petit garçon, qui était pleine de mucosités et les inspira avec sa propre bouche, les recracha et insuffla à nouveau de l'air.

C'est alors que la petite poitrine se mit à se gonfler et à se dégonfler.

Et le bébé pleura. Un cri faible, ténu.

Jamie pressa le petit corps glissant et couvert de sang contre sa poitrine. Ce n'est qu'à ce moment là qu'elle remarqua à quel point il faisait froid. Elle grelottait. Le feu était presque éteint. Elle recouvrit le corps humide du bébé avec un coin de la couverture.

Mais elle eut l'impression qu'elle allait accoucher à nouveau et expulsa le placenta.

Les pleurs du nouveau-né s'accentuèrent lorsqu'elle ficela le cordon ombilical et le coupa. À l'aide d'une serviette, elle essuya le bébé, l'enveloppa dans une autre serviette et le posa sur le matelas. Puis elle emballa le placenta dans la couverture sur laquelle elle s'était allongée, le porta à l'extérieur et le jeta dans la neige.

C'était l'aube d'un nouveau jour, et la tempête avait pris fin.

Jamie recouvrit le matelas d'une couverture propre, s'enveloppa les épaules d'une couette et reporta son attention sur le feu. Elle laissait une traînée de sang à chaque pas. Devant l'âtre, elle entreprit de souffler sur les braises ; l'effort était incommensurable. Elle se sentait si faible. Pourtant, sans savoir comment, elle trouva la force de souffler à nouveau et d'enflammer une nouvelle boulette de bourre de coton. Ensuite, elle continua jusqu'à pouvoir ajouter du bois.

Elle ferma les yeux, savourant la chaleur émise par le feu tout en s'inquiétant qu'on puisse apercevoir la fumée depuis la route. Il ne faudrait pas rester ici longtemps. Juste quelques heures, pour regagner des forces.

Une fois que le feu eut repris, Jamie reporta son attention sur le bébé. Il avait les yeux ouverts.

« Bonjour, mon petit gars. Je suis ta maman. »

CHAPITRE 23

« Montgomery est morte », annonça Kelly au téléphone.

Gus ferma les yeux et se laissa retomber sur sa chaise, dans son bureau de Victory Hill.

« *Morte* ?

— Oui. Désolée d'avoir mis autant de temps. Nous avons fouillé la maison de fond en comble. Ensuite, nous nous sommes déployés sur le terrain, mais le temps est devenu vraiment mauvais. Un bon vrai blizzard. L'un des jardiniers a fini par la retrouver dans le cimetière familial, totalement recouverte par la neige. Allongée, les bras autour de la tombe du bébé mort-né. Elle ne portait qu'une chemise de nuit. »

Ainsi, voilà à qui appartenait ce bébé ! *À Montgomery*. Mais Gus ne pouvait pas réfléchir à ça maintenant. Plus tard, peut-être. Dans l'immédiat, il lui fallait gérer la situation.

« Et la fille ?

— J'ai envoyé deux hommes dehors, avec un camion équipé de chaînes. Ils ont réussi à faire tout le trajet jusqu'à Alma sans en trouver trace. La station-service était fermée, mais ils ont demandé au relais routier. Des camionneurs et des voyageurs s'y sont abrités. Personne ne l'a vue.

— Dans quel état sont les routes ? Est-il possible qu'elle soit allée aussi loin ?

— Je suppose, mais je ne vois pas comment elle aurait pu continuer au-delà. L'autoroute et les nationales sont coupées.

— Qui t'a dit ça ?

— La police de la route. Ils n'autorisent aucune circulation sur l'autoroute : des dizaines de camions se sont mis en travers. Je me demande si elle n'aurait pas pris la direction du nord, auquel cas elle a peut-être devancé la tempête. Difficile à dire.

— Envoie des hommes à cheval ! Et trouve-moi quelqu'un dans ce trou, au nord…

— Monroe ?

— Ouais. Monroe. Contacte les services de police dans toutes les villes où elle pourrait se planquer, mais dis-leur de ne pas s'approcher de la fille. Raconte-leur que c'est une psychopathe et qu'elle est peut-être armée. Qu'ils la placent sous surveillance et qu'ils t'avertissent. »

Jamie nettoya le bébé avec l'eau tiède de la casserole. Ensuite, elle se lava elle-même de son mieux.

Son sang coulait à flot. Plus que quand elle avait ses règles. Beaucoup plus. Elle déchira une serviette de toilette en lambeaux, pour s'en servir de serviette hygiénique.

Elle grimaça de douleur en essuyant ses cuisses couvertes de bleus à cause de ses dérapages sur la glace. Son épaule aussi était toute meurtrie, et la bosse sur son front restait affreusement douloureuse.

Elle enfila son pantalon de grossesse. Elle nourrit le chien et but elle-même un peu, avant de manger quelques biscuits salés. Elle ajouta du bois dans la cheminée, se roula en boule contre son bébé et ferma les yeux. Bientôt, il lui faudrait prendre une décision ; mais pour l'instant, elle n'en avait pas la force.

Elle dormit par intermittences. Elle se réveillait pour remettre du bois dans le feu et s'assurer que le bébé respirait toujours, avant de s'abandonner de nouveau au sommeil.

En milieu de journée, le bébé se mit à pleurer. Il devait avoir besoin de lait. Comment s'y prendre ? Elle l'enveloppa dans une serviette propre, dénuda un de ses seins et lui glissa son téton dans la bouche. Le bébé ne le prit pas. Elle changea de position et réessaya en murmurant des paroles d'encouragements. Toujours rien. De désespoir, elle frotta le téton contre les lèvres du nourrisson. Il fit quelques mouvements de succion. Elle répéta la manœuvre encore et encore, avec l'espoir qu'il avale bien quelque chose. Puis elle le serra dans ses bras et s'abandonna une fois de plus au sommeil.

Elle l'allaita à nouveau à la tombée de la nuit ; cela se passa mieux. Pendant la tétée, elle tenta de s'organiser.

Elle espérait que Kelly et Montgomery n'avaient découvert son absence qu'au matin. Si c'était le cas, elles devaient croire qu'elle se trouvait déjà à des centaines de kilomètres. On ne la chercherait pas aussi près du ranch. Si elle restait là un jour ou deux, ça laisserait aux routes une chance de se dégager.

Sauf qu'il fallait trouver quelqu'un pour la recoudre. Elle voulait aussi savoir si le flot de sang qu'elle perdait était un phénomène normal. Et elle avait besoin de vêtements pour bébés, de couches ; d'un livre sur les soins à donner à un nourrisson ; d'un logement ; d'un ordinateur ; d'un nouveau nom. Et d'une tasse de café. Brûlant.

Penser à charger ses affaires dans la voiture suffisait à l'épuiser mais il valait mieux partir de nuit. Attendre jusqu'au lendemain voulait dire utiliser davantage de bois pour le feu. Or, il n'en restait plus près de la maison. Pour en trouver, il lui faudrait s'éloigner et laisser le bébé seul. D'ailleurs, quelqu'un finirait par remarquer la fumée qui sortait de la cheminée. Il n'y avait rien d'autre à faire que poursuivre sa route.

Laissant le bébé sur le matelas, elle mangea deux barres de céréales et but à une bouteille d'eau. Après avoir transporté ses affaires dans le coffre de la Chevy, elle rangea la maison du mieux qu'elle put, ramassant les ordures dans des sacs qu'elle remisa dans la voiture. Elle s'en débarrasserait plus tard.

À la fin, Jamie était épuisée et le bébé pleurait. Elle lui proposa de nouveau le sein. Cette fois-ci, il s'y accrocha comme un petit cochonnet. Cela la fit rire.

« Nous apprenons vite ! »

Comme il était beau ! Parfait. *Son bébé*. Elle était maman. Pas mère porteuse. Une maman, une vraie de vraie. Plutôt mourir que l'abandonner.

Lorsqu'elle eut l'impression que la tétée était terminée, elle installa le bébé dans la voiture, au milieu d'un nid qu'elle lui avait préparé parmi les objets empilés sur la banquette arrière. Ralph bondit sur le siège avant. Elle eut une pensée pour la famille, morte depuis longtemps, qui avait habité ici autrefois. Leur maison leur avait sauvé la vie à tous les deux.

Elle avançait à la vitesse d'un escargot et manqua quitter la chaussée plusieurs fois. Des phares l'éblouirent. Elle paniqua ; mais le véhicule tourna vers un point lumineux, à l'écart de la route. À l'aube, elle croisa une camionnette. Le conducteur était une personne âgée, aux épaules frêles et voûtées. Le soleil pointait à l'horizon lorsqu'elle croisa une seconde camionnette, conduite par un homme qui portait un chapeau de cow-boy.

Elle osa rouler un peu plus vite : la chaussée, recouverte de neige, n'était pas verglacée. Au bout d'une heure environ, la jeune femme atteignit l'intersection de la US54. Encore quelques kilomètres et elle quitterait le comté de Marshall. *Pour toujours.*

L'unique station-service de Monroe était fermée. Jamie mit moins d'une heure pour atteindre Stratford, où elle s'arrêta dans une superette de quartier. Elle déposa ses sacs-poubelle dans une benne à ordures. Puis elle fit le plein d'essence et acheta des couches, des lingettes, des Kotex[1], une tasse de café et un beignet. De retour à la voiture, elle langea le bébé et l'enveloppa dans la dernière serviette propre.

À Stratford, elle prit la direction du nord-est par l'A54. Peu de temps après, elle franchit la frontière de l'Oklahoma. Depuis un panneau d'affichage Will Rogers souriait, main levée, pour l'accueillir dans le *Sooner State*[2]. Elle respira à fond et pria, reconnaissante.

Quelques minutes plus tard, une pancarte proclamait que Goodwell avait 1 192 habitants. Des enfants qui attendaient le car scolaire lui indiquèrent la direction du cimetière local.

Un cimetière qui semblait plus habité que la ville ! Le bébé à l'intérieur de sa veste et Ralph sur les talons, Jamie marcha jusqu'à ce qu'elle cherchait.

1. Marque de serviettes et de tampons hygiéniques (NdT).
2. Surnom donné à l'Oklahoma (NdT).

Janet Marie Wisdom, née un an après Jamie, était morte à trois ans. La jeune femme nota la date de naissance avant d'effleurer du doigt la pierre tombale, en songeant aux pauvres parents qui avaient enterré leur enfant ici. « J'espère que ça ne te dérange pas que j'emprunte ton nom, petite Janet. J'aurais préféré que tu t'appelles Smith ou Jones, mais Wisdom[1] est un joli nom. »

Jamie gagna ensuite Guymon. Elle s'arrêta dans une station-service pour consulter l'annuaire à la recherche d'une sage-femme. Il n'y en avait qu'une : Mae Vandegrift, infirmière sage-femme certifiée. Au téléphone, elle lui expliqua qu'elle avait accouché à l'improviste, la veille au matin, et qu'elle saignait énormément.

« Quel est votre nom, ma chère ? »

Jamie hésita.

« Janet. Je ne peux pas me rendre à l'hôpital. Je n'ai pas d'assurance. Je n'ai pas beaucoup d'argent non plus.

— Vous êtes en fuite ?

— Oui. À cause de mon petit ami. »

Mae expliqua comment trouver sa maison.

Une femme d'âge moyen vint ouvrir la porte.

« Dépêchez-vous d'entrer vous abriter, tous les deux ! »

Le salon était douillet, chauffé par un radiateur à gaz installé sur la dalle d'une cheminée. Des photos de famille çà et là. Une grosse bible usée trônait au milieu d'une petite table ronde.

« C'est votre petit ami qui vous a fait ça ? » demanda Mae en désignant la bosse sur le front de Jamie.

La jeune femme acquiesça et prit son bébé dans ses bras. Mae poussa un soupir et secoua la tête.

1. *Wisdom* signifie sagesse en anglais (NdT).

« Personne n'était avec vous quand vous avez accouché ? Ma pauvre enfant ! Où est votre famille, ma chérie ?

— Je n'ai plus personne. »

Jamie refoula ses larmes. La gentillesse et la sollicitude de la voix de cette femme menaçaient de saper sa volonté. Elle se redressa pour se souvenir qu'elle était forte. Elle serait toujours forte. Par devoir envers son fils.

« Alors, que comptez-vous faire ? demanda la sage-femme en lui faisant signe de s'asseoir sur le canapé.

— Je ne sais pas encore.

— Je peux vous donner des renseignements sur les programmes d'assistance de l'État pour les mères célibataires. »

Mae tendit les bras vers le bébé, qu'elle allongea sur ses genoux. Il avait les yeux ouverts : on aurait dit qu'il la regardait.

« Eh bien, tu es un beau petit gars ! Je parie que ta vieille tante Mae va te dénicher de jolis habits. »

Jamie caressa la joue du nourrisson.

« Il n'y a jamais eu de bébés dans mon entourage. Il faut que j'achète un livre et que j'apprenne à m'occuper de lui.

— Je vous donnerai de la lecture et vos propres instincts vous guideront. Il a l'air plutôt calme. Avez-vous essayé de l'allaiter ? »

« Oui. Mais le liquide qui sort de mes seins ne ressemble pas trop à du lait. Je devrais peut-être acheter une préparation en poudre.

— Certainement pas. Le vôtre, c'est exactement ce qu'il lui faut. »

Mae demanda à Jamie comment elle se sentait puis, le bébé dans les bras, ouvrit le chemin vers son cabinet, à l'arrière de la maison.

Après s'être lavé les mains, la sage-femme examina le bébé avec soin. Elle écouta son cœur et ses poumons, prit sa température, nettoya le cordon ombilical et le pesa. Avec ses 2,5 kg, il était un peu en dessous de la normale mais avait l'air en bonne santé. Elle expliqua comment nettoyer le cordon ombilical et affirma aussi qu'il était tout à fait normal qu'une substance verdâtre sorte de ses fesses.

Une fois l'examen terminé, elle le vêtit d'une grenouillère en laine, l'enveloppa d'une couverture rose et le posa dans un couffin.

« Désolée pour le rose. »

Jamie eut le sentiment de ne pas être la première à être venue ici avec un bébé enveloppé dans une serviette de toilette.

« À votre tour maintenant, Janet ! »

Mae lui tendit une blouse à fleurs[1] et désigna un coin de la pièce isolé par un rideau. Elle prit sa tension, sa température, vérifia son pouls, écouta son cœur et ses poumons. Allongée sur la table d'examen, la tête sur l'oreiller moelleux, la jeune mère se rendit compte à quel point elle était épuisée. Mae la recouvrit d'un drap, guida ses pieds dans les étriers et s'assit sur un tabouret au bout de la table.

« Ciel ! Ma pauvre enfant ! Vous êtes couverte de bleus ! Votre soi-disant "petit ami" devrait être arrêté ! »

Jamie ne répondit pas. Elle se sentait presque coupable que l'on dise du mal d'un homme qui n'existait pas.

« Bon, il y a une déchirure, mais ce n'est pas trop mal pour un premier bébé. Je vais vous nettoyer et vous recoudre. Tout va bien se passer. »

1. Aux États-Unis, les examens médicaux se pratiquent sur des patients vêtus d'une blouse (NdT).

Malgré l'anesthésie du périnée, la douleur fut vive. Jamie serra les poings pour ne pas crier. C'était horrible ! Toutefois, ce n'était rien comparé à son accouchement.

Une fois les points de suture effectués, la sage-femme l'aida à se rasseoir et se mit à débiter ses instructions.

« Je vais vous donner tout ça par écrit, alors pas de souci si vous ne vous en souvenez pas par cœur.

— Tout ce sang, c'est normal ?

— Oui, ne vous inquiétez pas ; cela va durer quelque temps, comme de grosses règles, puis s'atténuer. Mais si vous aviez de la fièvre, il faudrait tout de suite voir un médecin.

— Et l'acte de naissance ?

— J'y arrive. D'abord, je veux vous voir allaiter ce petit gars. »

Mae lui montra comment installer le bébé.

« C'est mieux de lui donner les deux seins à chaque tétée. Vous devrez peut-être lui chatouiller la joue ou le secouer un peu pour le tenir éveillé. »

Le bébé rassasié s'endormit, heureux. Jamie se rhabilla et le transporta dans la cuisine. Mae lui donna une tasse de thé brûlant et une grosse part de gâteau. Ensuite, elle s'assit de l'autre côté de la table, un formulaire officiel à la main.

« Puisque vous venez d'avoir un bébé, je peux signer ce formulaire en tant qu'"autorité certifiante". Si j'avais assisté à l'accouchement, j'aurais été "assistante". C'est parfaitement légal.

— Dois-je mentionner le nom du père sur l'acte de naissance ?

— Non. Si vous étiez accompagnée d'un mari, je serais obligée d'inscrire son nom. Mais là, je peux tout aussi bien laisser cette ligne vierge. Bon, maintenant, donnez-moi votre nom complet, ma chérie.

— Janet Mary Wisdom. »

Mae leva les yeux.

« Il y a des Wisdom du côté de Goodwell. Vous êtes une de leurs parentes ?

— En fait, j'y suis née.

— Très bien », dit Mae en étudiant le visage de Jamie.

L'espace d'une seconde, le cœur de la jeune femme s'arrêta de battre. Elle aurait dû rouler jusqu'au prochain comté avant de chercher une sage-femme. Ou alors trouver un nom de famille plus courant. Goodwell était trop proche de Guymon. Mae y connaissait probablement la plupart des familles.

« Bon. (Mae reporta son attention sur le formulaire.) Lieu de naissance de la mère – comté du Texas. Lieu de naissance du bébé – comté du Texas. »

Jamie indiqua la date de naissance de la petite fille morte à 3 ans comme étant la sienne.

Mae s'interrompit de nouveau et l'observa par-dessus ses lunettes, avant de revenir au document.

« Alors, comment allez-vous appeler le bébé ?

— William Charles Wisdom.

— OK, Janet. J'enverrai ça dans la matinée. Vous pouvez obtenir copie de l'acte de naissance auprès du ministère de la Santé. »

Chargée de brochures sur les soins à donner aux bébés, d'adresses utiles, de tranches de gâteaux enveloppées dans du papier aluminium et d'une bouteille de jus de fruits, Jamie demanda à la sage-femme combien elle lui devait. Mae secoua la tête.

« Je sais ce que c'est de sortir d'une relation où l'on a abusé de vous. Vous me payerez en prenant bien soin de vous et du petit William.

— Billy. Je l'ai appelé comme mon père et tout le monde le surnommait Billy.

— Billy Wisdom. Eh bien, c'est un très joli nom.

— Je ne pourrai jamais assez vous remercier. »

Mae ouvrit les bras et Jamie s'y glissa avec bonheur, les yeux pleins de larmes. Mae lui tendit des mouchoirs en papier.

« Je sais, ma chérie, ça a été difficile. Mais vous êtes en bonne santé et vous avez un beau petit garçon. On dirait bien que vous avez pris vos précautions pour empêcher votre petit ami de vous retrouver. »

Jamie allait retirer le bébé du couffin quand Mae s'y opposa :

« Non, prenez-le avec vous. J'ai un socle pour le transformer en siège-auto. J'essaie toujours d'en dénicher des vieux. Comme les vêtements de bébé. Vous seriez surprise de savoir combien de femmes se laissent surprendre sans avoir eu le temps de se préparer.

— Un jour, je vous enverrai de l'argent. Je vous le promets.

— Ne vous tracassez pas. Prenez juste bien soin de vous et du petit Billy. »

Mae enfila son manteau et porta le socle de la nacelle jusqu'à la voiture.

« Oh, votre pauvre petit chien ! Vous auriez dû l'amener à l'intérieur ! »

Ralph courut comme un fou dans le jardin tandis que les deux femmes dégageaient la banquette. Une fois Billy

Wisdom et son couffin bien attachés, Jamie serra à nouveau Mae dans ses bras.

« J'avais presque oublié qu'il existait des gens bien.

— Des tonnes de gens bien. »

Elle fouilla dans la poche de son manteau et en extirpa un bout de papier plié.

« Mon nom de jeune fille est Wisdom. Je vous ai écrit les noms, dates et lieux de naissance des parents de Janet Mary Wisdom. Vous aurez besoin de ces informations pour obtenir une copie de l'acte de naissance et pour demander un numéro de Sécurité sociale à son nom.

— Je suis... Je suis vraiment désolée. Je ne savais pas quoi faire d'autre. Le père du bébé vient d'une famille très riche. J'avais peur que...

— Pas besoin d'explication. Vous pouvez être sûre que si on vient vous rechercher par ici, on n'obtiendra de moi qu'un regard étonné. Le Seigneur vous protège, ma chérie. Il vous a menée jusqu'à la tombe de la petite Janet, puis vous a aussitôt conduite chez sa grand-tante. C'était une enfant adorable ; nous l'adorions. Faites honneur à son nom ! »

L'espace d'un instant, Jamie crut que ses genoux allaient se dérober sous elle.

« Promis. Je le ferai. »

CHAPITRE 24

Gus regardait par le hublot. La piste sombre, fraîchement déblayée, se détachait sur le paysage blanc. Son royaume s'étalait au-dessous de lui : les terres des Hartmann s'étendaient à perte de vue – un océan recouvert de neige. Il se souvint avoir entendu Papi Buck affirmer qu'un homme ne posséderait jamais trop de terres. Plus on en possédait, plus on était important.

Il pouvait distinguer le petit cimetière où son grand-père, son père et Sonny étaient enterrés. De même que le bébé mort-né de Montgomery. Il avait toujours su qu'elle vénérait son grand-père, mais il ne lui était jamais venu à l'idée qu'ils puissent avoir été amants. Pauvre Montgomery ! Comme elle avait dû être triste à la mort de son bébé. Son grand-père avait-il été triste lui aussi ? Ou bien simplement soulagé ?

Kelly l'attendait.

« Encore des mauvaises nouvelles. Jamie Long a accouché. »

Elle le conduisit à ce qui avait été autrefois la ferme des McGraf. Il entra pour jeter un coup d'œil. Un matelas gorgé de sang. Une montagne de cendres dans l'âtre. Des ordures laissées par de précédents visiteurs. Pas de déchets récents, toutefois. Jamie avait nettoyé après son passage et avait tout emporté.

Il pointa le doigt vers le second matelas éventré.

« Qu'est-ce que c'est que ça ?

— Elle a probablement utilisé le rembourrage pour allumer le feu. »

Il remarqua un objet brillant qui dépassait de dessous le matelas ensanglanté et se baissa pour le ramasser. Une petite paire de ciseaux. Pas des ciseaux à ongles. Ils étaient plus grands et de meilleure qualité. Gus les porta sous la fenêtre pour les examiner. Des fleurs et de la vigne étaient gravés dessus.

« Elle a dû les utiliser pour couper le cordon », dit Kelly.

Oui, elle avait dû s'occuper de ça, se dit Gus. C'était difficile d'imaginer une femme seule dans un moment pareil – une jeune femme dont c'était le premier accouchement. Et tout ce sang ! Elle avait dû être terrorisée.

Qu'est-ce qui avait bien pu pousser Jamie Long à quitter le ranch ? Qu'avait-elle déduit par elle-même, et qu'est-ce que sa propre mère avait bien pu lui raconter ? La fille s'était forcément rendue compte que Mary Millicent était dingue. Même si ce n'était pas toujours le cas : parfois, la vieille dame comprenait parfaitement ce qui se passait. Parfois aussi, elle les prenait pour des imbéciles. Gus savait que sa mère était capable de marcher. Lorsque le jardinier mexicain l'avait portée pour descendre les marches jusqu'à la chambre de Sonny, il avait remarqué que la semelle de ses chaussons était toute râpée.

« Je me suis souvenue qu'un de mes hommes avait raconté avoir montré la ferme des McGraf à la fille. J'y suis allée ce matin pour jeter un coup d'œil. »

Il eut envie de se mettre en colère. De lui hurler dessus : c'était là qu'elle aurait dû regarder d'abord ! Mais ce n'était pas la seule ferme abandonnée du ranch. Il avait payé les arriérés d'impôts d'au moins une demi-douzaine de petites propriétés et en avait fait évincer les occupants. Il n'aimait pas que les terres de fermiers crasseux, sans le sou, jouxtent les terres des Hartmann. Il n'aimait pas que leurs animaux y vagabondent. Il n'aimait pas les voir utiliser la boutique du ranch ou la station-service, ni croire qu'ils étaient autorisés à fréquenter l'église de Hartmann City. Il n'aimait pas qu'ils puisent dans la même nappe aquifère. Il n'aimait pas qu'ils observent les allées et venues au ranch.

Les McGraf ? C'était la famille qui était morte de froid après que le shérif les avait expulsés. Mais à quoi les gens s'attendaient-ils ? À pouvoir rester indéfiniment sans payer leurs impôts ? Ce n'était pas sa faute si ce débile de McGraf avait décidé de partir au beau milieu de l'hiver, sans consulter le bulletin météo. Même si son groupe électrogène était hors service, tout le monde devait avoir une radio qui fonctionnait sur piles en cas d'urgence. Il aurait même pu écouter la radio dans sa camionnette – si l'engin était équipé d'une radio. Cet homme pouvait écouter la météo d'une manière ou d'une autre. Il aurait pu demander un jour ou deux de délai au shérif, ou bien trouver abri chez un voisin. Il n'avait pas d'excuse pour avoir exposé sa famille au danger comme il l'avait fait.

Ou alors, peut-être cela s'était-il déroulé comme pendant cette dernière tempête. Kelly disait qu'elle n'avait pas été prévue aussi loin au nord. Gus se doutait que Jamie avait écouté le bulletin météo avant son départ – pour ce que ça lui avait servi…

Il traversa la maison. Le papier peint décoloré se décollait du mur ; des lambeaux de rideaux pendaient encore aux fenêtres. Mme McGraf avait essayé d'en faire un endroit agréable à vivre. Il devait cesser de penser aux McGraf pour se concentrer sur Jamie Long. À en juger par le tas de cendres dans la cheminée, la fille avait rassemblé beaucoup de bois et était restée là longtemps. Juste sous le nez de Kelly. Une fois de plus, il fut submergé par le besoin impérieux de rejeter la responsabilité sur elle. De l'engueuler.

Mais il ne voulait pas la rendre folle comme ça avait été le cas avec Montgomery. Il avait besoin qu'elle s'occupe du ranch, à présent que Montgomery n'était plus là.

Il pénétra dans la plus grande des deux chambres. Les époux McGraf y avaient-ils été heureux ?

Il se demanda quelle taille faisait McGraf.

Malgré toute sa richesse, tout son pouvoir, Gus n'avait jamais connu d'amour sincère, ni même de joie en compagnie d'une femme. Mais il avait expérimenté quelque chose de tout aussi précieux en compagnie de Sonny : un amour pur, désintéressé, qui venait du fond du cœur. Il ne s'était pas raconté de jolie fable en s'imaginant qu'il aimerait le bébé de Jamie Long comme il avait aimé Sonny. Chaque fois qu'il le verrait, il penserait à ce qu'il avait dû faire à sa mère. Mais il n'avait pas le choix : il voulait que sa sœur puisse aimer et éduquer l'enfant de son fils. Et le faire passer pour le sien, si telle était sa volonté. Or, la nature humaine étant ce qu'elle était, Jamie Long n'aurait pas été capable de résister à la tentation de faire chanter Amanda ou de vendre son histoire au plus offrant.

Désormais, ce qui procurait le plus de bonheur à Gus, c'était de rendre Amanda heureuse. S'il existait un enfer, il était déjà bon pour aller y brûler. Un péché capital de plus n'aggraverait pas sa situation. Ce qu'il devait faire avant tout, c'était parvenir à localiser Jamie Long et le bébé de Sonny.

« Nous avons vérifié tous les hôpitaux dans un rayon de 150 kilomètres. J'ai lancé un mandat d'arrêt avec le shérif du comté, pour vol d'argent et de bijoux.

— Appelle le shérif et dis-lui que tu t'es trompée. Je vais m'occuper de la recherche – *en privé*. Dans ce ranch et dans le comté, la version officielle pour tout le monde, c'est que la fille est partie et qu'on n'a plus jamais entendu parler d'elle. »

Il fallait se glisser dans la tête de la fille. De quoi avait-elle besoin ?

Après un dernier regard à la pitoyable baraque, il sortit téléphoner. Un message l'informa que le service n'était pas disponible. Ça l'irrita. Même s'il n'y avait pas beaucoup plus d'habitants dans le comté de Marshall que sur la lune, on aurait dû pouvoir compter sur un service de téléphonie fiable.

Il fit signe à Kelly et se dirigea vers son véhicule. Au ranch, il se rendit tout droit dans sa chambre, où la liaison téléphonique était assurée.

« J'ai besoin de vous immédiatement.

— Affaire officielle ou privée ?

— Privée. »

Il resta assis, le regard absent. *Montgomery*. Difficile de croire à sa mort. Elle avait toujours été là pour lui. *Toujours*. Il n'aurait pas dû hurler. Il avait beaucoup crié ces derniers temps. L'ignare pompeux et arrogant qu'ils avaient placé à la Maison Blanche pensait avoir le droit d'être aux commandes. S'il ne l'avait pas tant exaspéré, Gus n'aurait pas perdu son sang-froid avec Montgomery.

Il ne regarda pas par-dessus le cercueil ouvert en allumant les bougies qui étaient disposées autour. À la lumière vacillante des chandelles, dans l'obscurité du hall, il apporta l'escabeau de la bibliothèque. Sans cela, il ne serait pas assez grand pour embrasser les lèvres froides de Montgomery. Or, il en avait besoin. Pas pour Montgomery, mais pour lui-même. Peut-être que ça l'aiderait à se sentir mieux.

Elle avait une mine épouvantable. Il toucha sa joue. On aurait dit du caoutchouc froid. Il prit une grande inspiration avant de se pencher pour planter un baiser sur les lèvres de la vieille femme.

« Je suis vraiment désolé. »

Il ne lui restait plus que sa sœur pour l'aimer. Il avait attendu le dernier moment avant de partir pour le ranch et lui annoncer la nouvelle. Elle était encore au lit, une tasse de café entre les mains. Gus avait expliqué à Toby qu'il avait besoin de parler à sa sœur en privé. Aussitôt, elle lui avait jeté un coup d'œil et avait posé sa tasse sur la table de chevet.

« Que se passe-t-il ? »

Le lit était assez bas pour qu'il puisse s'asseoir près d'elle tout en conservant un certain degré de dignité. Il lui avait embrassé la main.

Il ne croyait pas aux euphémismes. Les gens ne « s'éteignaient » pas ni ne « quittaient cette terre ». Pourtant, il ne parvenait pas à se résoudre à prononcer le mot « morte ». Il avait pris sa sœur adorée entre ses bras et avait murmuré :

« Nous avons perdu Montgomery. »

Amanda avait eu un hoquet et s'était écartée, les yeux écarquillés. Elle l'avait dévisagé.

« Elle n'est pas… »

Gus avait hoché la tête.

Elle avait poussé un cri et s'était mise à se tirer les cheveux et à se griffer les joues, qui s'étaient zébrées de vilaines marques rouges. Toby s'était précipité dans la chambre.

« Fous le camp d'ici ! » avait hurlé Gus en saisissant les mains de sa sœur.

Il ne supportait pas de la voir ainsi.

« Non, ma chérie, je t'en prie, ne fais pas ça à ton si beau visage ! Nous sommes encore là tous les deux. Nous serons toujours là l'un pour l'autre. »

Amanda avait fini par se calmer assez pour lui demander comment Montgomery était morte. Il avait songé à lui mentir. Mais, tôt ou tard, elle découvrirait la vérité.

« Elle s'est rendue au cimetière en chemise de nuit, en pleine tempête de neige. Ils l'ont retrouvée près de la tombe de l'enfant mort-né. Je pense que c'était son bébé et celui de Papi Buck. »

Tout avait alors recommencé. De la colère perçait dans la diatribe d'Amanda. Comment Montgomery avait-elle pu *lui* faire ça à un moment pareil ? Et qui s'occuperait du bébé ?

Gus n'avait pas eu le cœur de lui annoncer la disparition de Jamie Long. Qu'elle digère d'abord la mort de Montgomery.

Au début, Amanda voulut l'accompagner au ranch, pour l'enterrement. Mais son frère lui avait rappelé qu'elle était censée passer ses dernières semaines au lit à cause d'une grossesse difficile. On la jugerait irresponsable si elle faisait une chose pareille. Elle avait gémi : « Mais il s'agit de *Montgomery* ! »

Avant de quitter Victory Hill, Gus avait informé Toby qu'il ne devait sous aucun prétexte permettre à Amanda de venir au Texas, sans quoi il se retrouverait divorcé, sans le sou et amputé de certaines parties de son corps.

Un dernier regard au visage inerte de Montgomery. Il descendit de l'escabeau, s'assit et enfouit son visage entre ses mains. Pleurer lui fit moins de bien qu'il l'aurait voulu. Il faisait froid ici ; il souffla les bougies avant de monter les escaliers et de se diriger vers la tour.

Il avait envie que sa mère l'entoure de ses bras, même s'il devait l'en supplier.

*

Jamie roula jusqu'au supermarché local. Avec Billy dans son couffin, calé dans un Caddie®, elle traversa rapidement le magasin. Que devait-elle acheter ? De la layette et du linge de toilette. Elle opta aussi pour un porte-bébé, une sorte d'écharpe en tissu. Une casquette et un soutien-gorge d'allaitement les rejoignirent dans le chariot ainsi qu'une bouteille d'alcool à 90° et du coton nécessaire au nettoyage du cordon ombilical. Au rayon « cosmétiques », elle se décida pour une teinture de nuance châtain cuivré. Enfin, elle dénicha une paire de ciseaux. Sa longue chevelure blonde et sa taille étaient ses deux signes distinctifs. Pour la taille, rien à faire ; mais à la première occasion, elle s'occuperait de ses cheveux. Dans l'intervalle, la casquette devrait aider.

La voiture chargée, elle fourra ses cheveux sous la casquette et roula jusqu'au centre de Guymon. À la Banque du Texas, en insérant sa carte bancaire neuve, ce fut un soulagement de constater que la machine acceptait son code. Son argent se trouvait toujours sur un compte à la banque d'Austin. Il restait presque 2 000 $ sur la première avance de 10 000 $. Sans emploi et avec un bébé à charge, chaque centime compterait. Le distributeur n'autorisa un retrait que de 250 $. À la City Bank, ce fut 500.

Puis elle se dirigea vers la bibliothèque. Le bébé dans son couffin, elle s'installa devant un ordinateur. D'abord, les revendeurs de voitures. L'idée de se séparer de sa vieille Chevy la déprimait, mais Gus Hartmann avait peut-être déjà lancé des gens à ses trousses. Sur le Net, un site plein de conseils utiles pour la revente de véhicules d'occasion avertissait de ne pas se rendre au hasard dans n'importe quel garage et recommandait un certain nombre de revendeurs fiables.

Billy s'agitait. Jamie l'apaisa en balançant le couffin avec son pied. Maintenant, trouver le numéro de téléphone de Joseph Brammer dans l'annuaire d'Austin ! Banco ! Nerveuse, elle appela du téléphone public installé dans le couloir. Un message l'informa que le numéro n'était plus en service.

Y avait-il un avocat nommé Joseph Brammer au Texas ? Rien dans les Pages jaunes. Sur Google, trop de réponses pour qu'elles lui soient utiles. Elle finit par abandonner : aucun indice ne lui permettait de savoir où il avait ouvert son cabinet juridique. Ses grands-parents avaient déménagé dans une résidence pour retraités en Géorgie. Mais dans quelle ville ? Avec un peu de chance, elle trouverait le numéro de ses parents à Houston. Elle les avait rencontrés à plusieurs reprises. Quel était le prénom de son père, déjà ? Parmi les dizaines de Brammer à Houston, l'un d'eux lui sauta aux yeux : « Arthur S. Brammer. » Le deuxième prénom de Joe était Arthur, et Jamie se souvenait d'avoir déjà entendu la grand-mère de Joe appeler son fils Art.

Être bercé ne suffisait plus à Billy. Elle retourna à la voiture pour lui donner le sein. Il téta avec vigueur quelques instants avant de se rendormir obligeamment. Le couffin dans une main, elle se dirigea à nouveau vers le téléphone public.

« Mme Brammer ?

— Oui ?

— Je m'appelle Jamie Long. J'espère ne pas me tromper de numéro. Avez-vous un fils prénommé Joe ?

— Oui, bien sûr, Jamie ! Vous habitiez de l'autre côté du jardin de mes parents, à Mesquite. Je me souviens bien de vous. J'ai été vraiment triste d'apprendre la nouvelle, pour votre grand-mère. Nous avons tous beaucoup pensé à Gladys. Vous savez, ma chère, Joe a essayé de vous retrouver l'été dernier. Je me souviens l'avoir entendu dire que vous aviez disparu de la planète. »

Elle tressaillit : *Joe l'avait cherchée.*

« J'ai essayé de contacter Joe. Son numéro de téléphone à Austin n'est plus en service.

— Il a fait son dernier semestre de droit à l'étranger, à Oxford. Ensuite, avec quelques camarades, ils ont décidé de parcourir l'Europe à vélo. Lorsque l'hiver est arrivé, ils sont partis en Grèce. »

Mme Brammer s'interrompit quelques secondes. Jamie pressentit qu'elle n'allait pas apprécier la suite.

« Il s'est engagé comme membre d'équipage sur un cargo. Son dernier coup de fil provenait d'une île, quelque part au large des côtes turques. »

Dieu seul savait quand elle pourrait à nouveau parler avec lui. Mais n'était-ce pas bizarre de randonner à travers l'Europe juste après son mariage ?

« Alors, Joe ne s'est pas marié ? demanda-t-elle en essayant de conserver un ton neutre.

— Non, ma chérie. J'ai toujours cru qu'il vous attendait ; mais il s'est laissé distraire par Maria, une fille charmante d'ailleurs. Ils avaient l'air d'être vraiment attachés l'un à l'autre. Je pense qu'elle s'est lassée d'attendre qu'il s'engage. »

Joe n'était pas marié. *Pas marié.* Jamie s'aperçut qu'elle retenait son souffle.

« Alors, quand rentrera-t-il chez vous, à votre avis ?

— Croyez-moi, nous le lui demandons à chaque fois qu'il appelle. Son père lui fait la morale ; il est grand temps de s'installer. Sans compter tous les dangers que courent les Américains à l'étranger, de nos jours. Joe a fermement promis d'être là pour l'anniversaire de mon mari, en juin, mais j'espère le revoir plus tôt. Il nous manque, à nous aussi.

— On peut le contacter ?

— Pas à ma connaissance. Il envoyait des e-mails à ses grands-parents de temps en temps depuis des endroits, des cybers-cafés, je crois, mais ils n'ont plus de nouvelles depuis qu'il est en mer. Y a-t-il quelque chose que nous puissions faire pour vous aider, ma chérie ? Vous semblez désespérée.

— Non, vraiment, je vais bien. La prochaine fois que Joe appellera, dites-lui que vous m'avez parlé. »

La joie cédait la place à la déception.

« Où vous trouvez-vous, Jamie ? Où étiez-vous donc pendant tout ce temps ? Avant de partir pour l'Europe, Joe s'est renseigné auprès de l'université du Texas, mais vous n'étiez pas inscrite pour le deuxième semestre. En

Angleterre, il vous a recherchée sur l'ordinateur – l'informatique, je n'y comprends rien. Au bout du compte, il a pensé que vous vous étiez enrôlée dans une organisation humanitaire ou quelque chose de tout aussi exotique. »

Elle respira à fond. Joe l'avait cherchée. *Vraiment* cherchée.

« C'est trop compliqué à expliquer au téléphone.

— Mais vous devez bien habiter quelque part. D'où m'appelez-vous ? »

Un couple entra par la porte principale. Ils baissèrent les yeux vers le couffin, aux pieds de Jamie, et sourirent.

« D'un téléphone public, dans un autre État. J'essayerai de vous rappeler dans un jour ou deux, pour vous dire où vous pouvez me joindre.

— Vous ne voulez même pas me donner le nom de l'État ? Vous vous cachez ? Vous semblez si fatiguée, ma chérie. Tout va bien ? »

La compassion et la sollicitude de la mère de Joe étaient plus que ce qu'elle pouvait supporter. Bouleversée, elle resta incapable de parler et ne put retenir ses sanglots.

« Oh, mon Dieu ! Ma pauvre enfant. Comment puis-je vous aider ? Je vous en prie, dites-moi où vous vous trouvez. Art et moi viendrons vous chercher. Ou bien nous vous enverrons de l'argent. Ou un billet d'avion. Dites-moi ce dont vous avez besoin !

— Ça va aller. Vraiment, je vous assure. Je vous rappellerai bientôt. D'accord ?

— Non. Je veux que vous me promettiez de me rappeler *demain* avec un numéro de téléphone où nous puissions vous contacter.

— J'essayerai. »

Elle se demanda si les parents de Joe bénéficiaient du service d'identification du correspondant. Elle aurait dû avertir Mme Brammer de ne parler de son coup de fil à personne d'autre qu'à Joe. Et à son mari. Mais à personne d'autre. Elle se massa le front. Elle essayait de se convaincre que ses craintes pouvaient être infondées. Mais comment en avoir la certitude ?

CHAPITRE 25

Jamie s'affaissa contre le mur du couloir, à côté du téléphone. Elle avait envie de ramener son bébé dans la bibliothèque où il faisait si bon, de s'y asseoir dans un fauteuil pour réfléchir à sa conversation avec la mère de Joe – pour passer en revue les paroles de Mme Brammer, les tourner et les retourner dans sa tête, les examiner sous toutes les coutures. Elle n'avait aucune idée du moment où elle reverrait Joe, où elle entendrait à nouveau sa voix. Mais *il n'était pas marié.*

Malgré tout, il fallait qu'elle cesse de penser à lui pour décider de ce qu'elle allait faire. Elle réfléchirait à tout ça plus tard.

Comme elle ne savait pas quand Joe rentrerait, il faudrait peut-être trouver un autre avocat. Elle s'imagina face à un visage incrédule tandis qu'elle tenterait d'expliquer le pétrin dans lequel elle s'était mise. Et que se passerait-il si, au cours de la procédure, le type alertait justement ceux qui étaient à ses trousses ?

Joe, lui, ne penserait pas qu'elle était folle. Il comprendrait que la menace était bien réelle.

Elle en avait toujours été amoureuse. Elle pouvait enfin se l'avouer. C'était plus qu'une simple amourette d'adolescente. Elle avait bien essayé de s'en guérir en inventant un scénario. Joe était gentil avec elle juste parce qu'il la prenait en pitié. Pitié que ses parents soient morts. Pitié qu'elle ne porte pas de jolis vêtements. Pitié qu'elle n'ait pas beaucoup de copines. Pitié qu'elle ait perdu sa seule chance de sortir du lot en se blessant au genou et en devant renoncer à la course. Mais la mère de Joe en personne venait de lui révéler que ce n'était pas de la pitié.

Elle s'arrêta à la sortie de Guymon. Elle prit de l'essence, une tasse de café et un sandwich au fromage puis – en gardant un œil attentif sur la voiture et sa précieuse cargaison –, elle étudia la carte de l'Oklahoma scotchée au mur de la buvette. La frontière entre l'Oklahoma et le Kansas ne se trouvait qu'à 56 km.

Elle resta assise un moment dans la voiture pour décider quoi faire, caressant son chien d'un air absent. Elle était exténuée et avait vraiment besoin de sommeil. Ses points de suture lui faisaient atrocement mal. Le bébé geignait ; il faudrait bientôt lui redonner le sein, plus longuement cette fois. Peut-être ferait-elle mieux de trouver une chambre de motel ici même, à Guymon.

Mais elle y avait déjà utilisé sa carte de crédit. À deux reprises. On pouvait suivre sa trace jusqu'ici. Les hommes de main de Gus Hartmann étaient peut-être déjà en route. Elle se souvenait d'un film dans lequel Julia Roberts, dans sa fuite, découvrait que son compte en banque avait mystérieusement disparu et se retrouvait sans ressources. Jamie savait parfaitement qu'on pouvait la suivre grâce à l'électronique quand elle se servait de sa carte bancaire ; mais elle espérait retirer tout son argent avant que quiconque ne puisse faire disparaître son compte. Elle se trouverait alors très loin de là où elle aurait effectué ses retraits.

Il fallait continuer à avancer. Mettre des kilomètres entre elle et Guymon. Trouver d'autres banques pour retirer le reste de son argent avant qu'il ne disparaisse comme celui de Julia Roberts. Bien sûr, elle était sans doute paranoïaque. Gus Hartmann ne pouvait probablement pas décrocher son téléphone et vider son compte bancaire. Mais si c'était le cas, elle ne pouvait pas se permettre de le laisser faire : elle en avait besoin, comme de la somme qu'elle obtiendrait de la vente de sa voiture. Il faudrait subsister le temps d'obtenir un numéro de Sécurité sociale et de dénicher un emploi.

Jamie ferma les yeux pour faire refluer le mal de crâne qui s'emparait de son cerveau fatigué. Elle se rendit compte qu'elle s'était assoupie dans sa voiture, juste à côté de la pompe à essence. Face à elle, une pancarte indiquait que Liberal, au Kansas, n'était pas loin. Elle irait y retirer de l'argent. Ensuite, on verrait bien. Elle se gara et s'endormit à nouveau un moment en donnant le sein à Billy. Rouler ! Il fallait rouler !

La route semblait interminable. La somnolence la guettait. Elle devait lutter. Elle se rangeait alors sur le bas-côté, sortait de la voiture, inhalait l'air froid, faisait quelques mouvements de bras et remontait dans la voiture pour parcourir encore quelques kilomètres. Enfin, la frontière avec le Kansas ! Liberal se trouvait juste devant elle. Un imposant monument en pierre annonçait l'entrée de la ville. Un arrêt au distributeur de la Banque d'Amérique lui permit de retirer 500 $.

À la Community Bank, l'écran afficha : « Code PIN invalide ».

Avec beaucoup de précaution, elle recomposa le numéro. Puis elle appuya sur « Validez ». Même réponse.

« Oh ! Non ! »

Elle frissonna. Ses pires craintes se confirmaient. Son exercice d'autopersuasion ne fonctionnait plus. Une puissance menaçante et omnipotente avait bel et bien clôturé son compte bancaire. Cet ordre était arrivé jusqu'à Liberal, au Kansas.

Des hommes en pardessus noirs et lunettes de soleil allaient-ils surgir pour l'extirper de son véhicule ? Ils n'étaient pas encore là, mais ça ne tarderait pas.

Que faire ?

Elle ne pouvait pas se contenter de rester assise là, comme une proie facile. Se cacher ! Se débarrasser de son véhicule ! *TOUT DE SUITE !*

Le conducteur de la voiture derrière elle klaxonna : il était temps d'avancer. Mais comment conduisait-on, déjà ?

Appuie sur la pédale d'embrayage. Mets le moteur en route.

À gauche ou à droite ? Elle tourna à droite et roula, hésitante, avant de s'arrêter sur un parking.

Ralph vint glisser son museau sous sa main ; elle le caressa distraitement. Avec lui, elle ne pouvait prendre ni le bus ni le train. Quant à l'autostop, par ce temps glacial, avec un bébé de deux jours, impossible !

Que faire de ses affaires si elle abandonnait sa voiture ? Elle détestait l'idée de s'en séparer : c'était tout ce qui lui restait de sa vie *d'avant*. Mais ça n'était que des *objets*. Rien qui vaille la peine de perdre ni son bébé ni sa propre vie.

Louer une voiture ? Il lui faudrait montrer son permis de conduire. Combien de temps avant que l'on ne retrouve trace de cette transaction et que les hommes aux lunettes de soleil ne se mettent à rechercher la voiture de location et sa plaque minéralogique ?

Une pensée optimiste lui traversa soudain l'esprit. Peut-être l'ordinateur de la dernière banque était-il en panne. Et si elle essayait dans une autre ?

Elle sortit du parking. Une troisième banque. D'une main tremblante, elle inséra sa carte et composa son code confidentiel.

Numéro invalide.

Quitter Liberal ! *TOUT DE SUITE.*

À nouveau sur l'autoroute, à l'intersection, elle hésita. Ses poursuivants s'attendaient certainement à ce qu'elle continue vers le nord.

Elle choisit le sud. L'Oklahoma à nouveau. Après avoir franchi la frontière, elle s'arrêta pour acheter une carte. L'anonymat d'une grande ville était indispensable ; Oklahoma City était la capitale de l'État, mais il faudrait emprunter uniquement les routes les moins fréquentées pour s'y rendre.

Auparavant, il lui fallait dormir quelques heures. Sa vue se brouillait. Elle était étourdie de fatigue, probablement à cause de tout le sang qu'elle perdait. Il fallait qu'elle change sa serviette. Elle avait aussi besoin de manger un morceau.

Le village qu'elle traversa semblait n'avoir pour seuls commerces qu'une supérette et un *dîner*. Un peu plus loin, une pancarte indiquait « COTTAGES À LOUER » ; les restes d'un village de vacances passé de mode – quatre bicoques et une rangée de fondations mises à nu.

« RÉCEPTION » indiquait un panneau tordu, cloué sur la façade d'une maison en bois. Un homme âgé, vêtu d'un bleu de travail crasseux, apparut sur le seuil.

« Vingt dollars cash à l'avance ». Elle retourna à la voiture pour y prendre un billet, qu'elle échangea contre la clé du cottage numéro 2.

Elle se gara pour que personne ne voie la voiture depuis la route. Puis elle transporta le bébé et quelques affaires à l'intérieur. Après avoir changé son fils, elle lui donna à nouveau à téter : il ne pleurait pas, mais elle avait besoin qu'il la laisse dormir.

Elle n'avait même plus l'énergie de prendre une bonne douche bien chaude. Elle but la bouteille de jus d'orange et mangea le gâteau que la sage-femme lui avait offert. Ensuite, elle se glissa dans le lit avec son bébé et son chien – les livrets de Mae ne l'aurait sans doute pas recommandé ! Avant tout, elle devait survivre ; pour les préceptes en matière d'éducation, on verrait plus tard !

Elle embrassa le front du bébé, ses oreilles, ses mains.

« Je t'aime, Billy. »

Elle avait la sensation que son cœur avait pris des proportions énormes afin de pouvoir contenir tout son amour pour ce nouveau-né minuscule.

La joue contre la petite tête couverte de duvet, Jamie employa les quelques minutes dont elle disposait avant de s'endormir à réfléchir au coup de fil qu'elle avait passé à la mère de Joe. Elle en examina toutes les implications.

Il pouvait s'écouler des semaines – ou davantage – avant que les Brammer aient des nouvelles de lui.

Il n'était pas marié.

Il avait effectué des recherches pour la retrouver.

Sa mère pensait qu'il avait attendu qu'elle ait atteint l'âge adulte.

Mais que savaient les mères à ce sujet ?

Malgré tout, elle allait s'accrocher aux paroles de Mme Brammer comme à une bouée de sauvetage. Elle marchait peut-être tout droit vers une déception, pourtant elle allait s'autoriser un peu d'espoir. La seule chose à faire était de rester en vie jusqu'à ce que Joe rentre de voyage.

Billy se réveilla dans la nuit. Jamie le changea avant de les envelopper, elle et lui, d'une couverture et de s'adosser à la tête de lit pour le nourrir. Ses seins étaient soudain beaucoup plus gonflés. C'était douloureux. Elle s'inquiétait d'avoir une infection ou un engorgement. Il faudrait qu'elle les lise, ces livrets ! Elle dormit encore quelques heures. À l'aube, elle se plaça devant la glace de la salle de bains. Après une respiration profonde, elle saisit les ciseaux et se coupa les cheveux. Il ne lui resta que dix centimètres sur la tête. Elle renonça à les teindre : le mode d'emploi détaillait un procédé beaucoup trop long et compliqué.

L'eau de la douche était glacée ; malgré tout, elle en avait vraiment besoin. En coupant l'eau, elle entendit Billy pleurer. Elle se sécha rapidement et s'habilla.

« Voilà, voilà, voilà ! »

Ses seins étaient durs comme du bois, mais le gonflement ne paraissait pas gêner l'écoulement : Billy en tirait quelque chose. Jamie le changea ensuite et tamponna le cordon ombilical avec de l'alcool à 90°, selon les instructions de Mae.

Elle repartit, avec chien et enfant et n'atteignit la banlieue d'Oklahoma City que le soir. Lors d'une pause, elle chercha sur le plan un endroit à la fois près du centre et de la station de bus interurbains. Finalement, elle atterrit dans un quartier proche d'un vaste complexe hospitalier, où d'anciennes maisons, coquettes et spacieuses, avaient été reconverties en appartement. Un parc, ainsi qu'un petit centre commercial offrant une épicerie, une boulangerie, un drugstore et une station-service, étaient accessibles à pied. Il faisait presque nuit lorsque elle se rangea devant une maison en brique avec une pancarte : « APPARTEMENT À LOUER »

La casquette sur ses cheveux désormais beaucoup plus courts, mais toujours blonds, le bébé dans ses bras, elle entra. « RÉCEPTION » était écrit au feutre sur la première porte. Une dame vraiment très grosse s'avança dans le couloir. Elle se présenta comme Ruby Duffy.

« Z'êtes mariée ?

— Non, M'dame. Ce serait juste pour moi et le bébé. »

Jamie la suivit tandis qu'elle grimpait laborieusement jusqu'au troisième étage et déverrouillait la porte d'un appartement donnant sur l'arrière du bâtiment.

Lugubre. Des fenêtres miteuses, un linoléum usé, un évier taché et des crottes de souris dans les coins. Le lit double prenait tant d'espace dans la toute petite chambre à coucher qu'on ne pouvait pas ouvrir entièrement les deux tiroirs de la commode. La cuisine était en fait une alcôve dans le salon, où traînaient un canapé et une chaise, tous deux garnis d'un vinyle brun craquelé, ainsi qu'une table basse cabossée. La salle de bains n'était pas plus large qu'un placard et le seul placard était d'ailleurs juste assez profond pour une rangée de crochets en attente de cintres. Mais ce n'était pas cher et l'eau qui sortait du robinet était chaude.

Mme Duffy annonça qu'elle exigeait un mois de caution.

« J'ai un chien.

— Non, pas de chien ici.

— Il est très gentil. Est-ce que je peux juste l'amener pour vous le faire rencontrer ? Vous verrez à quel point il est adorable.

— Vous voulez que je *rencontre* un chien ?

— Juste pour constater à quel point il est bien élevé. S'il vous plaît. Je viens de loin et je n'ai tout simplement pas l'énergie de repartir. »

Mme Duffy inclina la tête pour observer Billy.

« Quel âge a-t-il ?

— Trois jours.

— Où est le père ?

— Il ne fait pas partie du tableau.

— C'est lui qui vous a collé cette bosse sur le front ? J'ai pas envie qu'un gars de ce genre débarque et cause des problèmes.

— Non, répondit Jamie en corrigeant l'histoire qu'elle s'apprêtait à raconter. Je suis tombée. Le père ne sait rien, pour le bébé », ajouta-t-elle en songeant au pauvre Sonny décédé.

La logeuse eut l'air dubitatif.

« Vous avez un travail ?

— Pas encore. Mais j'ai assez d'argent pour me dépanner jusqu'à ce que je trouve un emploi. Je vous en prie. Je suis épuisée et il commence à être tard.

— Si vous comptez me faire un chèque, vous ne pourrez pas emménager avant lundi matin – faut que je vérifie à la banque.

— Je peux vous payer en liquide. »

Rubby Duffy effleura la tête du bébé.

« Trois jours ! »

Puis elle croisa les bras sur son ample poitrine.

« D'accord. Pour la caution, ce sera 200 dollars. Par sécurité, à cause du chien. Il y a des places de parking derrière le bâtiment. Ne laissez rien dans votre voiture si vous ne voulez pas qu'on la cambriole. »

Jamie paya le loyer, la caution et signa le bail en tant que « Janet M. Wisdom ». Ce nom n'était que temporaire. Elle espérait un jour récupérer le sien, mais pour l'instant, elle était reconnaissante envers Janet.

Elle installa Billy dans le porte-bébé et, Ralph sur les talons, commença à transporter ses bagages jusqu'à son salon riquiqui. C'était interminable. Elle fit quelques pauses : une pour nourrir Billy, d'autres pour s'asseoir et reprendre son souffle. Ses points de suture la faisaient souffrir. Chaque muscle de son corps protestait. Impossible de faire un pas de plus. Ce qui était dans le coffre attendrait jusqu'au lendemain ! Au moins, rien de visible ne pouvait tenter les voleurs.

Ensuite, elle repartit avec le bébé et Ralph et roula jusqu'à l'épicerie voisine pour y acheter des provisions, des pièges à souris et quelques produits ménagers.

Elle fit le lit, y déposa Billy, avala un sandwich au beurre de cacahuète et un verre de lait, avant de redescendre à la cabine téléphonique.

Elle hésita quelques minutes, ses pièces de monnaie à la main. Cet appel n'était-il pas une mauvaise idée ? Et si ce téléphone était sur écoute ?

Non ! Personne ne savait où elle était. Mme Brammer en avait-elle discuté avec un ami ou un voisin ? Ou son mari ? Peut-être était-ce *leur* téléphone qui se trouvait sur écoute. Jamie avait l'impression qu'elle allait s'évanouir si elle faisait un pas de plus. Mieux valait attendre le lendemain pour appeler Mme Brammer.

Malgré tout, elle réinstalla bébé et chien dans la voiture et, en empruntant uniquement des petites rues, roula jusqu'à l'extrême nord d'Oklahoma City. Là, elle téléphona depuis une cabine.

« Mme Brammer, c'est Jamie. Je suis désolée de vous appeler si tard.

— Jamie, Dieu merci ! J'ai attendu votre coup de fil toute la journée. Tout va bien ?

— Oui.

— Avez-vous un numéro de téléphone où je puisse vous joindre ?

— Non. Je vous en prie, il ne faut parler de moi à *personne*. Sauf à votre mari et à Joe, bien entendu.

— Vous vous cachez ?

— Oui. Je n'ai pas enfreint la loi, mais j'ai des problèmes. De sérieux problèmes. Avez-vous une idée du moment où Joe pourrait vous rappeler ?

— Pas vraiment. Ça peut être demain comme dans plusieurs semaines. »

Jamie assura qu'elle essaierait de rappeler le jeudi suivant.

Pour rentrer, elle prit une autre route et se perdit en chemin. Une heure plus tard, elle arriva chez elle sans être certaine d'avoir la force de monter les trois étages.

Elle but un autre verre de lait, donna le sein au bébé et put enfin prendre une douche. Une longue douche chaude. Même si la salle d'eau était sale, c'était la douche la plus merveilleuse qu'elle ait prise de toute sa vie.

Elle enfila l'une des chemises de nuit en flanelle dont Amanda lui avait fait cadeau, prit son bébé et se glissa dans le lit. Ralph se roula en boule à leurs pieds.

« Nous sommes à la maison », leur dit Jamie et elle se mit à pleurer. Elle pleurait d'épuisement ; elle pleurait parce que chaque muscle de son corps était en feu. Elle pleurait parce qu'elle se sentait seule pour affronter un avenir incertain. Mais surtout, elle pleurait parce qu'elle avait peur.

Tellement peur.

Le lendemain matin, elle finit de décharger la voiture et se teignit les cheveux. Le résultat se révéla décourageant. Déjà qu'elle avait l'air de s'être coiffée à l'aide d'une tondeuse à gazon ! Maintenant, ce brun fade lui donnait le teint cireux. C'était à pleurer. Mais assez de larmes !

Son corps endolori la suppliait d'attendre un peu pour faire le ménage. C'était sans compter avec son éducation ! Gladys lui avait enseigné qu'on ne pouvait se reposer qu'après les corvées. Et puis, l'appartement était si petit !

Sa grand-mère avait l'habitude de dire que récurer faisait du bien à l'esprit. Ça se confirma pour Jamie. Elle lessiva la crasse, se débarrassa des crottes de souris accumulées depuis des années et astiqua les carreaux des deux fenêtres jusqu'à les faire briller. Une fois propre, l'appartement miteux finit par lui rappeler la petite maison de Mesquite.

*

« Vous voulez dire que vous n'avez pas pu trouver une seule personne à Guymon, dans l'Oklahoma, ou à Liberal, au Kansas, qui se souvienne d'avoir vu Jamie Long ? demanda Gus d'un ton sec.

— Oui, monsieur. C'est exact.

— Vous utilisez la photo que je vous ai fournie ?

— Oui, monsieur.

— Avez-vous visionné les enregistrements vidéo des guichets automatiques ?

— Oui, monsieur. La fille avait les cheveux fourrés sous une casquette. Aucun des enregistrements ne révèle la présence d'un bébé, mais avec les vêtements et les cartons empilés dans la voiture, il était impossible d'apercevoir le fond de la banquette arrière. Il y avait un chien sur le siège passager, à l'avant. »

C'est vrai, songea Gus. Kelly avait dit que la fille avait emmené son chien.

« Pouvez-vous obtenir une photo du chien ?

— Nous pouvons essayer.

— Et les hôpitaux ? L'infirmière dit que la fille a dû avoir besoin de points de suture.

— Nous y avons pensé. Aucun individu correspondant à sa description ne s'est présenté aux urgences. Nous avons aussi vérifié chez les médecins généralistes, les obstétriciens et les sages-femmes, mais la fille n'a contacté aucun d'entre eux.

— Et dans les autres villes ?

— Il n'y en a pas d'autre assez importante dans la région pour que s'y installe un médecin ou une sage-femme. »

Gus regarda la carte étalée sous ses yeux.

« Continuez dans le Kansas – à Ulysses, Garden City, Dodge City. Dans toutes les villes qui possèdent un médecin. Vérifiez aussi les stations-services, les supérettes, les relais routiers. Elle doit bien prendre de l'essence et manger ! Si le bébé est vivant, elle aura besoin de couches et de matériel de puériculture. Elle a aussi dû s'arrêter pour dormir, depuis le temps. Vérifiez les motels ; recherchez n'importe quelle jeune femme qui a payé en liquide. C'est une affaire de la plus haute importance. Vous saisissez ! *De la plus haute importance !* Je veux qu'on retrouve cette fille et son bébé. »

Gus raccrocha, furieux. La fille se montrait plus maligne qu'eux.

Il se leva et lança un coup de pied dans une corbeille à papiers qui traversa la pièce. Il fit le geste de jeter une carafe en cristal contre le mur, mais il décida finalement de se verser un verre de sherry. Il le but d'un trait avant de s'en servir un autre.

Il était temps de parler à Amanda.

CHAPITRE 26

Amanda venait de sortir de la baignoire. Elle s'enveloppait dans une serviette tiède lorsque Toby frappa à la porte.

« Ton frère est au bout du fil. »

Il entra et, d'un air enjoué, essaya de retirer la serviette.

Elle lui asséna un coup de poing à la tête et sortit de la salle d'eau comme un ouragan. Il savait pourtant combien elle était soucieuse à cause de Montgomery. Elle était *en deuil*, pour l'amour du ciel ! Cet homme ne pensait qu'au sexe.

« Gus, mon chéri, pourquoi n'as-tu pas répondu à mes appels ? Es-tu toujours au ranch ? Je pensais que tu serais déjà rentré à la maison. »

Elle n'arrivait pas à masquer sa colère : Gus n'avait pas l'habitude de l'ignorer.

« Je suis encore au ranch.

— Freda m'a raconté que le service de Montgomery s'était bien déroulé, mais je voulais l'entendre *de ta bouche*. Il faut que nous parlions de la pierre tombale. Je pense à du granit rose. Je n'arrive toujours pas à croire qu'elle est partie et que je ne la verrai plus jamais. »

Amanda ferma les yeux pour lutter contre la douleur. Et la colère.

Comment Montgomery avait-elle pu lui faire ça ? Elle savait à quel point Gus et sa sœur dépendaient d'elle. À quel point ils la chérissaient. Qui allait s'occuper de Mère à présent ? Et du ranch ?

« Es-tu sûr qu'elle n'a pas laissé de message ? Elle nous doit bien une explication, après un acte pareil. Tu crois qu'elle a fait une dépression nerveuse ?

— Quelque chose comme ça. Elle était extrêmement inquiète, Amanda. Et elle avait des raisons de l'être. Jamie Long a quitté le ranch.

— Quitté le ranch ! Mais pourquoi ? Est-elle revenue ?

— Non. J'ai envoyé des gens à sa recherche ; ça fait trois jours qu'elle est partie. Nous pensons qu'elle se trouve quelque part au Kansas.

— Je ne comprends pas. Pourquoi irait-elle au Kansas ? Le bébé doit naître dans quelques semaines. Elle reviendra sans doute au ranch pour accoucher.

— Amanda, Jamie Long a déjà accouché. Elle a mis le bébé au monde toute seule, dans une ferme abandonnée, pendant une tempête de neige. »

Amanda s'effondra sur le bord du lit et porta la main à sa gorge.

« Le bébé va bien, n'est-ce pas ?

— Je n'en ai aucune idée.

— Comment sais-tu qu'elle a eu un bébé si tu ne l'as pas vu ? »

Amanda se frotta le front. L'histoire de son frère n'avait aucun sens. Absolument aucun. Mais il lui faisait peur. *Vraiment* peur.

« Il y avait des preuves évidentes d'une naissance récente dans cette maison. Je doute sérieusement qu'une autre femme ait fait tout le chemin jusqu'au comté de Marshall pour accoucher toute seule en plein blizzard.

— Quelle affreuse fille ! Tu dois la retrouver ! Retrouver notre bébé !

— Je le ferai, promit Gus, mais ça risque de prendre un peu de temps. J'ai passé quelques coups de fil. Je projette d'utiliser un autre bébé à la place, jusqu'à ce que nous ayons retrouvé le bébé de Sonny.

— Non ! Je n'en veux pas d'*autre* !

— Amanda, je veux que tu respires à fond et que tu m'écoutes. Que tu m'écoutes très *attentivement.* Que se passera-t-il si la prétendue date de ton terme arrive et qu'il n'y a pas de bébé ? Tes disciples vont s'attendre à l'annonce de sa naissance et à une photo de toi avec lui. Ils attendent cette image en retenant leur souffle. Je ne suis même pas certain que l'enfant de Jamie Long soit encore en vie. Ça fait déjà trois jours, et la fille était toute seule quand elle a accouché. J'ai vu cette maison, Amanda. Il y avait beaucoup de sang et il y faisait un froid de canard. »

Amanda respira profondément.

« Non. S'il était mort, je le saurais. Dieu me l'aurait dit.

— Peut-être bien, mais en attendant que je le retrouve, nous pouvons avoir besoin d'en utiliser un autre.

— Non, Gus, non ! dit Amanda, les larmes ruisselant sur ses joues. Je t'en prie, il me faut le bébé de *Sonny.* Il me le *faut.* Tu le sais. Je ne veux plus de Toby. Je veux juste être avec toi et *notre* bébé.

— Tu l'auras. Je t'en fais la promesse solennelle. »

*

Gus raccrocha le téléphone et respira profondément : il fallait rester déterminé. Il tiendrait sa promesse. Il le *devait.* À quoi bon le pouvoir s'il ne pouvait donner à Amanda la seule chose qu'elle désirait plus que tout au monde ?

Il aurait dû installer Jamie Long dans un lieu plus sûr. Il l'avait su dès qu'il avait réalisé ce qu'Amanda mijotait. Son plan était bourré de défauts. Sa sœur vivait dans l'univers de conte de fées qu'elle s'était fabriqué elle-même. Il avait compris depuis le début – avant même d'apprendre qu'on avait utilisé le sperme de Sonny pour féconder la fille – que l'une de ces deux hypothèses risquait d'arriver : soit la fille allait se rendre compte qu'elle était une poule aux œufs d'or et elle exigerait davantage d'argent, soit, pour des raisons tout à fait différentes, elle déciderait de garder le bébé. À la minute même où il avait découvert qu'elle portait le bébé de Sonny, il aurait dû la séquestrer à l'écart du ranch. Dans un endroit d'où elle ne serait jamais ressortie.

Tout était de sa faute.

Il se mit à faire les cent pas à travers l'impressionnante chambre à coucher – haut plafond, énorme cheminée – qui avait été autrefois celle de son grand-père. Du temps de Papi Buck, la pièce contenait des meubles massifs – un gigantesque lit à baldaquin qui se dressait à 1,20 m au-dessus du sol, des chaises surdimensionnées et de hautes commodes dont Gus ne parvenait même pas à atteindre le dessus. Aujourd'hui, la chambre était meublée différemment. Avec des chaises qu'il n'avait pas besoin d'escalader. Un lit qui ne nécessitait pas d'escabeau pour monter. Toutefois, le nouveau mobilier n'avait jamais cadré avec une pièce aux proportions aussi immenses.

Il s'arrêta un instant près du feu pour se réchauffer le dos. Et s'il ne parvenait pas à tenir la promesse qu'il avait faite à sa sœur ? S'il ne retrouvait jamais la fille ?

C'était ridicule. Elle avait beau être intelligente, elle commettrait une erreur. Elle ne pouvait pas éternellement échapper à la toile qu'il avait tissée autour d'elle. Pas sans argent. Pas sans aide.

De l'aide. Avait-il négligé quelque chose ? On avait lancé un avis de recherche concernant la fille et sa voiture. Il avait trouvé son carnet d'adresses dans le bureau de Montgomery : il connaissait le nom de ses amis. Ainsi que celui de sa sœur. Toutes ces personnes étaient déjà placées sous surveillance. Leurs téléphones avaient été mis sur écoute. On allait examiner leur courrier. On interrogeait déjà des gens dans la ville où la fille avait passé son enfance – voisins, professeurs, camarades de classe, paroissiens. On leur montrait un insigne et on leur donnait une vague couverture, en sous-entendant qu'il serait dans l'intérêt de Jamie qu'on la retrouve, sans quoi on risquait de mettre une menace à exécution. Même si les personnes interrogées se montraient réticentes au premier abord, elles finiraient toujours par accepter de les aider. Elles préviendraient les enquêteurs si elles voyaient la fille ou entendaient parler d'elle.

Ce n'est qu'une question de temps, se dit Gus en se glissant dans le lit.

Pendant toutes ces années, à chaque fois qu'il était venu au ranch, Montgomery et lui avaient passé la soirée à jouer au gin-rami tout en buvant du scotch. Elle lui racontait des histoires sur son père et son grand-père. Ce ne serait plus jamais pareil.

Il n'aurait pas dû hurler. Il était responsable de ce qui était arrivé, pas Montgomery. Il aurait dû le prévoir.

« Je suis vraiment désolé, Montgomery. *Vraiment désolé.* »

Il ne voulait pas pleurer encore une fois. Il tourna donc ses pensées vers Amanda. Elle ne voulait plus de Toby : « Je veux juste être avec toi et notre bébé. »

Peut-être pourraient-ils appeler le garçon Montgomery et le surnommer « Monty » ? Buck conviendrait bien aussi. Buck était un bon nom pour un garçon de l'ouest du Texas. Car c'était ce que Gus voulait qu'il devienne. Un exploitant de ranch. Un homme de terrain. Il voulait préserver son innocence, comme il l'avait fait pour Sonny. Il avait convaincu Amanda de ne pas emmener son fils sur les routes lorsqu'il était petit garçon, en arguant que certaines personnes considéreraient ça comme de l'exploitation. On verrait ça quand Sonny aurait terminé ses études. Mais Sonny n'avait pas grand-chose d'un étudiant ; il ne s'était pas bien adapté à l'université. Il voulait passer sa vie ici, au ranch – pas à sauver des âmes, ni à collecter des fonds en faveur de candidats politiques. Cependant, le garçon n'avait jamais eu le courage d'en parler à sa mère. C'était ici, au ranch, qu'il était le plus heureux. Comme son arrière-grand-père Buck, il aimait la terre. Lorsqu'il n'était pas à cheval, il fonçait à bord de ce satané véhicule tout-terrain. Gus avait voulu faire porter le chapeau de l'accident à l'entreprise qui avait fabriqué l'engin, mais peut-être était-ce la terre elle-même qui avait tué Sonny. C'était exaltant de disposer de tout cet espace. Ça donnait l'impression d'entrer en communion avec l'univers. Ça donnait envie de se retrouver dans la peau d'un mustang sauvage. Ou d'un aigle.

Gus avait vraiment besoin d'une nuit complète de repos. Il avait avalé un cachet pour être sûr de dormir : il sentit son corps se détendre sous l'effet du médicament. C'était agréable. Il ferma les yeux et s'imagina avec le petit Buck, dans la carriole tirée par le poney. Il pouvait entendre le rire du garçon et les clochettes qui tintinnabulaient gaiement tandis que le poney trottait le long de l'allée. Mais pour transformer cette vision en réalité, il devait localiser Jamie Long.

Le bébé était toujours en vie. Il y croirait jusqu'à ce qu'on lui prouve le contraire. Il avait *besoin* d'y croire.

Le lundi matin, Jamie se fraya un chemin jusqu'au bureau des statistiques démographiques du ministère de la Santé. Grâce aux informations de la sage-femme, elle remplit un formulaire pour obtenir un acte de naissance du bébé et un autre au nom de Janet Mary Wisdom. Cela prendrait une semaine à dix jours avant de les recevoir.

C'était facile, songea Jamie en se dirigeant vers la porte avec le couffin. Avec un acte de naissance, elle obtiendrait un numéro de Sécurité sociale et un permis de conduire.

Cet après-midi-là, elle téléphona à un vendeur de voitures d'occasion à Wichita, au Kansas, et lui parla de sa Chevy. Il eut l'air intéressé. Et honnête, si tant est que l'on puisse juger d'une telle chose au téléphone. Ensuite, Jamie fit quelques courses pendant qu'elle avait encore la voiture. Dans un magasin d'articles d'occasion, elle acheta un lit de bébé, une lampe et une radio. Dans une solderie, elle se procura d'autres vêtements pour Billy, des draps pour son lit, un énorme paquet de couches et un grand sac de nourriture pour chien, un os en cuir et un Frisbee. Enfin, elle s'approvisionna en aliments de base dans un supermarché.

La porte de la logeuse s'ouvrit au moment où Jamie commençait à monter les escaliers, chargée de ses derniers achats.

« Comment va ce bébé ?

— Il est en pleine forme. Lui et moi, nous apprenons à nous connaître un peu plus chaque jour. »

Mme Duffy tendit la main pour caresser la tête de Billy. « Un si beau petit garçon ! Profitez-en bien tant qu'il est petit. Les enfants grandissent tellement vite !

— Oui, M'dame. »

Après avoir rangé les provisions, Jamie installa Billy dans le porte-bébé et mit Ralph en laisse pour sa promenade du soir. Il faisait presque doux. La jeune femme s'aperçut qu'il y avait du printemps dans l'air : les arbres et les arbustes commençaient à bourgeonner.

Son long et froid hiver était terminé.

Tôt le lendemain matin, elle donna à Ralph l'os en cuir, dans l'espoir que ça l'aide à patienter pendant la longue journée en solitaire qu'il allait passer enfermé dans l'appartement. Puis elle se mit en route pour Wichita.

Elle arriva au garage de voitures d'occasion plus tôt que prévu. Un grand jeune homme maigre fit le tour de son véhicule et souleva le capot. Ensuite, Billy et elle attendirent à l'intérieur d'un bureau encombré pendant que M. Underwood essayait la voiture.

« Vous en voulez combien ? »

Lorsqu'elle le lui dit, il la regarda comme si elle était folle.

« Vous m'avez déclaré au téléphone que vous étiez un honnête homme et que vous ne me feriez pas de tort. Je suis mère célibataire : j'ai besoin de l'argent de cette voiture pour m'en sortir.

— Je pourrais la prendre en dépôt. »

Non : il lui fallait rompre tout lien avec cette Chevy. *Aujourd'hui même.* Trop voyante ! Comme si elle était marquée d'une cible.

M. Underwood fit une offre considérablement moins élevée que ce qu'elle avait demandé. Elle en refit une et ils se serrèrent la main.

« Je vais avoir besoin de l'argent en espèces. »

Il haussa un sourcil.

« Problèmes familiaux ? »

Elle hocha la tête. Il baissa les yeux vers la carte grise.

« Je vois que la propriétaire d'origine était une certaine Gladys Simpson.

— C'est ma grand-mère. Au dos de la carte, vous verrez qu'elle a transféré la voiture à mon nom avant sa mort. J'ai son certificat de décès – et son permis de conduire, si vous souhaitez vérifier sa signature. »

M. Underwood la reconduisit en voiture jusqu'à la gare routière, au centre de Wichita.

« Où allez-vous ?

— En Floride. J'en ai assez du froid. J'ai une tante là-bas qui va pouvoir garder mon bébé pendant que je termine mes études. L'argent de la voiture va me servir à ça. Je vais l'utiliser pour les frais de scolarité et les livres. »

Sa propre histoire la stupéfia. Fallait-il s'inquiéter de mentir de plus en plus facilement ?

Elle acheta un billet pour Oklahoma City.

Pendant le trajet, elle essaya de réfléchir à ce qu'elle devait faire d'autre. Aux erreurs qu'elle avait pu commettre.

À chaque kilomètre qu'elle mettait entre sa voiture et elle, elle se sentait davantage en sécurité. Bientôt, elle possé-derait un nouvel acte de naissance, un nom différent. Elle se sentirait alors encore plus sereine. Mais pas hors de danger.

Amanda Hartmann trouverait-elle un autre bébé ? Dirait-elle un jour à son frère d'arrêter la recherche de celui de Sonny ?

Non. Amanda n'abandonnerait jamais.

Il faisait déjà nuit lorsqu'un taxi les déposa devant leur immeuble. Le pauvre Ralph fut ravi de la retrouver : il sauta si haut qu'il exécuta un saut périlleux arrière.

« Waouh ! fit Jamie en posant le couffin pour serrer son chien dans ses bras. Il va falloir essayer ce fameux Frisbee ! »

Après s'être occupée de Ralph et Billy, elle posa un sandwich et un verre de lait sur la table basse. Elle proje-tait de lire enfin les documents que Mae lui avait donnés. Mais elle mangea son sandwich et resta assise là, en se permettant pour la première fois de réfléchir aux horreurs qu'elle avait traversées. La douleur qui lui avait broyé les os. Le sang. Son ignorance de ce qui allait lui arriver. La peur de mourir seule avec son bébé, sur un vieux matelas au milieu d'un blizzard. Même après la naissance de Billy, il lui avait fallu une immense détermination pour charger la voiture et repartir, le corps affaibli, déchiré, exténué, douloureux et saignant, saignant, saignant toujours plus. D'ailleurs, elle saignait encore. Comment savoir si c'était « trop » ou « normal » ? Peut-être devrait-elle trouver quel-qu'un pour se soigner.

Pour l'instant, elle avait juste envie de rester assise là. Elle se souvint qu'il n'y avait pas si longtemps, sa plus grande ambition était de retourner à l'université. Peut-être, un jour. Mais dans l'immédiat, il fallait qu'elle organise sa vie autour de deux objectifs – prendre soin de son enfant et garder sa petite famille en sécurité.

CHAPITRE 27

Dans son lit, Jamie s'étira. La météo avait promis un temps printanier. Elle avait toute cette journée pour faire ce dont elle avait envie. Pour le moment, les voyages étaient terminés. Elle entamait un jeu de patience – attendre de pouvoir établir sa nouvelle identité, acheter une voiture, chercher un emploi, ouvrir un compte en banque et reconstruire une nouvelle vie, celle de Janet Marie Wisdom.

Surtout, elle attendait le lendemain soir, pour parler à nouveau avec la mère de Joe.

Aujourd'hui, elle profiterait simplement de son bébé, de son chien, de leur nouvelle maison et du cadeau que constituait une journée ensoleillée.

Ralph la regardait au pied du lit.

« Bonjour ! Alors, que pourrions-nous faire ? Je veux donner un bain à Billy et nous avons de la lessive à faire. Cet après-midi, nous pourrions aller au parc pour voir si tu réussis à attraper un Frisbee. »

Elle lut les explications sur la manière de donner le bain aux bébés : seule une toilette à l'éponge était autorisée tant que l'extrémité du cordon ombilical ne serait pas tombée.

Elle posa Billy sur une serviette de toilette, à côté du lavabo de la cuisine, et le lava tout en lui parlant. Il leva les yeux vers elle, une expression quelque peu perplexe mais aussi pleine d'intelligence sur le visage. Il était si parfait – son petit nez, sa bouche, ses doigts, ses orteils. La courbe de ses minuscules épaules la fit fondre d'amour. Elle avait déjà compris qu'avoir un bébé changeait la vie ; mais elle n'avait pas pris conscience de l'importance du changement. « Je ferai de mon mieux pour être la meilleure mère possible », se promit-elle.

Cet après-midi là, ils eurent le parc pour eux seuls, à l'exception de quelques vieux messieurs qui jouaient aux dominos sur les tables de pique-nique. Jamie étendit une couverture sous un arbre, y installa Billy et s'empara du Frisbee.

En gardant un œil sur son bébé, elle lança le Frisbee. Ralph courait après, mais il attendait que l'objet atterrisse avant de le ramasser et de le lui rapporter au petit trot. La jeune femme n'avait aucune idée de la manière de faire comprendre à son chien ce qu'elle attendait de lui. Soudain, un des joueurs de dominos lui cria :

« Faites-le rouler dans l'herbe une ou deux fois ! Le chien va comprendre qu'il peut l'attraper même quand il bouge. »

Jamie suivit ses conseils. Ralph poursuivit effectivement le disque et l'attrapa. Ensuite, elle envoya le Frisbee à quelques centimètres du sol : le chien fit un grand bond et le saisit au vol. Elle en fut ravie.

« Bon chien ! » s'écria-t-elle en le regardant avec fierté revenir vers elle, le disque dans la gueule et la queue frétillante. Elle s'agenouilla pour le serrer dans ses bras.

« C'est toi le meilleur ! »

Ils passèrent alors aux choses sérieuses. Les joueurs de dominos applaudirent aux bonds de Ralph, dont le corps tournoyait dans les airs comme s'il avait attrapé des Frisbees toute sa vie. Jamie finit par se lasser du jeu. Elle prit Billy et marcha vers les tables de pique-nique, avec Ralph qui bondissait joyeusement à ses côtés.

« Merci pour le conseil, dit-elle à l'homme qui lui avait donné des instructions.

— Content de vous avoir rendu service. »

Il n'était pas aussi âgé que les autres joueurs de dominos. En fait, il n'était pas âgé du tout.

La veste de son costume était pliée sur le banc à côté de lui, avec sa cravate posée par-dessus. Il avait retroussé les manches de sa chemise blanche. Les autres joueurs étaient habillés de manière plus désinvolte ; il était le seul à avoir l'air de sortir de chez le coiffeur.

« Il pige vite. C'est un bon petit clébard. Vous l'avez depuis longtemps ? demanda l'homme en tendant le bras pour caresser Ralph.

— Il m'a suivie jusque chez moi il y a quelques jours.

— C'est un malin », dit-il en saisissant un domino qu'il fit tournoyer entre ses doigts.

Ses ongles étaient coupés avec soin, et ses chaussures étaient si bien cirées qu'elles reluisaient.

« Vous habitez dans le coin ?

— Non, je rends visite à ma tante. Eh bien, merci encore ! » répondit Jamie en essayant de conserver un ton calme et amical.

Elle recula. L'homme se leva.

« Eh bien, Grand-père, dit-il à un monsieur assis en face de lui, tu es prêt ? Grand-mère doit avoir terminé son gâteau, maintenant. »

Le vieux monsieur hocha la tête et parvint à se remettre sur pieds en s'appuyant sur la table.

Elle les observa traverser la rue et pénétrer à l'intérieur d'une maison à étage qui, comme ses voisines, avait connu des jours meilleurs. Dans l'allée, un 4X4 noir étincelant était garé derrière une vieille berline jaune.

Jamie sentit ses genoux se dérober sous elle. Elle inspira à fond plusieurs fois pour se calmer et traversa le parc en sens inverse avec son bébé, le chien à ses côtés.

Elle installa Billy dans son porte-bébé et rattacha d'un coup sec la laisse de Ralph, puis ramassa la couverture. « Cet homme *pourrait* être l'un d'entre eux. *Ils* savent que je possède un chien. Montgomery a dû leur d'écrire à quoi tu ressembles. Ils sont à la recherche d'une fille de haute taille, accompagnée d'un bébé et d'un chien brun-gris au poil ébouriffé et aux longues pattes. »

Elle laissa Ralph dans l'appartement et se rendit à pied avec Billy au supermarché voisin, où elle acheta une tondeuse à cheveux au rabais. Une fois de retour, elle étala plusieurs feuilles de journaux sur le sol. Elle tondit la majeure partie des poils de Ralph. Le chien n'apprécia pas tellement le procédé, mais il ne protesta pas.

« C'est ta coupe d'été. Tu auras bien moins chaud. »

Elle s'accroupit pour contempler son œuvre. Ralph était à présent un chien brun-gris, au poil court et aux longues pattes. Mme Duffy faillit s'étouffer en le voyant.

« C'est le même chien ? »

Jeudi après-midi, Jamie prit un car en direction de Norman, au sud d'Oklahoma City. Une fois arrivée, elle chercha un coin à l'écart pour allaiter son bébé. À 18 heures, elle composa le numéro de téléphone en fermant les yeux et en priant : *Je vous en prie, faites que les nouvelles soient bonnes.*

Mme Brammer répondit presque aussitôt.

« C'est Jamie. Avez-vous eu des nouvelles de Joe ?

— Pas encore, ma chère. Comment allez-vous ? Les choses se sont-elles arrangées ?

— Oui. J'ai un logement. Pour l'instant, ça va. Vous n'avez rien dit sur moi à personne, n'est-ce pas ?

— Pas un mot. Mais je n'ai pensé à presque rien d'autre.

— Je suis vraiment désolée. Je ne veux pas vous compliquer la vie.

— Je comprends, Jamie. Mais vous rendez-vous compte qu'il peut s'écouler des semaines avant que nous ayons des nouvelles de Joe ? Nous ne savons absolument pas quand il va rentrer à la maison. »

Jamie se souvint qu'au cours de leur première conversation, Mme Brammer s'était montrée certaine que Joe serait là pour l'anniversaire de son père.

Elle l'écouta lui suggérer d'attendre au moins deux semaines avant de rappeler. Peut-être, à ce moment-là, aurait-elle reçu des nouvelles.

Deux semaines d'attente, songea-t-elle, abattue, en raccrochant. Bien sûr, Joe ne pourrait peut-être rien faire pour changer sa situation. Et si elle le mettait en danger, lui et ses parents, en les impliquant dans ses problèmes ?

Avec cette pensée effrayante, elle s'assit dans la salle d'attente. Le prochain car à destination d'Oklahoma City partirait dans une heure.

À 21 heures, elle ouvrit enfin la porte de son appartement. Ralph l'accueillit avec joie.

Elle se fit chauffer une soupe et mangea en songeant à ce qui l'attendait. Pour le moment, elle n'avait pas grand-chose d'autre à faire que de s'occuper de son bébé, sortir le chien, lire et vérifier quotidiennement la boîte aux lettres pour voir si les actes de naissance étaient arrivés. Tant que le sien ne lui serait pas parvenu, elle resterait dans l'incertitude : sans numéro de Sécurité sociale, pas de permis de conduire ou d'emploi.

Le lundi suivant, les documents officiels arrivèrent. Elle eut soudain la sensation d'être une voleuse. À moins que « pilleuse de tombe » ne convienne mieux…

Au bureau de la Sécurité sociale, la salle d'attente était bondée. Elle compléta les formulaires nécessaires et attendit qu'on appelle son nom. Lorsque son tour arriva, une employée rondelette étudia le papier qu'elle lui tendait.

« Êtes-vous Janet Mary Wisdom ? »

En guise de réponse, Jamie tendit à la femme l'acte de naissance qui venait de lui parvenir. La dame l'examina et demanda :

« Avez-vous déjà été mariée ou avez-vous déjà utilisé un autre nom ? »

Au ton de sa voix, on comprenait qu'elle avait dû poser cette question un nombre incalculable de fois.

« Non.

— Avez-vous déjà demandé à obtenir un numéro de Sécurité sociale ?

— Mes parents sont décédés, répondit Jamie sans avoir la moindre idée si les parents de Janet Wisdom étaient toujours en vie. Je ne sais pas s'ils ont déjà demandé un numéro de Sécurité sociale à mon nom. J'ai été élevée par mon oncle et ma tante, au Canada, et je n'en ai pas eu besoin jusqu'à maintenant. »

La dame joignit une note au formulaire de demande.

« Il faudra que nous effectuions des recherches pour voir si on vous a déjà attribué un numéro.

— Ça va prendre combien de temps ?

— Deux à trois semaines. »

La dame appela le numéro suivant en regardant par-dessus l'épaule de Jamie.

Mme Duffy était assise sur le perron lorsque la jeune femme regagna son immeuble.

« Hé, Janet, j'ai préparé des sandwichs frais. Amenez ce bébé à l'intérieur et nourrissez-le pendant que je mets la table ! proposa-t-elle en se relevant péniblement.

— C'est très gentil de votre part. »

Elle songea que c'était étrange d'être appelée par un autre nom. Elle suivit la logeuse à travers le salon encombré, jusqu'à la cuisine. Sur le réfrigérateur trônait une immense photo d'Amanda Tutt Hartmann.

Jamie en eut le souffle coupé.

« N'est-ce pas que cette photo est formidable ! s'exclama Ruby Duffy. Je l'ai commandée au quartier général de l'Alliance, en Virginie. »

CHAPITRE 28

Billy et Jamie prirent le car vers l'est en direction de Shawnee, une petite ville surplombée d'immenses silos à céréales. Si on surveillait les appels que recevaient les Brammer, on comprendrait que Jamie vivait dans le centre de l'Oklahoma. Mais elle était déterminée à ce qu'on ne puisse pas la localiser plus précisément. La prochaine fois – s'il y en avait une – elle se rendrait encore plus à l'est, au lieu de continuer à rayonner autour d'Oklahoma City.

Comme toujours, Mme Brammer répondit à la quatrième sonnerie.

« Oh, Jamie ! Joe a téléphoné, mais Art et moi n'étions pas là. Il a donc appelé notre voisin pour s'assurer que tout allait bien. Il téléphonait de quelque part en Turquie. Il a dit qu'il ne rappellerait pas avant plusieurs semaines. Du coup, Art et moi avons décidé d'aller pêcher dans l'Arkansas. J'espère que ça ne vous dérange pas.

— Bien sûr que non, répondit Jamie qui s'efforçait de cacher sa déception. J'espère que vous y passerez du bon temps.

— Est-ce que votre… votre *situation* est toujours la même ?

— Oui, rien n'a changé. Mais je vais bien pour l'instant. Profitez de votre séjour ! Je vous rappellerai dans deux semaines. Si vous n'êtes pas de retour, je réessayerai la semaine suivante.

— Jamie, il me semble que vous avez besoin d'un avocat, quel que soit votre problème. Joe est diplômé en droit, mais il doit encore passer l'examen pour être reçu au barreau. Je sais que j'ai affirmé qu'il serait à la maison cet été, mais je ne veux pas que vous comptiez là-dessus. Nous n'avons vraiment aucune idée de ses projets. Il a reçu un héritage de sa grand-tante et il peut faire à peu près tout ce qu'il souhaite. Il peut même décider de reprendre les cours à Oxford, alors je pense sincèrement que vous devriez trouver quelqu'un de ce côté de l'océan pour vous aider.

— Vous avez peut-être raison. C'est juste tellement compliqué ! J'ai peur qu'un autre me prenne pour une folle ou une paranoïaque. »

Lors du retour vers Oklahoma City, Jamie s'assit à l'arrière du car et se répéta sa conversation avec Mme Brammer, qui devait finir par se lasser de tous ces mystères. Comme elle-même, d'ailleurs ! Après tout, elle n'était pas en prison. Excepté la brusque résiliation de son compte en banque, où étaient les preuves qu'on la recherchait, qu'on la poursuivait ou qu'on complotait en vue de l'assassiner ?

Mais elle se souvint de ce qu'elle avait ressenti devant le distributeur de Liberal, au Kansas – l'impression d'être une mouche qu'on allait écraser. Elle ne pouvait même pas imaginer la puissance de quelqu'un capable de manipuler ainsi la vie des gens.

Elle était presque en colère contre Joe. Il était loin, profitant des meilleurs instants de sa vie, alors qu'elle vivait ses plus affreux moments. À quoi cela servait-il de l'attendre ainsi ? Titulaire d'un diplôme de droit, il n'était pas avocat. Il n'avait même pas passé l'examen du barreau. Que pourrait-il faire ? Qui pourrait changer quelque chose à sa « situation » ? Elle vivait dans l'incertitude. Son destin : se résigner à avoir toujours peur, à penser que la catastrophe l'attendait au coin de la rue.

Elle baissa les yeux vers Billy, qui était la cause de tout ça. C'était une pagaille inextricable mais, au centre de sa vie, il y avait de l'amour.

Evelyn Washburn observa à travers la moustiquaire les deux beaux jeunes hommes en costume noir qui descendaient l'allée vers leur voiture. Avec un soupir, elle referma la porte et se dirigea vers la cuisine. Elle s'assit au bar et décrocha son téléphone, impatiente de raconter cette visite à sa fille et à son gendre.

Elle commença à composer leur numéro à Houston, avant de se souvenir que Millie et Art étaient partis en voyage. On pouvait compter sur Millie pour appeler tous les deux ou trois jours en vacances, mais Evelyn aurait aimé qu'ils ne se braquent pas tant contre les téléphones portables. C'était ridicule de ne pas en posséder aujourd'hui, à leur âge. Tout comme un ordinateur, bon sang ! Certaines personnes étaient tellement vieux-jeu…

Elle ouvrit la porte coulissante du patio, où elle arrosait ses plantes lorsque les deux hommes avaient sonné puis exhibé leur insigne. Elle brancha le tuyau d'arrosage et se repassa l'étrange rencontre en terminant son travail. Les badges avaient certes l'air tout à fait officiel et ces hommes s'étaient montrés très courtois, mais l'entretien l'avait mise mal à l'aise.

Elle s'était contentée de répondre à leurs questions, sans rien ajouter. Oui, elle et son mari avaient été les voisins de Jamie Long et de sa grand-mère. Non, ils n'avaient pas entendu parler de Jamie, pas plus qu'ils ne l'avaient revue après l'enterrement de sa grand-mère. Et non, son petit-fils Joe n'était jamais sorti avec elle.

Lorsque Evelyn eut terminé son arrosage, elle admira son jardin. Tout était si vert et luxuriant en Géorgie ! À Mesquite, c'était un vrai défi de conserver un joli jardin tout au long de l'été torride.

Elle rentra pour laver la salade et préparer le souper. Quelques minutes plus tard, elle entendit la porte du garage s'ouvrir. Elle s'essuya les mains.

« Jolie coupe de cheveux », dit-elle à son mari qui franchissait la porte.

Il déposa un baiser sur sa joue.

« Il est arrivé quelque chose de très étrange », lui raconta-t-elle en s'asseyant sur son perchoir habituel, tandis que Paul leur servait un verre de vin.

Au beau milieu de son récit, le téléphone se mit à sonner. Evelyn eut le pressentiment qu'il s'agissait de Millie.

« Salut, Maman. Comment vas-tu ?

— Où es-tu ?

— À Texarkana. Nous y passons la nuit à cause de soucis mécanique.

— Eh bien, je suis contente que tu m'appelles. Il faut que je te raconte quelque chose de plutôt troublant. »

Ruby Duffy continuait de faire des avances amicales à « Janet » et au petit Billy, mais la jeune femme inventait toujours des excuses quand la logeuse l'invitait à partager son repas ou lorsqu'elle lui proposait de la conduire à l'épicerie, même si ça lui aurait facilité la vie. Avec tous ces mensonges, le risque était grand de se trahir bêtement. Et l'adoration que Ruby vouait à Amanda Hartmann, qu'elle mentionnait à chaque conversation, la troublait.

Lire et marcher occupaient tout son temps ; ses saignements étaient moins abondants, Billy prenait du poids et semblait en pleine forme, mais elle devenait de plus en plus nerveuse au fil des jours. Son moral s'améliora, en revanche, lorsque sa carte de Sécurité sociale lui parvint. Elle allait récupérer un permis de conduire, acheter une voiture et se mettre à la recherche d'un emploi. Elle consulta l'annuaire pour y chercher l'agence de plaques minéralogiques la plus proche.

Elle s'y rendit avec Billy. Elle prit un ticket et un formulaire, puis se dirigea vers la salle d'attente. Elle compléta le document et observa les personnes qui la précédaient se faire prendre en photo avant de recevoir, quelques minutes plus tard, leur permis de conduire. Il lui fallut du temps avant de s'apercevoir qu'on leur demandait également leur empreinte digitale. Jamie essaya de se rappeler si on avait pris ses empreintes lorsqu'elle avait obtenu son permis de conduire texan. Ou à un autre moment de sa vie.

Elle ne parvenait vraiment pas à s'en souvenir.

Elle partit avant que l'on appelle son nom. Sur le chemin de la maison, elle s'arrêta à une cabine téléphonique et appela l'agence minéralogique de Mesquite, au Texas. Elle se fit passer pour une journaliste qui effectuait une enquête. L'État du Texas prenait-il l'empreinte digitale des gens qui demandaient un permis de conduire ?

Oui.

Si elle en obtenait un, peu importait le nom qu'elle utiliserait, on pourrait la suivre à la trace grâce à son empreinte digitale. Elle s'effondra contre le mur, submergée par le découragement. Quels autres obstacles pouvaient bien encore l'attendre ?

En fin d'après-midi, Ruby Duffy grimpa les trois étages pour annoncer qu'elle avait une casserole de soupe sur le feu et du pain à la farine de maïs dans le four. Jamie n'eut pas le cœur de décliner l'invitation, d'autant plus que celle-ci incluait Ralph.

Hormis la photographie d'Amanda sur la porte du réfrigérateur, elle aimait bien la cuisine accueillante de Ruby, avec son fauteuil à bascule dans un coin, son jardin d'herbes aromatiques sur le rebord de la fenêtre et la télévision allumée sur CNN, sa vieille compagne. Pour l'instant, le son était coupé.

Jamie s'assit dos au frigo. La soupe et le pain étaient délicieux ; elle en prit deux fois. Elle expliquait qu'elle espérait trouver du travail dans une garderie pour garder Billy auprès d'elle, lorsqu'elle s'aperçut que la logeuse ne l'écoutait plus. Quelque chose, sur l'écran, avait capturé son attention.

C'était Amanda Hartmann. Un bébé dans les bras.

Le sang lui monta à la tête et, l'espace d'un instant, elle eut l'impression qu'elle allait s'évanouir. Elle agrippa le rebord de la table pour se retenir et ferma les yeux.

« Regardez-moi ça ! » s'exclama Ruby en attrapant la télécommande pour remettre le son.

Amanda Hartmann louait le Seigneur de lui avoir apporté ce miracle. Elle se tenait devant une porte. Une très belle porte lambrissée, avec un heurtoir en cuivre. Radieux, Toby Travis paradait à son côté. Un gros plan sur le visage du bébé, puis, soudain, une présentatrice du journal télévisé assise à son bureau expliqua qu'il s'agissait des premières images de la célèbre évangéliste Amanda Tutt Hartmann et de son bébé, Jason Tutt Hartmann, né trois jours plus tôt. Dans le souci de protéger la vie privée de la famille, ils annonçaient seulement la naissance depuis leur demeure du nord de la Virginie. La présentatrice poursuivit en rappelant la mort du fils Hartmann dans l'accident d'un véhicule tout-terrain, sur les terres du ranch familial, dans le nord-ouest du Texas. Puis elle sourit et annonça que les informations sportives allaient suivre, juste après la pause publicitaire.

Ruby coupa le son.

« Dieu soit loué ! J'ai eu tellement peur pour Amanda ! Elle était trop âgée pour avoir un bébé, mais le Seigneur l'a aidée à traverser cette épreuve, bénie soit-elle. Après ce qui est arrivé à son fils, elle méritait cet enfant. Oh oui ! J'ai entendu la mère d'Amanda prêcher alors que j'étais encore jeune fille. À Dallas. Ma mère et moi étions venues confesser nos péchés et accepter le Seigneur Jésus-Christ comme notre sauveur. Mary Millicent a posé ses mains là, sur mon front. Seigneur, j'ai ressenti son pouvoir ! Ça m'a traversé le corps. Un des vigiles m'a rattrapée au moment où je tombais en arrière. Je n'ai jamais oublié la sensation de la puissance qui s'est emparée de moi et m'a lavée de tout. Parfois, quand j'en ai vraiment besoin, je ferme les yeux et je peux encore le sentir. »

Ruby soupira et essuya ses larmes. Jamie s'affaira à transporter les plats jusqu'à l'évier.

« Ne vous occupez pas de ça, Janet. Vous vous sentez bien ? Vous êtes un peu pâlotte. »

Jamie sourit aussi gaiement que possible.

« Juste un peu de fatigue, répondit-elle en prenant le couffin de Billy. Merci pour le dîner. La soupe était délicieuse. »

Amanda avec un bébé. *Qu'est-ce que ça signifiait ?* La question revenait en boucle. Était-elle enfin en sécurité ? Quelque chose clochait toutefois dans cette image du bonheur devant la jolie porte. La voix d'Amanda sonnait juste un ton trop aigu. Elle tenait le bébé avec raideur. Était-ce vraiment son fils ou un simple remplaçant, en attendant que son frère ramène l'enfant de Sonny ?

*

Lorsqu'on informa Gus de l'arrivée du rapport officiel, il introduisit le code d'accès sur son ordinateur. La fugitive avait été localisée. En raison des appels que Jamie avait passés à Houston, ils savaient depuis plusieurs semaines qu'elle se trouvait dans le centre de l'Oklahoma. Un de leurs agents basé à Oklahoma City s'était alors souvenu avoir vu une fille correspondant à sa description dans un parc. Ils habitaient au troisième étage d'un immeuble délabré, en pleine ville.

Ce soir-là, il fit venir Felipe à qui il donna une liste manuscrite d'indications essentielles, à mémoriser et à détruire avant de quitter la pièce. Il tambourinait sur le bureau pour souligner ses paroles :

« Ma priorité, c'est la sécurité du bébé. Tuez la fille ! Mais je veux que l'enfant soit sorti de l'appartement *avant.*

Je ne veux aucune trace, ni d'elle ni du chien. Qu'elle ait l'air d'avoir disparu dans la nuit. Pas d'indice. »

Felipe hocha la tête.

« Tu as prévu quelqu'un pour ramener le bébé, ici ? Je veux qu'il soit impossible d'identifier la fille ou de la relier à moi et à ma sœur. »

Une fois le plan passé en revue, il s'enfonça dans son fauteuil et regarda derrière Felipe, vers le jardin de méditation. Il avait mal au ventre. Parfois, il se demandait si sa conscience ne logeait pas dans son côlon. En fait, il avait les intestins dérangés depuis qu'il connaissait le sort réservé à Jamie Long. S'il n'avait pas aimé sa sœur à ce point, bon sang, il aurait pu la haïr. Mais de ce fiasco était né l'enfant de Sonny.

Il se leva brusquement de son siège.

« Appelle-moi à ton arrivée à Oklahoma City »

Il se dirigea ensuite d'un pas vif vers les toilettes.

CHAPITRE 29

Une fois de plus, Jamie se retrouvait à la gare routière. Elle avait prévu d'acheter un billet pour Seminole, au sud-est de Shawnee, où elle avait passé son dernier coup de fil à Mme Brammer, mais elle découvrit qu'il n'y avait pas de retour en car possible avant le lendemain matin.

Était-il vraiment nécessaire de s'éloigner pour téléphoner ? Elle essayait de ne pas se faire localiser à Oklahoma City ; mais peut-être était-ce déjà devenu évident à travers les appels qu'elle avait passés depuis différents lieux, tous situés aux terminus du métro. Elle s'imaginait un homme assis derrière une énorme console, comme un de ces génies de la technologie jouant dans les James Bond, en train de suivre sur une carte électronique tous les appels qu'elle passait chez Arthur Brammer, à Houston, au Texas. Mais peut-être cet homme n'existait-il pas. Le lien de Jamie avec la famille Brammer était trop ténu pour qu'on fasse le rapport.

Ou alors ?

De nombreuses personnes, à Mesquite, étaient au courant de l'amitié de longue date entre Gladys Simpson, sa petite-fille et leurs voisins de clôture, Evelyn et Paul Washburn, les parents de Millie Brammer et les grands-parents de Joe. Ce n'était pas non plus un secret que Joe rendait souvent visite à ses grands-parents et était devenu l'ami de Jamie comme celui de Gladys. Les précautions qu'elle devait prendre pour téléphoner dépendaient de la minutie des recherches de Gus Hartmann.

Elle se trouvait face à trois choix. Le plus sage aurait été de ne plus songer à Joe pour le moment. Ou alors, elle pouvait téléphoner à sa mère d'un endroit plus proche de chez elle et s'épargner ainsi beaucoup de désagréments. Elle pouvait aussi acheter un billet pour une autre destination que Seminole.

Elle acheta un billet. Elle se rendrait une seconde fois à Shawnee. Peut-être le génie derrière sa console déciderait-il qu'elle y habitait, là ou dans l'une des nombreuses villes encore plus petites éparpillées le long de l'autoroute reliant Oklahoma City à Fort Smith, dans l'Arkansas.

Il était l'heure de nourrir Billy. Elle alla à l'arrière du car et disposa une couverture par-dessus son épaule. Un homme au visage buriné, vêtu d'une chemise en jean et assis de l'autre côté de l'allée, une rangée avant la sienne, ne cessait de la regarder. Ça la rendit nerveuse. Elle ne parvenait pas à déterminer s'il était lubrique ou si son intérêt pour elle résidait dans tout autre chose.

Arrivée à Seminole, elle se rendit dans une cabine. Le téléphone sonna huit fois avant que le répondeur ne se déclenche. Une voix masculine lui annonça qu'elle se trouvait bien chez les Brammer. Au bout d'un quart d'heure, elle réessaya. Puis elle fit le tour du pâté de maison avant de recommencer une troisième fois. Lorsqu'on annonça le car pour Oklahoma City, elle retenta sa chance : en vain. Bien sûr, elle avait dit à Mme Brammer qu'elle rappellerait la semaine suivante s'ils n'étaient pas revenus de leur voyage.

Mais peut-être qu'elle et son mari avaient eu quelque chose de plus intéressant à faire, ce soir-là, que d'attendre le coup de fil d'une fille qu'ils connaissaient à peine. Et qui avait des problèmes, ou était complètement cinglée.

Peut-être était-il temps pour Jamie de suivre les conseils de Mme Brammer et de trouver un autre avocat. Peut-être devrait-elle se rendre à l'assistance juridique d'Oklahoma City, où on aidait les gens sans ressources ?

Elle essaya une nouvelle fois de s'imaginer expliquant sa situation à un parfait étranger.

Mon bébé est le petit-fils d'Amanda Tutt Hartmann. Oui, la célèbre évangéliste qui prêche à la télévision et vient d'accoucher. Sauf que l'enfant qu'elle tient sur ces images n'est pas vraiment le sien. Elle et son frère l'utilisent en attendant de me retrouver pour m'enlever le mien. J'ai signé un contrat dans lequel j'accepte d'être inséminée artificiellement avec le sperme du mari d'Amanda Hartmann, mais en fait, le sperme provient de son fils, que l'on croyait mort mais qui était en réalité maintenu en vie jusqu'à ce qu'Amanda soit certaine que je portais bien un bébé en bonne santé. Pendant les huit mois et une semaine qu'a duré ma grossesse, j'ai été tenue prisonnière dans le ranch des Hartmann, dans le nord-ouest du Texas, où j'ai rencontré la mère d'Amanda Hartmann, Mary Millicent Tutt Hartmann, qui était elle aussi prisonnière sauf qu'elle avait un passe-partout et errait parfois dans le ranch la nuit. C'est Mary Millicent qui m'a raconté que son petit-fils presque mort était en fait le père du bébé que je portais et qu'Amanda allait prétendre être la mère biologique de l'enfant, ce qui ferait de lui l'héritier de son sacerdoce lorsqu'il grandirait. Et Mary Millicent m'a avertie que le frère d'Amanda allait me faire assassiner après l'accouchement pour que je ne puisse raconter à personne qu'Amanda n'était pas sa mère et que Dieu n'avait pas accompli de miracle pour son corps stérile.

Tout ça était sans doute trop invraisemblable, même pour un avocat anticonformiste de l'assistance juridique. Si elle avait un jour la chance de raconter son histoire à Joe, lui aussi la penserait folle. Elle ferait mieux de commencer à agir dans l'hypothèse qu'on ne la croirait jamais. Ça ne servait donc à rien de dire un jour la vérité sur la naissance de son bébé.

Elle se demanda combien d'années il faudrait à Amanda et son frère pour abandonner la recherche du fils de Sonny. Pendant combien d'années elle devrait se cacher.

Toutefois, si ça devait devenir une nouvelle habitude de vie, il fallait prendre des dispositions. Elle devait acheter une voiture. Sans permis de conduire, il faudrait rouler très, très prudemment – sans jamais accélérer, en s'arrêtant toujours aux stops, en vérifiant bien si les phares étaient en bon état, sans jamais faire quoi que ce soit qui puisse la faire arrêter. Elle s'en savait capable. Le réservoir d'essence serait également toujours plein et il y aurait le nécessaire de base dans le coffre – couches, couvertures, vêtements, nourriture pour chien, quelques aliments non périssables pour elle-même et des bouteilles d'eau minérale – au cas où elle serait obligée de partir dans la précipitation. Elle ne quitterait jamais l'appartement sans argent liquide.

C'était déprimant de penser qu'elle fuirait probablement pendant des années. Quoi qu'il en soit, elle dormirait mieux en sachant qu'elle avait une voiture à sa disposition.

Elle regagna son appartement à la nuit tombée. Ruby sortit dans le couloir alors qu'elle montait les premières marches.

« Janet ! J'espérais que ce soit vous. Il faut que je vous dise quelque chose. »

Lasse, Jamie revint sur ses pas.

« J'ai une nouvelle locataire. Une jeune femme avec un bébé, pas beaucoup plus âgé que Billy. Elle débute au centre médical et elle m'a demandé si je connaissais quelqu'un pour garder son bébé pendant son temps de travail. Il m'est venu à l'idée que ça pouvait être la parfaite occasion pour vous de gagner un peu d'argent, tout en restant à la maison avec le petit Billy. »

Jamie eut peine à en croire ses oreilles. Des *bonnes* nouvelles, pour changer !

« Vous avez l'air fatiguée, mon chou. Pourquoi ne montez-vous pas voir votre chien pendant que je vous prépare un plat de spaghettis ? »

La jeune femme était trop fatiguée pour argumenter.

« Si vous voulez, vous pouvez laisser le bébé ici, avec moi, le temps de sortir le chien. »

Jamie s'arrêta net, submergée par un flot de panique.

« Je, euh… Il faut vraiment que je le change. Donnez-nous juste quelques minutes.

— Ma chérie, je ne vais pas vous voler votre bébé, si c'est ce qui vous inquiète. »

Ruby inclina la tête et fronça les sourcils.

« Car *c'est* ce qui vous inquiète, n'est-ce pas ? Qu'on vous prenne ce bébé ? »

Jamie ne sut pas quoi répondre. Elle se rua dans les escaliers, aussi vite que possible avec son bébé sanglé sur la poitrine.

Elle accueillit les manifestations de joie de son chien avec moins d'enthousiasme que d'habitude. Elle n'avait tout simplement plus l'énergie ou la volonté de jouer avec lui. Elle changea Billy, s'aspergea le visage d'eau et brossa ses horribles cheveux. Ensuite, conformément à sa nouvelle résolution de ne jamais quitter l'appartement sans argent, elle fouilla sous le matelas et en extirpa l'enveloppe en papier kraft qui contenait son liquide, ses papiers personnels et la bague de sa grand-mère. Elle en retira trois cents dollars, glissa à nouveau l'enveloppe sous le matelas et fourra l'argent dans sa poche.

Elle posa Billy dans son couffin et emmena Ralph sur le terrain vague avant de rentrer. Ruby avait laissé sa porte entrouverte. Jamie l'appela : « Ralph peut venir aussi ? »

« Oui ! Entrez vite, tous les trois ! »

Jamie referma la porte et se fraya un chemin à travers le salon. La cuisine était joyeusement éclairée, emplie des arômes d'ail et de pain tiède.

Le réfrigérateur arborait une nouvelle photographie – Amanda Hartmann tenant dans ses bras le mystérieux bébé. Encore une fois, Jamie s'assit dos au frigo.

Ruby lui servit une généreuse ration de spaghettis, qu'elle recouvrit de sauce tomate. Puis elle remplit son verre de thé glacé et posa une large tranche de pain croustillant sur son assiette.

Les spaghettis se révélèrent délicieux. Jamie dut admettre qu'il était agréable qu'on s'affaire autour d'elle, même si elle n'approuvait pas les goûts de son hôtesse en matière de décoration des réfrigérateurs.

Pendant le café, Ruby raconta qu'elle avait été esthéticienne. Elle tendit le bras par-dessus la table pour soulever une mèche des cheveux de la jeune femme.

« Pourquoi ne me laissez-vous pas vous recouper les cheveux, demain, et ajuster un peu la couleur ? Si vous ne voulez plus être blonde, je crois que vous devriez au moins ajouter quelques reflets, ça aurait l'air plus naturel. »

Jamie en resta sans voix. Et dut ravaler ses larmes. D'abord Mae la sage-femme, puis Ruby la logeuse. Elle avait presque oublié à quoi ressemblait la gentillesse.

« Je sais que vous avez des problèmes personnels graves, mais une mauvaise coupe de cheveux et l'absence d'ami sur qui compter ne devraient pas s'y ajouter. En plus, ça fait du bien à une vieille dame solitaire de se sentir utile, une fois de temps en temps. »

Après avoir quitté l'appartement de Ruby, Jamie s'assit sur le perron pendant que Ralph gambadait dans le jardin. Elle le rappela bientôt et sourit lorsque celui-ci se rua sur les marches, en remuant la queue et la langue pendante. Il était adorable.

Malgré la fatigue, elle gravit les escaliers d'un pas plus léger. Un bon repas et un peu de gentillesse vous remontent le moral de manière stupéfiante.

Jamie, Billy et Ralph passèrent la matinée du lendemain en bas, avec Ruby. La logeuse ajusta d'abord la coupe de cheveux, avant de retoucher les racines grâce à une procédure compliquée qui comprenait des feuilles d'aluminium et un pinceau. La matinée était presque terminée quand Jamie se fit un shampooing dans l'évier de la cuisine, avant de se contempler dans le miroir de la salle de bains. Ruby lui montra comment se servir d'un sèche-cheveux afin d'obtenir un effet bouffant. Les reflets adoucissaient la couleur sombre de ses cheveux et la rendaient vraiment plus naturelle.

« On dirait une autre personne ! », déclara Jamie, soulagée, en songeant que si elle revoyait Joe un jour, elle se sentirait moins mal à l'aise.

Le samedi matin, Ruby la présenta à la nouvelle locataire. Lynette était une jolie brune menue, affable, dont le petit ami travaillait sur une plate-forme pétrolière dans le Golfe du Mexique. Le bébé de Lynette avait deux semaines de plus que Billy.

Jamie eut presque l'impression d'être une jeune maman comme les autres, assise parmi les cartons de Lynette à discuter des rythmes de sommeil et des heures des repas. Lynette avait terminé sa formation d'aide-infirmière le mois qui avait précédé la naissance de Sally Ann. Elle espérait obtenir un poste permanent dans l'un des centres hospitaliers, mais pour l'instant, elle effectuerait des remplacements en fonction des besoins.

« J'aimerais bien être affectée au service de nuit, pour pouvoir passer plus de temps le jour avec Sally Ann, si ça ne te dérange pas. »

Jamie assura que la nuit lui conviendrait très bien. C'était même ce qu'elle préférait. Elle se demandait si elle devait avertir Lynette qu'elle ne resterait peut-être pas définitivement à Oklahoma City. Mais elle n'avait aucune certitude à ce sujet. Elle n'avait de certitudes sur rien. Et puis, ce serait une bonne chose de pouvoir compter sur un revenu, même modique.

Cet après-midi-là, elle laissa Ralph dans l'appartement et, avec le transat de Billy, elle se dirigea vers les entrepôts de véhicules d'occasion alignés le long de North Broadway. Le transat se révélait encombrant et cognait de manière désagréable contre sa jambe, mais il serait nécessaire si elle essayait une voiture.

Comme elle errait à travers les rangées de véhicules, elle se demanda jusqu'à quel point on pouvait négocier les prix peints sur leurs pare-brise. Les seules qui affichaient un prix tout juste abordable avaient l'air de sortir d'une décharge.

Dans chaque entrepôt, un vendeur la suivait tandis qu'elle vérifiait l'état des pneus et regardait sous les capots pour se faire une idée du moteur – état des courroies, propreté du réservoir d'huile, filtre qui nécessitait ou non d'être remplacé, degré d'encrassement des bougies.

Au troisième entrepôt, elle choisit le véhicule qu'elle considérait comme le meilleur de tout le lot et, avec le vendeur sur le siège passager et Billy attaché à l'arrière, elle essaya la voiture. Le moteur était un peu brusque. Elle décida de reprendre ses recherches le lendemain, mais dit qu'elle allait réfléchir. Ensuite, elle refit le long trajet vers sa maison.

De retour à l'appartement, elle ouvrit les fenêtres. Il lui faudrait acheter des ventilateurs s'ils ne voulaient pas étouffer cet été. Elle se prépara à dîner, avant de s'amuser à faire des mots-croisés avec la radio en bruit de fond. Puis, Billy dans les bras, elle sortit Ralph devant la porte. La nuit était douce. Elle resta assise sur le perron pendant que le chien reniflait avec soin chaque buisson.

Le ciel étoilé lui rappela une soirée où Joe et elle s'étaient allongés dans le jardin pour observer la lune à la jumelle. Elle avait eu conscience de son regard alors qu'elle examinait la surface grêlée. Il lui avait dit que ses cheveux prenaient une couleur argentée à la lumière de la lune et en avait effleuré une mèche.

Avec ses cheveux bruns et un bébé dans les bras, il ne reconnaîtrait probablement pas la fille d'autrefois.

Lorsque Billy commença à se manger les poings, Jamie rappela Ralph, qui était en train de flairer un peu partout autour d'un yucca. Comme il n'obéissait pas, elle usa d'un ton plus ferme et le chien sortit à reculons du buisson.

« C'est bien. Allez, montons nourrir ce bébé ! »

Elle venait de terminer la tétée lorsqu'on frappa. Elle laissa la chaîne de sécurité en place avant d'entrebâiller la porte. Voyant qu'il s'agissait de Lynette, elle ôta la chaîne et l'invita à entrer.

L'hôpital venait d'appeler. L'équipe de 23 heures était incomplète et on avait demandé à Lynette de venir effectuer un remplacement. Jamie accepta, bien entendu, de garder Sally Ann. Lynette monterait sa fille vers 22 h 30.

Jamie avait prévu d'acheter un parc pour bébé d'occasion, qui aurait aussi pu servir de lit à Sally Ann. Mais pour une nuit, elle ferait sans. Elle posa Billy dans son couffin, changea les draps et alla prendre une douche. Elle était en chemise de nuit quand Lynette arriva avec son bébé et un sac à langer rose.

Elle regarda Lynette installer sa petite fille endormie dans le lit de Billy et la recouvrir d'une couverture légère.

« Je viens de la nourrir. Si elle se réveille dans la nuit, propose-lui une sucette. Si ça ne marche pas, donne-lui un biberon. Je viendrai la rechercher vers 7 h 15. Je ne pourrais jamais assez te remercier. »

Jamie verrouilla la porte. Ralph était déjà roulé en boule au pied du lit, dans la chambre à coucher. La jeune femme s'assit avec Billy sur les genoux ; lui murmura qu'il était mignon et qu'elle l'aimait. *Et il sourit.*

Pas une ébauche de sourire : un vrai sourire. Pour en être sûre, elle continua de babiller. Billy sourit à nouveau, agitant les bras et les jambes avec l'air d'être tout fier de lui. Elle le persuada de recommencer, très émue.

« Regarde, Ralphie ! Billy nous sourit ! »

Ça avait été une bonne journée aujourd'hui. Comme hier. Deux bonnes journées de suite. Son bébé avait souri pour la première fois. Elle avait une source de revenus, une nouvelle coiffure et elle avait commencé à chercher une voiture. Elle avait aussi deux amies – Lynette et Ruby.

Avant d'éteindre la lumière, elle se rendit à pas feutrés dans le salon pour jeter un coup d'œil au bébé de Lynette.

Le clair de lune baignait la pièce et éclairait le nourrisson endormi. Sally Ann. Une adorable petite fille. Elle remonta la couverture jusque sous son menton et posa sa main sur la minuscule poitrine pour la sentir se gonfler et se dégonfler.

Dans la chambre, Billy dormait. Elle s'assit pour le contempler. Le sentiment qui l'emplissait dépassait l'amour, l'adoration. Il englobait quelque chose de très primitif, de féroce. Personne ne lui enlèverait jamais son bébé. *Jamais.*

Elle tendit le bras pour tapoter la tête de Ralph et lui souhaiter bonne nuit. Le chien n'ouvrit pas les yeux, mais remua un peu la queue.

« Tu es complètement épuisé, hein ? Moi aussi. C'était une journée chargée. »

Elle s'allongea à côté de son bébé et admira le ciel. De sa fenêtre, elle ne voyait pas la lune, mais les étoiles scintillaient, mystérieuses. Elle se demanda où se trouvait Joe en ce moment, et à quoi il pensait. Juste avant de fermer les yeux, elle jeta un coup d'œil vers la porte ouverte de la chambre, où l'on distinguait le berceau où dormait le bébé de Lynette.

CHAPITRE 30

Il était un peu plus d'une heure quand Jamie découvrit la disparition de Sally Ann. Billy était entre la veille et le sommeil. Billy s'était à moitié réveillé et elle tentait de le rendormir en le promenant dans l'appartement lorsqu'elle s'aperçut que le berceau était vide.

La panique l'envahit et lui brouilla l'esprit. *Ils* savaient où elle était. Ils pensaient avoir pris *son* bébé. Tout en essayant de faire face à l'horreur, Jamie tentait de se calmer.

Combien de temps faudrait-il avant qu'ils ne s'aperçoivent qu'ils avaient entre les mains une petite fille ? Pourquoi celui qui s'était emparée de Sally Ann ne l'avait-il pas tuée, elle, avant ?

Elle s'imagina une silhouette floue qui posait un pistolet sur sa tempe pendant qu'elle dormait et actionnait la détente. Ou qui posait un oreiller sur son visage et l'étouffait.

Mais quelque chose clochait dans ces deux scénarios. Pourquoi ne s'était-elle pas réveillée quand on avait enlevé l'enfant ? Ralph aurait dû l'alerter à l'instant où un intrus posait le pied dans l'appartement. Ralph aurait dû aboyer.

Ralph !

Elle se précipita dans la chambre. Son petit chien tout ébouriffé était toujours roulé en boule, au pied de son lit.

Elle sut qu'il était mort sans même le toucher. *Non ! Pas son Ralph !* Pas l'adorable petit chien qui avait passé tous ces mois auprès d'elle. Le fidèle compagnon qui lui avait permis de garder la raison. Il l'avait aimé sans condition et lui avait voué une confiance sans bornes.

Elle eut envie de se mettre à crier, à hurler son chagrin, sa rage. Mais elle n'avait ni le temps de s'énerver ni celui de se lamenter. Pas même pour Ralph.

Elle devait partir d'ici.

Elle posa Billy sur le lit, attrapa son sac à dos et fourra à toute vitesse des affaires dedans. Quelques vêtements pour son fils. Une paire de couvertures. Des couches. Le porte-bébé. La carte de l'Oklahoma. Puis elle s'aperçut qu'elle était toujours en chemise de nuit. Elle s'habilla à toute vitesse et fourra quelques vêtements dans le sac.

Elle fouilla sous le matelas et en sortit l'enveloppe en papier kraft, qu'elle glissa sous le matelas du couffin, puis elle y déposa son bébé. Elle embrassa une dernière fois son chien.

Aveuglée par les larmes, elle balança le sac à dos sur son épaule et saisit le couffin. Elle consulta l'horloge posée sur la commode : moins de dix minutes s'étaient écoulées depuis qu'elle s'était rendu compte de la disparition de Sally Ann.

Billy mâchouillait ses poings ; dans quelques secondes, il allait se mettre à pleurer. En route vers la porte, Jamie ramassa la sucette de Sally Ann dans le berceau. Elle ne prit pas le temps de la laver ni même de l'essuyer sur sa manche. Billy n'avait jamais pris de sucette, mais il comprit tout de suite le système.

Avec toutes les précautions imaginables, elle ouvrit la porte et regarda furtivement dans le couloir, en laissant d'abord la chaîne de sécurité. Avant de sortir, elle jeta un dernier coup d'œil derrière elle : des pieds apparaissaient à la fenêtre. Le ravisseur revenait pour la tuer.

Elle se glissa dans le couloir et referma doucement la porte. Puis elle dévala les trois étages.

Parvenue au rez-de-chaussée, elle entrebâilla la porte d'entrée avant de faire demi-tour sur la pointe des pieds pour repartir vers la cave. Dans les ténèbres d'un noir d'encre, elle se faufila sans bruit dans les escaliers. La buanderie, avec ses deux soupiraux, était moins obscure. Elle s'arrêta, le temps que ses yeux s'accommodent. Pousser la table en bois aurait fait trop de bruit. Jamie eut besoin de toutes ses forces pour la soulever et la placer sous l'une des fenêtres. Elle posa couffin et sac à dos sur la table, grimpa dessus et abaissa le soupirail avec précaution. Elle se glissa par l'ouverture. Une fois dehors, elle tendit la main pour attraper le couffin et le sac. Puis elle referma la fenêtre à tâtons.

Elle resta accroupie là, sans bouger, cachée par les buissons. Elle entendit la porte d'entrée s'ouvrir. Des pas sur le perron. Billy essayait de retirer la sucette de sa bouche ; elle la maintint d'une main tout en déboutonnant sa chemise de l'autre avant d'attraper son bébé.

Le ravisseur n'était certainement pas seul. Il avait déjà dû confier Sally Ann à un complice et revenait tuer Jamie. Il n'y avait d'ailleurs probablement pas que ces deux-là : les autres allaient se lancer à sa recherche.

Elle donna le sein à Billy jusqu'à ce qu'elle soit sûre qu'il ne pleurerait plus, puis elle rampa dans l'ombre qui séparait l'immeuble de Ruby de son voisin, en se mettant à l'abri le plus vite possible derrière les arbustes qui envahissaient l'allée. Aplatie contre le mur, elle se fraya un chemin vers l'avant du bâtiment et passa par-dessus la grille pour gagner la véranda. Toujours dans l'ombre, elle la traversa sur la pointe des pieds et descendit dans le jardin d'arbustes de l'autre côté de la bâtisse, qui se trouvait à un angle de rue celui de l'arrêt de bus. Elle s'assit alors sur la terre humide, derrière un énorme lilas, pour y attendre le matin et pleurer son petit chien. Elle savait ce qui s'était passé : quelqu'un l'avait observée et avait vu qu'elle sortait Ralph tous les soirs. On avait laissé un morceau de viande empoisonné près des marches du perron.

S'ils avaient réussi à la tuer, ils se seraient débarrassés de son corps et de celui de Ralph pour donner l'impression qu'elle était partie au milieu de la nuit. Ruby se serait souvenue de la bosse sur son front et en aurait conclu qu'elle fuyait à nouveau son petit ami.

Sauf que le ravisseur n'avait pas pris le bon bébé. Bientôt, ils allaient s'en apercevoir. Elle ferma les yeux et se mit à prier. *Je vous en prie, faites qu'ils ne tuent pas le bébé de Lynette. Je vous en prie.*

Elle s'imagina Lynette qui revenait le matin et demandait à Ruby d'ouvrir l'appartement parce que Jamie ne répondait pas. On appellerait la police. Les agents penseraient-ils que Janet Wisdom avait emmenée les deux enfants ?

En ce moment même, le ravisseur et ses complices devaient sillonner les rues à sa recherche. Peut-être avaient-ils appelé du renfort.

Elle essaya de s'installer le plus confortablement possible, le dos contre la façade de la maison. L'humidité de la terre moite pénétrait son jean à l'endroit où elle était assise ; elle étala une couche de feuilles mortes sur le sol pour se protéger. Elle resta là des heures. Elle pleurait son chien, avec son bébé dans les bras. Qu'allait-il encore leur arriver ?

*

« Nous avons le bébé », annonça Felipe à Hartmann.

Il se trouvait à l'arrière d'une camionnette arrêtée dans un garage.

« Carl et Luis sont repartis pour s'occuper de la fille.

— Le bébé va bien ?

— On dirait. Il est avec la femme, dans l'autre véhicule.

— Bien. Tu as réfléchi à la manière de sortir le corps de l'appartement ?

— On va le jeter par la fenêtre. Avec celui du chien. Ensuite, on les ramasse et on s'en va. L'avion attend à la campagne. On vous dépose le bébé en Virginie et on survole l'océan, pour se débarrasser des cadavres.

— Appelle-moi avant de décoller. »

Ensuite, Felipe téléphona à la femme.

« Le bébé va bien ?

— Ouais, mais je croyais que vous m'aviez parlé d'un garçon.

— Qu'est-ce que vous dites ?

— Je viens de changer sa couche. C'est une *fille.* »

Felipe ne perdit qu'un bref instant. Il avait toujours su qu'un moment comme celui-ci arriverait – un moment où il deviendrait lui-même la cible de la rage de Gus Hartmann. Il démarra. L'avion qui l'attendait l'emmènerait sur une île au large du Honduras. De là, il prendrait un bateau jusqu'à un endroit connu de lui seul. C'était un soulagement, en fait. Il avait assez d'argent sur ses comptes en Suisse pour vivre trois vies.

Amanda avait rejoint Gus dans son bureau vers minuit. Elle avait fait les cent pas avant de s'allonger sur le canapé, perdue dans un monologue. *Il était vraiment nécessaire d'en finir avec cette histoire ! Cela serait merveilleux de tenir enfin le bébé dans ses bras. Personne ne pourrait remplacer Sonny, mais cet enfant-là était ce qu'il y aurait de mieux. Comme elle s'était sentie mal lorsqu'elle avait tenu cet autre bébé dans ses bras, devant les caméras !*

Elle finit tout de même par s'assoupir. Gus ne la réveilla pas après avoir parlé à Felipe. Il voulait être absolument certain que tout s'était bien passé. Il resta assis à son bureau à fixer les minutes qui défilaient sur l'horloge. L'avion décollerait dans une heure environ.

Au bout de deux heures, il dut admettre que quelque chose n'allait pas, mais il attendit trente minutes de plus avant de secouer sa sœur.

« Quelque chose cloche.

— Comment le sais-tu ?

— Felipe aurait déjà dû m'appeler. J'ai essayé de le contacter, mais soit son téléphone est éteint, soit il s'en est débarrassé.

— Pourquoi aurait-il fait ça ?

— Parce qu'il a tout fait foirer et qu'il essaie de sauver sa peau.

— Et les hommes qu'il a engagés pour l'aider ?

— Pareil, répondit Gus, la mâchoire serrée.

— Mais tu vas quand même pouvoir récupérer le bébé, n'est-ce pas ?

— Oui, bien sûr. Mais ça peut prendre quelques jours. Tu ferais aussi bien de remonter. Prends quelque chose pour dormir.

— Je n'aurai pas mon bébé, ce soir ?

— Non, pas ce soir. »

Il s'approcha du canapé pour la prendre dans ses bras et lui parla de sa voix la plus réconfortante. Tout irait bien.

Ça prendrait juste un petit peu plus de temps que prévu. Il lui lissa les cheveux et lui dit qu'il l'aimait. Ils allaient être très heureux, avec le bébé de Sonny à élever et à chérir ! Mais dans l'immédiat, qu'elle aille dormir ! Il devait réfléchir. Et aussi passer quelques coups de fil.

À midi, Gus avait rassemblé toutes les pièces de l'histoire. Jamie Long s'occupait du bébé de sa voisine. L'homme de main de Felipe s'était trompé d'enfant et la fille avait foutu le camp. La femme qui travaillait avec Felipe avait abandonné le nourrisson dans la salle d'attente d'un hôpital.

« Quelle poisse ! Quelle poisse ! »

Néanmoins, il retrouva ses esprits. Une jeune femme avec un bébé et sans aucun bagage, sans personne vers qui se tourner, ne devrait pas être trop difficile à retrouver.

Le premier bus du matin arrivait. Toute endolorie, sale et débraillée, Jamie se glissa hors des buissons. Elle monta la dernière, donna un billet froissé au conducteur et s'assit sur le siège derrière lui.

Elle descendit à Classen Boulevard et marcha jusqu'au dernier des trois entrepôts qu'elle avait visités. Le même vendeur était déjà là, déverrouillant la porte de son bureau.

« Vous revenez pour la voiture ?

— Si vous me faites un bon prix. Sinon, il faudra que j'aille voir ailleurs. »

L'homme la dévisagea d'un air entendu avant de secouer la tête.

« Le prix reste le même.

— Si je vous paie ce que vous en demandez, je n'aurai plus assez d'argent pour acheter de l'essence. »

Le vendeur baissa le prix de cent dollars. Elle pouvait presque sentir ses poursuivants se rapprocher d'elle de minute en minute.

« OK.

— Votre nom, pour le contrat ?

— Mary Johnson. »

Une fois Billy attaché à l'arrière, elle roula un moment avant de s'arrêter dans un téléphone drive-in[1]. Elle ne perdait rien à composer le numéro des Brammer une dernière fois. D'ici à ce que son coup de fil soit localisé et que quelqu'un arrive dans ce trou, elle serait à des kilomètres.

Une voix masculine lui répondit. Un homme jeune. Elle se cramponna au combiné sans rien dire. Était-ce l'un des hommes de Gus Hartmann qui avait attendu son appel pour la menacer ? Pour lui mentir en lui racontant que tout ce qu'ils voulaient, c'était le bébé, et que rien ne lui arriverait si elle le leur laissait ?

« Jamie, c'est toi ? »

Elle posa sa tête sur le volant. Ça faisait longtemps – dans une autre vie ? – qu'elle n'avait pas entendu cette voix.

« Joe ?

— Oh, mon Dieu ! Jamie, que se passe-t-il ?

— Je ne peux pas t'expliquer. J'appelais juste pour prévenir que je ne téléphonerai plus. Ils savent où je suis. Je dois trouver une cachette. Ils ont même tué mon chien. Et ils nous écoutent *en ce moment même.*

1. Téléphone que l'on peut utiliser sans descendre de sa voiture, sur le modèle des cinémas drive-in (NdT).

— Jamie, écoute-moi très attentivement. Tu te souviens de ce dimanche après-midi où nous avions prévu de faire visiter à ta grand-mère un lieu très particulier ? »

Elle essaya de réfléchir.

« Je ne vois pas du tout de quoi tu parles.

— C'était un lieu historique, où Gladys n'était jamais allée. »

Jamie se massa le front.

« Je n'arrive pas à réfléchir, Joe. Je ne vois pas de quoi tu parles. *Ils* sont en train de localiser la provenance de mon appel au moment où nous parlons. *Ils* vont arriver d'une minute à l'autre, maintenant. »

Joe continua de parler d'une voix calme.

« Il s'est mis à pleuvoir, et nous avons décidé d'annuler. Gladys a mis un rôti au four et nous avons joué aux dominos pendant qu'il cuisait. Gladys a gagné la partie. »

Jamie se creusa la tête. Elle avait tellement peur. Elle était si fatiguée. Elle avait faim. Elle ne parvenait pas à réfléchir. Elle ne le *pouvait pas*. Granny faisait tout le temps des rôtis. Elle les battait tout le temps aux dominos.

C'est alors qu'elle se souvint. Il y avait eu un terrible orage, avec des éclairs impressionnants et beaucoup de tonnerre.

« La lumière s'était éteinte.

— Oui. Peux-tu te rendre à cet endroit – là où nous ne sommes jamais allés ?

— Je ne me souviens plus du nom, mais je me rappelle de ce qu'il y avait à côté.

— Débrouille-toi pour y être le plus vite possible. Je t'y attendrai demain midi et à nouveau à la tombée du jour. Le lendemain aussi. Je t'y attendrai tous les jours jusqu'à ce que tu arrives.

— Je ne sais pas combien de temps ça va me prendre. Je suis dans une situation… difficile.

— C'est ce que j'ai cru comprendre. Vas-y ! Je serai là.

— Mais on va te suivre !

— Viens, Jamie !

— Oui. Je vais venir. Je vais raccrocher. Au revoir ! »

*

Elle raccrocha vivement le téléphone, se coupant non seulement de Joe mais aussi de la présence menaçante qui, elle le savait, avait espionné leur conversation.

Elle lui avait parlé ! Et elle avait un plan…

Elle s'inséra dans la circulation et roula vers l'ouest au lieu de prendre au sud, au cas où elle serait suivie. Pouvaient-ils avoir fixé un moyen de repérage sur cette voiture ? Elle essaya de se convaincre que c'était impossible. *Réfléchis*, se dit-elle.

Ses poursuivants allaient comprendre que la destination sur laquelle Joe et elle étaient tombés d'accord se trouvait à une journée de route de Houston. Ils allaient alerter la police de la route et les forces de l'ordre locales. Jamie s'efforça de se représenter le labyrinthe de routes et d'autoroutes du Texas, l'immensité de cet État. Elle avait peut-être une petite chance, mais il faudrait faire preuve d'astuce. Or, elle était trop épuisée pour ça. Trop épuisée et affamée.

Ils s'attendaient à ce qu'elle se dirige vers le sud, jusqu'au Texas, ce qu'elle devrait faire au bout du compte. Mais pas tout de suite.

Elle allait prendre son temps. Laisser ses poursuivants la devancer.

Elle prit au nord, évitant les routes principales. Elle traversa un quartier où trônaient de vieux manoirs majestueux, aussi imposants que des hôtels, puis, plus au nord, elle dépassa des résidences fermées pour riches. Elle conduisait très prudemment, toujours attentive aux limitations de vitesse et aux panneaux de stop.

Comme elle ne voulait pas gâcher d'essence, plutôt que d'effectuer des détours sans but, elle fit des pauses. À deux reprises, elle s'arrêta pour donner la tétée à Billy et lui permettre de sortir un peu du couffin. Finalement, en se restreignant aux axes secondaires, elle mit le cap vers le sud, sans cesser de jeter des coups d'œil dans son rétroviseur.

Lorsque l'obscurité tomba enfin, elle remplit le réservoir d'essence, acheta des barres chocolatées, remplit la bouteille de jus d'orange vide avec de l'eau et reprit son chemin vers le sud, à l'est de la I-35. Bientôt, avec la nuit, les routes de campagne se firent désertes. Lorsque la lune se leva, Jamie éteignit ses phares par longs intervalles, sans trop savoir pourquoi, si ce n'était que ça lui procurait la sensation d'être invisible. Depuis son parcours à travers la moitié ouest de l'État, elle savait que les routes de comté formaient des carrés d'environ 1,5 km. Elle se dirigea vers le sud un moment, puis vers l'est, puis à nouveau vers le sud, jusqu'à être obligée de maintenir le cap vers l'est pour contourner le lac Texoma.

Elle suivait un trajet sinueux. L'aube pointait lorsqu'elle traversa la Red River pour entrer au Texas. À Ridings, elle étudia la carte du Texas accrochée au mur. Elle savait qu'il lui fallait dormir un peu.

L'horloge de la voiture ne fonctionnait pas et elle avait laissé sa montre dans l'appartement. À son réveil, elle estima qu'on devait être en milieu de matinée. Arriver à destination pour midi était impensable. En revanche, avec un peu d'espoir, elle y serait au crépuscule.

En empruntant exclusivement les routes de campagne, elle reprit sa route vers le sud, toujours vigilante, bien qu'elle n'ait aucun indice sur la forme que prendrait son ennemi. Se sentirait-elle un jour à nouveau en sécurité ? Ce mot lui-même lui paraissait insaisissable, comme un trésor qui se trouverait à l'autre bout d'un arc-en-ciel, un trésor désirable mais qu'elle ne pourrait jamais atteindre.

Et Joe ? Comment supporterait-elle leurs retrouvailles ? Il lui fallait absolument se nettoyer un peu avant leur rendez-vous.

Et ensuite ?

Elle savait qu'il l'aiderait. C'était dans son caractère. En revanche, c'était peut-être mieux de ne pas pousser les choses plus loin. En n'espérant pas plus, elle ne serait pas déçue.

Mais c'était une résolution difficile à mettre en application.

Le Texas n'était pas sillonné de routes formant des carrés bien délimités comme l'Oklahoma, et elle devait faire attention de ne pas se perdre et rester sur les routes de campagne. En début d'après-midi, elle passa au-dessus de l'I-30, qui reliait Dallas au sud de l'Arkansas. Quelques heures plus tard, elle traversa la I-20 qui reliait Dallas à Shreveport.

Le moteur se mit à chauffer au sud d'Athens.

Elle s'arrêta dans une station-service pour asperger d'eau le radiateur, avant de rouler très lentement jusqu'à Corsicana. Elle gara la voiture près de la gare routière et sortit son bébé et quelques affaires.

Le car ne partait pas avant le lendemain matin. Après s'être procuré un billet pour Brenham, il lui resta juste assez d'argent pour acheter une banane et deux barres chocolatées. Elle remplit sa bouteille avec l'eau des toilettes.

La gare routière fermait à 17 heures.

Jamie marcha un peu avant de retourner à la voiture. Elle chantonna pour Billy et joua avec lui aussi longtemps qu'il le voulut, puis elle lui donna le sein jusqu'à ce qu'il s'endorme. À chaque passage d'une voiture, elle se cachait. Elle attendit la nuit pour manger une barre chocolatée. Pour la deuxième fois, elle n'avait pas pu être présente là où ils avaient rendez-vous, et elle n'y serait pas non plus le lendemain. Mais Joe avait promis d'y revenir jusqu'à son arrivée. Elle s'accrochait à cette promesse.

La nuit lui parut interminable. La fatigue et l'inconfort rendaient chaque muscle de son corps douloureux. Au petit déjeuner, elle mangea la banane.

Le car arriva à Brenham juste avant midi. Elle décrivit l'endroit où elle voulait se rendre à la vendeuse de billets.

« Il s'agit d'un très vieux cimetière, où sont enterrés les premiers colons de la région.

— Ce doit être le cimetière de l'Indépendance.

— Comment puis-je m'y rendre ?

— Il suffit de remonter la rue, là, jusqu'à Chapel Hill, et de prendre à gauche. Chapel Hill croise la route 105, qui vous mènera à la route 50. On ne peut plus vraiment parler d'une ville. Cherchez simplement Old Baylor Park. Le cimetière est tout près.

— C'est loin ?

— Entre 15 et 30 km, je dirais, mais il n'y a pas de liaison en car. »

De toute façon, Jamie avait prévu de marcher : elle n'avait plus assez d'argent pour s'acheter un billet.

Près de la gare routière, elle abandonna l'encombrant couffin dans une benne à ordures et installa Billy dans le porte-bébé en tissu.

Elle se souvint qu'autrefois, courir sur une quinzaine, voire une trentaine de kilomètres lui était extrêmement facile. Maintenant, il suffisait de marcher. Mais il faisait déjà chaud, elle était épuisée, et elle avait un bébé sanglé sur le ventre.

Le simple fait de monter une petite côte lui coupait le souffle et la laissait trempée de sueur. Billy était agité. Elle fit plusieurs pauses et dénicha un coin ombragé pour lui donner le sein, sans savoir combien de temps s'était écoulé depuis la dernière tétée.

Elle mangea la seconde barre chocolatée par petites bouchées et rationna son eau. Il n'y avait aucune station-service, aucun bâtiment, hormis parfois une ferme au bout d'un chemin tortueux. La semelle de sa chaussure gauche se détacha, rendant sa marche difficile. Elle la rafistola avec une bande de tissu arrachée à la couverture qu'elle utilisait pour protéger Billy du soleil.

Je peux le faire, se répétait-elle. Ces mots devinrent son leitmotiv. À plusieurs reprises, un véhicule ralentit : le conducteur hésitait à lui demander de monter. Mais elle regardait droit devant elle et son pas traînant prenait alors l'allure d'une marche militaire.

Les panneaux lui indiquèrent qu'elle approchait du cimetière de l'Indépendance. Elle s'arrêta dans une énorme jardinerie pour demander sa direction. Une femme qui arrosait des rosiers la renseigna et remplit sa bouteille d'eau.

« Tout va bien, ma chère ?

— Très bien, répondit Jamie avec toute la gaîté qu'elle put rassembler. C'est juste plus loin que je ne l'avais cru. »

Elle demanda l'heure et reprit sa route.

Elle dépassa quatre majestueuses colonnes de pierre au milieu d'un bosquet d'arbres. Un panneau indiquait : OLD BAYLOR PARK. Environ huit cents mètres plus loin, une autre pancarte donnait la direction de McCrocklin Road. Un peu plus d'un kilomètre après, la route croisait Coles Road, exactement comme l'avait annoncé la dame qui arrosait les roses.

Une femme à bord d'un 4X4 freina et lui demanda si elle était perdue.

« Non, M'dame. Je me promène. »

La femme avait de beaux cheveux d'un blanc de neige. Elle dévisagea Jamie.

« Vous m'avez l'air très fatiguée et vous semblez souffrir de la chaleur. J'habite juste après le cimetière. Le bébé et vous êtes les bienvenus si vous voulez vous reposer. Je vais préparer une cruche de citronnade fraîche dès que j'arriverai à la maison. »

Jamie la remercia encore et poursuivit son chemin.

De la citronnade fraîche. Elle se sentait défaillir rien que d'y songer.

Le cimetière se trouvait à droite sur Coles Road, au milieu d'un bosquet de vieux chênes. Juste derrière l'entrée, Jamie s'effondra près de la tombe moussue de Moses Crawford, décédé en 1857. Elle s'assit de manière à être invisible depuis la route et donna le sein à son bébé. Ensuite, elle s'allongea et, serrant Billy avec tendresse, elle se pelotonna autour de lui et ferma les yeux.

CHAPITRE 31

Après l'appel de Jamie, Joe resta immobile, le combiné vissé à l'oreille. Il sentait peser sur lui le regard anxieux de ses parents. Encore en robe de chambre, ils se tenaient debout à côté de l'évier. Son père avait passé un bras protecteur autour des épaules de sa mère.

Il n'avait pu leur parler que trois jours auparavant, lors d'une escale à Tripoli. Il avait compris à la voix de sa mère que quelque chose n'allait pas. Elle parlait avec trop de vivacité. Elle avait répondu avec trop d'insistance à ses questions que tout allait bien et lui avait conseillé de poursuivre son voyage aussi longtemps qu'il en avait envie. Puis son père n'avait pas arrêté de lui répéter à quel point il regrettait de ne pas avoir voyagé davantage pour découvrir le monde, comme Joe était en train de le faire. Il aurait voulu voir de ses yeux la Grèce au passé si glorieux et la prestigieuse Rome, profiter des avantages que seule la jeunesse procure. C'était une volte-face complète par rapport à l'habituelle leçon paternelle sur la responsabilité.

Joe avait fini par l'interrompre.

« Papa, bon sang, qu'est-ce qui se passe ? La maison a brûlé ? Maman est malade ?

— Non, non, non ! Tout va bien. Ta mère et moi avons été un peu déstabilisés quand tu as décidé de rester en Europe, mais nous voulons vraiment que tu en profites avant de devoir te ranger. »

Peut-être n'était-il vraiment rien arrivé chez lui, mais ce coup de fil lui avait laissé un profond sentiment de malaise. Après avoir erré dans la vieille ville quelque temps, il était retourné au bateau pour y rassembler ses affaires. Sans prendre la peine d'annoncer son départ, car il n'était pas certain que le droit maritime international lui permette de mettre fin à son emploi avant le terme du voyage, il avait pris l'avion avec un billet en *stand-by* jusqu'à l'aéroport d'Heathrow, à Londres. Là il avait eu la chance – après avoir traversé les trois terminaux en courant comme un fou – d'arriver à la porte juste au moment où les derniers passagers embarquaient sur un vol direct pour Houston. L'employée l'avait prévenu qu'il avait juste le temps de passer un rapide coup de téléphone avant d'embarquer à son tour.

C'était son père qui avait décroché. Joe lui avait annoncé à toute vitesse son numéro de vol et l'heure de son arrivée à Houston.

Lorsque ses parents étaient venus le chercher, sa mère avait insisté pour qu'ils prennent un café dans un des bars de l'aéroport. C'est là qu'ils lui avaient déclaré qu'ils ne pouvaient pas discuter chez eux. Ni dans la voiture. Juste au cas où la maison et la voiture seraient sur écoute. Ils avaient l'absolue certitude que c'était le cas de leur téléphone et qu'ils étaient suivis partout où ils allaient : on les observait en ce moment même.

Sur écoute ? Suivis ? Observés ? Joe s'était demandé si ses parents étaient devenus séniles au cours de son absence.

Mais ensuite ils lui avaient expliqué que tout avait commencé avec le coup de fil de Jamie Long.

Ils avaient laissé leur café refroidir en lui décrivant les étranges appels de Jamie. Elle semblait vouloir le joindre avec toute l'énergie du désespoir. Ils lui avaient parlé de son curieux comportement – comme si quelqu'un les espionnait ; elle n'avait jamais accepté de leur dire où elle se trouvait, ni en quoi consistaient ses problèmes. Ils lui avaient aussi parlé des mystérieux « agents » qui s'étaient présentés chez ses grands-parents, en Géorgie, à la recherche d'informations sur Jamie et sur sa relation avec leur petit-fils. Ses grands-parents avaient appelé des amis à Mesquite, et avaient appris que ces mystérieux agents y étaient passés aussi et avaient interrogé toutes sortes de personnes – ils voulaient savoir qui avaient été les amis proches de Jamie et avaient sous-entendu qu'elle était en danger, qu'ils essayaient de la retrouver pour la protéger.

« Mais le seul à avoir entendu parler d'elle et à l'avoir vue depuis qu'elle avait fait ses bagages et était partie de Mesquite, c'est le tailleur de pierre. Elle est venue un jour de juillet commander une pierre tombale pour sa grand-mère, qu'elle a payée en liquide. Ensuite, on dirait qu'elle a disparu de la surface de la terre. Comme Jamie s'est montrée inflexible pour que nous ne disions à personne que nous avions entendu parler d'elle, nous ne pouvons pas les détromper. Je sais que tu as toujours eu beaucoup d'estime pour elle, Joe. Et nous sommes désolés pour elle. Nous comprenons à quel point ses problèmes doivent être graves, mais ton père et moi ne voulons pas que tu t'en mêles », avait déclaré sa mère.

Il l'avait questionnée au sujet des appels téléphoniques : il voulait qu'elle les lui décrive un par un. Elle s'était souvenue que, lorsqu'elle avait demandé à Jamie où elle se trouvait, la jeune femme avait simplement révélé qu'elle n'était pas au Texas. Elle avait également affirmé qu'elle avait des problèmes mais qu'elle n'avait rien fait de mal. Elles ne s'étaient pas parlé depuis plus de deux semaines.

Son père avait expliqué qu'ils n'étaient pas chez eux lors du dernier coup de fil, parce qu'ils avaient été retardés lorsqu'ils avaient dû remplacer l'alternateur de leur voiture. « En vérité, nous avons tous deux été soulagés qu'un événement indépendant de notre volonté nous empêche d'être là. Ainsi, nous ne nous sommes pas sentis coupables. »

Ses parents voulaient qu'il reprenne le premier vol vers l'Europe. Sa mère l'avait même inscrit sur la liste d'attente d'un avion pour Rome, qui repartait deux heures plus tard.

« Pas avant que j'aie goûté à ta cuisine ! » avait-il plaisanté en ramassant son sac.

En dépit de son anxiété, sa mère s'était surpassée en lui préparant ses plats favoris – gruau de maïs à l'ail, côtes de porc à l'étouffée, salade de chou cru avec une vinaigrette au bacon, sablés à la fraise au dessert. Il savait que ses parents ne mangeaient plus autant que ça d'habitude. D'ailleurs, lui non plus ; mais une fois de temps en temps, ça faisait du bien.

C'était aussi très agréable de se glisser dans son propre lit, plutôt que dans une couchette étroite où il n'avait même pas assez de hauteur pour s'asseoir. Seul le mouvement du navire fendant les vagues lui manquait. Ces derniers temps, juste avant de s'endormir, ses rêveries s'orientaient de plus en plus souvent vers Jamie.

Il avait vraiment tout fichu en l'air.

Il venait de décider qu'il était temps d'approfondir sa relation avec Jamie quand, dans un bar d'Austin, Marcia l'avait pris par la main pour l'entraîner sur la piste de danse bondée. Elle s'était collée contre lui. Puis, elle l'avait attiré dans les toilettes des dames, l'avait assis sur le siège et l'avait chevauché.

« Je m'appelle Marcia », lui avait-elle simplement dit à la sortie.

Joe couchait avec elle depuis presque un an lorsqu'il s'était arrêté au pressing pour annoncer à Jamie qu'il allait se marier, même s'il ne s'y était pas encore officiellement engagé. Mais il savait ce qui se préparait. Marcia s'y attendait, et il avait le sentiment qu'elle en avait le droit.

Jamie avait eu l'air si malheureux, debout derrière le comptoir de ce pressing tout embué et triste, des rangées de vêtements recouverts de voiles plastifiés derrière elle. Les cheveux humides de transpiration, elle avait arboré un sourire courageux en lui souhaitant bonne continuation. Quelques semaines plus tard, Joe avait appris par sa grand-mère qu'elle avait abandonné ses études et était revenue à Mesquite, pour s'occuper de Gladys malade. Il savait qu'il aurait dû lui téléphoner. Ou bien aller la voir, un week-end. Il ne l'avait pas fait. Marcia aurait voulu venir avec lui pour rencontrer ses grands-parents. Et Joe savait qu'il ne serait pas parvenu à affronter Jamie en sa compagnie. Bien sûr, aucune promesse n'avait jamais été échangée entre Jamie et lui ; ils ne s'étaient presque jamais touchés – juste quelques tapes dans la main ou quelques télescopages au basket.

Toutefois, il avait toujours un faible pour la petite fille aux longues jambes qu'il avait vue grandir pour devenir une charmante jeune femme. Son sourire était le plus beau du monde. Et ses yeux brillaient lorsqu'elle le regardait. Il s'était senti un peu stupide d'être accroché à une gamine, surtout une gamine qui le considérait un peu comme un grand frère. D'ailleurs, s'il éprouvait le moindre désir pour elle, il avait alors la désagréable sensation d'être un pédophile. Quand elle était devenue très féminine, ses fantasmes lui avaient semblé incestueux. Elle n'était encore qu'au lycée lorsqu'il avait commencé ses études de droit. Et puis, Marcia était superbe, drôle et scandaleusement inventive en matière de sexe.

La plupart du temps, il ne s'était pas autorisé à rêver de Jamie autrement que de manière très chaste.

Enfin… le plus souvent.

Joe s'était réveillé tôt pour aller courir. Une camionnette de la Poste était garée à l'autre bout de l'allée. Les vitres fumées l'avaient empêché de distinguer la personne qui se trouvait à l'intérieur. Depuis quand les camions de la Poste avaient-ils des vitres fumées ? Il s'était dirigé vers la piste d'athlétisme du lycée, où il avait couru pendant presque une heure. À son retour, la camionnette avait été remplacée par une autre, noire, aux vitres teintées elles aussi.

Ses parents se trouvaient dans la cuisine, sa mère au fourneau, son père mettant la table. Lorsque le téléphone avait sonné, Joe avait décroché le premier.

Et maintenant, face à ses parents qui l'adoraient et auraient tout fait pour lui, il annonçait : « Je dois y aller. »

Sa mère fondit en larmes.

« Non, je t'en prie ! La première fois que Jamie a appelé, je voulais que tu l'aides. Mais quel que soit le pétrin dans lequel elle s'est fourrée, c'est trop grave, Joe. Trop dangereux.

— Attends qu'ils la retrouvent. Ensuite, peut-être pourras-tu l'aider à régler l'aspect légal du problème », conseilla son père.

Joe réfléchit. C'était une possibilité, bien entendu. Mais au fond de lui, il savait que le problème de Jamie se trouvait en dehors des ressorts traditionnels de la loi. Elle savait quelque chose qu'elle n'aurait pas dû savoir. À une autre époque, il l'aurait encouragée à se livrer à la police. Toutefois, plus il en apprenait sur la justice, plus il s'apercevait que parfois, être innocent ne suffisait pas. Les lois civiles étaient semblables à celles de la religion : peut-être pures à l'origine, elles étaient trop souvent dévoyées par les puissants pour servir leurs propres intérêts.

Des voix venues du tréfonds de sa conscience le mettaient en garde : s'impliquer dans le problème de Jamie pouvait le mener à sa propre perte et causer une immense souffrance à ses parents. Il ferait mieux de ne pas s'en mêler.

Mais qui serait-il s'il réagissait ainsi ?

Ou bien était-ce simplement qu'il était amoureux de Jamie Long, et l'avait d'ailleurs toujours été ? Dire que celle-ci n'avait jamais rien su…

« Il faut que j'essaye de l'aider », répondit-il à ses parents.

Leurs visages affichaient une angoisse absolue, mâtinée d'une infime note de fierté. Joe traversa la cuisine pour les prendre dans ses bras.

« Tu es tout ce que nous avons ! », sanglota sa mère en s'accrochant à lui.

La camionnette noire le suivit jusqu'à la banque, où il encaissa un chèque.

Il attendit que l'obscurité tombe – ce fut une longue journée.

Tous trois essayèrent de faire comme si de rien n'était en regardant un tournoi de golf à la télévision ou en traînant dans la cuisine. Après le journal télévisé, Joe monta dans sa chambre. À minuit, il enfila son sac à dos, enjamba la fenêtre et se faufila dehors, grâce aux branches épaisses du vieux chêne. C'était à cause de cet arbre que ses parents avaient fait construire leur maison sur ce terrain.

Tout en restant sous le couvert de la clôture, haute de 1,80 m, il atteignit le fond du jardin, escalada le grillage et se laissa retomber de l'autre côté. Il longea la maison pour regagner la rue. Avant de sortir de la pénombre, il vérifia longuement qu'il n'y avait aucun mouvement dans les environs.

Il prit un chemin détourné pour parvenir au garde-meubles, sur Gessner Road. Là, il se cacha derrière un petit immeuble de bureaux pendant une bonne vingtaine de minutes. Il n'avait pas été suivi. Il composa enfin son code pour déverrouiller la porte extérieure qu'il referma derrière lui.

Il frissonna un peu en ouvrant la gigantesque porte de son box et en voyant la vieille Harley, au milieu de tout le fatras accumulé au cours de ses années à Austin.

Quelques minutes plus tard, il était en route. Prudent, il sillonna la zone du Monument commémoratif avant de revenir vers le centre, qu'il traversa pour se diriger vers Galveston Road. Lorsqu'il fut absolument certain d'être hors de danger, il fit demi-tour vers le nord et l'autoroute I-45. Ensuite, il prit la I-610 jusqu'à la nationale 290 qui le mena à Brenham. Il atteignit la ville avant l'aube et descendit dans un motel. Après quelques heures de sommeil, il avala un énorme petit déjeuner dans une crêperie puis demanda la direction du cimetière de l'Indépendance à la serveuse. Il y arriva bien avant midi, gara sa moto à l'arrière et se mit à flâner. Avec ses vieux arbres majestueux et ses antiques pierres tombales, le lieu était impressionnant. Un jour, peut-être, Jamie et lui pourraient prendre le temps de le visiter.

Il attendit jusqu'à un peu plus de 13 heures Ensuite, comme il n'avait dépassé aucun bâtiment ressemblant à un restaurant sur le trajet de Brenham, il retourna dans le centre.

Vers 17 heures, il reprit la nationale 50 vers le cimetière. Il attendit que l'obscurité soit tombée avant de regagner la ville.

Joe descendit quelques bières dans une taverne pour calmer sa déception, puis s'endormit devant la télévision.

Le lendemain matin, il fit passer le temps en vadrouillant dans la campagne. Il arriva au cimetière bien avant midi. Il erra le long des allées, levant les yeux à chaque passage d'une voiture, ce qui n'était pas très fréquent.

À 14 heures, il remonta sur sa Harley et retourna en ville. À 17 h 30, il était de retour au cimetière. Une fois de plus, il n'y avait pas âme qui vive ; pas de véhicule, pas de Jamie.

Mais la nuit n'était pas encore tombée.

Pour s'occuper, Joe décida d'inspecter le cimetière de manière plus méthodique. À peine avait-il fait trois pas qu'il aperçut une paire de baskets en lambeaux, qui dépassaient d'une pierre tombale.

La propriétaire des chaussures était une femme endormie avec un bébé contre elle. Son visage et ses bras, brûlés par le soleil, étaient maculés de poussière. Ses cheveux bruns étaient sales et en désordre. Elle portait des habits crasseux. Son corps était flasque – on aurait dit qu'elle s'était évanouie plutôt qu'endormie. Le bébé était réveillé et semblait examiner le mouvement des feuilles, sur la branche d'un chêne.

Joe pensa qu'il ferait mieux de continuer ses recherches. Cette personne ne pouvait pas être Jamie : Jamie avait une longue chevelure blonde, splendide. C'était une jeune femme pleine de charme. Celle-ci n'en avait aucun. D'ailleurs, Jamie n'aurait pas eu de bébé dans les bras.

Pourtant, elle avait les mêmes longues jambes. Et la courbe suave de sa nuque ne le trompait pas.

Il s'agenouilla pour poser une main sur son épaule. Lorsque la jeune femme ouvrit les yeux, elle sourit.

« Jamie ?

— Salut ! »

Elle s'assit avec difficulté, le bébé blotti dans un bras. Joe saisit son bras libre et l'aida à se remettre sur ses pieds. Une fois debout, elle ferma les yeux quelques secondes et inspira profondément.

« Ça va ?

— J'ai juste très faim et très soif. Et j'ai vraiment besoin d'un bain. »

Il fouilla dans l'une des sacoches de sa Harley pour y retrouver une bouteille d'eau et un petit sachet de cacahuètes, puis l'observa les engloutir et boire la bouteille tout entière.

Il l'aida à installer le bébé dans un sac en tissu qu'elle portait sur le ventre. Il lui tint le bras pendant qu'elle enjambait la Harley. Lorsqu'il monta à son tour, elle s'accrocha à sa ceinture.

« Ne va pas trop vite. J'ai la tête qui tourne. »

Il roula très lentement jusqu'à Brenham, déçu. Il avait attendu bien davantage de ses retrouvailles avec Jamie. Bien davantage.

Il s'arrêta au même motel. Fallait-il trouver un endroit plus agréable ? Mais il avait l'impression que Jamie était toute molle derrière lui et le bébé pleurait. Il aida la jeune femme à descendre et l'emmena dans la chambre.

« Je vais te chercher quelque chose à manger. Qu'est-ce qui te plairait ?

— N'importe quoi. J'ai aussi besoin de couches. Et j'aimerais vraiment jeter un coup d'œil sur un journal.

— Un peu de lait pour lui ?

« Non. Je l'allaite.

— Alors, c'est *ton* bébé ?

— Oh oui ! C'est *mon* bébé. »

En revenant au motel, il frappa à la porte. Pas de réponse.

Il ouvrit et jeta un coup d'œil à l'intérieur. Il pouvait entendre de l'eau couler dans la salle de bains. Le bébé était allongé au milieu de l'un des deux lits doubles. Joe posa ses achats sur la table, mit des glaçons dans une bière et resta planté là, à l'observer. Il était tout petit, avec de grands yeux, et il agitait ses bras de manière désordonnée.

« Je suis sûr que tu es un bébé très sympa, mais je dois admettre que je ne suis pas enchanté de te voir. »

Jamie sortit de la salle de bains avec une serviette enroulée autour du corps et une autre autour des cheveux.

« Est-ce que tu as des vêtements de rechange ? Il va aussi falloir que je t'emprunte une brosse. »

Joe sortit un short de gym, un tee-shirt et une brosse. Elle retourna dans la salle de bains d'où elle reparut, les cheveux humides peignés et vêtue des vêtements de Joe. Elle appela la réception pour savoir s'il était possible de faire une lessive.

Après avoir raccroché, elle recouvrit le bébé endormi avec un coin du dessus-de-lit et parcourut les titres à la une du journal. Elle sembla trouver ce qu'elle cherchait en page deux. Elle lut l'article en mangeant un hamburger.

Pendant qu'elle allait à la laverie, il lut lui aussi l'article. Une petite fille avait été enlevée dans un immeuble d'Oklahoma City, mais on l'avait retrouvée dans la salle d'attente d'un hôpital, apparemment indemne. Elle avait été restituée à sa mère. Une femme du nom de Janet Wisdom, qui gardait le bébé dans son appartement, était portée disparue, tout comme son enfant. On n'avait décelé aucun signe de violence dans son logement, mais on avait retrouvé un chien mort sur le lit. La police la recherchait, ainsi que son nourrisson.

À son retour, Jamie jeta un coup d'œil à son bébé, puis elle s'assit à table face à Joe et lui saisit la main. « Merci », et elle fondit en larmes.

Il s'agenouilla pour la prendre dans ses bras, l'aida à gagner le lit vide et s'allongea à côté d'elle. Il resta là à caresser ses cheveux mouillés, ses bras, son dos. Elle essayait de retrouver le contrôle d'elle-même, mais elle n'y parvenait pas. Pas encore. Elle lui raconta quelque chose au sujet d'un chien nommé Ralph. Et de sa peur. De son immense peur.

Elle alla se passer de l'eau sur le visage. À son retour, le bébé commençait à s'agiter : Jamie le saisit, s'adossa à la tête de lit et glissa un oreiller sous son bras gauche. Joe prit bien soin de regarder ailleurs lorsqu'elle mit son fils au sein : il se sentait jaloux d'un bébé.

Il avait envie de demander qui était le père – Jamie l'avait-elle aimé ? L'avait-elle épousé ? Il ferait mieux d'allumer la télévision. Il ne pouvait pas rester assis là, à éviter de la regarder. Il proposa d'aller retirer ses vêtements du sèche-linge.

Il ne se pressa pas, traînant un peu autour du pâté de maison avant de se mettre à la recherche de la laverie. Quand il rentra, il la trouva roulée en boule sur le lit. Le bébé dormait dans un tiroir de commode, avec une couverture repliée en guise de matelas. Elle ouvrit les yeux et lui sourit.

« Je suis dans un sacré pétrin.

— Je l'avais deviné tout seul. »

Il la recouvrit et resta assis à côté d'elle, à lui caresser l'épaule.

« Ils ont tué mon chien pour qu'il n'aboie pas pendant qu'ils enlevaient mon bébé, mais ils se sont trompés d'enfant. Ensuite, ils sont revenus pour me tuer. »

L'épuisement perçait dans sa voix.

« Vas-y, dors ! Nous discuterons demain.

— Ce n'est pas comme ça que j'imaginais notre première rencontre, après si longtemps.

— Tu y avais pensé, à nos retrouvailles ?

— Oui. Et toi ?

— Moi aussi. »

Il fit courir un doigt le long de son menton et effleura très rapidement sa lèvre. Elle avait une très belle bouche. À 16 ans, il avait eu l'impression d'être un vieux lubrique parce qu'il pensait que Jamie Long, 10 ans, possédait la plus belle bouche du monde.

Elle embrassa le bout de ses doigts avant de sombrer dans le sommeil. Joe comprenait qu'elle soit exténuée, mais il se sentait frustré. Il regrettait aussi un peu d'être là. Peut-être même beaucoup. Il avala deux cannettes de bière, alla prendre une douche et se glissa dans le lit vide.

CHAPITRE 32

Les pleurs de Billy ramenèrent Jamie à la réalité. Il lui fallut quelques secondes pour se rappeler où elle se trouvait. Dans le noir, elle était désorientée. La seule source de lumière provenait d'une fente entre les rideaux : il ne faisait pas encore jour. Elle les écarta pour laisser entrer plus de lumière et prit son bébé dans ses bras. Elle lui susurra des mots apaisants tout en extirpant une couche du paquet ouvert, près du tiroir transformé en lit, puis elle chercha à l'aveuglette le paquet de lingettes. Le petit garçon continua d'exprimer sa faim pendant qu'elle le changeait.

« Excuse-moi.

— Pas de problème. Manifestement, le gamin meurt de faim.

— Oui, il a bon appétit. »

Elle disposa des oreillers pour reposer son bras et installa le bébé. Le silence retomba aussitôt dans la pièce.

« Joe ?

— Oui.

— Tu veux discuter maintenant ? »

Dans la faible clarté, elle put distinguer qu'il s'étirait sous les couvertures. Elle remarqua aussi les bouteilles de bière vides, sur la table de chevet.

Elle ressentait la déception de Joe : il s'était attendu à quelque chose de plus théâtral pour le récompenser de ses efforts. À juste titre.

Bien sûr, c'était égoïste de l'impliquer dans ses problèmes. Si ça n'avait concerné qu'elle, elle n'aurait même pas tenté de le contacter. Elle culpabilisait. En fait, elle avait toujours voulu qu'il soit l'homme de sa vie. Maintenant, elle l'avait entraîné dans un combat pour la survie. Il pouvait tout y perdre ; ses parents pouvaient y laisser leur fils unique, ses grands-parents leur seul petit-fils. Mais elle voulait que ce soit *lui* qui élève son bébé. Elle avait agi comme une mère, pas comme une femme amoureuse.

Pauvre Joe.

« Je suis désolée. »

Il ne répondit pas.

Elle ferma les yeux et commença à raconter.

Son histoire parut incroyable, même à ses propres oreilles. Elle expliqua que, profondément endettée, elle avait signé un contrat avec une évangéliste qui prêchait à la télévision et son jeune mari, pour finir par se retrouver prisonnière dans le ranch des Hartmann, avec la redoutable Montgomery pour geôlière. Elle raconta à quel point Mlle Montgomery et tous les autres, au ranch, idolâtraient Amanda Hartmann. Comment elle-même était tombée sous son charme.

Lorsqu'elle en arriva à la vieille folle et au fils d'Amanda Hartmann atteint de mort cérébrale, tous deux enfermés dans une tour, son récit lui parut encore plus tiré par les cheveux. Joe l'interrompit et lui dit qu'elle devait se tromper : il avait lu un article sur la mort de Sonny Hartmann dans un journal, à Londres, des mois avant que Jamie n'arrive au ranch.

« Eh bien malgré tout, il n'était pas mort. Je l'ai vu de mes yeux. Ce pauvre garçon avait été éduqué pour marcher dans les pas de sa mère, et elle l'a maintenu en vie de manière à pouvoir se procurer un autre héritier. Je ne souhaite à aucun enfant d'être élevé par Amanda Hartmann. Et puis, j'avais peur pour moi-même. Mary Millicent disait qu'on m'assassinerait à la naissance du bébé. Tu sais quoi ? Je peux comprendre leurs raisons de faire ça. J'aurais été la preuve vivante que le miracle dont parle Amanda n'existait pas. »

Elle interrompit son récit pour reposer Billy dans son lit de fortune. Joe ferma les rideaux, alluma la lumière et s'assit sur le bord de son lit.

« Au début, j'ai cru que tout ce que me racontait Mary Millicent n'étaient que les divagations d'une vieille folle paranoïaque. Ensuite, au fil des mois, j'ai commencé à comprendre qu'il y avait une part de vérité dans tous ses propos. Je ne suis pas certaine qu'Amanda ait vraiment prévu tout ce qui allait m'arriver. Apparemment, elle comptait sur son frère pour se charger des choses à sa place, comme elle l'avait fait pour se débarrasser de son premier mari. »

Joe écoutait, penché en avant, les coudes sur les genoux, les mains croisées.

« Mais tu n'es sûre de rien ! Ce n'est pas parce qu'une vieille dame sénile t'a raconté tout ça que c'est la réalité. Peut-être ces gens n'ont-ils pas totalement respecté le contrat ; mais ça ne signifie pas qu'ils aient programmé de t'assassiner. »

Jamie perçut l'incrédulité dans sa voix et dans son attitude : ça la mit en colère.

« Les hommes de main de Gus Hartmann ont empoisonné mon chien pour qu'il n'aboie pas, puis ils sont revenus pour me tuer. Je m'occupais de la petite fille de ma voisine cette nuit-là et je l'avais installée dans le lit de Billy. Ils se sont trompés de bébé ! C'est la seule raison pour laquelle j'ai encore Billy. Je suis encore en vie parce que j'ai fichu le camp de cet endroit ! »

Joe alla récupérer le journal dans la poubelle.

« C'est de ça que parle cet article ? »

Jamie acquiesça. Elle se souvenait de l'horreur de cette nuit. Elle avait été tellement soulagée d'apprendre que Lynette avait retrouvé son bébé !

Joe se passa la main dans les cheveux.

« D'accord. J'ai besoin que tu reviennes un peu en arrière. Tu me disais que tu étais prisonnière. Pourquoi ne pouvais-tu pas partir ? »

Elle se sentait très fatiguée ; quelques heures de sommeil n'avaient pas suffi à la revigorer. De plus, raconter son histoire lui nouait l'estomac. Elle demanda à Joe s'il pouvait aller lui chercher un Coca. Il ramassa de la petite monnaie et revint avec deux cannettes. Elle but une longue gorgée et essaya de décrire l'énorme ranch, au beau milieu du comté de Marshall immense et désertique. Elle lui parla des clôtures électriques et du système de sécurité. Elle n'était pas autorisée à quitter la maison sans être escortée, ni à téléphoner ni à envoyer ou recevoir du courrier. Les domestiques la fuyaient comme la peste.

« Sans Ralph, je serais devenue folle. »

Elle se mit à pleurer. Joe vint s'asseoir près d'elle pour la prendre dans ses bras.

« Je crois que ça suffit pour l'instant. Tu devrais dormir un peu, tu pourras me raconter le reste demain matin.

— Non. »

Elle avala une autre gorgée avant de raconter qu'elle avait appris par cœur le code de l'alarme et avait menacé de faire la grève de la faim si on n'apportait pas sa voiture au ranch. Ralph et elle s'étaient faufilés dans la nuit ; elle avait été surprise que son évasion fonctionne.

Elle ne dit que très peu de choses sur la naissance de Billy, si ce n'est qu'elle se trouvait seule et que ça avait été difficile. Peut-être lui en raconterait-elle davantage un jour ; pour l'instant, elle n'y parvenait pas.

« Au cours des semaines que j'ai passées à Oklahoma City, je me suis demandé si toutes ces précautions que je prenais pour être sûre de téléphoner à ta mère depuis des endroits différents à chaque fois n'étaient pas exagérées. Mais inconsciemment, je *savais* que les hommes de Gus Hartmann essayaient de me retrouver. Même quand j'ai appris à la télévision et dans les journaux qu'Amanda avait accouché, j'ai su que ce n'était pas fini. Et je n'avais personne d'autre que toi vers qui me tourner… Je savais que je pouvais te faire confiance. Tu as toujours été si gentil avec Granny et moi. Et puis j'imagine que j'ai toujours été un peu amoureuse de toi.

— Juste un peu ?

— Bon, peut-être beaucoup.

— Plus tu grandissais, plus j'étais impatient de passer l'été à Mesquite. Mais j'avais toujours l'impression d'être trop vieux pour toi. »

Au début, Joe essaya de se faire l'avocat du diable. Toutefois, même si l'histoire paraissait tirée par les cheveux, on ne pouvait pas mettre en doute le fait que quelqu'un avait rassemblé des forces considérables pour traquer une jeune femme. Des personnes aux insignes en apparence tout à fait officiels étaient venues chez ses grands-parents, en Géorgie, poser des questions à son sujet et avaient interrogé des gens à Mesquite. Les téléphones de ses parents et de ses grands-parents étaient sur écoute. Il ne doutait pas que les peurs de Jamie soient fondées.

« Ce type, Hartmann, doit être très puissant pour avoir les moyens de lancer une campagne d'investigation illégale de cette ampleur. Et aussi pour clôturer ton compte en banque. Les gens qui sont entrés par effraction dans ton appartement étaient probablement des hommes de main, mais les autres personnes impliquées dans ta recherche doivent être des agents du gouvernement. C'est tellement difficile d'accepter la possibilité que quelqu'un abuse ainsi de son pouvoir ! »

À la fin de son récit, Jamie ne s'arrêta pas pour autant. Elle songeait à des éléments qu'elle avait oublié de mentionner et il la questionnait, en quête de détails. Pourtant, ce qu'il fallait faire, c'était aller chercher un petit déjeuner et la laisser dormir quelques heures. Toutefois, il restait deux dernières questions à poser : possédait-elle toujours la copie du contrat ? Quel était le nom de l'avocat, à Austin, qui avait organisé la signature de l'accord conclu entre elle, Amanda Hartmann et son mari ?

« Je suis sûre que Mlle Montgomery l'a pris. Je ne l'ai pas retrouvé quand j'ai fait mes bagages mais à ce moment-là, je savais que j'allais partir et je n'ai pas voulu soulever le problème. »

En attendant le petit déjeuner à emporter, à la crêperie, Joe téléphona à l'un de ses anciens professeurs de droit de l'université du Texas. Franklin Billingsley avait accompli deux mandats comme procureur général et savait à peu près tout ce qu'il fallait savoir sur le système juridique du Texas.

« J'ai cru comprendre que vous aviez postulé pour un poste au FBI ? dit le Pr Billingsley.

— Pardon ?

— Une femme du Bureau est venue à la faculté pour poser des questions à votre sujet. Elle a déclaré que vous aviez déposé un dossier de candidature chez eux, et que le Bureau menait une enquête sur vous.

— C'est très intéressant, mais je vous appelle pour autre chose. Je me demandais si vous connaissiez un avocat, à Austin, du nom de Bentley Abernathy.

— Abernathy ? Je l'ai déjà rencontré. Il a donné quelques conférences à la faculté de droit. Il s'est fait une réputation en démêlant le pétrin qu'avait laissé le vieux Buck Hartmann – le fondateur de la compagnie *Pétrole et Gaz Palo Duro*, qui avait acquis une montagne de droits sur le minerai grâce à des escroqueries et à des vols. La majeure partie du travail d'Abernathy continue d'être en rapport avec *Palo Duro*. Il s'occupe aussi des affaires privées de la famille Hartmann.

— De quelle sorte d'individu s'agit-il ?

— Comment ça ?

— Louche ou pas louche ?

— Je pense qu'il a réussi à respecter la loi. C'est le petit-fils du vieux Buck qui dirige *Palo Duro*, et peut-être même l'ensemble du pays, à en croire certaines rumeurs. Mais n'allez pas poser des questions sur Gus Hartmann à tout le monde, Joe. J'entends des choses de temps à autre. Hartmann n'est pas quelqu'un avec qui on a envie d'avoir des désaccords. Reconsidérez cette histoire de FBI. Votre place est dans un tribunal, fiston. »

CHAPITRE 33

Joe raconta à Jamie sa conversation avec son professeur.

« Je pense que nous devrions déménager – avant qu'on ne découvre que je possède une moto.

— Tu as une idée de l'endroit ?

— En fait, oui. »

Ils rassemblèrent le peu d'affaires qu'ils avaient avec eux et les chargèrent dans les sacoches de la Harley. Jamie n'avait pas d'autre choix que celui de monter avec son bébé attaché sur le ventre, hors de vue. Transporter un nourrisson sur une moto était non seulement dangereux, mais aussi illégal. Elle eut envie de dire à Joe de rouler prudemment, mais il devait bien se rendre compte qu'un accident, même bénin, se révélerait catastrophique pour un bébé sans défense.

Il s'arrêta dans un magasin à la sortie de la ville et attendit le temps que sa compagne remplace ses chaussures en lambeaux.

En se limitant aux routes de campagne et en roulant à très petite vitesse, il progressa vers le sud. En milieu de matinée, ils avaient traversé l'I-10. Lorsque Billy commença à s'agiter, Joe prit un chemin de campagne et

Jamie s'adossa à un tronc d'arbre pour nourrir son bébé affamé. Joe avait cessé de détourner le regard, mais il ne la fixait pas non plus.

« Nous allons vers le golfe, n'est-ce pas ?

— Ouais, je crois qu'il y a des cabines près de Neptune Beach. J'espère au moins qu'elles sont toujours là. Mes grands-parents et moi y sommes restés quelques jours, à l'époque où j'étais encore à l'école. Dans mes souvenirs, elles sont un peu rudimentaires mais vraiment à l'écart de la route.

— Et pour l'argent ?

— J'en ai pris un peu avant de quitter Houston. Ne t'inquiète pas, je n'utiliserai pas de cartes bancaires ni de cartes de crédit sur le trajet.

— J'ai bien peur d'avoir gâché ta vie.

— Je me suis engagé en toute connaissance de cause.

— Pas vraiment. Tu n'avais pris en compte ni le bébé ni l'étendue du pétrin dans lequel je me suis fourrée.

— Il existe un moyen de se tirer d'affaire, Jamie. Il faut juste qu'on le découvre.

— J'espère. Je ne t'aurais pas impliqué dans tout ça si ce n'avait pas été pour Billy. »

Elle fut soulagée d'avoir pu le confesser.

« Tu l'aimes vraiment beaucoup, hein ?

— Ouais. Vraiment. »

Jamie ferma les yeux et s'assoupit. Elle se réveilla lorsque Joe posa une main sur son épaule.

« C'est l'heure d'y aller », dit-il en lui tendant une bouteille d'eau. Elle lui effleura la joue : il tourna le visage pour toucher ses doigts du bout des lèvres. Ce fut un moment plein de tendresse. Jamie se mit à espérer.

En milieu d'après-midi, elle put sentir l'océan.

La cabine était située parmi une douzaine d'autres éparpillées le long d'une petite falaise et surplombant une série de dunes. Le golfe, au-delà, était bleu cobalt. Ils restèrent debout un instant pour admirer la vue, puis Joe introduisit la clé dans la serrure.

Jamie vit le revêtement rugueux sur les murs, le linoléum défraîchi au sol, le châlit en fer recouvert d'un matelas défoncé. La cuisine était équipée d'un réfrigérateur qui était une antiquité, d'un évier en acier galvanisé, de vaisselle non assortie et d'ustensiles de cuisine cabossés. La véranda, à l'arrière, surplombait l'océan.

« C'est parfait.

— Je peux te laisser seule, le temps de faire les courses ? »

— Oui. Ça va. »

Ça n'allait pas si bien que ça, en fait. Aussi agréable que ça devait être de s'asseoir sur la véranda pour allaiter Billy, elle s'enferma à double tour à l'intérieur et prit un couteau de boucher dans la cuisine, avant de se rouler en boule avec son bébé sur le lit. Ensuite, elle ferma les yeux et se mit à prier.

« Je vous en prie, faites que tout ça se termine bien. *Je vous en prie.* »

Elle s'assoupit avec Billy. Elle se réveilla à l'approche de la moto. Joe se gara derrière la cabine, là où l'engin était invisible depuis la route. À en juger par la position du soleil, on était déjà en fin d'après-midi. Il avait dû avoir des difficultés à trouver une épicerie.

Billy dormait toujours à poings fermés. Elle le laissa sur le lit et se dépêcha d'aller aider à décharger les provisions.

Les sacoches étaient pleines à craquer et une boîte en carton était attachée à l'arrière de la moto. Apparemment, leur séjour ici allait durer plus d'une nuit. Jamie en fut heureuse.

Joe avait bien travaillé. En plus de s'être ravitaillé en nourriture pour plusieurs jours, il avait acheté à Jamie deux tee-shirts à col rond, l'un rose bonbon, l'autre rayé noir et blanc ; deux shorts unis, et des pulls bleu marine. Quand elle sortit un paquet de culottes et un soutien-gorge d'allaitement du sac, il rougit.

« La vendeuse m'a fait observer les passantes pour connaître ta taille. »

Il avait aussi pensé à Billy : T-shirts de bébé, grenouillères, peignoirs et hochet. Un autre sac contenait un grand tube de crème solaire et quelques articles de toilette.

« J'ai demandé qu'on me donne l'essentiel. J'ai raconté à la vendeuse que ma petite amie avait perdu ses bagages. »

Petite amie. Il l'avait appelée sa petite amie.

« Tu as été formidable. Merci. »

Ils restèrent plantés là quelques secondes, gênés. Ensemble, ils déballèrent les provisions et remplirent la boîte en carton avec le nécessaire pour un pique-nique.

À la tombée de la nuit, sur le chemin de la plage, Joe prit la main de Jamie.

Il ajouta du bois sur les braises, tandis qu'elle déployait une couverture pour y installer Billy. Elle but quelques gorgées du soda de Joe, en savourant ce sentiment d'intimité qu'il y avait à partager la même cannette. Elle se demandait s'il ressentait une semblable émotion lorsqu'il posait ses lèvres là où elle avait posé les siennes.

Il était temps d'allaiter Billy. La tétée terminée, elle le reposa sur la couverture où il s'endormit instantanément.

Respectant un accord tacite, ils ne discutèrent pas des circonstances qui les avaient conduits jusqu'ici. Elle souhaitait reprendre ses études de médecine, en se spécialisant dans les soins aux enfants atteints de maladies graves ; si elle en avait le courage. Il raconta Oxford et la sensation grisante d'étudier dans un lieu aussi prestigieux. Il décrivit aussi des week-ends à Londres à la découverte des quartiers jamaïcains ou indiens ou encore au marché aux puces de Camden.

« J'aimerais bien t'y emmener un jour.

— J'adorerais ça. »

Ces mots lui donnèrent du courage ; elle tendit le bras pour saisir sa main. Après avoir rêvé de ce moment pendant des années, elle se retrouva enfin dans ses bras.

Il posa d'abord ses lèvres sur sa nuque, glissa sur ses cheveux, effleura ses yeux, s'arrêta enfin sur sa bouche. Elle ne parvenait pas à se lasser de sa bouche, ni de sa langue. Encore moins de son corps puissant, qu'elle sentait contre le sien. Elle s'était toujours demandé si elle saurait quoi faire, dans le cas où, un jour, elle se retrouvait dans ses bras. Mais, à cet instant précis, elle ne pensait plus à rien. Envolée, l'inquiétude. Ne restait qu'une envie intense. Un désir brut. Ce besoin violent qui irradiait son corps. Elle se pressa contre lui. Elle en voulait plus ; et davantage encore, si possible.

Ils se déshabillèrent à la lueur du feu.

« Tu es belle ! »

Elle resta stupéfaite. Le pensait-il vraiment ?

« Oh non, c'est toi qui est beau ! »

Son corps svelte, musclé et légèrement halé, et son sexe en érection lui faisait l'effet d'un puissant aimant qui l'attirait irrésistiblement. Elle éprouvait un désir si vif qu'elle avait l'impression qu'elle en mourrait s'il ne venait pas en elle immédiatement. Elle avait tant espéré ce moment qu'elle ne ressentait plus la moindre appréhension ; elle s'abandonnait pleinement et simplement à son plaisir.

Lorsqu'il la pénétra, elle eut le souffle coupé. Puis, lentement, elle accompagna son mouvement. Le sentir en elle lui donnait l'impression de fondre tandis que, par vagues successives, un faisceau de sensations fulgurantes lui électrisait la peau, parcourait son ventre, ses veines, et sa tête ; jusqu'à cette sensation de chaleur incandescente qui envahit chaque millimètre de son corps, suivie d'une onde de choc qui la souleva et finit par exploser en elle.

L'espace d'un instant – une centaine d'années ; une fraction de seconde ? – elle perdit conscience d'elle-même. Incapable de dire qui elle était ; où elle se trouvait. N'existaient plus dans l'univers, que le corps de Joe et le sien.

Lorsqu'elle retrouva enfin l'usage de la parole, elle ne put prononcer que son nom, qu'elle répéta encore et encore. Il la serra dans ses bras, lui caressa les cheveux tout en couvrant son visage et son cou de baisers. Puis il lui avoua qu'il l'avait toujours aimée. Même lorsqu'elle n'était qu'une petite fille ; il avait éprouvé à son égard un amour tendre, protecteur. Il avait toujours su que cet amour persisterait pour se trouver, un jour, au centre de sa vie. Il avait d'ailleurs annoncé à sa mère qu'il voulait épouser Jamie Long quand elle serait grande. Et puis… Marcia était arrivée, et ils ne s'étaient pas tant aimés que servis l'un de l'autre. Ils avaient évité d'évoquer leur engagement, mais Joe avait commencé à avoir l'impression que c'était inévitable, comme s'il s'agissait d'une chose qu'il devait à Marcia. Lorsqu'il lui avait parlé de son projet d'aller en Europe, elle avait suggéré qu'ils suivent chacun leur chemin pendant quelque temps. Il avait laissé s'écouler des mois avant de la rappeler. Leur conversation avait été froide ; il n'avait jamais rappelé. Alors qu'il essayait de décider s'il devait rentrer chez lui à la fin de sa bourse d'étude, ou bien parcourir l'Europe en compagnie des amis rencontrés à Oxford, il avait appelé ses grands-parents pour leur demander des nouvelles de Jamie. Il avait ensuite téléphoné aux renseignements d'Austin. Puis à ceux de Mesquite. Il s'était également rendu dans un cyber café pour lancer une recherche ; mais il existait un nombre infini de Jamie Long. Or, il ne connaissait pas son deuxième prénom – pas même son initiale.

« C'est quoi, ton deuxième prénom ? demanda-t-il en s'appuyant sur un coude pour la regarder.

— Amelia. C'était le nom de ma mère.

— Amelia… »

Jamie semblait avoir disparu de la surface de la terre mais il s'était rendu compte qu'il n'avait pas envie de décider de son avenir avant de l'avoir revue. Il s'était donc laissé entraîner par les autres garçons. Il était ivre lorsqu'il avait embarqué, d'un pas chancelant, sur le cargo.

« J'ai encore plus pensé à toi, une fois sur le bateau. Les vagues me faisaient penser à toi. Et aussi le vent. Et le ciel. Tu te souviens comme nous trouvions le ciel magnifique, la nuit, à Mesquite ? Je savais que je devais te retrouver pour t'emmener au beau milieu de l'océan et te montrer à quoi ressemble vraiment un ciel étoilé.

— Je t'aime. Et je t'aimerai toute ma vie. »

*

En guise de déguisement, Joe se rasa le crâne et se laissa pousser la barbe, qui, au début, fit l'effet d'un abrasif sur les joues de Jamie ; mais après quelques jours, les poils devinrent plus souples.

Ils s'accordèrent une semaine pour mettre leur avenir entre parenthèses, profiter de leur isolement dans cet endroit splendide et poursuivre ensemble leur exploration physique et mentale. Sans télévision, ni radio pour les interrompre. Le reste du monde aurait pu disparaître, ils n'en auraient rien su. Ils marchèrent sur la plage pendant des heures et nagèrent dans l'océan. Joe devint expert dans le changement de couches et apprit combien il était facile de faire sourire le bébé, de le faire gazouiller ou agiter bras et jambes. Ils savaient que cette période idyllique n'était que temporaire, ce qui la rendait encore plus précieuse.

C'est lorsqu'ils discutèrent de l'organisation à suivre que la réalité refit irruption. Ils se disputèrent. Jamie refusait de rester seule. Joe affirmait qu'il était trop dangereux de partir tous les trois ; ça avait déjà été imprudent de faire monter Billy en moto sur des routes secondaires ; or, il n'y avait aucun moyen d'éviter la circulation de Houston. D'ailleurs, les hommes de Gus Hartmann devaient maintenant rechercher une Harley.

La veille de son départ, ils se rendirent à pied jusqu'à une supérette. Jamie acheta quelques revues et journaux. Joe avait déjà payé une semaine de loyer à l'avance pour la cabine et il avait donné à Jamie une liasse de billets qu'elle avait rangée dans son sac à dos, avec des provisions et une carte routière – au cas où elle devrait à nouveau partir précipitamment. À Oklahoma City, elle aurait pu sortir plus tôt si elle avait été mieux préparée ; à quelques secondes près, elle avait failli y laisser la vie.

Ce soir-là, ils firent une promenade sur la plage et s'assirent en tailleur sur le sable encore chaud pour contempler le coucher de soleil.

« Je devrais être de retour demain soir ou après-demain. Mais si je dois me cacher, ça peut durer plus longtemps. Si je ne suis pas de retour avant la fin de la semaine, il te faudra probablement envisager le pire. »

Il essaya d'engager la discussion sur ce qu'elle devrait faire dans ce cas, mais elle refusa d'aborder le sujet.

« Il le faut, au moins pour Billy.

— Plus tard. Restons assis encore un peu. »

C'est ce qu'ils firent. Main dans la main, ils écoutèrent le vent et les vagues.

Ils regagnèrent la cabine lorsque Billy commença à s'agiter. Jamie le changea et l'endormit en lui donnant le sein.

Après avoir envisagé toutes les difficultés qu'impliquait une fuite à l'étranger, ils décidèrent en fin de compte que s'il ne revenait pas, elle devrait employer le même procédé qu'auparavant – trouver la tombe d'un enfant qui aurait eu l'âge de Jamie si elle était restée en vie, et se servir de son nom pour obtenir un autre acte de naissance et un numéro de Sécurité sociale. L'argent devrait suffire pour quelques mois. Entre temps, avec un peu d'espoir, elle aurait trouvé un emploi et entamé une nouvelle vie.

« Comment pouvons-nous rester assis là, à discuter tranquillement de la manière dont je devrais mener ma vie sans toi ? Nous venons tout juste de nous retrouver ! Si tu meurs, ce sera de ma faute. C'est moi qui ai créé cet inextricable pétrin. Si quelqu'un doit mourir, c'est moi. Mais alors, mon fils sera élevé par une fanatique qui croit qu'elle parle au nom de Dieu et par son frère, qui est diabolique.

— Je n'ai pas envie de mourir, Jamie. Je veux faire des petits frères et des petites sœurs à Billy. Je veux vivre vieux, avec toi. Mais si je meurs demain, je serai heureux que nous ayons pu profiter de ces moments ensemble.

— Moi aussi. »

Elle se pencha vers lui et ils firent l'amour en pleurant.

Joe se réveilla à l'aube, surpris d'avoir réussi à dormir. À côté de lui, Jamie était couchée en chien de fusil. Il resta étendu un moment en essayant de se convaincre qu'il était nécessaire de partir. Il ne pouvait pas attendre davantage pour effectuer ce voyage ; peu importait à quel point c'était déchirant de savoir Jamie ici, seule et sans défense. Ils avaient passé des moments magnifiques ; cependant, une petite voix, dans sa tête, n'avait cessé de lui répéter que plus ils restaient longtemps au même endroit, plus ils avaient de chances d'être découverts. Quelqu'un pouvait faire une remarque innocente sur un jeune couple aperçu avec un bébé sur la plage. Ou bien sur ce type qui essayait d'acheter maladroitement des vêtements pour sa petite amie et son bébé. Ou alors sur une cabine de plage louée à un jeune couple qui était arrivé en moto, avec un bébé et sans autres bagages.

Il se força à poser les pieds par terre.

Après avoir enfilé ses vêtements et ramassé ses bottes et son sac à dos, il lança un regard vers le lit. Jamie l'observait. Lorsqu'elle fit mine de parler, il secoua la tête ; à la place des mots, il posa un poing sur sa poitrine en gage de fidélité éternelle.

CHAPITRE 34

Lénora décrocha le téléphone :

« Cabinet juridique.

— Lénora Richardson ?

— Elle-même.

— Je suis un ami de Jamie Long.

— Oh, mon Dieu ! Comment va Jamie ? Et *où* est-elle ? Nous avons perdu sa trace.

— Je me demandais s'il serait possible de vous parler en privé. Je vous présente cette requête avec l'autorisation de Jamie. »

Soudain méfiante, Lénora demanda :

« Pourquoi ? Que lui arrive-t-il ?

— Sa vie est en danger à cause du contrat qu'a négocié M. Abernathy. Elle a beaucoup d'estime pour vous et elle m'a demandé de vous consulter pour savoir comment faire face à la situation. »

Elle prit quelques secondes pour examiner ce qu'il disait.

« Je ne suis pas avocate. Il faut que vous discutiez avec M. Abernathy.

— Peut-être, mais je préférerais vous parler en privé auparavant. »

Elle tapota sur son bureau avec son stylo.

« C'est extrêmement inhabituel, dit-elle à voix basse, tout en s'assurant que la porte entre son bureau et celui de Bentley était bien fermée.

— J'en suis conscient. »

Il avait l'air honnête. Et inquiet. Peut-être même effrayé.

« Je ne vous demanderais pas ça s'il ne s'agissait pas de quelque chose de très important.

— J'en déduis que vous ne souhaitez pas venir ici, au cabinet de M. Abernathy.

— J'aimerais que vous me retrouviez au bar de l'*Holiday* sur Mockinbird Lane. À 18 heures.

— Est-ce que Jamie sera là ? demanda Lénora.

— Non.

— Comment vais-je vous reconnaître ?

— Je vous trouverai. Jamie a dit que vous ressembliez à un mannequin. »

Elle eut du mal à se concentrer sur son travail le reste de l'après-midi.

Bentley partit à 17 h 15. Quelques minutes plus tard, Lénora ferma la porte à clé. Comme c'était prévisible, la circulation à cette heure était infernale. Elle pénétra dans le bar de l'hôtel avec dix bonnes minutes de retard. Ses yeux mirent quelques secondes à s'accommoder à la faible lumière. Quelques hommes au comptoir s'étaient retournés et la fixaient du regard. L'un d'entre eux l'observait à la dérobée dans le miroir, au-dessus du bar. Lénora aperçut ensuite un jeune homme barbu et au crâne rasé qui lui faisait signe, depuis un box dans un coin de la pièce.

Elle se dirigea vers lui. Il portait un jean, un tee-shirt noir, de grosses bottes noires et il était très grand. Elle s'assit en face de lui.

« Comment vous appelez-vous ? Quel est votre lien avec Jamie ?

— Je m'appelle Joe. Je la connais depuis l'école primaire. Elle espère qu'un jour, vous pourrez déjeuner à nouveau ensemble au *Driskill Grill.* »

Ils se turent à l'approche de la serveuse. Tous deux commandèrent un café.

« D'accord, vous connaissez Jamie. Mais pourquoi toutes ces précautions dignes d'un roman d'espionnage ? Qu'est-ce qui vous fait penser que sa vie est en danger ? »

Pendant plus d'une heure, elle écouta l'histoire de Joe, l'interrompant par de fréquentes questions. Elle finit par sortir son téléphone portable pour prévenir son mari qu'elle rentrerait plus tard que prévu.

Ces mésaventures étaient tout simplement trop bizarres pour qu'elle y croie. Mais en même temps, pourquoi inventerait-on une histoire pareille ? Elle passa du café au gin-tonic ; Joe s'en tint au café.

Elle confessa s'être inquiétée. Bien qu'elles se soient mises d'accord pour rester en contact, Jamie n'avait jamais répondu à ses messages téléphoniques ni à ses lettres. Lorsque Lénora s'était présentée au ranch, on lui avait annoncé que la jeune femme avait fait ses bagages et était partie sans laisser d'adresse. Une petite voix dans sa tête n'avait cessé de la harceler depuis : elle se répétait que Jamie l'aurait mise au courant si le contrat n'avait pas abouti. Elle l'aurait informée de ses projets. C'était aussi étrange qu'Amanda n'ait pas prévenu Bentley de la rupture de son arrangement avec Jamie Long – elle ne lui avait pas non plus demandé de trouver une autre fille comme mère porteuse. Lénora avait été abasourdie d'apprendre qu'Amanda Hartmann avait donné naissance à un petit garçon. La période donnée était trop courte, à moins qu'elle ne soit tombée enceinte à peu près en même temps que Jamie ; or, Lénora avait la certitude d'avoir entendu Amanda préciser qu'elle ne pouvait plus avoir d'enfant. D'ailleurs, elle ne pouvait tout simplement pas imaginer qu'Amanda ait soumis son corps si bien entretenu et liposucé avec tant de soin à une telle épreuve.

Mais de là à se servir du sperme de son fils, en état de mort cérébrale, pour inséminer Jamie ?

L'article de journal sur le bébé enlevé à Oklahoma City était convaincant, en revanche. La femme portée disparue était grande, mince, dans la vingtaine. Elle avait aussi un bébé, à peu près du même âge que l'enfant de Jamie.

Alors, le bébé sur les photos n'était pas vraiment celui d'Amanda ? Et le bébé de Jamie serait son petit-fils ?

« Bon, Joe, j'aimerais savoir pourquoi vous avez organisé ce petit rendez-vous. Je voudrais pouvoir rentrer chez moi et retrouver mon mari.

— J'ai besoin d'une copie du contrat de Jamie. J'ai également besoin que votre patron agisse en tant qu'intermédiaire entre elle et les Hartmann. Dès qu'elle et son bébé auront été soumis à des tests ADN, nous aurons la preuve irréfutable que Jamie est effectivement la mère du bébé. Je veux qu'Abernathy informe Gus Hartmann que ces tests ont été effectués. Ensuite, ce sera à la charge du mari d'Amanda de prouver qu'il est le père. Étant donné que c'est impossible, le contrat sera invalidé. Je projette d'obtenir un jugement du tribunal qui l'affirme. Gus doit aussi savoir que s'il arrive quoi que ce soit à Jamie ou si son bébé est kidnappé, le contrat, accompagné des tests ADN et de la décision du tribunal, seront rendus publics, ainsi que le témoignage sous serment de Jamie quant aux circonstances entourant le rapt de la petite fille d'Oklahoma City. »

Lénora secoua la tête.

« La seule chose que Bentley ait faite, c'est trouver une candidate adéquate et rédiger le contrat. Il n'avait aucune idée de ce qu'Amanda avait en tête.

— Je comprends ça. Mais Bentley Abernathy est l'avocat de la famille Hartmann. Il peut contacter Gus ; pas moi.

— Je sais, sans même le lui demander, que mon patron fera n'importe quoi pour ne pas être impliqué, dans ce bazar. Après ce que vous venez de me raconter, ça m'effraie de lui faire savoir, à lui ou à qui que ce soit d'autre, que je suis entrée en contact avec vous.

— Alors, je n'ai pas d'autre recours que la voie judiciaire. Je vais porter plainte contre Amanda Hartmann et son frère pour avoir retenu Jamie Long contre sa volonté, et avoir conspiré pour enlever son bébé. En outre, je veillerai à ce que les médias reçoivent des copies de la plainte et qu'ils soient prévenus bien à l'avance du moment et du lieu où elle sera enregistrée.

— Ce sera au Tribunal du comté de Marshall, lui fit remarquer Lénora. Ne croyez pas que vous bénéficierez d'une écoute impartiale là-bas. En fait, je peux même vous prédire que n'importe quelle plainte que vous enregistrerez dans ce tribunal sera classée sommairement. Dans le comté de Marshall, Gus Hartmann, c'est Dieu. »

Elle se pencha par-dessus la table pour poser sa main sur le bras de Joe.

« Vous jouez avec le feu, jeune homme. »

Pauvre Joe, songea-t-elle. Il n'était pas seulement honnête, mais aussi amoureux.

« Je sais, mais que puis-je faire d'autre ? Jamie ne peut pas passer le restant de ses jours à se cacher.

— Vous avez une vie, vous aussi. Ne la gâchez pas pour une cause perdue d'avance. »

Les yeux du jeune Joe s'écarquillèrent.

« Vous pensez que je devrais laisser Gus Hartmann laisser assassiner Jamie et livrer son bébé à Amanda ?

— Je dis juste que quoi que vous fassiez, cette affaire risque de mal se terminer. Même si Jamie abandonnait le bébé, je ne suis pas sûre que ses problèmes prennent fin. En fait, si cette aventure, à Oklahoma City, était vraiment une tentative manquée pour s'emparer de son fils et pour l'assassiner elle, vos problèmes ne finiront jamais. Écoutez, Joe, je vois la peur dans les yeux de Bentley à chaque fois qu'il a Gus Hartmann au téléphone. Tout le travail qu'il a effectué pour lui, au fil des ans, est resté dans la lettre de la loi ; mais je crois que Bentley en a compris plus sur les affaires de Gus Hartmann et sur sa vie qu'il ne devrait. Ça lui fout une trouille bleue. Ça *me* fout une trouille bleue. Je regrette d'être venue ce soir. Mais je vais sortir d'ici et oublier tout ce que vous m'avez raconté. »

Elle se leva.

« Je vous souhaite bonne continuation, Joe. Le seul conseil que je peux vous donner, à Jamie et vous, c'est de changer de nom, de quitter le pays et de surveiller vos arrières. Et d'espérer que Gus Hartmann ait une crise cardiaque fatale d'ici *vraiment* peu de temps.

Joe lui saisit la main.

« Et le contrat ?

— Il a disparu, avoua Lénora. J'avais décidé d'y jeter un coup d'œil avant de venir, ce soir. Il a été effacé de mon ordinateur et il n'existe pas de copies dans le disque dur. Je ne sais pas si c'est Bentley qui a fait ça ou quelqu'un d'autre, et je ne veux pas le savoir. Je ne veux plus jamais entendre parler de vous ni vous revoir. »

CHAPITRE 35

Joe regarda Lénora ramasser son sac à main et sortir du box à toute vitesse. Les hommes se retournèrent à nouveau sur leur tabouret pour fixer la splendide femme noire qui s'en allait.

Il resta assis là quelques instants, abasourdi par ce qu'elle lui avait dit. Et par sa peur. Son espoir de trouver un moyen raisonnable pour contrer la menace était en train de s'évanouir.

Cette menace le concernait lui aussi, à présent. Il n'y avait aucun doute là-dessus. En ce moment même, des gens les recherchaient tous les deux. Cette certitude l'effrayait plus que tout. Cependant, dans un recoin inviolé de son être, il continuait de croire que si Jamie et lui conservaient leur sang-froid, ils trouveraient un moyen de gagner. Le bien l'emporterait sur le mal.

Peut-être feraient-ils mieux de suivre le conseil de Lénora et de quitter le pays. Mais, pour cela, ils auraient besoin de fausses identités et de passeports. Ça ne pouvait pas se faire en une nuit. Joe allait avoir besoin de plus d'argent. Il avait placé presque tout ce qu'il avait hérité de sa tante Lacy et n'était pas certain de pouvoir accéder immédiatement à ses fonds. Que se passerait-il si Gus Hartmann les faisait disparaître, comme il l'avait fait pour le compte en banque de Jamie ? Et si, en réalité, le seul argent dont ils disposaient était le liquide qu'il avait laissé à Jamie et ce qui restait dans son portefeuille ?

Il laissa de la monnaie sur la table pour régler l'addition et le pourboire, puis il se dirigea vers la porte. Les hommes qui s'étaient retournés sur Lénora ne prêtèrent pas attention à son départ. Sauf un. Le gars assis en bout de bar l'observait dans la glace. Joe pouvait le remarquer à l'inclination de son menton. L'homme avait des muscles d'haltérophile ; il portait une chemise bleue sur un jean noir.

Dehors, Joe balaya le parking du regard, en prenant note des véhicules garés là ; puis il enfourcha sa moto et se promena sans but. Lorsqu'il aperçut une camionnette Ford noire dans son rétroviseur, il tourna brusquement vers une station-service. Il s'y attarda : il alla aux toilettes, remplit le réservoir encore à moitié plein de la Harley, sirota une tasse de café dont on aurait dit, au goût, qu'il avait été préparé la veille. Quand il quitta la station-service, il roula sans utiliser le clignotant, tourna vers le parking d'une supérette et s'arrêta à un téléphone drive-in. Pendant que la camionnette tournait vers le McDonald qui se trouvait de l'autre côté de la chaussée, Joe fila par une rue latérale.

Il comprit que les lignes téléphoniques de Bentley Abernathy avaient dû être placées sur écoute. On avait espionné sa conversation avec Lénora. Le conducteur de la camionnette l'avait alors attendu au *Holiday Inn*.

Heureusement, Joe avait vécu à Austin au cours de ses sept années d'études : il connaissait bien la ville. Il passa quelques heures à rouler au hasard parmi un labyrinthe de ruelles, en attendant d'être absolument sûr de ne pas être suivi. Toutefois, juste pour vérifier, il prit la direction de l'I-35 avant de faire demi-tour pour revenir vers le centre ville d'Austin. Là, il traversa l'agglomération jusqu'à la N-71. Il s'arrêta au premier relais routier.

Il se gara dans l'ombre, à l'arrière du bâtiment, et essuya avec soin la poussière de sa Harley. Ensuite, tout en laissant la clé dans le contact, il récupéra son sac à dos, tapota la moto en guise d'au-revoir et se dirigea vers l'océan de semi-remorques.

Il mit du temps avant de trouver un chauffeur. L'un d'entre eux allait à Galveston avec un chargement de véhicules accidentés, tout défoncés, entassés sur le plateau comme un jeu de cartes. Il se nommait Léon. C'était un vieil homme aux dents en mauvais état qui venait de rouler douze heures d'affilée et avait besoin de quelqu'un pour le maintenir éveillé. Ce serait le travail de Joe.

« Mon sujet préféré, c'est le sport. Pas de politique, à moins que vous ne soyez démocrate. »

Une fois qu'ils arrivèrent sur la nationale, Léon demanda : « Commence à parler, gamin. »

Malgré son état groggy, Joe parvint à débiter en continu un discours qui allait du base-ball à l'histoire du parti démocrate, jusqu'au rôle que les sports collectifs jouaient dans le développement du caractère.

*

Après une longue journée en solitaire et une nuit sans sommeil, Jamie finit par se lasser de rester coincée entre quatre murs. Elle donna un bain à Billy et feuilleta les journaux. En parcourant la rubrique religieuse, elle tomba sur un article qu'elle lut et relut avant de le découper avec soin pour le glisser dans la poche de son sac à dos, près de la liasse de billets.

Encore plus nerveuse qu'auparavant, elle se lava les cheveux et fit quelques pompes. Elle finit par installer Billy dans son porte-bébé, enfila son sac à dos et sortit par la porte de derrière. Elle ferma à double tour et fourra la clé dans son sac.

C'était une belle journée, avec une très légère brise qui lui ébouriffait les cheveux. Au large, on pouvait distinguer un énorme pétrolier. Des embarcations plus modestes croisaient plus près – des bateaux de plaisance ou des bateaux de pêche.

Sur les quelques kilomètres qu'elle parcourut, elle ne rencontra qu'un vieux monsieur accompagné d'un garçon, qui ramassaient des palourdes. Elle leur adressa un signe de la main et poursuivit sa promenade. Lorsqu'elle revint sur ses pas, ils étaient encore là. Une image du bonheur. Elle s'imagina revenir ici avec Billy, plus tard, pour chercher des palourdes et jeter des morceaux de pain aux mouettes.

Billy commençait à protester ; elle le sortit du porte-bébé et, en le tenant face au paysage, elle coupa par l'intérieur des terres. Soudain, elle aperçut un mouvement, juste derrière la touffe d'herbes. Prenant son bébé sur sa hanche, elle avança un peu, toujours à genoux, et écarta juste assez les herbes pour entrevoir deux hommes en train de se diriger vers la cabine. Ils étaient jeunes, d'allure sportive et habillés de manière identique : jeans, tee-shirts bleu marine et casquettes assorties. Elle aurait pu les prendre pour deux gars ordinaires en train de faire une balade sur la plage, sauf qu'ils courbaient les épaules et n'empruntaient que les creux entre les dunes pour s'approcher.

Ça recommençait. Ils avaient retrouvé sa trace.

Elle se baissa aussitôt et fila vers les hautes herbes, où elle resta allongée sur le côté, serrant Billy. Son petit corps était crispé : Jamie comprit qu'il allait se mettre à pleurer. Quel dommage d'avoir perdu sa sucette ! Elle se roula en boule autour de lui, souleva son tee-shirt et dégrafa son soutien-gorge. Au moment même où le bébé allait exprimer son mécontentement, elle lui fourra son téton dans la bouche.

Une porte claqua. D'autres personnes arrivèrent en courant près de la cabine.

« Déployez-vous ! », cria une voix.

Jamie se servit de ses pieds pour s'enfoncer davantage dans le buisson, pendant que les hommes se mettaient à parcourir la plage. Certains couraient vers les autres cabines dont ils défonçaient les portes. Elle fit un énorme effort pour maîtriser la panique qui envahissait sa poitrine et compressait sa cage thoracique, lui rendant la respiration difficile. Ensuite, elle creusa dans le sable une tranchée où se coucher, s'y glissa et coucha les hautes herbes de manière à les recouvrir, elle et Billy.

*

Harvey Morgan regardait distraitement le match de base-ball, tout en survolant pour la seconde fois les journaux du matin. On sonna à la porte. Comme il n'attendait personne, il présuma qu'il s'agissait soit d'un gosse venu collecter de l'argent pour son école, sa troupe de scouts ou son église, soit d'un couple de missionnaires mormons à vélo, tout droit sortis de chez le coiffeur. Harvey achetait toujours quelque chose aux gosses. Les missionnaires obtenaient un accueil moins chaleureux.

L'homme barbu qui se tenait sur son perron n'était ni un gosse ni un mormon.

« M. Morgan, je suis Joe Brammer, dit-il en ôtant son chapeau.

— Joe ? répéta Harvey, dubitatif, en le regardant par-dessus ses lunettes de lecture. Où sont passés tes cheveux ? Tu as une sale tête.

— Oui, désolé. Il faut que je vous parle. C'est très important. »

Harvey ouvrit la porte et fit un pas sur le côté pour laisser entrer le jeune homme, puis il se dirigea vers la pièce que Betty et lui avaient fait construire à l'arrière de leur maison. La plupart des gens l'auraient appelée « la pièce familiale » ; toutefois, vu que Betty et lui n'avaient pas eu d'enfants, ils en parlaient toujours comme de la salle du fond. Sur le canapé, Marvin, le vieux Beagle, leva les yeux à leur entrée et remua la queue un court instant.

« Je me souviens de toi, dit Joe en caressant le museau du chien. Content de voir que tu es encore de ce monde. »

Harvey éteignit la télévision.

« Assieds-toi », dit-il à Joe en faisant un geste vers le bout du canapé inoccupé.

Ensuite, il reprit sa place dans son fauteuil usé. Il y passait bien trop de temps : Marvin et lui allaient bientôt se transformer en pierres s'ils ne se bougeaient pas un peu plus.

Harvey observa Joe qui continuait à caresser le chien tout en faisant le tour de la pièce du regard ; pièce qui – hormis la poussière et l'encombrement dû aux piles de journaux – ressemblait presque à ce qu'elle avait été lorsque Betty invitait le garçon à goûter, une fois qu'il avait terminé de travailler dans le jardin. Parfois, il venait simplement sonner à la porte pour rendre un livre ou jouer aux échecs. C'était Harvey qui lui avait appris à jouer. Joe était un assez bon joueur – pas exceptionnel. La plupart du temps, cependant, il venait pour discuter du livre qu'il avait emprunté. L'ouvrage faisait toujours partie de la collection d'Harvey, parmi ce que Joe appelait les « livres d'espionnage ». Sa bibliothèque comprenait des récits historiques, des traités théoriques, des exposés, des biographies et autobiographies, ainsi que des romans détaillant les carrières et la profession d'espions. Le garçon posait d'innombrables questions au sujet des années d'Harvey à la CIA. Son domaine, c'était le profilage. Après une carrière d'agent double, il était devenu l'un des premiers pratiquants en la matière en rassemblant des profils de leaders mondiaux, de dictateurs, de personnages politiques, de chefs militaires et parfois même d'autres espions. Ce n'est que lorsqu'il avait été victime d'une crise cardiaque et forcé de prendre sa retraite, à l'âge de 52 ans, que sa famille avait appris la vraie nature de ses services au gouvernement. Harvey avait alors déménagé à Houston pour se rapprocher de sa mère malade, renouer avec ses anciens amis et découvrir qu'il existait une vie en dehors du danger et des cigarettes. La femme d'un ancien ami de lycée l'avait un jour persuadé de les accompagner à une réunion d'anciens élèves. Elle avait organisé les retrouvailles avec son amour d'adolescent, qui était veuve. Betty et lui avaient partagé vingt merveilleuses années, surtout après qu'elle eut pris sa retraite et qu'ils se furent mis à parcourir le pays à bord de leur camping-car. Aujourd'hui, sans elle, Harvey se sentait perdu. Il avait même songé à reprendre la cigarette.

« Maman a appris le décès de Mme Morgan par le journal. Je suis sincèrement désolé. C'était une femme formidable et le meilleur professeur que j'aie eu. »

Harvey hocha la tête.

« Ta mère m'a écrit un petit mot très aimable. Elle a évoqué la fin de tes études de droit et a dit que tu passais quelque temps à l'étranger. »

Betty avait déclaré à plusieurs occasions que, si elle avait eu un fils, elle aurait aimé qu'il ressemble à Joe Brammer. Harvey était d'accord avec elle : c'était un bon gamin.

« Bon, fiston, raconte-moi pourquoi tu te présentes à ma porte sans prévenir, à pied et mal rasé – sauf en ce qui concerne ton crâne.

— Je me trouve dans une situation très inhabituelle. Je peux vous assurer que je n'ai rien fait d'illégal ni de répréhensible ; mais des agents du gouvernement nous traquent, ma petite amie et moi. Je crois qu'ils obéissent à quelqu'un de haut placé. Je suis certain qu'ils pensent poursuivre des terroristes internationaux ou des espions qui se seraient emparé de secrets d'État. En fait, il s'agit d'un énorme abus de pouvoir au sujet d'une affaire personnelle. Ça n'a rien à voir avec la justice, ni avec un complot international, ni avec quelque menace que ce soit contre le gouvernement des États-Unis ou ses élus politiques. »

Harvey hocha la tête.

« Ce ne serait pas la première fois. Alors, dis-moi, qu'attends-tu au juste de moi ?

— Un moyen de transport. Possédez-vous toujours le van ?

— Il s'agit d'un « camping-car ». Oui, je l'ai encore. Mais je ne m'en suis servi qu'une seule fois depuis la mort de Betty. Ce n'est plus pareil de voyager sans elle.

— J'en ai besoin. C'est une question de vie ou de mort.

— À ce point-là ?

— Oui, monsieur. J'aimerais bien vous signer un bail, mais je préférerais ne pas laisser de traces. Si je survis, vous récupérerez votre véhicule. Sinon, je suis certain que mes parents vous rembourseront avec l'argent dont j'ai hérité de ma grand-tante – à moins qu'il ne disparaisse mystérieusement : c'est ce qui est arrivé au compte bancaire de ma petite amie.

— Donc, tu veux monter à bord et t'en aller sans que je parle à personne de ta visite ?

— Oui, monsieur. Pas même à mes parents, s'il vous arrivait de les rencontrer. Je sais qu'ils se font du souci pour moi, mais leur téléphone est sur écoute et on surveille leur maison. Je n'ose ni les appeler ni aller les voir. Il ne faut surtout pas leur dire que je suis venu ici, ni à eux ni à personne d'autre.

— Je vais passer un marché avec toi, fiston. Tu me racontes tes problèmes et je te laisse prendre le camping-car. »

Joe secoua la tête.

« Je ne peux pas vous mêler à tout ça. Vous pourrez toujours raconter que je vous ai volé le camping-car ; mais si ces gens croient que vous êtes au courant de ce qui se passe… »

Il s'interrompit : il ne voulait ou ne pouvait pas mettre de mots sur la gravité des risques encourus.

« Joe, à une époque de ma vie, je me promenais avec une capsule à glisser sous ma langue au cas où on découvrirait ma véritable identité. Maintenant, j'ai perdu l'amour de ma vie. Je n'ai pas d'enfants. Je m'ennuie à mourir. Et il se trouve que je pourrais être capable de t'aider. Ça pourrait être la dernière opportunité qui s'offre à moi d'être vraiment utile à quelqu'un ; alors je vais t'apporter une bière et tu vas me raconter ton histoire. »

Joe ferma les yeux et s'effondra dans le canapé. Marvin se réveilla même assez pour venir poser sa tête sous sa main. Il se mit à le caresser distraitement. Harvey imaginait parfaitement ce qui se passait dans la tête du jeune homme : il était ici en présence d'un ami bien informé, qui pourrait peut-être avoir une idée pour l'aider à se sortir d'affaire. Mais, du coup, Harvey pouvait se retrouver confronté aux mêmes dangers que lui.

Finalement, Joe rouvrit les yeux.

« Je ne suis pas venu ici pour vous mêler à tout ça.

— Je sais, fiston. Tu as besoin de mon camping-car pour organiser ta fuite. Mais ce serait de la torture de ta part si tu laissais un vieil espion à la retraite comme ça, dans son fauteuil, sans lui expliquer ce que tu fuis. »

Joe lui adressa un grand sourire qu'Harvey lui rendit.

« Avant de passer aux choses sérieuses, mangeons un morceau. »

Il installa Joe sur le tabouret de la cuisine et posa un bol de chips et une cannette de bière devant lui. En fait, il se sentait heureux. Il s'affaira dans la cuisine pour préparer des sandwiches et du thé glacé ; tout en s'activant, il questionna Joe sur la faculté de droit et sur ses voyages à l'étranger.

Harvey fut touché quand le jeune homme dirigea la conversation vers Betty et lui raconta que tous les gamins du lycée Memorial savaient qu'ils pouvaient aller la voir avec leurs problèmes, qu'ils soient ou non inscrits à ses cours de mathématiques. Le vieil homme se surprit à décrire la maladie qui avait causé la mort de son épouse, combien elle s'était montrée courageuse et à quel point elle lui manquait.

« Comprends-moi bien. Betty et moi avions nos sujets de discorde, comme tout le monde, mais dans l'ensemble, ces vingt années ont été merveilleuses. »

Une fois qu'ils eurent fini de manger, Harvey emmena Joe au garage pour lui montrer le camping-car. Le véhicule avait parcouru plus de 300 000 kilomètres au cours des deux dernières décennies et en était à son second moteur, mais il avait été entretenu avec le plus grand soin et semblait comme neuf. Il était presque trop large pour le garage, mais considérablement plus petit, en revanche, que dans les souvenirs de Joe. Malgré tout, avec son lit double, sa salle d'eau minuscule, sa kitchenette et sa petite table, c'était tout ce dont ils avaient besoin. M. Morgan expliqua comment remplir le réservoir d'eau, vidanger la citerne et allumer la veilleuse du ballon d'eau chaude. Le véhicule était entièrement équipé en vaisselle, serviettes de toilette et draps.

Ensuite, les deux hommes s'installèrent dans la salle du fond. Joe parla beaucoup, bien entendu, mais Harvey écouta avec la plus grande attention et posa des questions aux moments appropriés. L'expression de Joe lorsqu'il évoquait Jamie Long réveilla la douleur du manque chez le vieux monsieur. Quand il apprit le lien entre Jamie et la famille Hartmann, son cœur se serra.

À la fin du récit de Joe, il alla faire du café dans la cuisine. En le buvant, il raconta le peu qu'il connaissait sur les Hartmann. De temps à autre, au cours de sa longue carrière en tant que profileur, à observer les mécanismes à l'œuvre dans l'esprit des leaders mondiaux, il était tombé sur le nom des Hartmann. Il savait que Buck n'avait eu aucun scrupule à conclure des affaires avec des tyrans, et que ces mêmes tyrans avaient attendu avec impatience le jour où son fils, Jason, serait président des États-Unis. Mais Jason était mort. Le vieux Buck avait formé son petit-fils pour qu'il s'occupe des intérêts commerciaux de la famille, pas pour entrer sur la scène politique. Gus Hartmann était bien trop petit pour ça. Et probablement trop futé.

« Gus a certainement autant besoin d'un héritier que sa sœur. Il a besoin de quelqu'un pour prendre la relève dans les affaires familiales ; elle veut probablement un enfant qui puisse reprendre son sacerdoce. Ta Jamie s'est fourrée dans un sacré pétrin, ça, c'est sûr. Et maintenant, tu es en plein dedans avec elle, Joe. »

Le jeune homme paraissait exténué. Harvey souhaitait réfléchir plus longuement avant d'en dire davantage ; il suggéra donc qu'ils aillent se coucher et montra la salle de bains à Joe.

« Je me lèverai tôt pour emmener le camping-car à la révision. À mon retour, nous poursuivrons notre conversation. »

Il réfléchissait déjà à la séance du lendemain. Il passa plusieurs heures sur l'ordinateur avant de se résoudre à aller au lit. Il avait la quasi-certitude que Joe ne pourrait jamais parvenir jusqu'à Gus Hartmann ; en revanche, Amanda était une personnalité publique très célèbre.

Il n'avait même pas sommeil lorsqu'il finit par aller se coucher. Il se sentait plus alerte et dynamique qu'il ne l'avait été depuis des années.

CHAPITRE 36

Jamie resta longtemps couchée dans le sable, cachée par les herbes. Elle osait à peine bouger. L'humidité s'insinuait à travers ses vêtements. Malgré tout, Billy s'était endormi. À un moment, comme il semblait s'éveiller, elle le caressa et lui murmura de se rendormir.

Elle s'interrogeait au sujet des hommes qui la poursuivaient. Pour qui la prenaient-ils ? Une espèce de Mata Hari espionnant pour des ennemis de l'État, un bébé sur la hanche ? Contrairement à ceux d'Oklahoma City – sans aucun doute des tueurs professionnels –, ils exécutaient simplement les ordres de leurs supérieurs. Or, ces supérieurs semblaient obéir à Gus Hartmann, ou à l'un de ses subordonnés. Lorsqu'ils rentraient chez eux, le soir, c'étaient probablement des gars ordinaires. Mais dans l'immédiat, ils étaient ses ennemis et s'ils travaillaient avec efficacité, c'en était fait de Jamie. Certes, ils ne la tueraient pas. Ils ne feraient que la livrer, mais son destin resterait le même : la mort. Elle ne verrait jamais grandir son fils. Il penserait qu'Amanda Hartmann était sa mère ; on lui apprendrait qu'il était l'élu de Dieu et n'avait pas besoin de respecter les mêmes règles que les autres.

De temps à autre, Jamie distinguait des voix. Puis elle entendit du bruit ; elle écarta alors les herbes pour apercevoir une camionnette se diriger vers la cabine. Lorsqu'elle jeta un autre coup d'œil, deux hommes passaient au peigne fin ses ordures déversées sur le sol. Ils allèrent jusqu'à examiner les couches sales de Billy.

Jamie tenta de réfléchir. Elle n'osait pas quitter sa cachette avant la tombée de la nuit. Mais ensuite ?

Si seulement elle disposait d'un moyen de contacter Joe, de l'informer de ce qui se passait ! L'avertir pour qu'il ne revienne pas ici. Ensemble, ils pourraient décider d'un endroit où aller, de ce qu'il fallait faire. Joe devait rencontrer à Houston un certain M. Morgan. Elle ne connaissait pas son prénom. Tout ce qu'elle savait de lui, c'était qu'il possédait un camping-car et que sa femme avait été le professeur de mathématiques de Joe au lycée. Les Morgan devaient être légion dans l'annuaire de Houston. Jusqu'ici, elle avait espéré que Joe rentrerait le soir même. Maintenant, elle priait pour qu'il ne soit *pas* sur le chemin du retour et qu'il ne revienne que dans plusieurs jours. Les hommes seraient alors repartis depuis longtemps.

D'ailleurs, elle avait l'impression qu'ils n'étaient plus là, mais elle n'osait pas retourner à la cabine qu'ils pouvaient surveiller en attendant son retour. Au cours de toutes leurs discussions, Joe et Jamie n'avaient pas prévu de point de rendez-vous au cas où ils seraient séparés.

Elle attendit tout l'après-midi, en remuant de temps en temps bras et jambes pour soulager ses crampes. Lorsqu'elle ne parvint plus à rendormir Billy, elle l'allaita. Une fois la tétée terminée, il fallut le changer. Tête baissée, Jamie enterra la couche sale dans le sable. Ensuite, elle creusa une tranchée plus profonde et, assise en tailleur, elle joua avec le bébé un moment, toujours penchée et parlant à voix basse. Parfois, elle regardait à travers les hautes herbes. Toute trace d'activité avait cessé autour de la cabine ; la camionnette avait disparu.

À la tombée de la nuit, aucune lumière ne s'alluma. Cependant, Jamie *savait* que des gens, à l'intérieur, attendaient son retour. Elle *sentait* leur présence dans ce qui était devenu pour elle, au cours de la semaine, son foyer.

Elle revivait Oklahoma City. Fuir dans la nuit. Tout abandonner derrière soi. Au moins, cette fois-ci, ne pourraient-ils pas tuer son chien chéri.

Jamie se mit à sangloter. C'en était trop. Si elle survivait à cette nuit, sa vie se réduirait-elle à ça ? Se cacher sans cesse ? Fuir ?

Mais quelle était l'alternative ? Abandonner ou mourir ?

Elle nicha son bébé dans ses bras, s'efforçant de ne pas céder à l'hystérie. Il fallait rester calme. Réfléchir. S'organiser.

À quelle heure la lune s'était-elle levée la nuit précédente ? Mieux vaudrait partir maintenant pour tirer parti de l'obscurité. Oui, c'était ce qu'il fallait faire. Pourtant, elle attendit encore quelques minutes. Elle respira profondément pour rassembler son courage. Puis, Billy dans les bras, elle rampa hors de sa cachette.

Elle s'éloigna de la cabine en empruntant les creux entre les dunes. La marche dura longtemps, une heure ou plus. Le terrain finit par changer : la protection offerte par les dunes et les herbes céda la place à de longues étendues de sable. Elle attendit près de la route, hors de vue, à l'affût d'un mouvement ou d'un bruit, avant de traverser la chaussée en courant. Là, elle pourrait se cacher plus facilement. Elle prit enfin le temps d'installer Billy dans le porte-bébé et de reprendre son souffle. Puis, longeant la route sur la gauche, elle fit de son mieux pour rester hors de vue. C'était difficile dans l'obscurité. Elle trébucha à plusieurs reprises ; par deux fois, elle tomba, les mains en avant pour protéger l'enfant. Ses mains comme ses genoux étaient couverts d'entailles et de bleus ; ses bras et ses jambes, griffés et écorchés par les ronces. Si seulement elle avait mis un pull ce matin, au lieu d'un tee-shirt ! Dans son sac en toile, elle n'avait qu'un tee-shirt et une culotte. Elle mangea une poignée de fruits secs et but un peu d'eau. Malgré tout, elle avait encore faim. Elle était aussi épuisée. Et elle doutait d'elle-même. Que se passerait-il si elle avait pris la mauvaise décision ? Si Joe se faisait arrêter en revenant à la cabine ? Elle ne le verrait peut-être plus jamais. Pourtant, en l'absence d'un autre plan, elle poursuivit sa marche. Lorsqu'elle parvint à une intersection, elle prit au nord et, tout en restant hors de vue des automobilistes, elle suivit son chemin.

Le soleil pointait à l'horizon quand Billy se mit à protester. Jamie le sortit du porte-bébé et le porta sur son épaule tout en se dirigeant vers un petit chemin de campagne. Le temps de trouver un endroit abrité dans le lit à sec d'un ruisseau où ils pourraient passer quelques heures et Billy hurlait de faim. Le fond sablonneux du ruisseau accueillit le corps exténué de la jeune femme. Lorsque le soleil se lèverait, un saule, tout proche, leur dispenserait de l'ombre. Jamie but un peu d'eau pendant que Billy tétait, puis elle ferma les yeux. Billy devrait juste s'amuser tout seul un moment.

Où se trouvait Joe ? Les hommes l'attendaient-ils toujours à la cabine ? Que lui feraient-ils s'ils l'attrapaient ?

Tout ça était si irréel. De tels événements n'étaient pas censés arriver aux gens ordinaires et respectueux de la loi. Pas ici. Pas aux États-Unis d'Amérique.

Joe jura lorsqu'il aperçut les panneaux annonçant les travaux. Toute la circulation allait être réduite sur la file de droite. Se retrouver dans un bouchon, à cette heure de la nuit, était pour le moins inattendu. Il s'impatienta : il roulait à l'allure d'un escargot derrière une file interminable de véhicules.

Il avait l'impression d'avoir 50 ans au volant de son camping-car. Il fallait qu'il reste toujours en deçà des limitations de vitesse. Un excès de vitesse était la seule chose qui pourrait attirer l'attention sur le véhicule. Joe était certain que le camping-car n'était pas recherché par la police. Jamie, lui et le bébé auraient l'air d'une famille ordinaire, en route pour les vacances. M. Morgan lui avait confié une liste des campings du pays. Une fois Jamie et le bébé à bord, ils pourraient voyager sans effort. S'ils parvenaient à ne pas s'arrêter pendant quelques mois, voire un an, peut-être cette histoire de bébé deviendrait-elle une affaire classée : Amanda Hartmann aurait appris à aimer l'autre enfant et aurait tout oublié de celui de Jamie.

Un tel scénario était insensé. La peur resterait leur fidèle compagne jusqu'à ce que ce problème avec les Hartmann soit résolu. Son estomac était déjà noué : il était resté trop longtemps éloigné de Jamie et du bébé.

Joe et M. Morgan avait passé une grande partie de la journée à échanger leurs idées et à faire des recherches sur internet. Lorsque le garage leur rendit enfin le camping-car, ils y rangèrent les provisions que M. Morgan ne cessait de sortir – boîtes de conserve, serviettes en papier, papier toilette, savon, bière. Ensuite, ils dînèrent. Joe proposa une partie d'échecs. Il n'avait pas vraiment envie de jouer, mais il savait que ça démangeait M. Morgan. D'ailleurs, Joe ne voulait pas partir avant que les voisins ne soient couchés. Inutile de prendre le risque de les croiser dans leur jardin ou promenant leur chien.

À 22 heures, ils s'étaient rendus au garage. Joe avait dévissé l'ampoule afin de pouvoir partir dans l'obscurité.

« J'aimerais bien pouvoir te dire de m'appeler pour me tenir au courant mais n'y songe même pas. Pas de cartes postales. Pas de messages codés. La prochaine fois que je te vois, je veux que tu aies des cheveux sur le crâne et Mlle Jamie avec son petit Billy auprès de toi. »

Ils s'étreignirent rapidement.

Une heure plus tard, Joe se trouvait seulement à moins de 30 km de chez M. Morgan ; mais il avait dépassé la zone de travaux.

Il atteignit enfin l'embranchement de Freeport. Bientôt, il traversa Neptune Beach, avec ses boutiques et ses restaurants. Il gara le camping-car près d'une aire de pique-nique, le ferma à clé et avança le long de la plage. Lorsqu'il atteignit le sable dur et humide, en bordure de l'eau, il se mit à courir. Il courait avec la joie au cœur : chaque pas le rapprochait de Jamie.

Un mince quartier de lune se reflétait dans l'eau, lui fournissant assez d'éclairage pour éviter les méduses échouées et les morceaux de bois. Une fois arrivé en terrain connu, il coupa par les terres et se fraya un chemin à travers les dunes sur les dernières centaines de mètres – histoire de rester à couvert.

Enfin, il aperçut la cabane dont la silhouette se découpait sur le ciel nocturne. Joe se laissa tomber derrière une touffe de hautes herbes pour surveiller la scène et s'assurer que tout allait bien.

La cabane était plongée dans l'obscurité. Ça ne le surprit pas. Mais il remarqua qu'on avait déplacé les poubelles vers la véranda, alors qu'elles se trouvaient auparavant le long du bâtiment. Ça ne mettait vraiment pas la vue en valeur. De plus, ça sentait les excréments.

Peut-être les poubelles avaient-elles été poussées par un chien errant, ou par un tatou à la recherche de restes de nourriture. Jamie les avait peut-être simplement bougées, sans se préoccuper de les remettre à leur emplacement d'origine.

Joe réfléchissait toujours aux poubelles lorsqu'il remarqua qu'il n'y avait pour tout véhicule que deux camionnettes noires identiques, chacune garée près d'une cabine différente.

Malgré son irrésistible envie de se précipiter vers la porte, Joe s'accroupit et décida d'observer les lieux pendant une quinzaine de minutes.

Tout était paisible. Seul le mouvement des vagues sur la plage était perceptible.

Au bout d'un quart d'heure, Joe décida d'attendre encore un peu. Histoire d'être absolument sûr.

C'est alors qu'il aperçut quelque chose, dans l'angle de son œil droit. Un simple scintillement, ou bien le reflet de la lune, là-haut, sur la pente.

Était-ce son imagination ?

Il attendit. Il s'efforçait de ne pas cligner des paupières pour voir s'il distinguait à nouveau quelque chose. Mais ses yeux s'emplirent d'eau et finirent par cligner malgré tout.

C'est alors que ça se reproduisit. C'est du moins ce qui lui sembla.

Il sortit à reculons de sa cachette et rampa à travers les touffes d'herbes. Lorsqu'il fut certain de se trouver hors du champ de vision de quiconque pouvait surveiller la cabine là-haut, il traversa la route en courant. De l'autre côté, la végétation changeait. Quelques centaines de mètres plus loin, le terrain était envahi de vignes kudzu[1] qui entravaient sa progression. Il voulait parvenir derrière l'endroit où était apparu le mystérieux reflet. Un reflet qui provenait peut-être d'une paire de jumelles. Ou bien de lunettes de vision nocturne.

En approchant du sommet de la pente, il se laissa tomber sur le ventre et se faufila entre les vignes. Il essayait de ne pas penser aux serpents et aux scorpions qui pouvaient se trouver là. Quand, d'après ses calculs, il pensa être proche de son but, il s'arrêta et se contenta d'écouter.

Au début, il crut n'entendre que le frémissement des feuilles. Mais il n'y avait pas de brise. Il s'agissait de voix. De voix très faibles.

En levant la tête, il les vit. Deux hommes vêtus de noir, en train de surveiller le décor paisible au-dessous en attendant que quelque chose se produise.

Joe passa en revue les hypothèses plausibles. Ils avaient peut-être déjà arrêté Jamie et le bébé et ils attendaient son retour. Si c'était le cas, elle était sans doute déjà morte et Billy avait déjà été livré aux Hartmann.

Comme ce scénario lui était intolérable, il essaya d'en imaginer un autre, dans lequel Jamie se serait enfuie.

Elle les avait vus venir et s'était enfuie par-derrière.

1. Le kudzu est une plante vivace utilisée comme auxiliaire des traitements des diverses formes de toxicomanie (NdT).

Cependant, ils avaient dû placer la porte sous surveillance. Il essaya autre chose.

Elle était partie se promener sur la plage.

Il l'imagina sortir par la véranda pour aller se balader le long de la plage avant de revenir sur ses pas. Elle avait vu les hommes avant qu'eux ne la voient. Elle avait alors pris ses jambes à son cou. Elle devait avoir son sac en prévision d'une éventuelle fuite. C'était ce dont ils étaient convenus. À chaque fois qu'elle quitterait la cabine.

Cette version lui plaisait davantage. *Vraiment.*

Bon, si c'était ce qui s'était passé, ces deux hommes, et probablement d'autres, n'avaient aucun moyen de savoir qu'il n'était pas avec Jamie et le bébé. Leurs affaires se trouvant toujours dans la cabine, ils attendaient certainement leur retour à tous les trois.

Où était partie Jamie ? En dépit de toutes leurs discussions, de toutes leurs prévisions pour décider d'aller à Houston y chercher le camping-car, ils avaient négligé d'inclure un scénario comme celui-là. Joe n'avait aucun indice sur l'endroit où Jamie avait pu aller.

À moins que ?

Après s'être frayé un chemin jusqu'à la plage, il retira ses chaussures et se mit à courir à toute vitesse sur le sable humide. Il n'avait jamais couru aussi vite de sa vie.

CHAPITRE 37

En bordure de l'aire de stationnement, Jamie regardait avec envie le relais routier *Chez Flossie*. On pouvait presque sentir l'odeur du café. Pourtant, elle hésitait à entrer. Elle était toute sale. Ses bras et ses jambes étaient couvertes de coupures et de griffures. Les gens se retourneraient sur son passage. Et si un agent de la police de la route était assis au comptoir ? Il pourrait lui demander si elle avait eu un accident, ou bien s'intéresser au bien-être de Billy. Il voudrait peut-être savoir où Jamie se rendait, et par quel moyen.

Jamie portait Billy sur l'épaule. Elle l'avait protégé du soleil grâce à une couverture et elle essayait de le bercer, tout en essayant de décider si elle allait ou non entrer dans le petit restaurant.

Un vieux semi-remorque la dépassa pour s'arrêter près d'une pompe de diesel. Jamie observa un couple âgé émerger de la cabine. Il lui fallut quelques secondes avant de réaliser qu'elle pouvait peut-être saisir une opportunité.

L'homme se dirigea vers la station-service, tandis que la femme décrochait le pistolet de la pompe. Jamie marcha vers le camion en mettant au point son histoire.

La femme la regarda approcher d'un air méfiant. Elle avait l'air redoutable : de larges épaules, de larges hanches et des cheveux grisonnants rassemblés en une queue de cheval stricte.

« Vous voulez qu'on vous prenne, j'imagine ? » dit-elle, provocante.

Jamie hocha la tête.

« Le père du bébé nous a poussés de la voiture la nuit dernière, vers Freeport. Depuis, je marche pour m'éloigner au maximum. Je ne me suis arrêtée que quelques heures, tôt ce matin, pour me reposer les pieds.

— Vous rentrez chez vous ?

— Oui, m'dame. J'ai eu peur de monter avec n'importe qui au milieu de la nuit, alors je me suis écartée de la route. Ça a été difficile.

— Quel âge a le bébé ?

— Presque deux mois. Mon petit ami pense que ce n'est pas lui le père. Mais ce n'est pas vrai. Je ne pense pas le revoir un jour. J'ai de la famille dans le comté de Washington. Si vous allez par là, je vous serai très reconnaissante de me prendre. Je suis vraiment épuisée. »

La femme inclina la tête sur le côté en examinant Jamie. Puis, avec un signe de tête, elle déclara :

« Je veux bien le croire. Nous repartons d'ici dix minutes. »

Jamie la remercia et entra dans la station. Elle se nettoya du mieux qu'elle put avant d'enfiler le tee-shirt propre qui se trouvait dans son sac à dos. Dans le restaurant, elle acheta un muffin pomme-cannelle et une tasse de café à emporter.

Le couple l'attendait à côté du camion.

« Je m'appelle Beverly », dit Jamie.

La femme hocha la tête et s'assit au volant. Son mari se glissa dans le lit, à l'arrière de la cabine. Jamie monta à bord.

« Ce bébé devrait être installé dans un siège auto.

— Il est resté dans la voiture de mon petit ami, avec tous nos vêtements. »

Billy s'assoupit au bout de quelques minutes. Jamie mangea le muffin et sirota son café. Elle était heureuse que la femme n'ait pas envie de bavarder. C'était tellement épuisant de mentir.

Elle se demanda où se trouvait Joe en ce moment. Mèneraient-ils un jour une vie normale ?

Allait-elle le revoir ?

Une fois au volant du camping-car, Joe attendit quelques minutes que les battements de son cœur ralentissent et que ses nerfs s'apaisent. Jamie avait la force physique et la volonté de faire ce qu'il fallait. Elle s'était déjà échappée. Il allait partir sur l'hypothèse que c'était à nouveau le cas.

Il roula très prudemment. Il savait que Jamie demeurerait autant que possible hors de vue. Il ne risquait donc pas de l'apercevoir en train de marcher sur le bord de la route. Pourtant, il regarda quand même, avec l'espoir de l'entrevoir sur l'une des routes de campagne qui longeaient la N-36. Il scrutait aussi les champs et les bosquets d'arbres. Peut-être avait-elle réussi à monter avec quelqu'un ? Un vieux couple de fermiers, peut-être ? À chaque véhicule qui passait, Joe cherchait à voir si Jamie se trouvait à l'intérieur.

À Brenham, il s'arrêta pour boire un café. Puis il prit la route sinueuse, cherchant toujours Jamie. Il dépassa Old Baylor Park et fit une pause pour s'orienter. Il s'arrêta au cimetière de l'Indépendance et resta là, sur le marchepied, à crier le nom de la jeune femme ; il n'obtint pas de réponse.

Il roula jusqu'au fond du cimetière, se prépara un sandwich et saisit une bouteille d'eau. Puis il parcourut les allées, juste pour s'assurer que Jamie n'était pas là. Il s'assit devant la tombe d'un homme nommé Abner Martin. Selon l'inscription, c'était un vétéran de la guerre du Texas pour l'Indépendance. De son poste, Joe pouvait apercevoir si on s'approchait du cimetière.

Il mangea le sandwich et but la moitié de la bouteille avant de s'installer pour attendre. Comme il n'avait pas dormi la nuit précédente, il ne cessait de s'assoupir et s'éveillait en sursaut. Il regardait alors désespérément autour de lui, pour voir si Jamie était arrivée pendant son sommeil. Pour rester éveillé, il marchait le long des allées, se cachant au passage des rares véhicules, et il lisait les inscriptions des pierres tombales avant de revenir à la tombe d'Abner. Il s'assoupissait alors de nouveau, se réveillait et se forçait à refaire une promenade.

Au crépuscule, il aperçut une personne à pied qui se dirigeait vers le cimetière. Mais dans le déclin du jour, il ne parvint pas à savoir s'il s'agissait d'un promeneur du soir ou d'une femme portant un bébé.

Cette personne était toute voûtée ; elle avançait d'un pas traînant. Soit il ou elle était très âgé, soit il ou elle était très fatigué. Joe observa le marcheur trébucher et manquer de tomber. Lorsque Joe se dirigea vers la route, la personne marqua un arrêt et regarda fixement dans sa direction. Puis elle leva la main.

C'était *elle*.

Joe se rua vers elle. Lorsqu'il l'atteignit, elle lui tendit le bébé à l'instant même où ses jambes se dérobaient. Il s'agenouilla et, de son bras libre, l'enlaça sans cesser de répéter son nom. Elle posa sa tête sur son épaule et se mit à pleurer. Il lui embrassa le front, les joues, ses lèvres gercées.

« Ma Jamie, ma Jamie chérie.

— J'ai eu tellement peur de ne jamais te revoir ! Des hommes sont venus pendant que je me promenais. J'avais peur qu'ils attendent ton retour.

— C'est ce qu'ils ont fait, mais je les ai vus le premier. J'ai le camping-car. Il est derrière le cimetière.

— Je ne peux pas faire un pas de plus. »

Joe la laissa assise par terre, adossée à un pilier de clôture. Avec Billy dans les bras, il traversa le cimetière en courant. Le bébé se mit à pleurer. Ses cris vigoureux paraissaient déplacés à cet endroit silencieux.

Une fois dans le camping-car, Joe installa Billy, toujours mécontent, au milieu du lit et fit marche arrière sur le chemin de terre.

Jamie était assise où il l'avait laissée. Il l'aida à se remettre sur pieds et à monter dans le véhicule. Billy pleurait toujours. La jeune femme s'allongea près de lui et se débattit avec son tee-shirt. Joe se pencha au-dessus d'elle pour l'embrasser sur le front.

« Nous sommes ensemble. Ça va aller maintenant », dit-elle d'une voix rauque.

Joe reprit à contrecœur sa place sur le siège conducteur. Au bout d'une demi-heure environ, il s'arrêta sur un chemin de terre et retourna vers le lit.

Billy s'était endormi. Jamie avait l'air d'une poupée de chiffon.

« Tu veux bien me retirer mes chaussures, s'il te plaît ? »

Il fit ce qu'elle lui demandait. Elle avait les pieds sales, les talons et les orteils à vif. Il prit une casserole d'eau et une savonnette et lui lava les pieds avec douceur. Il lui prépara un repas, l'aidant à s'asseoir en calant des oreillers derrière elle. Billy dormait paisiblement.

Jamie but à petites gorgées une tasse de soupe à la tomate et mangea plusieurs quartiers de pomme, puis elle retomba sur les oreillers et ferma les yeux.

« Nous ne pouvons pas continuer à vivre ainsi. »

Joe la laissa là-dessus.

Il poursuivit sa route vers le nord en progressant vers Bryan, où il emprunta la 190 pour se diriger au nord-est. Il faisait nuit lorsqu'elle vint le rejoindre à l'avant. Elle resta debout à côté de lui, la main sur son épaule.

« J'ai ruiné ta vie.

— Eh bien, tu l'as sans aucun doute *transformée*. Tu te sens mieux ?

— Ça ira dès que je me sentirai propre. La douche fonctionne ?

— Oui. Billy va bien ?

— Il dort. Où allons-nous ?

— Nous pourrons en parler après ta douche.

— Joe ?

— Oui ?

— Tu es un héros. Tu es aussi le seul homme que j'aie jamais aimé, et que j'aimerai toujours.

— Et toi, tu es l'amour de ma vie. On va s'en sortir, Jamie. Il le faut. »

Elle resta là, à lui caresser la nuque. Il avait envie que ce moment dure éternellement.

« Tu vas conduire toute la nuit ?

— Non. Je n'ai pas dormi la nuit dernière et je suis au bout du rouleau. La table de cuisine se transforme en lit.

Je pensais qu'on pourrait y installer Billy. J'aimerais bien t'avoir tout à moi dans le grand.

— J'en ai envie aussi. Je n'ai jamais été aussi épuisée, mais j'ai besoin de toi, Joe. J'ai besoin de tes baisers à n'en plus finir et de te sentir en moi. »

Joe tendit la main vers celle de Jamie et l'embrassa. Puis il la regarda ouvrir la porte de la salle d'eau dans son rétroviseur.

Dans la ville de Cottonwood, il s'arrêta à une supérette pour y acheter des couches. Il gara ensuite le camping-car derrière une station-service fermée. Pendant que Jamie donnait le sein à Billy, il prépara le lit.

Ils restèrent agrippés l'un à l'autre, debout. Joe savourait la sensation du merveilleux corps de Jamie contre le sien, de son parfum. Il ne lui répéterait jamais assez qu'il l'aimait. Il ne pouvait pas l'embrasser assez fort. Il avait cru atteindre une sorte d'apogée à la cabine sur la plage ; mais il comprit qu'il avait assez d'amour et de désir pour durer une vie. Une *longue* vie. Pas une vie brisée par des monstres que rien n'arrêtait lorsqu'il s'agissait de parvenir à leurs fins.

Joe fit reculer Jamie vers le lit. Vers le paradis. Il aurait aimé être plus adroit avec les mots, pouvoir dire quelque chose de plus profond pour exprimer ses sentiments qu'un simple « Je t'aime » répété à l'infini. Pourtant, comme il l'aimait ! Et elle l'aimait en retour, avec la même intensité.

*

Billy dormit jusqu'à l'aube. Jamie le ramena dans le lit pour lui donner le sein.

Ensuite, ils discutèrent. Ils continuèrent pendant que Joe conduisait, une tasse de café à la main. Jamie lui lut l'article qu'elle avait découpé dans le journal. Il hocha la tête. M. Morgan avait trouvé la même information sur internet. Amanda Hartmann allait partir en croisade trois jours, à Dallas.

Ils tentèrent d'adopter une stratégie. À force de débattre des heures durant, ils se disputèrent ; ils durent alors faire des pauses. Ils boudaient, puis se calmaient avant de tout recommencer. Mais ils savaient parfaitement que, quel que soit leur plan, soit il leur sauverait la vie, soit…

CHAPITRE 38

Gus monta l'escalier jusqu'au premier étage. Il gravit les marches avec lenteur : la douleur de ses articulations s'était accrue au fil des années. Récemment, il avait dû s'installer au rez-de-chaussée. Il se rendait rarement au premier – jusqu'à ce que les bébés entrent dans sa vie.

En haut des escaliers, il fit une pause pour se masser les genoux. Il s'engagea ensuite dans le vaste couloir, avec ses fenêtres cintrées surplombant des hectares de prairies. Il frappa doucement à la porte de l'ancienne chambre de Sonny avant d'entrer. Les deux femmes en sari lui sourirent. La plus jeune, Randi, lança dans son anglais soigné : « Bonjour, monsieur Gus. »

Les bébés étaient allongés l'un à côté de l'autre sur un tapis d'éveil, tous deux vêtus d'un costume marin identique. Le bébé de Randy avait la peau brune et les cheveux bruns ; l'autre avait la peau claire et un duvet blond sur le crâne.

Gus saisit une chaise non loin de lui pour s'agenouiller avec précaution. Il écarta les doigts pour que les bébés puissent les attraper. Il les trouvait tous deux aussi beaux et attendrissants. Amita et Buck. Deux petits garçons – mignons, bien portants et heureux.

Il avait pris l'habitude de passer rendre visite aux bébés matin et soir. L'ancien appartement de Sonny avait été transformé en nursery. Gus n'avait même pas pris la peine de demander l'accord d'Amanda ; il avait simplement donné ses ordres. Randi s'occupait des bébés et sa mère, que l'on appelait Patty au lieu de son vrai nom très long et totalement imprononçable, venait le matin pour l'aider. Elle restait souvent la nuit ; ainsi, Randi pouvait rentrer auprès du mari, avec son fils.

Il sortit deux hochets de sa poche et les agita devant le visage des bébés. Il les aida à agripper l'objet et contempla leur plaisir.

« Amanda est-elle passée voir Buck récemment ? »

Il avait pris l'habitude d'appeler le bébé Buck, bien qu'Amanda prévoie de prénommer Jason le fils de Sonny, en souvenir de leur père. Ce qu'il adviendrait de Buck après l'arrivée de Jason commençait à le tracasser sévèrement. Pour se procurer cet enfant, il avait donné une fortune à sa mère et à ses grands-parents. Pour en obtenir la garde légale, il avait aussi entamé une procédure d'adoption. Bien entendu, il n'avait nullement l'intention de la faire aboutir. Vraiment aucune. Mais il s'assurerait que le garçon trouve un bon foyer. Et peut-être garderait-il le contact avec lui, dans les années à venir.

Randi secoua la tête, son joli visage soudain triste.

« Non, monsieur. Mlle Amanda n'a pas vu son bébé depuis que les gens du magazine sont venus la semaine dernière les photographier. Je crois que Mlle Amanda a dans sa tête la maladie des femmes après la naissance des bébés.

— La dépression *post partum* ?

— Oui. Mlle Amanda n'est pas heureuse. Pas heureuse d'avoir un beau garçon. Pas heureuse avec son beau mari. Elle vient si peu souvent ici à Victory Hill ! Et quand elle vient dans cette pièce, monsieur Toby ne l'accompagne pas. Elle ne veut pas prendre son bébé dans ses bras. Elle le regarde juste et elle s'en va. Ça me fait pleurer de la voir comme ça, monsieur Gus. Mlle Amanda, c'est notre ange gardien. Ma mère, mon mari et moi l'aimons tellement. De tout notre cœur, nous l'aimons. »

Patty hocha la tête avec vigueur pour approuver les paroles de sa fille.

« Vous ne pouvez pas imaginer la gentillesse dont Mlle Amanda a fait preuve envers nous. Maintenant, nous avons peur pour elle. Nous prions pour elle plusieurs fois chaque jour le Dieu chrétien et Uma, la déesse hindoue de la maternité. »

Gus saisit la chaise, se remit sur pieds et resta là, à regarder les bébés.

Comme ils étaient parfaits !

Il souhaita une bonne journée à Randi et à sa mère avant de redescendre dans son bureau. Amanda était toujours injoignable sur son téléphone portable. Cinq appels en deux heures. Où était-elle ? Sa colère contre lui augmentait chaque jour. Il avait promis de lui ramener le bébé de Sonny. Il avait manqué à sa parole. Cela l'ébranlait. Comment une jeune femme sans ressources, avec un nourrisson, se montrait-elle plus maligne que lui, avec tous les moyens qu'il employait pour la poursuivre ? Curieusement, Gus finissait par admirer Jamie Long. Il éprouverait presque de la tristesse pour elle et pour son compagnon, quand ce serait la fin. Il avait été furieux d'apprendre que Joe Brammer s'était échappé de Houston. Une moto dont personne ne connaissait l'existence ! Et quand ces incapables qui étaient à leurs trousses avaient fini par retrouver leur trace près d'une plage, Brammer et la fille avaient disparu !

On aurait dit un mauvais film dans lequel il tiendrait le rôle du grand méchant. C'était peut-être vrai, d'ailleurs. Il finirait par l'emporter. Il le fallait. Amanda devenait de plus en plus difficile. Une enfant gâtée à qui l'on n'accordait plus ce qu'elle voulait. La presse ne tarderait pas à entendre parler de son comportement. Faire taire les rumeurs ne serait pas une partie de plaisir. Heureusement, grâce à la fusion des médias, c'était plus simple aujourd'hui de raconter n'importe quoi aux P-DG qu'autrefois – à l'époque, il avait été obligé de menacer des rédacteurs en chef qui pensaient qu'imprimer *la vérité* était un droit divin. Il savait y faire, mais cela prenait un temps fou. Et ce n'était pas encore un procédé infaillible.

Amanda l'avait averti. Sans le bébé de Sonny, elle ne rentrerait pas à la maison auprès de Toby. Et un *bébé testé génétiquement*, juste pour s'assurer qu'on ne s'était pas moqué d'elle. L'enfant de Sonny. Uniquement. Sinon, pas de tournée nationale. Pour l'instant, elle se planquait dans un hôtel à Brunswick, avec une espèce de merdeux tatoué qui allait certainement lui refiler une MST. Et son soi-disant mari habitait toujours au bout du couloir. Bronzer, nager, faire de la gonflette, manger des noisettes et des graines germées, prier d'être en forme au retour d'Amanda : tel était son programme. La plupart du temps, Gus l'évitait mais ça ne l'écœurait plus qu'Amanda ait épousé un culturiste stupide. Au contraire, qu'elle honore son mariage et reste fidèle !

Amanda ressemblait tant à leur mère que c'était effrayant. Bien sûr, Gus avait lui aussi un gros appétit sexuel. Il menait cependant ses activités dans la plus grande discrétion. D'ailleurs, il ne prêchait pas une chose pour faire le contraire. Sa sœur – comme sa mère avant elle – se présentait aux yeux du monde comme une femme vertueuse, qui ne se contentait pas de croire à ses propres sermons, mais les vivait. Or, rien ne pouvait être plus loin de la vérité. Mais alors que Mary Millicent et son vieux dépravé de père étaient des arnaqueurs de première, Amanda paraissait vraiment convaincue à la rhétorique pieuse qui coulait à flot de sa charmante bouche. Selon elle, Dieu ne la mettait pas au même niveau que le tout-venant ; après tout, Il l'avait faite belle, séduisante, intelligente et convaincante pour qu'elle puisse sauver des âmes. Ça ne Le dérangeait donc absolument pas de détourner les yeux quand ces mêmes attributs servaient à attirer des hommes. Sauf que la beauté ne durerait pas éternellement. En dépit du Botox, des liftings et des opérations, Amanda ne pourrait pas garder son apparence toute sa vie. Gus craignait qu'alors elle ne devienne aussi pitoyable que leur mère. Mais il l'aimerait toujours.

Il composa à nouveau le numéro du portable de sa sœur. Cette fois-ci, il laissa un message.

« Tu me manques terriblement. Je m'inquiète beaucoup à ton sujet, Amanda. J'ai désespérément besoin de te voir. Il faut terminer de planifier ta croisade, ou bien l'annuler. Je suis certain que tu comprends bien que tu n'auras plus le temps d'en mener une autre. Se contenter de passer dans une ville ici et là, ce n'est pas la même chose qu'une vraie croisade. Nous avons trop travaillé à ce que tu deviennes l'une des femmes les plus aimées et les plus puissantes d'Amérique pour laisser tout ça disparaître. D'ailleurs, le comité de réélection du président compte à la fois sur le financement et sur les fidèles, que seule l'Alliance des électeurs chrétiens peut lui fournir. Personne ne peut te remplacer, Amanda. Tu es la plus grande évangéliste de notre temps. Peut-être même de tous les temps. Personne n'a jamais sauvé autant d'âmes à la gloire de Dieu, ni autant mobilisé les électeurs chrétiens. Bon, tout ça mis à part, ma sœur chérie me manque. Tu sais que je t'aime et que je t'adore plus que tous les autres. Tu es ma vie, Amanda. Je t'en prie, reviens à la maison avec moi ! Je jure que tu tiendras le bébé de Sonny dans tes bras. Bientôt. Je t'en fais la promesse solennelle. »

CHAPITRE 39

Il fallait aller à Dallas. Mais pas tout de suite. Pas avant une semaine.

Jamie avait insisté pour passer cette période en dehors du Texas. D'ailleurs, dès la frontière de l'Arkansas franchie, elle se sentit mieux – au moins l'espace d'un instant.

Au nord de Murfreesboro, ils croisèrent quelques aires de stationnement pour camping-cars : pas assez pittoresques. Ils en choisirent une située dans un bosquet d'arbres entouré de montagnes, près d'un mignon petit village accessible à pied. Ils achetèrent des provisions avant de s'installer sur leur emplacement, qui surplombait une petite rivière et disposait d'une table de pique-nique et d'un barbecue.

Joe fit griller des steaks pendant qu'elle préparait du thé glacé et une salade. Ils mangèrent à la table de pique-nique. Billy était installé au bout, dans son couffin, et examinait les branches qui se balançaient doucement au-dessus de sa tête.

« C'est merveilleux, déclara Jamie en prenant la main de Joe.

— Oui. C'est un avant-goût de ce qui nous attend.

— J'espère bien. Oh, mon Dieu ! J'espère bien ! »

Après le dîner, Jamie mit Billy au sein tandis que Joe sirotait une bière. Elle en prit quelques gorgées ; cela lui donna envie d'en boire davantage. Elle s'autorisa à songer au moment où elle n'allaiterait plus. Elle pourrait alors savourer une ou deux bières ou quelques verres de vin le soir, et ne serait plus obligée de porter ces soutiens-gorge si peu séduisants.

Elle n'était plus habituée à l'alcool. La bière lui fit un peu tourner la tête. C'était délicieux ; ses pensées dérivèrent. Elle avait trouvé une boîte de bougies dans le placard de la cuisine : toute la journée, elle avait pensé au charme d'une étreinte à la lueur des chandelles. Ses fantasmes se firent plus précis. Elle ferma les yeux.

« Hé ! Tu penses à la même chose que moi ?

— Oh oui ! »

Ils passèrent des heures, chaque jour, à marcher longuement. Parfois, ils s'attardaient auprès d'un petit lac, à observer les tortues se faire dorer au soleil sur les rochers ou à faire des concours de ricochets. Tous les matins, ils se rendaient à pied au village pour acheter les journaux et les provisions dont ils avaient besoin. Dans l'après-midi, ils y retournaient pour déguster des glaces. Le soir, ils transformaient leur dîner en spectacle, avec une table bien présentée et une bougie qui brûlait dans la lampe-tempête. Ils passaient des heures entières, voire une journée complète, sans parler de la menace qui pesait sur leur avenir ; mais elle restait leur fidèle compagne et rendait chaque moment partagé plus intense.

Au cours de leur dernière après-midi au camping, Joe fit une virée en ville pour utiliser l'ordinateur de la bibliothèque locale. Il souhaitait se renseigner sur le trafic prévu à Dallas et sur les aires de stationnement pour camping-car au Texas. Une grande, où ils seraient cachés au milieu d'une marée de véhicules.

Tôt le lendemain matin, Joe détacha le camping-car et remplit le réservoir d'eau en prévision de leur trajet.

Ils s'arrêtèrent à Greenville pour acheter les vêtements qu'ils porteraient à Dallas.

Ils arrivèrent de nuit dans une gigantesque aire de stationnement, près du parc d'attraction des Six Flags Over Texas.

*

Marcia Kimball décrocha le téléphone.

« Il y un gars ici qui demande à te voir », annonça la réceptionniste.

En maintenant le combiné contre son oreille à l'aide de son épaule, Marcia continua de taper sur son clavier.

« Qui est-ce ?

— Il refuse de le dire. Il m'a dit de te demander si tu étais déjà montée sur une Harley. »

Marcia fronça les sourcils. Elle reprit le combiné et s'adossa à sa chaise.

« Est-ce qu'il est grand, brun et beau ?

— Eh bien, il est grand et il est beau, mais il a le crâne rasé.

— Demande-lui où il m'a emmenée sur la Harley. »

Marcia écouta la réceptionniste poser la question. L'homme répondit : « Padre Island. »

Marcia retint son souffle et expira lentement.

« Laisse-moi dix minutes. »

Elle se dirigea vers la salle de maquillage, avec ses miroirs et ses divers produits de beauté.

Elle était de retour à son bureau et faisait mine d'être plongée dans son travail quand Joe frappa à la cloison qui constituait le mur de son box. Elle fit tourner son fauteuil.

« Oh la la ! Regarde-toi ! Je ne t'aurais pas reconnu si je t'avais croisé dans la rue. Pourquoi ce crâne rasé ? Et la barbe ? »

Joe scruta le couloir, fit un pas vers elle et annonça à voix très basse :

« En fait, c'est un déguisement. »

Marcia songeait à lui adresser une plaisanterie quand elle comprit que Joe était sérieux. *Bougrement sérieux.*

Il portait un pantalon kaki et une chemise bleu marine. Pas de cravate. Il était plus mince qu'avant. Et très bronzé.

Elle se leva et lui fit signe de la suivre à travers le labyrinthe de boxes, jusqu'à l'une des deux salles de conférence de la chaîne. Elle ferma la porte et lui indiqua un siège.

« Nous pouvons parler ici. »

Joe secoua la tête et fixa ostensiblement les coins de la pièce, avant de poser un doigt sur ses lèvres.

« Je pensais à un déjeuner. Je meurs de faim. »

Marcia fronça les sourcils. Que diable se passait-il avec Joe ? Avait-il vraiment peur que la pièce soit sous surveillance ? *Était-ce possible ?* Cette pensée ne lui était jamais venue à l'esprit.

Elle jeta un coup d'œil à sa montre.

« Je présente le journal de midi et j'ai des tonnes de trucs à régler avant. Que dis-tu d'un dîner ? »

Joe fit le geste d'écrire quelque chose sur sa main. Marcia lui tendit un bloc-notes et un stylo.

« Tu as bonne mine », dit-il tout en écrivant. Il n'y avait aucune trace de badinage dans ses yeux, ni dans sa voix.

Où pouvons-nous nous retrouver ? Pas dans ton appartement.

« Pourquoi ne me rappelles-tu pas d'ici un jour ou deux ? » dit-elle tout en écrivant :

Je conduis un 4X4 Kia bleu. Attends-moi devant l'hôtel Crescent *à 18 heures.*

Il hocha la tête et déchira le morceau de papier qu'il glissa dans sa poche. Elle le raccompagna jusqu'à la salle d'attente, demanda des nouvelles de ses parents et lui assura que les siens allaient bien.

De retour dans son box, Marcia s'aperçut qu'elle tremblait. Soit Joe Brammer était devenu fou, soit il se passait quelque chose de vraiment grave. Et il lui faudrait attendre presque sept heures, bon sang, pour découvrir ce qui se tramait chez son ex-petit ami dont elle ne s'était jamais véritablement détachée. D'accord, c'était elle qui, au bout du compte, avait mis fin à leur histoire ; mais elle avait compris qu'elle avait misé sur le mauvais cheval. Elle se voyait vivre à New York, tandis que Joe projetait d'ouvrir un cabinet d'avocat au Texas – en tant qu'avocat commis d'office, en plus. Ah ! les interminables discussions pour savoir si cet État devait adopter un système de justice pénale plus souple, plus doux ! Heureusement, quand ils ne se disputaient pas, ils étaient sacrément bien ensemble. Au lit, sur les canapés, dans les couloirs obscurs, dans les toilettes publiques. Le sexe auquel elle avait goûté avec Joe était devenu son étalon-or : il n'avait jamais été égalé depuis, bien que le Seigneur sache qu'elle s'y était employée.

Ce n'était visiblement pas ce que Joe venait chercher auprès d'elle aujourd'hui. Bien qu'il lui soit difficile de comprendre dans quel pétrin une personne aussi maligne que Joe avait pu se fourrer, elle savait qu'il était venu chercher son aide.

Marcia avait l'habitude que les gens viennent la trouver avec leurs problèmes. La chaîne avait la réputation d'aller à la rencontre des petites gens – en aidant les victimes d'escroquerie ou ceux qui avaient eu des prises de bec avec la mairie. Rien de clandestin, en revanche. Elle s'était occupée de tout ce qui concernait le suivi des consommateurs, avant de décrocher cet emploi de présentatrice du journal de midi. Grâce à sa promotion, elle pouvait se concentrer sur l'information. C'était davantage compatible avec son objectif immédiat : devenir présentatrice du journal du soir ici, à Dallas, ou dans une autre station importante, et plus tard obtenir un poste sur le réseau ou sur le câble. Ça lui fournirait un public d'envergure nationale. Après tout, certaines vedettes d'émissions télévisées n'étaient plus toutes jeunes. Elle avait bien assez d'expérience et on connaissait sa combativité. Elle devait réussir à se trouver en bonne place pour les remplacer. Ce n'était qu'une question de temps, et elle préférait tôt que tard.

Mais Marcia désirait aussi avoir un mari et des enfants. Or, Joe Brammer était le seul homme avec qui elle s'était imaginée vieillir.

Ne pars pas dans cette direction, se dit-elle en guise d'avertissement. Attends de voir ce qu'il veut ! Espère juste que ça va te rapporter une bonne histoire.

Et si Joe était avec quelqu'un ? Et si ce n'était pas lui qui se trouvait dans le pétrin, mais une femme ? Son amante, son épouse ?

Quelle que soit son histoire, elle avait intérêt à valoir le coup ! Elle n'avait pas de temps à gaspiller pour des rumeurs ou des broutilles.

Elle s'obligea à reporter son attention vers son travail.

Sans savoir comment, elle parvint à passer le reste de l'après-midi. À 17 h 45, elle se dirigea vers le parking. Chez elle, après un brin de toilette et avoir enfilé le jean qui lui allait le mieux, elle se mit à ramasser vêtements et chaussures et faire un peu de ménage – au cas où. Ensuite, elle prit la direction de la route à péage de Dallas Nord. Il y avait beaucoup de circulation. Elle allait être en retard.

Lorsqu'elle s'arrêta devant le *Crescent*, Joe l'attendait.

Il monta dans la voiture et lui tendit un morceau de papier, un doigt sur ses lèvres.

Denton.

Marcia crut qu'elle allait exploser. Était-il cinglé ? Pensait-il vraiment que sa voiture était sur écoute ?

Elle reprit la route à péage et sélectionna une station de musique pop pour mettre fin au silence pesant. Elle prit le boulevard George-Bush jusqu'à la I-35 et, vingt minutes plus tard, en suivant les indications muettes de Joe, elle sortit pour Denton. Elle s'inséra dans la file d'un drive-in mexicain, commanda deux repas accompagnés de deux thés glacés. Ensuite, elle roula jusqu'à la cour de récréation d'une école et s'arrêta sur le parking.

Elle saisit l'un des sacs de nourriture, un thé glacé et se dirigea vers un banc, près des balançoires.

« Tu es devenu fou ?

— Peut-être bien. »

Ils s'assirent sur un banc.

« Ça te dérange si je mange un truc avant que nous parlions ?

— Comme tu veux. »

Elle l'observa ingurgiter un burrito et décida qu'elle avait faim, elle aussi. Ils mangèrent en silence. Enfin, Joe déclara : « Mes grands-parents habitaient à Mesquite quand j'étais petit. J'ai passé beaucoup de temps là-bas… »

Marcia écouta Joe expliquer les sentiments particuliers qu'il avait toujours éprouvés pour une orpheline du nom de Jamie Long, qui vivait avec sa grand-mère dans une petite maison derrière ses grands-parents. Lorsque Jamie avait grandi, il n'avait jamais vraiment pu définir ses sentiments envers elle.

Au début, Marcia écouta, pleine de colère. Si elle avait su qu'elle avait une concurrente, peut-être ne se serait-elle jamais laissée aller à tomber amoureuse de ce garçon. Cependant, au fil du récit, elle sentit son instinct de reporter se réveiller. Cela ressemblait à la trame d'un film tiré par les cheveux, avec des agents du gouvernement qui traquaient « des innocents qui en savaient trop ». Mais la paranoïa de Joe était peut-être justifiée. Ses téléphones, son bureau et sa voiture pouvaient être sur écoute simplement parce qu'elle était son ex-petite amie.

Pourtant, en écoutant Joe raconter ce qu'il voulait faire et expliquer le peu d'informations fiables qu'il possédait au sujet de Gus Hartmann, elle se demanda si elle souhaitait *vraiment* en savoir plus.

« Je suis désolée que toi et ta dulcinée soyez dans le collimateur de quelqu'un, mais je n'ai pas envie de vous y rejoindre.

— Tout ce que je te demande, c'est de couvrir l'événement, exactement comme tu le ferais en temps normal.

— Un office religieux n'est pas un événement *d'information*. Il faut que tu t'adresses à quelqu'un de la chaîne chrétienne.

— C'est un événement *politique,* Marcia. L'organisation d'Amanda Hartmann collecte plusieurs millions de dollars pour soutenir des candidats censés porter sa vision du monde. Ils se trouvent aussi, comme par hasard, être des gros bonnets, tout spécialement dans l'énergie. »

*

Gus n'arrivait pas à dormir. Il fit une balade de minuit avant de monter rendre une visite à Buck. Il ne l'avait jamais fait à cette heure. La mère de Randi fut d'abord troublée, puis elle comprit qu'il n'était pas venu l'espionner mais trouver un réconfort. Elle disparut dans la salle de séjour, le laissant contempler le visage innocent de l'enfant endormi et toucher délicatement ses joues, d'une douceur et d'une beauté exquises.

Il désirait de plus en plus pouvoir mettre fin à la recherche du bébé de Sonny. Il pouvait se satisfaire du petit Buck pour le reste de ses jours. Mais les choses étaient allées trop loin. Aucun moyen d'arrêter la poursuite. Trop de lois avaient été transgressées. Jamie Long et son petit ami devaient être réduits au silence. Et Amanda aurait son bébé.

Gus ne s'attendait vraiment pas à ce que sa sœur soit une mère formidable. Elle ferait des apparitions dans la vie du petit garçon, comme elle l'avait fait avec Sonny, comme Mary Millicent l'avait fait avec eux. Il ferma les yeux, se souvenant à quel point il n'avait vécu que pour ces moments avec sa mère. Lorsqu'ils étaient ensemble, elle ne pouvait pas s'arrêter de le prendre dans ses bras et de l'embrasser ; elle lui posait des questions sur toutes les facettes de sa vie, écoutait attentivement ses réponses. Quand Mary

Millicent était avec ses enfants, surtout au ranch, elle n'appartenait qu'à eux ; mais ces périodes étaient entrecoupées de longues semaines de solitude, parfois même de mois entiers. Elle téléphonait, bien entendu, mais on aurait toujours dit qu'elle donnait des instructions à sa secrétaire ou à quelque autre subordonné en même temps.

Amanda avait fait la même chose avec Sonny. Elle l'avait comblé d'amour lorsqu'elle se trouvait avec lui, mais avait laissé son oncle Gus, Ann Montgomery ou le personnel d'un pensionnat l'élever le reste du temps.

Jamie Long était une mère merveilleuse, qui avait abandonné tous ses rêves et tout espoir de mener une vie normale pour rester avec son bébé. Gus l'admirait pour ça. Il l'admirait, ainsi que Joe Brammer, pour leur ingéniosité et leur dévouement l'un envers l'autre. Ces deux jeunes gens méritaient le respect et auraient pu avoir un avenir formidable ensemble ; ils auraient fait des parents solides, normaux, aimants pour le bébé de Sonny et lui auraient donné des frères et sœurs, ainsi qu'un bon foyer. Mais ce ne serait pas le cas.

La mort avait été programmée.

Impossible de maintenir la surveillance auprès de tous les anciens camarades de classe et amis de Brammer, mais tous avaient été interrogés et certaines de leurs fréquentations – secrétaires, réceptionnistes, concierges, voisins – avaient été alertées. On leur avait fait croire qu'elles rendraient un immense service à leur nation en signalant un homme qui ressemblait vaguement à Joe Brammer. De tels efforts s'étaient enfin révélés payants.

Au début, Gus avait été enclin à éliminer l'ancienne petite amie de Brammer de la liste, jusqu'à ce qu'il découvre que celle-ci était présentatrice du journal pour une chaîne télévisée de Dallas. Plus il y songeait, plus il se demandait si Marcia Kimball ne constituait pas la clé.

À présent, son instinct venait d'être récompensé. La réceptionniste de la chaîne de télévision avait signalé qu'un beau jeune homme au crâne rasé était passé pour demander à rencontrer Marcia Kimball. Il avait refusé de donner son nom, mais avait mentionné une Harley pour se faire reconnaître.

Selon la réceptionniste, le jeune homme était resté moins de dix minutes.

On avait placé un micro dans le véhicule de Marcia Kimball et, à partir du moment où celle-ci avait quitté le bâtiment à 16 h 47 cet après-midi-là, elle était restée sous surveillance. Elle était passée prendre Brammer devant son hôtel. Ils ne s'étaient pas dit un mot sur le trajet jusqu'à Denton, où ils avaient acheté, de la nourriture dans un drive-in et avaient roulé jusqu'à une cour d'école. Ils y étaient restés plusieurs heures, assis sur un banc. Rien n'avait filtré de leur conversation, mais Gus n'avait aucune difficulté à en imaginer le sujet. Sur le trajet du retour, Marcia Kimball s'était frayé un chemin vers le parking d'un centre commercial. Manifestement, Brammer était sorti du véhicule au cours de la manœuvre. Il ne se trouvait plus dans la voiture lorsque la jeune femme avait regagné son domicile.

Gus avait envie d'appeler Amanda pour tout lui raconter. Mais il craignait qu'elle ne se trahisse. Il était préférable de laisser les choses se dérouler d'elles-mêmes. Il attendait avec impatience de voir la surprise sur le visage de sa sœur, lorsqu'il pourrait enfin lui poser le bébé dans les bras. Elle serait ravie. Après tout, il s'agissait du bébé de Sonny.

CHAPITRE 40

Elle se présenta comme Sœur Lola. C'était une femme minuscule, vêtue d'un vêtement à fleurs qui ressemblait à un sac et tombait de ses épaules frêles jusqu'à ses pieds semblables à ceux d'un enfant, calés dans des sandales de caoutchouc bleu. Ses longs cheveux gris étaient divisés en deux nattes épaisses.

« Larry Carter. Je vous ai parlé hier au téléphone », répondit Joe en tendant la main.

Au bout d'un cordon, pendait au cou de Joe ce que le jeune homme considérait comme une carte de presse à l'air parfaitement authentique. Il l'avait dessinée, imprimée et plastifiée lui-même la nuit précédente, dans un magasin de photocopies ouvert en continu. Il avait aussi dessiné et imprimé des cartes professionnelles qui l'identifiaient comme journaliste pour le *Religious Times*, une publication qui – selon sa carte – paraissait à Gayleth, dans le comté de New York. Bien entendu, ni l'un ni l'autre n'existaient réellement ; mais Joe trouvait que les noms sonnaient bien.

« Oui, M. Carter. Vous êtes ici, à Dallas, pour couvrir la Croisade d'Amanda Hartmann, dit Lola d'un ton amical.

— J'ai besoin d'obtenir quelques renseignements au sujet du Temple de la Gloire, et j'aimerais bien visiter les installations. »

Joe était déjà impressionné par la taille de l'église si, toutefois, il était correct d'appeler église une structure qui ressemblait à un stade sportif. Peut-être que « maison du culte » serait plus adéquat.

Bientôt, un jeune homme apparut, vêtu d'un maillot en tricot jaune d'or avec le nom de l'église et les trois croix de son logo sur le cœur. Freddie faisait partie des stagiaires d'été et l'emmènerait faire le tour du bâtiment. Sœur Lola se ferait un plaisir de répondre à toutes les questions que Joe pourrait se poser à la fin de sa visite ou – s'il préférait –, elle pouvait lui programmer un rendez-vous avec le Dr Lawrence Goodpasture, fondateur et pasteur supérieur du Temple de la Gloire.

Tandis qu'ils se dirigeaient vers le sanctuaire, Freddie raconta à Joe qu'il était étudiant dans une université baptiste Free Will, dans l'Oklahoma. Il comptait mettre sa vie au service de Jésus.

« Le Dr Goodpasture est une telle source d'inspiration. L'avez-vous déjà entendu prêcher ?

— Oh, oui ! J'ai regardé son émission le dimanche matin à la télévision, mentit Joe tout en traversant un vaste couloir aux murs décorés de toiles qui représentaient des scènes bibliques. Mais en fait, je suis ici pour couvrir la Croisade d'Amanda Hartmann. »

Freddie s'arrêta net et serra ses deux mains sur son cœur.

« C'est la femme la plus exaltante de notre époque. Vous n'êtes pas d'accord ?

— Sans aucun doute.

— Selon Sœur Lola, c'est une sacrée surprise qu'Amanda Hartmann ait décidé de renoncer à une conférence en ville pour mener sa croisade ici même, au temple. Je suis certain que c'est parce que nos installations sonores et acoustiques font partie des meilleures au monde. »

Freddie s'arrêta devant une paire de portes en bois massif, ornées de sculptures de scènes bibliques en bas-relief.

« Vous êtes prêt ? »

Il était prêt.

Le jeune stagiaire poussa l'une des portes et fit un pas sur le côté pour lui permettre d'entrer le premier. Le sanctuaire était encore plus vaste que ce à quoi il s'était attendu – une immense pièce semblable à une caverne, avec un profond balcon sur trois côtés et des sièges, à l'étage principal, qui descendaient vers une gigantesque scène. L'espace était séparé par deux larges allées, ainsi que par de plus étroites le long de chaque mur. Le rideau de scène était ouvert, révélant les gradins réservés aux membres du chœur, ainsi qu'une immense chaire dorée sous un énorme crucifix en bois qui semblait flotter au-dessus de la scène. Les tribunes, la chaire et le crucifix pouvaient tous être remontés dans le chevronnage, laissant la scène libre pour les représentations théâtrales somptueuses – le Mystère de la Passion annuel, ainsi que des représentations musicales et dramatiques pour célébrer la vie du Christ – grâce auxquelles le temple avait acquis une célébrité internationale. La chaire pouvait également être projetée au-dessus du public, et un rideau métallique – le plus large rideau ainsi conçu au monde – pouvait être abaissé devant le chœur durant le prêche. Le revêtement de sol escamotable, sur le devant de la scène, recouvrait une fosse d'orchestre. Un vaste bassin baptismal se trouvait sous la scène et pouvait être élevé à son niveau. Des installations sonores et lumineuses de pointe offraient une grande variété d'effets spéciaux incluant le lever de soleil, le coucher de soleil, le ciel nocturne, l'aurore boréale, l'orage, l'éruption volcanique et même l'Apocalypse.

Freddie détaillait les merveilles qu'offrait le Temple de la Gloire. Joe se força à n'employer que des exclamations non blasphématoires, telles que « waouh ! » ou « ça alors ! ». Il avait envie de demander combien coûtait un endroit pareil, et quel type de soutien financier on attendait de la part des membres de l'Église, mais il ne s'y risqua pas. Il ne demanda pas non plus à quoi ressemblaient les sons de l'Apocalypse.

En revanche, il le questionna à propos du chœur : de quelle taille serait le groupe qui participerait à la cérémonie du Renouveau d'Amanda ? Où les membres du chœur se placeraient-ils ? De quelle manière seraient-ils vêtus ? Exactement comme Joe l'avait soupçonné grâce à sa recherche sur internet, Freddie lui raconta qu'à la demande expresse de Mlle Hartmann, le chœur réuni pour les trois offices comprendrait des membres issus d'églises chrétiennes évangélistes de toute l'agglomération. Oui, les membres du chœur invités apporteraient leurs propres vêtements.

« Sœur Hartmann préfère la musique chrétienne traditionnelle », souligna le disciple en désignant le vaste hall de répétition, où le chœur du Temple de la Gloire et ses membres invités se rassembleraient. Le hall possédait ses propres portes de sortie et ses toilettes.

À la fin de la visite, Freddie ramena Joe à l'aimable Sœur Lola. Elle lui raconta plus de choses qu'il ne voulait vraiment en savoir sur le Dr Goodpasture. Il prit ostensiblement des notes et posa de nombreuses questions. Lorsque les autres personnes présentes dans le bureau commencèrent à sortir leur déjeuner et se dirigèrent vers ce qui devait être la salle de repos, il remercia Sœur Lola et lui dit combien il avait été impressionné par tout ce qu'il avait vu et entendu.

« Serait-il possible que j'assiste à la répétition du chœur ce soir ? J'aimerais aussi passer une demi-heure à méditer dans le sanctuaire. »

Il visita à nouveau la salle du chœur et retourna vers le sanctuaire. Il s'assit au dernier rang de l'étage principal pour étudier la pièce, gravant les choses dans sa tête. Il songea même à dire une prière, mais décida de la garder pour un cadre plus saint. Un endroit où il serait entouré par la nature, avec le ciel au-dessus de la tête.

Marcia et son cameraman durent montrer leur badge d'identification à un vigile en uniforme avant d'être admis dans la suite, au dernier étage d'un majestueux hôtel du centre de Dallas. Mobilier style rococo, luxueux tapis orientaux étalés sur le parquet et gigantesques compositions florales sur les tables et les buffets : on aurait dit que cette suite avait été meublée pour des invités de la famille royale. Une femme aux cheveux gris, tirée à quatre épingles, vêtue d'un tailleur de haute couture et qui se présenta comme la directrice des relations publiques de l'Alliance des électeurs chrétiens les accueillit.

« J'ai regardé votre émission du midi », annonça-t-elle à Marcia.

Marcia s'attendait à un commentaire indiquant si, oui ou non, la directrice des relations publiques appréciait le programme. Au lieu de cela, celle-ci lui demanda :

« Pouvez-vous m'assurer que l'interview de Mlle Hartmann sera diffusée dans le journal de ce soir, ainsi que dans votre émission demain ?

— Sauf événement majeur et imprévu, c'est tout à fait exact », dit Marcia, avant d'ajouter que les journalistes de la chaîne n'avaient pas pour habitude d'interviewer des évangélistes mais que, étant données les racines texanes de Mlle Hartmann, sa célébrité ici, dans l'État, et sa position au sein de l'Alliance des électeurs chrétiens, sa visite à Dallas était considérée comme une source d'intérêt médiatique.

Marcia avait prévu des objections de la part du directeur de sa chaîne. Mais lorsqu'elle lui avait soumis son idée, il ne lui avait mis aucun bâton dans les roues.

« Souligne l'aspect politique et si ton reportage se déroule bien, nous le diffuserons sur le réseau. »

Le réseau était un mot magique. Marcia était restée tard au bureau pour visionner les séquences d'archives sur Amanda Tutt Hartmann et vérifier les anciens dossiers, à la recherche d'informations sur ses parents et son frère. Elle avait découvert que le père de Mary Millicent Tutt avait été évangéliste avant elle et que le père de Jason Hartmann avait fondé la compagnie pétrolière de la famille. Elle n'avait rien trouvé sur Gus Hartmann.

La directrice des relations publiques les pria de prendre un siège.

« Je vais prévenir Miss Hartmann de votre arrivée. »

Le cameraman se mit à rôder dans la pièce pour décider de l'endroit où faire asseoir Marcia et Amanda. Ensuite, il ajusta les rideaux de brocart et la lumière, puis installa la caméra et le projecteur. Cela fait, il rejoignit Marcia sur la banquette et ils attendirent. Presque une heure.

Amanda finit par arriver. Quelle beauté ! Elle traversait la pièce avec une élégance rare. L'irritation due à l'attente se dissipa quelque peu. Le pouls de Marcia accéléra très légèrement en raison de son appréhension : après tout, Amanda Hartmann était l'une des personnes les plus célèbres qu'elle ait jamais interviewées.

En tailleur-pantalon couleur crème avec un chemisier de soie assorti, au décolleté un peu froncé, les cheveux blonds légèrement relevés, Amanda avait un teint éclatant et était parfaitement maquillée. Au-delà de son apparence physique, il se dégageait d'elle une présence calme, majestueuse. Elle tendit la main pour accueillir ses invités. Marcia en perdit presque sa langue, puis la remercia d'avoir accepté l'interview et lui montra la place où elle devait s'asseoir. Ensuite, elle attacha un microphone miniature sur le revers du chemisier d'Amanda.

Marcia s'assit en face d'elle et expliqua qu'elle interviendrait au cours de son émission, pour présenter ses racines texanes et ses illustres parents. Elle annoncerait également qu'Amanda allait tenir une cérémonie du Renouveau à Dallas, qui débuterait le lendemain soir et durerait trois nuits.

Marcia fit un signe de tête au cameraman.

« Quand avez-vous pris conscience que vous alliez marcher sur les traces de votre mère ?

— Je l'ai toujours su. Dieu fait partie de ma vie depuis aussi longtemps que je me souvienne. Mais j'ai officiellement fait don de ma vie à Jésus à 4 ans. Nous avions déjà déménagé à Washington, suite à l'élection de mon père au Congrès. Ma mère avait cessé de diriger les services religieux dans son Temple de la Gloire de Taylor Street, ici même, au centre de Dallas. Cependant, une ou deux fois par an, elle organisait là-bas des cérémonies du Renouveau qui duraient une semaine. Le bâtiment a été démoli pour laisser passer l'Autoroute centrale, mais je me souviens à quel point il était beau. Mon père m'avait emmené à l'office ce jour-là, pour faire une surprise à Mère. Lorsqu'elle a baissé les yeux et qu'elle a vu sa propre petite fille agenouillée devant elle, elle a poussé un cri, m'a soulevée dans ses bras et m'a demandé si je sentais l'amour de Notre Sauveur le Seigneur Jésus-Christ dans mon cœur. Et je l'ai senti ! Je peux encore sentir cet amour, et j'ai passé ma vie à aider les autres à ouvrir leur cœur pour recevoir l'amour de Dieu et sa miséricorde. »

Marcia s'aperçut qu'Amanda avait déjà dû débiter cette histoire un nombre incalculable de fois. Mais elle la racontait bien. Débarrassée de ce fragment de passé, elle passa à la question suivante.

« On ne se souvient pas seulement de votre mère comme d'une évangéliste, mais aussi comme la fondatrice d'un groupe d'action politique, l'Alliance des électeurs chrétiens, qui soutient des candidats évangélistes chrétiens en lice pour décrocher des postes politiques. Vous n'éprouvez apparemment aucune difficulté à demander à vos partisans de soutenir ces candidats, ni à utiliser les dons financiers faits à l'Alliance pour lancer des campagnes politiques. Comment justifiez-vous cette pratique à la lumière de la loi constitutionnelle de séparation de l'Église et de l'État ?

— L'Alliance ne dicte pas leur vote aux gens. Nous demandons simplement aux électeurs de réfléchir à ce que contient le cœur d'un candidat avant de le ou de la soutenir par leurs prières, leur argent et leur bulletin de vote. Et s'ils choisissent de faire un don à l'Alliance, nous employons cet argent à encourager les électeurs à voter pour des évangélistes chrétiens ; mais l'Alliance ne soutient pas de candidat spécifique, répondit Amanda d'un ton égal, mais ferme.

— Que se passe-t-il si le candidat le plus compétent dans la course n'est *pas* un évangéliste chrétien ?

— Nous pensons que la Nation est mieux servie par ceux qui prennent en compte les désirs de Dieu lorsqu'ils gouvernent et légifèrent.

— De nombreux observateurs croient que votre organisation a joué un rôle important dans l'élection du président actuel. Celui-ci s'est-il montré à la hauteur de vos attentes ? »

Amanda regarda directement la caméra pour répondre.

« Il a pris une conscience grandissante du rôle qu'il joue pour ramener la bonté et l'espoir à tous les Américains. Je suis sûre qu'aux yeux de Dieu, il n'existe personne de mieux qualifié pour diriger notre pays.

— Alors, il aura votre voix pour un second mandat ?

— Oui, il l'aura.

— J'ai cru comprendre que vous vous attendiez à faire salle comble lors de vos trois cérémonies du Renouveau ici, dans la ville, cérémonies qui débuteront demain soir et qui se tiendront au Temple de la Gloire.

— Oui. Le Temple de la Gloire est un lieu de culte stimulant.

— Aurez-vous votre bébé avec vous ? »

Amanda eut un large sourire.

« Bien sûr. Je le garde le plus possible avec moi.

— Je crois que vous considérez cette naissance comme une sorte de miracle.

— Oh, oui ! répondit Amanda avec un sourire béat, assez sincère. Mon bébé est un miracle de Dieu. C'est un merveilleux petit garçon, qui ressemble tant à mon Sonny adoré que cela me coupe le souffle.

— Lorsque votre fils, Sonny, a été tué dans un accident tragique il y a plus d'un an et demi, il me semble que nombre de vos partisans se sont demandés si vous alliez abandonner votre ministère.

— Mon chagrin m'a submergée un moment, reconnut Amanda, mais Dieu m'a envoyé mon mari, Toby, puis notre beau petit garçon pour guérir mon cœur brisé. Nous l'avons prénommé Jason, en souvenir de mon père. Ce nom signifie « guérisseur » et ce bébé a été envoyé par Dieu pour me guérir et m'aider à me consacrer à nouveau à Son service.

— Manifestement, vous semblez encore très jeune, mais n'avez-vous pas été surprise de découvrir que vous étiez enceinte à cette période de votre vie ?

— Surprise et ravie, répondit Amanda en affichant un nouveau sourire radieux et enjoignant ses mains sous son menton, en geste de prière.

— Avez-vous eu des soucis au cours de votre grossesse ?

— C'était un peu difficile au début ; mes médecins ont insisté pour que je suspende mes activités publiques pendant quelques mois. Mais après des débuts un peu chaotiques, je me suis sentie merveilleusement bien. Et vous ne pouvez même pas imaginer les démonstrations d'amour dont j'ai fait l'expérience à la naissance de Jason. J'ai reçu des cartes, des lettres, des télégrammes de partout dans le monde. Les gens ont même fait le voyage jusqu'au quartier général de l'Alliance, en Virginie, pour déposer des fleurs à la porte et allumer des milliers de bougies. C'était un spectacle grandiose. Je ne peux pas vous décrire à quel point j'ai été touchée. »

Marcia posa quelques questions sur la suite de la tournée d'Amanda, puis elle la remercia de lui avoir accordé un peu de son temps et fit un signe de tête au cameraman pour qu'il commence à ranger. Ensuite, elle bavarda quelques minutes avec Amanda, résumant ses projets pour le lendemain soir.

« Étant donné que la chaîne chrétienne locale couvrira l'événement en direct, nous aimerions offrir un point de vue différent – des prises de vue des préparatifs en coulisse et de vous lorsque vous arriverez dans l'établissement, en compagnie de votre mari et de votre bébé.

— Mon mari a des affaires pressantes à régler en Virginie et il ne viendra certainement pas à Dallas, expliqua Amanda en jetant un coup d'œil à sa montre. Le bébé et moi arriverons séparément. Sa nurse l'amènera sur la scène au cours de l'office.

— Je vois, dit Marcia. Eh bien, nous prendrons des prises de vue de vous en train de le montrer à… »

Marcia s'interrompit, sans savoir vraiment comment appeler les personnes qui assistaient à des cérémonies du Renouveau. *Public* lui semblait trop laïque.

« Aux fidèles, poursuivit-elle. Et j'aimerais surtout obtenir des prises de vue de vous, depuis les coulisses, lorsque vous délivrerez votre message. Au cours de ma recherche, je suis tombée sur une photographie incroyable de votre mère en couverture de la revue *Life*, prise depuis les coulisses, et j'ai l'intention de l'inclure dans la séquence puis de vous montrer sous le même angle.

— Oui, je connais bien cette photographie. C'est très créatif de votre part.

— Est-ce que le petit Jason se trouve ici avec vous ? Nous pourrions peut-être prendre quelques portraits de vous deux maintenant. »

L'expression d'Amanda, se modifia imperceptiblement.

« Sa nurse et lui n'arriveront pas avant demain.

— Eh bien, dans ce cas, nous vous verrons demain soir. »

Amanda se leva et Marcia la suivit. Amanda lui saisit la main et lui adressa un sourire chaleureux.

« Un grand merci, Marcia, pour votre disponibilité et votre professionnalisme.

— Vous êtes très belle », dit Marcia à sa propre surprise. Mais c'était la vérité. Amanda Hartmann était absolument radieuse.

« Oh ! Merci, ma chère. Les années ne semblent pas s'être montrées trop cruelles à mon égard. J'espère sincèrement que vous apprécierez le service de demain soir et que vous sentirez la bénédiction de Dieu sur vous.

— Je l'attends avec impatience. »

C'était vrai. En fait, elle aurait aimé rester ici, dans cette pièce, avec Amanda, à l'écouter parler et à contempler le changement de ses expressions, les mouvements de ses mains. Amanda Tutt Hartmann était fascinante.

Marcia fit un pas vers la porte avant de s'arrêter.

« Votre frère assiste-t-il aux cérémonies ?

— Ce n'est pas dans ses habitudes. »

Jamie prit sa douche en premier et donna la tétée à Billy, pendant que Joe se rendait à son tour dans la salle de bains.

D'abord, elle espéra qu'il n'aurait pas envie de faire l'amour. Elle était trop tendue. Trop préoccupée par ce qui allait se passer le lendemain.

Mais si c'était la dernière fois ?

Lorsque Joe se glissa dans le lit à côté d'elle, elle le prit dans ses bras. Ils restèrent accrochés l'un à l'autre en pleurant. Puis ils passèrent une fois de plus en revue leur plan pour le lendemain.

Cette nuit-là, pour la première fois ils se disputèrent vraiment. Jamie voulait que Joe détache le camping-car pour les conduire à Oklahoma City, où elle irait se livrer à la police. Elle leur expliquerait ce qui lui était arrivé dans l'immeuble de Ruby Duffy. Pourquoi on avait enlevé le bébé de Lynette. Pourquoi Jamie s'était enfuie avec son propre bébé.

« Puisqu'Amanda est avec un enfant auquel elle prétend avoir donné naissance, ici même à Dallas, les Hartmann ne pourront pas dire que Billy leur appartient, observa Jamie. Et de toute manière, Billy ne pourrait pas être à elle. Il y des gens à Oklahoma City qui peuvent témoigner que je me trouvais là-bas, avec Billy, pendant qu'Amanda était en Virginie, où elle est supposée avoir accouché.

— Un mandat d'arrêt a été lancé pour te retrouver à Oklahoma City. Rien que pour cette raison, ils t'enlèveraient Billy et te jetteraient en prison, au moins jusqu'à ce qu'on te traduise en justice. »

Joe écarta son pouce et son index de moins d'un centimètre.

« Les hommes de Gus Hartmann sont passés à ça de te tuer à deux reprises déjà, Jamie. Une fois à Oklahoma City, une autre à Neptune Beach. Qu'est-ce qui te fait penser qu'ils ne trouveront pas un moyen de terminer leur boulot ? Gus Hartmann a déjà montré qu'il avait le pouvoir d'agir hors la loi. Il peut te faire trancher la gorge dans une cellule de prison, puis revendiquer ses droits sur Billy. »

Jamie se mit à pleurer.

« Nous n'avons aucune chance contre lui.

— Notre plan va fonctionner. Lorsque nous affronterons Amanda Hartmann, des millions de personnes nous regarderont. Elles constitueront notre jury et nous aurons la justice de notre côté. Ça doit bien compter pour quelque chose. »

Jamie songea que son univers tout entier se trouvait avec elle sur ce lit. Elle se demanda si cet univers s'écroulerait le lendemain. Si le jour qui allait suivre serait le dernier de sa vie. Si après toutes ces fuites, ces cachettes, ces projets et cette peur qui la prenait aux tripes, Amanda finirait malgré tout par élever Billy. Le petit garçon ne saurait alors jamais rien de cette autre femme qui l'avait mis au monde et l'avait aimé de manière si absolue.

« Si ça a l'air d'être sans espoir, je ne veux pas que tu fasses une chose idiote. S'ils me tuent, contente-toi de ficher le camp de là. Et même du pays.

— Tout sera retransmis en direct. »

Jamie essaya de se réconforter à cette idée. D'habitude, on n'assassinait pas les gens devant des caméras de télévision. Mais il y avait des précédents. C'était déjà arrivé une fois, dans cette même ville : Jack Ruby y avait abattu Lee Harvey Oswald.

CHAPITRE 41

Pendant la première heure de vol, Gus resta assis à l'avant du jet avec Randi et les garçonnets. Lorsque Buck en eut assez d'être emprisonné dans son couffin, il le détacha et marcha le long des allées en le berçant. En se rasseyant, il garda le bébé sur ses genoux et gazouilla avec lui.

« Lorsque j'ai signé ces papiers à Dallas, je ne savais pas que j'allais te garder avec moi pour toujours, annonça Gus au petit Buck, mais c'est exactement ce qui va se passer. Tu seras mon fils et c'est moi qui t'élèverai. Nous habiterons toujours en Virginie, mais nous passerons beaucoup de temps au ranch. Tu bénéficieras de la meilleure éducation que l'argent peut offrir – toi, ton cousin Jason et votre petit ami Amita – et les enfants mexicains aussi. Je ferai construire une maison pour la famille d'Amita là-bas. Vous, les trois petits gars, vous élèverez des poulets, vous ferez un potager, vous grimperez aux arbres et vous apprendrez à nager et à monter à cheval sur vos propres poneys. Votre tante Amanda viendra nous rendre visite de temps en temps. Elle emmènera certainement votre cousin Jason en voyage, mais la plupart du temps, il restera avec nous. Nous serons tellement heureux ! »

Gus en avait les larmes aux yeux. Si seulement Montgomery était encore vivante pour savourer cette nouvelle vie avec lui. Toutefois, il aurait Randi et sa famille pour l'aider avec les garçons.

Sa nouvelle vie occupait ses pensées la nuit et ses promenades matinales. Il éprouvait des difficultés à se concentrer le jour : il y songeait sans cesse. La veille encore, il avait participé à une téléconférence. Il débattait de ce qu'il fallait faire d'un sénateur trop exigeant, qui refusait de voter un futur projet de loi soutenu par le gouvernement. Soudain, il s'était rendu compte qu'il avait complètement perdu le fil de ses idées pour se concentrer, à la place, sur l'aire de jeu qu'il voulait faire construire au ranch.

Il se sentait profondément heureux – excepté les moments où il songeait à Jamie Long et à son petit ami.

Amanda n'avait certes pas donné naissance au bébé. Cependant, sans son intervention, il n'existerait même pas. D'ailleurs, il était né de la semence de Sonny. C'était un Hartmann ; sa place était dans la famille Hartmann. Gus allait s'acquitter de sa promesse à sa sœur.

Mais Jamie Long et Joe Brammer seraient les *derniers*, se promit-il. Les tout derniers.

Il fourra son nez dans le cou de Buck pour respirer le parfum sucré de sa peau. Une odeur enivrante. Ça aurait presque suffi à le faire croire en Dieu.

« Papa aime son petit Buckie. Papa t'aime tellement, tellement fort. »

Lorsque Buck s'endormit, Gus le reposa dans son couffin. Il était plutôt fier de l'habileté qu'il avait acquise dans l'art de s'occuper des nourrissons. Il embrassa le crâne de Buck, avant de se pencher au-dessus du couffin de l'enfant de Randi qu'il embrassa à son tour.

« Ils sont magnifiques, dit-il à Randi.

— Oui, monsieur, magnifiques. »

Elle avait un sourire adorable. Il aimait la façon dont elle prononçait « magnifiques », en détachant chaque syllabe. Il aimait bien Randi. Elle était à la fois intelligente et pragmatique.

« Êtes-vous déjà allée au Texas ? »

Randi secoua la tête.

« Non, monsieur. J'ai cru comprendre que Dallas était très grande.

— Oui. Beaucoup de gens en voiture qui roulent sur des labyrinthes d'autoroutes, exactement comme dans des tonnes d'autres villes dans des tonnes d'autres États. Avant de repartir en Virginie, nous irons passer quelques jours au ranch. C'est un endroit très tranquille et assez beau, à sa manière.

— J'aimerais beaucoup visiter cet endroit que vous et Mlle Amanda aimez tant. »

Gus lui tapota l'épaule. Il se rendit ensuite à l'arrière de l'appareil pour s'asseoir à la table de conférence, à côté de Zubov, son nouveau chef de la sécurité – un ancien agent du KGB aux yeux perçants. Après le fiasco d'Oklahoma City, il avait décidé de prendre les choses en main en ce qui concernait l'organisation. Il comptait sur les autres pour l'exécution. En face d'eux se trouvaient trois membres de l'équipe de Zubov : une Russe maigre qu'il appelait Bella, un jeune homme costaud connu sous le nom de Johnny et qui avait l'air soit originaire des îles du Pacifique, soit amérindien, et un Noir au corps endurci et à l'accent anglais, nommé Frank.

Zubov et ses trois associés portaient des uniformes bleu marine complétés de matraques et d'étuis de revolver qui pendaient à leur ceinture. Des insignes luisaient sur leur poitrine. Quatre hommes supplémentaires, eux aussi en uniforme, rejoindraient l'équipe de Zubov à Dallas.

D'ici le lendemain soir, tout serait terminé, songea Gus. *Enfin.*

Il n'était pas certain de l'explication qu'il donnerait à Randi à l'arrivée d'un autre bébé. Mais celle-ci était pragmatique : elle ne poserait pas de questions. Randi comprenait que son association durable avec Gus signifiait de bonnes choses pour sa famille. Elle comprenait aussi que Gus se préoccupait réellement de son fils, qu'il l'enverrait un jour dans une bonne université, en compagnie de tous les autres enfants que son mari et elle pourraient engendrer.

Zubov sortit un porte-documents rempli de photos de Jamie Long et de Joe Brammer. Elles provenaient manifestement d'annuaires de leurs années de lycée et d'université. On y trouvait les habituels portraits – Jamie en compagnie de son équipe d'athlétisme, Brammer en tenue de basketteur, Brammer en compagnie d'autres garçons. Il y avait aussi celle prise par la secrétaire de Bentley – Jamie avec ses longs cheveux blonds, l'air pimpant, jeune et en pleine forme.

« La fille ne ressemble plus à ça maintenant, déclara Zubov. Elle a les cheveux courts et bruns. Ayez l'œil sur les jeunes femmes de grande taille, aux yeux bleus et à la carrure d'athlète. Et sur les jeunes hommes aux yeux bruns et au corps musclé. Il a le crâne rasé et il est possible qu'il porte une barbe. Le bébé est de la même taille que ces deux-là, dit-il avec un geste en direction de l'avant de l'appareil.

— J'ai deux objectifs, annonça Gus. Le premier consiste à prendre possession de l'enfant sans lui faire de mal ; le second est d'éliminer l'homme et la fille, même si d'autres personnes sont blessées dans l'opération.

— Vous croyez qu'ils seront ensemble ?

— Oui ou non, mais je suis certain qu'ils prévoient de se retrouver lorsqu'ils tenteront d'affronter ma sœur devant les caméras de télévision. »

Gus n'avait aucun mal à se glisser dans la tête de Jamie Long et de Joe Brammer. Ils prévoyaient ce scénario : Amanda allait montrer son faux bébé à tous ses adorateurs et prétendrait en être la mère biologique. Ils la confronteraient alors à celui de Jamie. Lorsqu'Amanda clamerait que c'était le sien, les gens comprendraient son mensonge. On écouterait Jamie. On lui poserait des questions. La situation serait réglée au grand jour : on permettrait à Jamie de raconter son histoire. Les actions criminelles d'Amanda et de Gus seraient exposées aux yeux de tous. La vérité éclaterait. Sauf que Jamie Long et Joe Brammer ne vivraient pas assez longtemps pour ça. Dans l'idéal, on se serait occupé d'eux avant qu'Amanda apparaisse sur scène : le bébé qu'elle exhiberait à ses ouailles serait bien celui de Sonny.

Comme d'habitude, l'Alliance avait embauché une escouade de cinquante vigiles en uniformes, issus d'entreprises de sécurité locales. Ils seraient postés sur les parkings, à chaque entrée du bâtiment et à l'intérieur de l'établissement. Ils posséderaient des photos de Jamie Long et Joe Brammer ; on les informerait que le couple avait proféré des menaces envers Amanda. L'un d'entre eux porterait un bébé. Si les vigiles les apercevaient, ils devaient les garder sous surveillance et le signaler immédiatement à Zubov. Ils ne devaient en aucun cas approcher le couple, ni faire quoi que ce soit qui puisse mettre en péril la sécurité du nourrisson.

Gus espérait que Jamie et son petit ami soient arrêtés avant de pénétrer dans le sanctuaire, mais il avait la certitude qu'ils seraient tous deux déguisés et, avec la foule de gens qui se déverserait par les portes, il leur serait possible de passer inaperçus. Tout serait dans ce cas suspendu jusqu'à la fin du service, au moment où Amanda inviterait les fidèles qui souhaitaient confesser leurs péchés et consacrer leur vie à Jésus à s'avancer. Après avoir lancé son invitation, Amanda se fraierait un chemin jusqu'en bas des marches pour saluer les pénitents. Gus n'avait aucun doute sur le fait que Jamie et Joe Brammer se joindraient au flot de personnes en mouvement.

Zubov déroula un plan du Temple de la Gloire. Cinq portes s'ouvraient sur le sanctuaire depuis le vaste foyer. On accédait également au sanctuaire depuis le pavillon des bureaux et depuis celui réservé à l'enseignement. Il existait aussi des sorties de secours des deux côtés de la scène. De plus, deux portes donnaient sur l'extérieur et deux autres sur le hall de répétition.

Juste avant le début du service, Bella, Johnny et deux autres hommes du contingent de Dallas prendraient place sur le devant de la scène. Le restant du personnel de plateau maintiendrait sa position à divers endroits du sanctuaire jusqu'à ce qu'Amanda lance son appel, moment auquel il se mettrait à avancer. Dès que l'on aurait localisé Brammer et la fille, les hommes de Zubov les encercleraient. Brammer serait tué immédiatement. Les plus proches de Jamie devaient la retenir et aider Bella à lui soustraire l'enfant.

« Si la fille refuse de le lâcher, menacez-la de tirer une balle dans la tête du gosse, dit Gus à Bella, avant de se tourner vers les trois hommes : dès que le bébé se trouvera hors d'atteinte, tuez la fille ! »

Ensuite, les hommes devraient encercler Bella et le bébé pour les escorter jusqu'à la sortie de secours, sur le côté est de la scène. Trois fourgonnettes équipées de gyrophares et de sirènes les attendraient. Zubov et Bella, accompagnée du bébé, monteraient dans la première fourgonnette. Ils en sortiraient séparément.

Gus savait qu'à leur arrivée, les forces de police locales seraient accueillies par un véritable chaos et des récits contradictoires. Il pouvait se passer des heures avant que Gus ne puisse s'extraire de l'enquête pour accompagner sa sœur, Randi et les deux bébés à l'hôtel. Il n'aurait peut-être la possibilité de se rendre à Louisville qu'au matin, pour y récupérer enfin le bébé de Sonny.

Il se pencha en avant sur sa chaise, mains croisées sur la table. Il observa tour à tour chacun des visages.

« Si vous réussissez, je doublerai la somme que Zubov vous a promise. Assurez-vous juste qu'il ne soit fait aucun mal au bébé. À l'instant où il aura quitté les bras de sa mère, abattez-la ! »

Soudain exténué, Gus retomba sur sa chaise. Après, le lendemain, plus de meurtres. *Plus de meurtres.*

Il se leva, adressa un signe de tête à Zubov et regagna l'avant de l'avion, où il s'assit à côté de Buck endormi dans son couffin. Le simple fait d'être assis là à contempler le nourrisson dormir l'apaisa. Le bébé était si innocent. Si parfait. Il effleura sa joue du bout des doigts. Buck ouvrit les yeux et le récompensa par un sourire désarmant.

Son cœur se serra dans sa poitrine.

Il allait abandonner son poste de président du Comité des Cinq. Peut-être même allait-il démissionner du comité, et de son poste de président de *Palo Duro*. À partir de maintenant, il se contenterait d'être un simple propriétaire de ranch. Ainsi qu'un père pour Buck, un oncle pour Jason et un parrain pour Amita. Les trois garçons grandiraient comme les meilleurs amis du monde.

Demain, une fois que tout serait terminé et que lui, les bébés, Randi et sa sœur se trouveraient tous au ranch, il irait dans la petite chapelle demander miséricorde. Oui, c'est ça. Il prierait de tout son cœur pour que Dieu le lave de ses péchés et le rende digne de s'occuper de trois innocents petits garçons.

Toute la journée, Jamie et Joe maintinrent Billy éveillé.

Ils bouchèrent l'évacuation de la douche et remplirent le bac de quelques centimètres d'eau. Ils tinrent Billy chacun à leur tour pour qu'il ne bascule pas en tapant des mains et des pieds avec des petits cris de joie. Lorsque le bébé ne trouva plus d'intérêt à s'éclabousser, ils le portèrent chacun à leur tour en le secouant tout doucement à travers les allées, entre les emplacements, tout en lui parlant et en le changeant sans cesse de position. Ils déployèrent une couverture sous un arbre et lui firent des chatouilles, agitèrent un hochet devant sa figure. Ils chantèrent des chansons et lui donnèrent des cuillerées de compote de pomme – sa toute première nourriture solide. Lorsque Billy se montra tellement affamé qu'il paniquait, Jamie lui donnait le sein un bref instant avant de se remettre à jouer avec lui. Sur le trajet vers le Temple de la Gloire, Jamie et Billy pleuraient tous les deux.

« Il doit penser que je suis une mère indigne, sanglotait Jamie par-dessus les hurlements du bébé. Le pauvre petit bonhomme meurt de faim.

— Il n'y en a plus pour longtemps », ne cessait de lui répéter Joe.

Mais la circulation était épouvantable. Le trajet était plus long que prévu. Jamie avait l'impression que ses seins allaient exploser. À chaque cri qui sortait de la bouche de Billy, elle sentait des giclées de lait en jaillir.

Joe gara le camping-car derrière le bâtiment, dans un endroit réservé à ce type de véhicules. Jamie sanglotait tout en obligeant son bébé furieux à s'installer dans le porte-bébé. Elle lui fourra enfin un téton humide dans la bouche et sentit le petit corps se détendre de soulagement. Joe enfila sa robe de chœur et en passa une autre par-dessus la tête de sa compagne. On aurait dit qu'elle allait accoucher d'un très gros bébé.

« Billy va s'étouffer.

— Ce n'est que le temps d'entrer. Ensuite, tu pourras te cacher dans les toilettes jusqu'au moment de monter sur scène.

— Et si quelqu'un découvre que j'ai un bébé avec moi ?

— Vas-y, Jamie. *Maintenant*, tant que Billy se tait.

— Je n'ai jamais eu aussi peur de toute ma vie. Pas même lorsque j'étais toute seule pour accoucher dans cette vieille maison.

— J'ai peur, moi aussi. Nous faisons ça pour ne plus être obligés d'avoir peur. »

Un garde était posté à l'entrée qui menait à la salle de chœur. Il leur adressa un sourire aimable et leur ouvrit la porte.

Marcia et ses deux caméramans – en fait, un homme et une femme – examinaient le gigantesque sanctuaire qui commençait déjà à se remplir. Marcia expliqua qu'une fois le service commencé, elle voulait tourner depuis la scène, le balcon et le fond du sanctuaire, de manière à montrer l'immensité de l'espace et la marée humaine. Ensuite, ils devraient se rendre dans les coulisses. Elle leur montra une photocopie de la couverture de *Life*.

« Je veux une séquence spectaculaire qui rappelle cette photo. Je veux aussi des prises de vue individuelles et en gros plan d'Amanda sur scène avec son bébé. Et d'elle en train de prêcher, bien entendu. Attendez qu'elle soit vraiment dedans et assurez-vous de bien avoir la partie où elle invite les gens à s'avancer. Apparemment, elle descend ces escaliers centraux pour les rejoindre. Je suis surtout intéressée par une famille – je vous l'indiquerai quand je l'apercevrai.

— Tu veux dire qu'on doit rester pendant tout ce machin ? protesta Jill, la femme cameraman.

— Nous resterons jusqu'à ce que j'aie mon reportage. »

Marcia se sentait nerveuse et ne tenait pas en place. C'était en partie, supposait-elle, parce qu'elle n'avait pas bien dormi la nuit précédente. Elle n'aimait pas croire à un complot. Elle n'avait pas envie de penser à l'existence de gens puissants qui opéraient en dehors de la loi. Une partie d'elle-même espérait qu'il ne se passerait rien aujourd'hui. Mais une autre partie d'elle-même espérait également *le scoop*.

CHAPITRE 42

Gus et Randi, avec l'aide de Zubov et Bella, transportèrent les bébés et tout leur attirail jusqu'à un vestiaire dans les coulisses.

Gus transpirait abondamment. Il pouvait sentir sa propre odeur et s'inquiétait que Randi la remarque.

En plus, ses intestins commençaient à entrer en ébullition.

Il utilisa les toilettes qui se trouvaient en bas du couloir plutôt que celles du vestiaire. Dans le miroir, son visage semblait pâle et il avait les traits tirés. Aujourd'hui était le jour le plus important de sa vie. Il ne pouvait pas se permettre d'échouer.

Il regagna le vestiaire, redressa les épaules, se composa un sourire et ouvrit la porte.

« Vous allez bien, monsieur Gus ? demanda Randi, soucieuse.

— J'ai l'estomac un peu dérangé. »

Il consulta sa montre. Jamie Long et Joe Brammer étaient-ils déjà en route pour le Temple de la Gloire, ou bien attendraient-ils la dernière minute pour arriver ? Gus espérait qu'ils viendraient tôt : on s'en occuperait ainsi sans causer de désordre. Zubov et ses hommes les emmèneraient, comme s'ils n'avaient jamais existé. Alors, il pourrait se détendre et profiter de la soirée. Il n'avait pas vu sa sœur prêcher depuis des années.

Après avoir siroté le Seven-Up que Randi lui avait apporté, les entrailles de Gus le laissèrent tranquille. Il quitta la pièce à la recherche d'un coin discret pour téléphoner à Zubov.

Aucun signe pour l'instant, apprit-il. Toutefois, il était encore tôt. Le service ne débuterait pas avant au moins deux heures.

Malgré tout, l'activité dans les coulisses faisait déjà penser à celle d'une ruche. Les électriciens effectuaient les dernières vérifications sur les éclairages et les amplificateurs. Une femme très petite, en vêtement de style hawaïen, s'affairait à inspecter les compositions florales sur la scène et à les repositionner.

Les gens essayaient de ne pas fixer Gus. Ils lui jetaient des coups d'œil furtifs ou bien attendaient d'avoir l'impression qu'il regardait ailleurs pour l'examiner. Une source de curiosité. Un homme pas assez petit pour être qualifié de nain, mais sans aucun doute anormal. Ça faisait des années que Gus ne s'était pas retrouvé entouré d'un si grand nombre d'étrangers. Il avait passé sa vie entière à les éviter. Mais aujourd'hui était un jour unique. Un jour qui marquait un renouveau. Il se sentait presque fiévreux d'excitation et il aurait voulu qu'Amanda soit là, pour pouvoir l'enlacer et sentir la fraîcheur de sa main sur son front. Il n'aurait bien sûr pas pu lui exposer les raisons de son trouble. Elle n'avait aucune idée du jour spécial qu'ils vivaient.

Sa sœur prétendait que les vestiaires la rendaient claustrophobe. Elle se maquillait elle-même et arrivait quelques minutes avant de monter sur scène. Parfois, elle arrivait même en retard ; mais personne ne se mettait jamais en colère contre Amanda. Les gens pensaient probablement qu'elle passait quelques dernières minutes en compagnie de Dieu, afin de préparer ses paroles de louanges et de rédemption.

Gus marcha jusqu'au rideau et jeta un coup d'œil sur le sanctuaire. Les musiciens installaient leur matériel électronique dans la fosse d'orchestre. Quatre sièges au milieu du premier rang avaient été interdits d'accès. Il espérait que l'on n'aurait pas besoin de les utiliser, que Zubov et son équipe auraient déjà arrêté Jamie et son petit ami et seraient déjà loin avant le début du service. D'ici à l'entrée en scène d'Amanda, Jamie Long et Joe Brammer seraient morts.

Les premiers arrivants occupaient les sièges de devant. En fait, la moitié basse de l'étage principal était pratiquement pleine, tout comme les sièges des premières rangées du balcon.

Dieu, comme il était nerveux. Il aurait aimé prendre une boisson alcoolisée. À la place, il se décida pour un autre Seven Up. Les distributeurs se trouvaient juste au coin, mais il ne portait jamais d'argent liquide sur lui.

Il téléphona de nouveau à Zubov.

Pas de nouvelles.

Il retourna au vestiaire pour jouer avec Buck un moment, puis il lui donna le biberon et le berça pour l'endormir. Ensuite, il sortit de la pièce afin de rappeler Zubov. Le Russe lui signala que Marcia Kimball et son équipe de tournage faisaient le tour du sanctuaire en discutant avec les fidèles. Toutefois, toujours aucun signe de Jamie Long, de son bébé ou de son petit ami.

Le doute commençait à harceler Gus. Avait-il mal interprété les actions de Jamie et Joe ? Ils avaient peut-être une autre raison de venir à Dallas.

Sauf que Marcia Kimball, l'ex-petite amie de Joe, était là, à attendre de filmer la rencontre entre Jamie et Amanda.

Une rencontre qui n'aurait jamais lieu.

L'orchestre se mit à jouer. Gus tira le rideau sur le côté et scruta les visages dans la foule.

Zubov l'appela pour le prévenir de l'arrivée d'Amanda.

Il observa les membres du chœur entrer en file indienne. Ils vinrent s'asseoir dans les gradins, de chaque côté de la scène. Un pasteur en soutane, aux cheveux comme moulés dans du plastique, s'avança dans la chaire dorée, sous le crucifix monumental dont le dessin était atrocement réaliste.

Le rideau commença à s'ouvrir. Les voix du chœur retentirent :

Amour divin, qui surpasse tous les autres amours,
Joie du ciel, descends sur terre,
Montre-nous ton humble demeure,
Et toute ta miséricorde.

Un projecteur illumina la chaire tandis qu'elle se déplaçait en flottant, jusqu'à parvenir au-dessus de la fosse d'orchestre. Aux premiers rangs, les gens inclinèrent la tête et levèrent les yeux vers le pasteur. Sa voix tonna :

« Ceci est un jour que le Seigneur a fait. »

Gus ne cessait de scruter les visages du public. Le pasteur souhaita la bienvenue à tout le monde dans le Temple de la Gloire et déclara que c'était un honneur, pour le temple, d'accueillir l'une des messagères les plus éloquentes et les plus aimées de Dieu, Sœur Amanda Tutt

Hartmann. L'homme mentionna brièvement l'ascendance incroyable d'Amanda. Puis il récita une prière, dans laquelle il demanda au Seigneur d'ouvrir le cœur de toute cette assemblée, de l'aider à accepter le message qu'ils allaient entendre aujourd'hui, et de laisser le temple de la Gloire rendre louange à Son nom sacré.

Gus commençait à se sentir malade. *Où étaient-ils, bon sang !*

Le chœur entama un autre cantique.

Viens, Seigneur tout-puissant,
Aide-nous à chanter Ton nom,
Aide-nous à clamer Tes louanges !
Notre Père plein de gloire,
Victorieux sur tous,
Que ton règne vienne, Vieillard !

Alors, Amanda fit son entrée sur scène. Le public se leva comme un seul homme. L'ovation tonitruante résonna tout autour de Gus. Le sol trembla sous ses pieds.

Comme à son habitude, elle portait une robe blanche et fluide. Pas de bijoux. Les cheveux détachés, lisses et brillants. Il jeta un coup d'œil à son portrait, rediffusé en gros plan sur l'un des écrans géants au-dessus de lui. Elle était si belle. On aurait dit un ange. Le cœur de Gus se gonfla douloureusement, empli de fierté et d'amour.

Amanda sourit un instant, comme pour savourer la réaction du public. Puis elle leva les bras et, en l'espace de quelques secondes, le silence se fit dans l'immense sanctuaire. On aurait dit que tout le monde retenait son souffle, en attendant les premières paroles qui sortiraient de sa bouche.

Amanda posa les mains sur son cœur.

« Je vous aime ! ».

Et les applaudissements reprirent. Vague après vague. Le public était transporté de joie à l'idée qu'Amanda l'aime.

À nouveau, celle-ci leva la main et le silence retomba.

« J'ai un bébé, déclara-t-elle avec un large sourire, d'une voix de petite fille. Tout le monde s'accordait à dire que j'étais trop âgée. Mon médecin me l'avait dit. Mon corps me l'avait dit. Mais Dieu m'a accordé un miracle après la mort de mon fils. Je remercie Dieu cent fois par jour de m'avoir fait don de cet enfant, et je veux le partager avec vous aujourd'hui. »

Une fois de plus, les applaudissements reprirent de plus belle. Mais Amanda leva la main pour les arrêter.

« Ça pourrait lui faire peur, expliqua-t-elle dans un murmure. Nous l'avons prénommé Jason. Cela signifie "guérisseur". Nous l'avons appelé ainsi parce que cet enfant a soigné mon cœur brisé. Il m'a appris à revivre, exactement comme Dieu l'avait prévu. »

Alors, Amanda fit un geste vers Randi dans les coulisses. Elle se tenait bras écartés, prête à recevoir son enfant. Gus se trouvait juste derrière Randi. En le reconnaissant, Amanda fut si surprise qu'elle fronça les sourcils.

Randi amena Buck au milieu de la scène, accompagnée d'un chœur de « Aaah ! » en provenance du public. La jeune femme déposa le bébé dans les bras d'Amanda et fit marche arrière.

Gus observa sa sœur se raidir imperceptiblement. Il y avait de la maladresse dans sa manière de tenir l'enfant. Elle embrassa le bébé et offrit un sourire un peu trop large au public, un peu trop éblouissant. Gus retint sa respiration. Le corps du petit Buck se crispa au contact des bras inconnus – des bras ni aussi affectueux ni aussi tendres que ceux dont il avait l'habitude.

Amanda conserva son sourire forcé alors que Buck se mettait à pleurer ; mais ses épaules se raidirent. Les muscles de son cou se tendirent lorsqu'elle posa le bébé sur son épaule pour lui tapoter le dos. Buck se cambra et ses cris se transformèrent en hurlements de protestation.

Gus pouvait voir que sa sœur commençait à s'affoler. Elle faisait tout de travers. Son inquiétude se transmettait au bébé. Il avait envie de se précipiter sur scène et de lui enlever Buck, ou au moins de lui dire de se détendre, de parler d'une voix apaisante. De le bercer, nom de Dieu ! S'il était une chose qu'il avait appris sur les bébés au cours des deux derniers mois, c'était l'efficacité du bercement. Les sucettes aidaient aussi. Amita ne la prenait pas, Buck si. Il se calmait avec une sucette. Il y en avait une accrochée à un ruban, sur sa chemise.

« Sers-toi de la sucette ! », cria Gus ; mais Amanda ne l'entendit pas. Elle resta sans réaction.

Il était sur le point de répéter plus fort ses instructions lorsque soudain, la voix d'un chanteur emplit la scène. Gus jeta un coup d'œil vers la tribune des choristes, à gauche. Le chanteur se tenait debout – un homme chauve en robe de chœur grise. Il saisit les mains de ceux qui se trouvaient à côté de lui et les entraîna en descendant les marches. Les paroles de son chant étaient familières.

Jésus aime les petits enfants
Tous les enfants du monde

Tandis qu'il chantait, une autre voix vint se joindre à la sienne. Une voix féminine. Une grosse dame assise derrière lui se leva et saisit la main de la femme sur sa gauche pour suivre l'homme chauve et ses compagnons, qui s'étaient mis à chanter eux aussi.

Rouges et jaunes, noirs et blancs
Ils sont précieux à ses yeux
Jésus aime les petits enfants du monde

Lorsque le jeune homme parvint aux côtés d'Amanda, il se tourna et fit un grand geste aux autres membres du chœur, pour leur indiquer d'avancer eux aussi et de l'accompagner. Ils se regardèrent, comme incertains de ce qu'ils devaient faire, puis ils commencèrent à avancer lentement. De manière ordonnée, rang après rang, ils se rassemblèrent au centre de la scène en chantant. L'homme chauve tendit les bras vers le bébé en pleurs. Tout avait l'air bien répété : Gus en conclut qu'il s'agissait d'un acte programmé dans le spectacle.

Amanda hésita avant d'abandonner Buck à l'homme. Il se mit aussitôt à le bercer. Gus soupira de soulagement quand l'homme donna la sucette au bébé.

Des douzaines de membres du chœur se trouvaient à présent rassemblés autour d'Amanda, chantant la chanson familière dont Gus se souvenait de ses années de catéchisme. Ils chantaient et souriaient. Le public se joignit à eux. À chaque couplet, la chanson devenait plus forte, plus triomphale.

La grosse dame avait fait un pas en arrière par rapport aux autres ; mais de son point de vue, Gus la voyait très bien. Elle lui tournait le dos. Il l'observa défaire la fermeture de sa robe, qu'elle laissa glisser par terre. Elle n'était pas grosse du tout. Son corps était mince, jeune, élancé. On aurait dit qu'elle défaisait une sorte de harnais.

Gus mit quelques secondes à comprendre qui elle était et ce qu'elle était en train de faire.

Et soudain, il fut là. *Le bébé de Sonny.* L'enfant recherché par Gus. L'enfant que sa sœur désirait plus que tout au monde.

Jamie Long se pencha pour l'embrasser et lui murmurer quelque chose. Gus pouvait très bien imaginer ses paroles. Elle disait au bébé de Sonny qu'elle l'aimait, que tout allait bien se passer. Gus pouvait dire, au langage de son corps et à l'expression de son visage, qu'en effet cette jeune femme aimait son bébé. Son amour était perceptible.

Encore et encore, public et chœur reprenaient le refrain. Le visage plein d'amour et d'espoir, ils chantaient. Jésus aimait vraiment les petits enfants. Ici se trouvait l'un d'entre eux, qu'ils pouvaient aimer comme Jésus – le fils de leur Amanda bien-aimée, qui leur promettait l'espoir et la gloire, qui leur parlait d'un Dieu d'amour, se préoccupait d'eux, connaissait leur cœur. Un Dieu qui se trouvait ici, avec eux, maintenant.

Après avoir rassuré son bébé, Jamie Long le prit tout contre elle et se faufila au milieu du groupe de chanteurs, jusqu'à se retrouver proche d'Amanda. Le chant s'intensifia : un autre petit enfant à aimer. Un enfant anonyme.

Gus observa le visage de sa sœur qui fixa d'abord Jamie, puis le bébé dans ses bras.

Soudain, Amanda tenta de s'en emparer. Jamie recula en secouant la tête.

« C'est mon bébé ! » hurla Amanda en jetant des regards affolés autour d'elle pour chercher de l'aide.

L'un après l'autre, les choristes cessèrent de chanter. Une vague de silence s'abattit sur le public, jusqu'à ce que toute voix se fut tue et que le gigantesque sanctuaire s'emplisse d'un calme étrange. Les fidèles, perplexes, tentaient de comprendre la signification du drame dont ils étaient témoins sur scène.

Amanda hurla de nouveau.

« Elle a mon bébé ! »

Gus fit un pas en avant.

« Gus ! C'est elle. C'est Jamie Long. Elle a le bébé de Sonny ! »

Il fit un pas hésitant. Amanda se retourna tout à coup vers Jamie. « Laissez-moi juste le tenir une minute. Je vous en prie, laissez-moi le tenir ! Je jure de vous le rendre. Devant toute cette assemblée, je le jure. Devant Dieu, je le jure. Je veux juste tenir dans mes bras le bébé de mon fils. *Je vous en prie.* »

Amanda tendait les bras.

« Laissez-moi juste le toucher, le tenir ! », implora-t-elle d'une voix amplifiée par la sono, retransmise à travers la gigantesque salle à un public totalement muet. Six mille personnes et pas un murmure. Pas un toussotement. Pas un frottement de chaussures. Juste un silence monumental, absolu.

« Je n'essaierai pas de vous l'enlever. Je comprends les raisons de votre départ. Vraiment, je comprends. Mais j'ai besoin de faire partie de la vie de cet enfant. Je vous en prie. Au nom de Dieu, *je vous en prie.* »

Amanda regarda vers Gus.

« Dis-lui, Gus ! Dis-lui que nous ne lui enlèverons pas le bébé ! Mais nous avons le droit de le connaître, le droit de l'aimer. »

Elle se retourna vers Jamie.

« Je vous en prie, au nom de Dieu, laissez-moi juste le tenir dans mes bras ! »

Le jeune homme chauve, Buck toujours blotti dans ses bras, se tenait à présent debout à côté de Jamie. Il prit Buck avec le bras gauche, de manière à pouvoir passer un bras protecteur autour des épaules de sa compagne. Elle le regardait d'un air interrogateur. Elle sondait le visage de Joe Brammer.

Il se pencha en avant ; leurs fronts s'effleurèrent. C'était un geste d'une tendresse incroyable. Un geste de confiance absolue. D'amour absolu. Gus sentit son cœur chavirer de douleur. Que n'aurait-il pas donné pour connaître un tel amour, une telle confiance une fois dans sa vie, sa propre vie emplie de néant !

Alors Jamie regarda Amanda et hocha la tête.

Gus se rua vers le centre de la scène. Il atteignit le groupe qui se tenait là au moment précis où Jamie déposait son bébé dans les bras d'Amanda.

Il se tourna vers le premier rang et hurla : « Non ! »

Il hurla du plus fort qu'il le put.

« Non ! », hurla-t-il encore, en entourant de ses bras la mère du bébé de Sonny.

Mais le coup de feu retentit, suivant ses propres instructions d'abattre la fille dès l'instant où elle n'aurait plus le bébé dans les bras.

Houston

Une femme d'une cinquantaine d'années, au visage aimable, ouvrit la porte. Elle portait un bébé robuste sur la hanche. *Le* bébé, présuma Bentley. Il devait avoir à peu près huit mois.

Très sérieux, le petit garçon le contemplait de ses grands yeux bleus.

« Vous devez être l'avocat d'Austin ?

— Oui, M'dame. Bentley Abernathy.

— Je suis Millie, la mère de Joe. Et voici Billy, bien entendu. Joe et Jamie sont dehors. Ils vous attendent. »

Elle le précéda pour lui montrer le chemin. Une maison agréable et confortable, songea Bentley en traversant la salle à manger, avec ses chaises longues, son canapé en cuir surdimensionné et sa télévision à écran géant. On ne disposerait pas de tels agréments dans le manoir victorien qui allait devenir sa demeure, maintenant que Brenda avait presque fini de rendre à la bâtisse son éclat d'antan. Bentley songeait à se faire construire un refuge au-dessus du garage. Sauf que s'il souhaitait s'isoler le plus possible du mobilier victorien, il n'avait pas envie de se couper de sa femme.

Millie Brammer fit coulisser les portes-fenêtres, mais elle ne le suivit pas à l'extérieur. Le large ponton était recouvert d'une tonnelle, elle-même totalement engloutie par une glycine exubérante – une glycine que Joe Brammer et un homme, probablement le père de Brammer, tentaient de tailler. Jamie ramassait les branches coupées pour les empiler sur une bâche. Tous trois s'arrêtèrent au beau milieu de leur geste, méfiant – Bentley les comprenait. Après tout, il était ici pour représenter Amanda Hartmann. Et il avait engagé Jamie dans une situation qui avait failli lui coûter la vie.

Le père de Joe Brammer fit un pas en avant pour lui offrir une poignée de main sèche. Il annonça qu'il rentrait aider Millie à s'occuper du bébé. Joe ne prit pas la peine de lui serrer la main. Il se contenta de hocher la tête.

Jamie l'imita. Elle portait un jean et un débardeur noir ; aucun bijou, aucune trace de maquillage. Ses cheveux avaient retrouvé leur blond naturel, mais ils restaient plus courts qu'auparavant.

« Vous avez bonne mine, Jamie », dit Bentley.

C'était vrai. Elle était belle – comme avant. Cependant, il comprit que la personne qu'il observait était bien différente de la jeune femme pleine d'espoir qui était venue dans son cabinet, il y avait presque deux ans. Jamie resterait méfiante ; son innocence d'antan avait disparu pour toujours.

Bentley sentait qu'il transpirait. Il était un peu nerveux et l'air était lourd et humide. Il aurait aimé retirer sa veste et desserrer sa cravate ; mais il décida qu'il valait mieux conserver un air professionnel.

Malgré tout, il accepta le thé glacé de Jamie. Il l'observa remplir trois verres et s'asseoir à la table. Joe prit place auprès d'elle, Bentley en face d'eux.

Il avala une gorgée avant de reposer le verre et de saisir son porte-documents. Il en sortit un bloc-notes jaune qu'il posa devant lui et s'éclaircit la voix.

Mais ce fut Jamie qui prit la parole.

« Je voulais vous remercier d'être intervenu ce soir-là. Si vous n'aviez pas contacté la juge pour la convaincre que j'étais bien la mère de Billy et son seul parent légal, elle me l'aurait enlevé pour le placer dans un centre d'accueil, le temps du procès. Je serais devenue folle si on me l'avait pris. »

Jamie parlait avec calme, mais Bentley comprit qu'il devait prendre ses paroles au pied de la lettre.

Il songea au coup de fil paniqué de Lénora, au beau milieu de la nuit. Il avait fallu un moment à Bentley avant de saisir la portée de ce qu'elle lui racontait. Un dénommé Joe Brammer l'avait contactée. Brammer et Jamie Long avaient pris la fuite avec le bébé de la jeune femme. Gus Hartmann était mort. Une juge de Dallas était sur le point de confier le bébé de Jamie à un centre d'accueil. Ce qui avait attiré l'attention de Bentley, c'était ce qui concernait Gus. *Mort ?* Si c'était vrai, alors sa propre vie venait de changer du tout au tout. Il avait été difficile de se concentrer : Lénora évoquait sa rencontre avec Joe Brammer, l'insistance du jeune homme qui affirmait que Gus Hartmann tentait de faire assassiner Jamie. Avec toute cette publicité autour d'Amanda et de son bébé, Bentley avait supposé que Jamie était revenue au ranch. Pour lui, l'enfant que l'on voyait dans les journaux était celui du contrat.

« Il faut que tu fasses quelque chose ! ne cessait de dire Lénora. Tu ne peux pas les laisser enlever le bébé de Jamie. »

La juge qu'il avait contactée à Dallas était une ancienne camarade d'étude.

« Mais je croyais que tu travaillais pour les Hartmann ! », avait-elle dit d'un ton perplexe.

Bentley avait expliqué que Jamie Long était la mère biologique. Quoi que Amanda prétende, Mlle Long n'avait jamais cédé ses droits parentaux. La juge avait accordé la garde temporaire à Jamie jusqu'à ce que l'on puisse tenir audience. Dans l'intervalle, avec l'aide de Toby Travis, Bentley avait réussi à convaincre Amanda que toutes sortes de choses désagréables allaient ressortir si elle entamait une démarche juridique.

« C'est la moindre des choses, répondit Bentley à Jamie avant de baisser les yeux sur sa liste. Je suppose que vous avez contacté le bureau du procureur à Dallas. »

Ils formaient un beau couple. Tous deux bronzés, jeunes et d'allure sportive. Joe n'avait plus le crâne rasé ; il portait ses cheveux bruns assez longs. Ils bouclaient autour de ses oreilles. Joe avait rapproché son siège de celui de Jamie ; lorsqu'il bougeait les bras, ils effleuraient ceux de la jeune femme.

« Oui, dit Joe. On nous a informés que le tireur avait accepté de plaider coupable. Mais les renseignements qu'il a fournis sont loin d'être capitaux. Si nous avons bien compris, lui et les trois autres hommes qui ont rejoint Hartmann à Dallas venaient du Honduras. Apparemment, ils avaient été embauchés par un tiers, à Tegucigalpa. On n'a pas retrouvé les quatre tueurs à gage qui sont venus à Dallas dans l'avion des Hartmann. »

Bentley hocha la tête.

« L'homme connu sous le nom de Zubov travaillait visiblement pour Gus Hartmann, mais n'était pas recherché. Personne ne connaît son véritable nom, pas plus que celui de la femme et des deux hommes qu'il avait amenés avec lui.

— Nous avons été sidérés du peu de couverture médiatique dont a bénéficié le meurtre, fit remarquer Jamie.

— C'est vrai. Même mort, Gus Hartmann est resté un homme extrêmement secret. Des gens très haut placés ont tout intérêt à ce que personne n'aille fouiller trop loin dans sa vie. Ou dans les circonstances de sa mort.

— Mais tous ces gens l'ont vu mourir ! protesta Joe. Des milliers de gens. Deux chaînes de télévision ont filmé l'événement ; pourtant, c'est à peine si on l'a mentionné dans le journal du matin – juste une phrase pour dire qu'un tueur fou avait assassiné le frère de l'évangéliste Amanda Hartmann. La journaliste de Dallas qui couvrait l'événement a démissionné le lendemain. Nous avons appris plus tard qu'elle avait accepté un poste en tant que correspondante à Londres. Les journaux n'ont pas été plus bavards que les chaînes télévisées. L'article de l'Associated Press affirmait qu'un clandestin fou venu du Honduras avait tenté de tuer Amanda Hartmann. Son frère avait soi-disant trouvé la mort en essayant de la protéger. Ça ne correspond pas du tout à la réalité. Et on ne tient pas Amanda pour responsable ! Ni son frère mort. Gus Hartmann avait volé l'argent du compte de Jamie. Il avait placé Dieu seul sait combien de téléphones sur écoute. Il s'est servi d'agents du gouvernement pour nous traquer ; il a fait entrer illégalement des clandestins sur le territoire pour nous *assassiner*. Un bébé d'Oklahoma City a été enlevé par erreur à cause de lui.

Les hommes qu'il avait engagés ont tué le chien de Jamie. Elle a vécu un véritable enfer à cause des Hartmann, et personne n'est au courant !

— Peut-être est-ce mieux ainsi, dit Jamie en prenant la main de Joe. Je n'ai absolument pas envie d'être aussi tristement célèbre. Comme ça, Billy va peut-être pouvoir grandir comme un enfant normal.

— Ce serait bien, mais ce n'est pas un enfant normal, souligna Bentley. Il sera toujours lié à Amanda Hartmann.

— Pas tant qu'Amanda ne rend pas publiques les circonstances inhabituelles de sa conception, dit Joe.

— Et le bébé qu'elle a adopté ? demanda Jamie.

— Amanda Hartmann et son mari comptent l'élever. Ils veilleront à ce que son avenir soit assuré. Toutefois, et c'est compréhensible, Amanda souhaite désespérément nouer une relation avec son petit-fils. Je dois d'ailleurs souligner qu'en coupant le garçon de tout contact avec elle, vous le privez peut-être d'un gigantesque héritage. En revanche, si vous lui accordez la garde partielle de l'enfant, elle est prête à vous payer…

— Stop, l'interrompit Jamie en levant les mains. Tout ce que je veux obtenir d'Amanda Hartmann, c'est qu'elle nous laisse tranquilles.

— Si elle ne le fait pas, dit Joe, nous porterons plainte contre elle pour avoir signé, en toute connaissance de cause, un contrat invalide, mais aussi pour rétention illégale, conspiration de meurtre sur la personne de Jamie Long, rapt d'enfant, et tout ce à quoi je pourrais penser d'autre. »

Bentley soupira. Tout ça ne lui disait vraiment rien qui vaille.

« Vous comprenez bien qu'à la majorité de votre fils, Amanda aura légalement la possibilité de le contacter.

— Nous nous occuperons de ça le moment venu, répondit vivement Joe. Vous pouvez dire à cette femme que si elle tente de nous téléphoner, de nous contacter par courrier ou bien si elle nous fait suivre ou interfère de quelque manière que ce soit dans notre vie, je porterai plainte contre elle.

— Je ne crois pas que vous compreniez la vie protégée qu'a eue Amanda. Gus lui épargnait toute chose désagréable. Elle n'avait vraiment aucune idée… »

Jamie frappa des mains sur la table et se pencha en avant, en le regardant avec colère.

« N'essayez pas de me faire croire qu'Amanda ne savait pas ce qui se passait. Elle me flattait, m'embrassait et me racontait combien Dieu et elle m'aimaient, tout en sachant tout du long qu'on allait me tuer après la naissance du bébé ! Sa mère n'est pas une lumière, mais Mary Millicent avait très bien compris ce qui se tramait. D'ailleurs, soit dit en passant, nous avons contacté le shérif du comté de Marshall au sujet de Mary Millicent : ils nous ont ignorés. Nous avons donc contacté le ministère de la Santé et le service d'aide aux victimes du ministère de la Sécurité publique, pour signaler les conditions de détention de la mère d'Amanda Hartmann. Alors, vous feriez mieux de dire à Amanda de faire descendre cette vieille dame de sa tour et de commencer à la traiter comme un être humain. Je suis simplement désolée qu'Ann Montgomery soit morte, parce que nous ne pourrons pas inclure son nom dans la plainte que nous avons portée pour le compte de Mary Millicent.

— N'avez-vous donc aucune pitié pour Amanda ? Après tout, Billy n'aurait jamais existé si elle ne vous avait pas embauchée pour avoir un bébé à sa place.

— Vous vous attendez à ce que j'éprouve de la *pitié* pour Amanda Hartmann ? Comment pouvez-vous ne serait-ce que demander une chose pareille ? Elle voulait ma *mort*, M. Abernathy, de manière à pouvoir faire de mon bébé ce qu'elle avait envie qu'il devienne. Elle l'aurait fait parader pendant que les gens hurlaient Alléluia et pleuraient pour toucher l'ourlet de sa robe. Parfois, je me demande si Sonny n'a pas volontairement mis fin à ses jours, pour ne pas avoir à vivre l'existence que sa mère lui avait préparée. »

Bentley s'était posé la même question.

Il soupira et retomba en arrière sur sa chaise, signant ainsi sa défaite. Il ne voulait pas venir ici. Mais Amanda avait insisté. Il restait, après tout, son avocat. Il avait fait fortune en représentant la famille Hartmann. Toutefois, cette époque touchait à sa fin. Le mari d'Amanda était en train de faire appel à un autre cabinet juridique. C'était lui qui menait le bal à présent. Ça semblait un peu surprenant ; mais Amanda n'avait jamais eu la tête, ni l'intérêt pour les affaires, et elle n'était plus la même femme. Elle restait totalement passive, faisant tout ce que lui disait Toby Travis. Il prétendait désirer la voir poursuive son sacerdoce. Cependant, au moins pour l'instant, elle s'était retirée au ranch. L'Alliance des électeurs chrétiens s'était déjà choisi une autre guide spirituelle – une femme du nom d'Aurora. Pas de nom de famille. Juste « Aurora ». C'était une amie de longue date du vice-président, qui serait vraisemblablement en lice pour la présidence dans quatre ans s'ils étaient réélu en novembre. Ça avait tout l'air d'être bien parti.

« Je n'ai jamais aimé Gus Hartmann, admit Bentley, ni les gens comme lui – les gens qui pensent que ce pays doit être gouverné pour le profit d'un petit nombre au détriment de la majorité. Toutefois, dans ce cas précis, je suis aussi coupable que Gus. Je n'ai jamais enfreint la loi en sa faveur, mais je l'ai sans aucun doute fait pencher vers lui. Mais au cours des dernières secondes de sa vie, Gus a fait une chose juste. Le tir destiné au cœur de Jamie lui a fait exploser la cervelle. Je suppose que s'il existe un truc comme la rédemption, Gus Hartmann la mérite.

— Oui, et ça me confronte à un cruel dilemme, avoua Jamie. Je ne peux pas compter la quantité de chagrin, de peine et de peur qu'il nous a causés, à Joe et moi. Mais au bout du compte, son cœur a apparemment changé. C'est difficile pour moi de savoir si je dois le maudire pour une vie où il a fait le mal, ou bien lui être reconnaissante de ces quelques secondes où il a expié ses péchés. »

Le silence retomba autour de la table. On n'entendit plus que le pépiement des oiseaux et le bruit lointain de la circulation. Jamie se leva.

Bentley et Joe suivirent le mouvement.

Bentley sentit leur regard observateur tandis qu'il rangeait son bloc-notes jaune dans son porte-documents.

« Je suis désolé pour tous les ennuis que je vous ai causés.

— De tous ces ennuis est né Billy, dit Jamie. Ça ne sert à rien de regarder en arrière, ni même de rechercher l'origine de la faute, j'imagine. Nous ne pouvons qu'aller de l'avant. »

Elle tendit la main par-dessus la table. Bentley s'empressa de la saisir.

« Vous êtes une jeune femme remarquable, Jamie Long. Je l'ai su à la minute où j'ai posé les yeux sur vous.

— C'est Jamie Brammer maintenant, corrigea-t-elle en retirant sa main et en faisant un pas vers les portes-fenêtres.

— Oui, bien sûr. Je suis au courant. Tous mes vœux de bonheur. Allez-vous vous installer ici, à Houston ?

— Peut-être un jour, répondit Joe.

— Nous sommes fiers d'être américains, mais jusqu'à ce que je sois sûre que ce type d'abus de pouvoir ne puisse plus arriver dans ce pays, je crois que nous nous sentirons plus en sécurité ailleurs pour élever notre famille. »

Joe passa un bras autour de la taille de sa femme.

« Nous attendons la petite sœur de Billy pour mars, et nous aimons tous deux l'idée d'élever nos enfants comme des citoyens du monde. Je possède un héritage qui va nous permettre de rester à flots quelque temps. Il est possible que je reprenne quelques cours de droit international à Oxford. Nous pensons aussi à apprendre l'italien et à suivre des cours à l'université de Bologne. Jamie souhaite étudier la médecine, et son enseignement a été inventé là-bas. »

Quel couple exceptionnel ! songea Bentley. Il avait envie de dire à Jamie et à Joe de profiter de leur jeunesse, de leur beauté et d'une vie pleine de promesses. Toutefois, après ce qu'ils avaient traversé, il les soupçonnait de le faire déjà.

« Je vous souhaite bonne continuation. »

En faisant coulisser la porte derrière lui, il entrevit Jamie qui posait la tête sur l'épaule de son mari. Joe l'embrassa sur le sommet du crâne. Il y avait tant de tendresse sur son visage que Bentley en eut les larmes aux yeux.

REMERCIEMENTS

Aucun livre n'est le fruit du travail d'une seule personne. Je remercie particulièrement ma brillante éditrice qui a fait un travail remarquable pour me permettre d'emmener jusqu'à sa publication ce roman et Philippa Brophy, fantastique agent littéraire, qui m'a accompagnée pendant toutes ces années.

Toute ma reconnaissance aussi à Jo Anna Wall, Joan Atterbury, au docteur Jim Wall Lanella Gray et à Michelle Robidoux, sage-femme confirmée, pour l'aide, l'expertise et les encouragements qu'ils m'ont prodigués.

Enfin je souhaite exprimer ma gratitude à toutes les personnes anonymes, secrétaires d'édition qui ont su minutieusement et avec beaucoup de talent corriger mes manuscrits.

Composition et mise en pages réalisées
par IND - 39100 Brevans

Achevé d'imprimer par N.I.I.A.G.
en juin 2009
pour le compte de France Loisirs, Paris

N° d'éditeur : 55840
Dépôt légal : juin 2009
Imprimé en Italie